WERNER TRUTWIN

AF222636

ZEIT DER
FREUDE

RELIGION – SEKUNDARSTUFE I
JAHRGANGSSTUFEN 5/6

Patmos

Inhalt

Liebe Schülerinnen und Schüler!

Es ist schön, dass ihr am Religionsunterricht teilnehmt. Hier seid ihr alle willkommen. Wenn alles richtig läuft, kann der Religionsunterricht für euch eine Zeit der Freude werden. Vielleicht fragt ihr euch, was hier auf euch zukommt und wozu der Religionsunterricht gut ist. Einige wissen möglicherweise noch nicht viel von Religion und erwarten darum auch nicht viel. Andere hoffen, dass dieses Fach ihnen viel bringt. Sie freuen sich auf gute Themen und nützliche Anregungen.

Tatsächlich geht es im Religionsunterricht um Fragen, denen sich niemand verschließen kann, der über sich und sein Leben nachzudenken beginnt. Es sind Fragen, die sich Kinder schon stellen und die auch Erwachsene noch haben, z. B.:

- Gibt es wirklich einen Gott? Wenn ja, wie kann ich ihn erfahren?
- Wozu bin ich da? Was bin ich wert?
- Was soll ich glauben? Was darf ich hoffen?
- Was soll ich im Leben tun? Was darf ich nicht tun?
- Woher kommt die Welt, wohin geht sie? Wie kann ich unsere heutige Welt etwas besser verstehen?
- Gibt es ein Leben nach dem Leben?
- Jesus – wer ist das? Welche Bedeutung hat er für unsere Zeit?
- Was hat es mit dem Christentum auf sich?
- Braucht man Religion? Was sagen die anderen Religionen?

Wenn ihr diese Fragen auch nur hört, ahnt ihr vielleicht schon, wie spannend der Religionsunterricht werden kann. Seine Themen kommen heute im Alltag oft nicht vor. Aber wer wollte schon bestreiten, dass sie wichtig sind? Hier geht es nicht um ein beliebiges Wissen, das man haben kann oder nicht. Hier geht es nicht um Dinge wie Schmetterlinge, Briefmarken, Fernsehstars oder Autotypen, die den einen interessieren, den anderen nicht. Hier geht es um einen Bereich, der das Leben bestimmt. Der Religionsunterricht hat mit euch selbst und mit eurem Leben zu tun.

Sicher habt ihr schon bemerkt, dass »Religion« auch darin ein ganz besonderes Fach ist, dass ihr hier nicht so im Klassenverband zusammen seid wie in Deutsch und Musik oder in den anderen Fächern. Wenn »Religion« auf dem Stundenplan steht, teilen sich die Schülerinnen und Schüler einer Klasse auf verschiedene Gruppen auf. Die einen gehen in den katholischen und die anderen in den evangelischen Religionsunterricht. Und wer weder an dem einen noch an dem anderen Religionsunterricht teilnimmt, für den gibt es vielerorts einen Unterricht, der manchmal »Praktische Philosophie«, manchmal »Ethik« und manchmal noch anders heißt.
Vielleicht fragt ihr euch, warum das so ist. Die Antwort auf diese Frage ist gar nicht so einfach. Aber ich will sie versuchen.
In Deutschland gibt es mehrere christliche Kirchen, von denen die beiden größten die »katholische« und die »evangelische« Kirche sind (→ S. 218). Entsprechend ihrer Kirchenzugehörigkeit nehmen die Mädchen und Jungen am Religionsunterricht teil. Dieser Unterricht ist in manchen Punkten unterschiedlich, weil es in den Kirchen abweichende Auffassungen über den christlichen Glauben gibt. Aber der Religionsunterricht weist auch viele Gemeinsamkeiten auf, weil beide Kirchen in wichtigen Fragen übereinstimmen.

1 Könnt ihr einen »Briefkasten für den Religionsunterricht« herstellen, in den ihr auf Zetteln eure Fragen, Probleme und Anregungen einwerft? Von Zeit zu Zeit solltet ihr den Kasten öffnen und die Zettel mit eurem Religionslehrer besprechen.

2 Wenn ihr wollt – aber auch nur dann – könnt ihr von eurer Einstellung zur Religion, zur Kirche, zum Glauben, zum Christentum erzählen. Was ist euch daran wichtig? Was ist euch fremd?

3 Könnt ihr jetzt schon sagen, was ihr im Religionsunterricht nicht mögt und was ihr von ihm erwartet?

4 In eurem Religionsunterricht seid ihr wahrscheinlich eine ganz schön kunterbunte Gruppe. Wenn es so ist – worauf müsstet ihr bei der Arbeit achten? Könnt ihr ein paar Regeln aufstellen?

5 Wenn ihr Näheres darüber wissen wollt, warum es einen katholischen und einen evangelischen Religionsunterricht gibt, könnt ihr das Kapitel »Eine bunte Vielfalt« auf S. 216 ff lesen. Es ist übrigens ratsam, dass ihr auch einmal für ein paar Stunden in den evangelischen Religionsunterricht geht oder umgekehrt die Mädchen und Jungen, die daran teilnehmen, in den katholischen Religionsunterricht einladet. Besprecht mit den Religionslehrern diese Möglichkeit.

Am katholischen Religionsunterricht nehmen oft Schülerinnen und Schüler teil, die ganz unterschiedlich zu Religion und christlichem Glauben stehen. Egal zu welcher Gruppe ihr gehört – ihr alle könnt dazu beitragen, dass der Religionsunterricht zu einer aufregenden Sache wird. Hier kommt es auf die Überzeugung jedes Einzelnen an. Hier kann jeder etwas von sich einbringen. Keiner braucht sich hier fehl am Platz oder überflüssig zu fühlen.

Peter ist getauft und in einem katholischen Elternhaus aufgewachsen. Er hat am Religionsunterricht der Grundschule teilgenommen, geht sonntags immer oder doch oft in die Kirche, hat das Fest der Erstkommunion schon gefeiert und kennt einen ernsten Kaplan sowie eine lustige Pastoralreferentin. Wenn man ihn fragt, ob er ein Christ ist, wird er die Antwort geben: Ja.

Christine ist evangelisch. Sie möchte am katholischen Religionsunterricht teilnehmen, weil der evangelische Religionsunterricht zur Zeit wegen Lehrermangel ausfällt.

Ute hört nur gelegentlich etwas von Religion und christlichem Glauben. Sie ist zwar getauft, hat aber sonst nur wenig Kontakt zu einer Gemeinde. Sie erlebt, dass ihre Großeltern beten, ihre Eltern aber nicht. In eine Kirche kommt sie nur selten und einen Pfarrer kennt sie nur vom Hörensagen. Wenn man sie fragte, ob sie Christin sei, würde sie wohl antworten: Ich weiß es nicht so genau.

Ali ist Muslim. Seine Eltern meinen, es könne nichts schaden, wenn er am katholischen Religionsunterricht teilnimmt, solange es an der Schule keinen Islam-Unterricht gibt.

Tobias sind Religion und christlicher Glaube fremd. Er ist nicht getauft, lebt nicht in einem gläubigen Elternhaus, findet auch sonst keinen Kontakt zu religiösen Menschen oder kirchlichen Gruppen. Er hat kaum Gelegenheit, sich mit religiösen Fragen zu beschäftigen. Wenn man ihn fragt, ob er Christ ist, antwortet er: Nein.

Ihr alle sollt zu Wort kommen und aufeinander hören, weil eure Erfahrungen wichtig sind. Hier können wir alle voneinander lernen. Hier könnt ihr miteinander lernen, in den wichtigen Fragen des Lebens zu einer begründeten Entscheidung zu kommen.

Bei der Erarbeitung dieses Buches haben mir einige Leute mit Rat und Tat geholfen, indem sie Entwürfe kritisch gelesen und im Unterricht erprobt haben. An erster Stelle muss ich hier meinen alten Freund Roman Mensing (Bonn) nennen, dessen langjährige Erfahrungen mit dem Religionsunterricht diesem Buch zugute gekommen sind. Zwei junge Kollegen, Agnes Steinmetz (Bornheim) und Stephan Steinhoff-Hanses (Bonn), haben sich viel Mühe mit der Durchsicht und Erprobung der Kapitel im Unterricht gemacht. Nun begeben wir uns alle auf eine große Reise in eine bunte Welt. Dazu wünscht euch allen einen guten Start

euer Werner Trutwin

1. Das Buch für den Unterricht

Vielleicht denkt ihr, »Zeit der Freude« sei ein merkwürdiger Titel für ein Schulbuch. Ein Schulbuch macht Arbeit, ist oft nicht besonders interessant und man muss sich nicht selten mit dem Buch gerade dann abgeben, wenn man keine Lust dazu hat.

Die Arbeit mit diesem Buch soll euch wirklich Freude machen. Ihr beschäftigt euch hier mit **Themen,** die mit euch zu tun haben und euch angehen (→ S. 4). Hier könnt ihr eure Fragen stellen und Antworten suchen.

Die **Art,** wie die Themen behandelt werden, soll ebenfalls Freude machen. Sie soll nicht immer gleich und darum langweilig, sondern abwechslungsreich und darum interessant sein. Bei der **Arbeit** sollt ihr nicht so vorgehen, dass ihr auf der ersten Seite des Buches anfangt, alle Aufgaben zu lösen versucht und so allmählich bis zur letzten Seite kommt. Zusammen mit eurem Religionslehrer werdet ihr schon einen sinnvollen Weg durch das Buch finden.

Ein paar Vorschläge für die Arbeit im Unterricht:
- In Partnerarbeit oder im Klassenverbund solltet ihr miteinander ins **Gespräch** kommen, um so euren Horizont zu erweitern.
- Ihr könnt **in euch selbst hineinhorchen,** um euch selbst besser kennen zu lernen.
- Wenn ihr ganz **persönliche Probleme** habt, über die ihr nicht gern öffentlich sprecht, wird vielleicht eure Religionslehrerin oder euer Religionslehrer Rat wissen.
- Ihr werdet euch in der **Welt** umsehen und über sie nachdenken.
- Ihr lest **Texte** – Erzählungen, Berichte, Gedichte u. a. – und werdet darüber miteinander diskutieren. Gelegentlich werdet ihr wohl auch einen **Film** sehen und euch darüber Gedanken machen.

1 Überlegt einmal, ob die Zeit, in der wir leben, eine Zeit der Freude ist?
2 Wie heißen eure anderen Schulbücher? Warum kann das Buch für den Religionsunterricht »Zeit der Freude« heißen?

Das Bild auf dem Buchumschlag: Henri Matisse (1869–1954), Weihnacht, Entwurf eines Glasfensters für die Zeitschrift »Life«, 1952. The Museum of Modern Art, New York.

- Ihr betrachtet **Bilder** und versucht sie gemeinsam zu deuten. Ihr könnt euch auch selbst ans Zeichnen oder Malen geben.
- Hoffentlich singt ihr auch manchmal miteinander ein **Lied** oder einen Kanon.
- Gelegentlich könnt ihr auch **Orte besuchen,** an denen religiöses Leben stattfindet, z. B. eine Kirche, ein Kloster, ein Gemeindezentrum, ein Jugendhaus, eine Moschee.
- Nicht schlecht wäre es auch, wenn ihr manche Aufgabe des Religionsunterrichts in **Verbindung mit anderen Fächern** zu lösen versuchtet.
- Während der **Freiarbeit** habt ihr die Möglichkeit, euch mit einzelnen Aufgaben länger zu befassen.
- Ihr könnt euch an größeren **Projekten** beteiligen, die weit über Klasse und Schule hinausreichen. Dazu könnt ihr eure guten Ideen einbringen.

Drei Spiele zum Kennenlernen

Für die gemeinsame Arbeit ist es gut, wenn ihr euch bald näher kennen lernt. Dann wird der Unterricht viel besser gelingen. Dazu ein paar Anregungen:

1 **Gemeinsamkeiten suchen.** Sammelt alle aus der Klasse um euch, mit denen ihr in einem Punkt übereinstimmt. Sven sucht die, die gern schwimmen. Anke fragt, wer gern Pizza isst. Sara schaut nach Hundeliebhabern aus, Markus fragt, wer Messdiener ist. Weitere Möglichkeiten: Urlaubswünsche, Blockflötenspielen, noch zwei Großmütter und zwei Großväter haben und … oder so ähnlich … und … oder so ähnlich.

2 **Sich selbst vorstellen.** Schreibt eurem Nachbarn oder eurer Nachbarin einen Brief, in dem ihr etwas von euch erzählt. Stellt ihr/ihm auch zwei oder drei Fragen, die sie/er beantworten soll. Ihr könnt auch dem Nächsten im Alphabet schreiben. Dann schreibt der Letzte dem Ersten.

3 **Über die eigenen Wünsche sprechen.** Bringt genügend Luftballons mit in die Klasse und lasst sie dort aufsteigen. Jeder kann an einen Ballon mit seiner Lieblingsfarbe einen Zettel heften, auf dem er drei Wünsche aufschreibt. Die allergeheimsten könnt ihr für euch behalten. Sprecht miteinander über eure Wünsche.

2. Worüber wir uns freuen

Freude gehört zu den wichtigsten Dingen unseres Lebens. Durch Freude wird unser Leben schön und bunt und lebenswert. Ein Mensch, der froh ist, macht oft auch andere Menschen froh. Freude ist so etwas wie ansteckende Gesundheit. Es gibt vieles, was Menschen Freude macht.
Was macht euch Freude?

Das Märchen vom fröhlichen König

Es war einmal ein König. Er wohnte mit seiner Königin und seiner schönen Tochter in einem herrlichen Schloss, das mitten in einem großen Garten stand. Da gab es zierliche Beete, bunte Blumen, allerlei lustige Figuren und einen Brunnen, dessen Wasser so lieblich plätscherte, dass man meinte im Garten lachte jemand.

Eines Tages stapften böse Riesen aus dem dunklen Wald heran und brachen in den Garten ein. Man sah ihnen an, dass sie noch nie gelacht hatten. Und weil sie so finstere Gesichter machten, rannte der König mit seiner Familie davon auf die andere Seite des Tals, wo sie ein Bauer in seiner kleinen Hütte aufnahm. Sie mussten ansehen, wie die Riesen den schönen Garten zertrampelten, die Blumen ausrissen und den Brunnen so beschädigten, dass er nicht mehr fließen konnte. Als die Riesen auch noch die Lampen, Tische und Stühle des Schlosses aus den Fenstern warfen, beschloss der König etwas zu unternehmen.

Zuerst ließ er die Ritter seines Reiches kommen. Er befahl ihnen den Kampf gegen die Riesen aufzunehmen. Mit Schwert und Schild und in schwerer Rüstung zogen sie auf ihren Pferden zum Schloss. Doch als die Riesen die gepanzerten Gesellen in der Nähe sahen, streckten sie nur ihre dicken Arme aus den Fenstern, schnappten sich die Ritter und warfen sie wie Haselnüsse aus dem Sattel in den nahen Fluss. Völlig durchnässt rappelten sich die Ritter nach einer Weile wieder auf und mussten dem König eingestehen, dass gegen diese Riesen mit den Schwertern nichts auszurichten sei.

Nach diesem Misserfolg dachte der König, die Zauberer seines Landes könnten ihm helfen. Sie kamen zu ihm in langen Gewändern, spitzen Hüten und jeder hatte einen Zauberstab in der Hand. So schickte er sie zum Schloss. Im Vorhof zeichneten sie allerlei Zauberkreise in den Boden, stellten sich herein und sprachen ihre geheimen Zauberformeln. Die Riesen aber schauten nur aus den Fenstern, blähten ihre Backen auf und pusteten so stark, dass die Zauberer in die Luft flogen und in den nahen Baumkronen hängen blieben. Nach einer Weile kletterten sie von Bäumen herunter, zogen zum König und gestanden ihm ein, dass ihre Zauberkunst gegen diese Riesen nichts ausrichten könne.

Nun wurde der König immer trauriger und weinte sehr viel, bis eines Tages ein junger Bursche des Wegs kam und ihn fragte, warum er denn weine. Der König zeigte auf das Schloss, wo die Riesen hausten und erzählte dem Burschen, dass weder die Ritter noch die Zauberer diese Riesen besiegen konnten. Da lachte

Kyuchul Ahn, Ohne Titel.

Henri Matisse (1869–1954), Das Herz,
aus der Bildserie »Jazz«, 1943/44.

der Bursche lautstark, so dass selbst die Riesen erschraken. Er fragte den König, was er zum Lohn bekomme, wenn er die Riesen verjage. Der König versprach ihm seine Tochter zur Frau, zweifelte aber, ob der Bursche es schaffen könne. Der verlangte nur, dass man alles tue, was er befehle. Dann werde die Sache schon gut ausgehen. Misstrauisch ließ sich der König darauf ein.

Da rief der Bursche: »Seid fröhlich, lacht und singt und tanzt, dass man es bis zum Schloss hören und sehen kann.« Danach war weder dem König noch seinem Gefolge zu Mute, aber sie gaben sich Mühe, das zu tun, was der Bursche befohlen hatte. Und so machten sich der König, seine Familie und der Bauer mit seinem Gesinde auf den Weg zum Schloss, angeführt von dem jungen Burschen. Sie waren ausgelassen und fröhlich, sangen und lachten. Als sie zum Schloss schauten, kam es allen so vor, als seien die Riesen beträchtlich kleiner geworden. Je mehr sie lachten und je näher sie kamen, umso mehr schwanden die Riesen dahin. Zuerst hatten sie noch die Größe normaler Leute, dann sahen sie aus wie Zwerge, und als der König mit dem lachenden Gefolge ans Schloss kam, waren sie so winzig wie kleine Marienkäfer. Da mussten alle noch mehr lachen. Die Königstochter fegte alles zusammen und auf der Kehrschaufel war nichts weiter zu sehen als ein bisschen Staub, den der Wind davonblies.

Da ließ der König Schloss und Garten in Ordnung bringen. Als die Blumen wieder blühten und der Brunnen wieder plätscherte, wurde eine prächtige Hochzeit gefeiert. Denn der Bursche hatte die Königstochter redlich verdient. Wenn aber später jemand im Schloss ein allzu ernstes Gesicht machte, sagte der König zu ihm: »Sei fröhlich und lach ein bisschen, sonst kommen die dunklen Riesen wieder und fangen an zu wachsen.«

Nach Hans Bemann (geb. 1922)

Herz

Ich freue mich, wenn ich dich seh,
ich finde dich so nett,
ich schenke dir mein H und E,
mein R und auch mein Z.

Frantz Wittkamp (geb. 1943)

1 Froh sein ist wie… Schreibt den Satz zu Ende und vergleicht eure Ergänzungen.
2 Malt ein Bild, das zeigt, wie ihr euch Freude vorstellt und vergleicht eure Bilder.
3 Erstellt ein Heft mit Liedern, die euch Freude machen. Ihr könnt es später weiter ergänzen. Welches Lied wollt ihr singen?
4 »Froh zu sein bedarf es wenig und wer froh ist, ist ein König.« Sprecht miteinander über den Text des Kanons.
5 Könnt ihr ein paar Gründe aufschreiben, warum ihr froh über euch selbst sein könnt? Kennt ihr gemeinsame Freude?
6 Lachen ist gesund. Aber nicht jedes Lachen ist für andere angenehm. Welche unterschiedlichen Arten des Lachens kennt ihr?
7 Beschreibt eine Situation, in der der Freude etwas im Weg steht. Was zerstört Freude?

Zeit der Freude

3. Was uns Angst macht

Jeder weiß, dass es im Leben nicht nur Freude gibt. Trauer, Sorgen und Schmerzen hindern uns oft daran froh zu sein. Besonders häufig ist es die Angst, die der Freude im Weg steht. Sie macht unser Inneres oft dunkel und verunsichert alles, was wir tun. Oft packt sie uns wie eine bedrohliche Macht. Gerade Kinder haben Angst, aber Angst ist keine Kindersache. Alle Menschen haben Angst. Angst gehört zu unserem Leben wie Hunger und Durst, Freude und Leid, Erfolg und Misserfolg. Kein Leben ist frei von Angst.

Das Wort »Angst« ist verwandt mit dem Wort »eng«. Angst bedeutet also Enge. Sie ist das Gegenteil von Offenheit und Weite. Wer Angst hat, ist so eng auf sich bezogen, dass er nicht in der Lage ist, auf einen anderen zuzugehen und ihm zu vertrauen. Er meint, niemand könne ihm helfen.

Angst ist wie
- ein innere Wunde
- eine undurchdringliche Finsternis
- ein Freund, der uns vor einer Gefahr rettet
- ein Griff an unsere Kehle
- …

Es gibt verschiedene **Formen der Angst.**

■ Wer Angst hat, kann nicht tun, was er tun möchte. In der Gefahr macht er sich **kleiner,** damit er nicht so leicht getroffen werden kann. Ängstliche Gemüter verkriechen sich irgendwohin, oft auch in sich selbst. Die Angst hat schon viele Menschen **wehrlos** gemacht.

■ Bei anderen ist es gerade umgekehrt. Manche Leute möchten aus Angst **größer** erscheinen als sie sind. So werden sie zum Angeber. Wer sich schwach fühlt, will oft den Starken spielen. Um der eigenen Angst zu entgehen, wenden sie manchmal sogar Gewalt an, um anderen Angst einzujagen. Die Angst hat schon viele Menschen **gefährlich** gemacht.

■ Manche Menschen wirken in ihrer Angst **kalt** auf uns. Sie wagen sich nicht in die Nähe anderer und beschäftigen sich deshalb nur mit sich selbst. Gegen andere sind sie abweisend, weil sie diese fürchten. Es ist kein Wunder, dass sie keine Freundin oder keinen Freund finden und ganz einsam werden. Die Angst hat schon viele Menschen **unsympathisch** gemacht.

■ Angst ist oft **schädlich.** Sie lähmt unsere Arbeit und Phantasie, reißt uns zu unüberlegten Taten hin und treibt uns zur Flucht, wo wir mutig sein müssten. Angst steckt an und verursacht oft Panik, die schlimme Folgen haben kann.

■ Angst ist oft auch **nützlich.** Sie warnt uns vor Gefahren oder treibt uns in die Flucht, wenn wir bedroht sind. Angst schützt das Leben und kann Leben retten. Wer selber Angst hat, kann oft andere besser verstehen, die auch Angst haben.

▌Wunder des Alltags

Manchmal, da habe ich eine Angst.
Manchmal, da habe ich einen Zorn.
Manchmal, da habe ich eine Wut.

Manchmal, da habe ich keine Freude.
Manchmal, da habe ich kein Vertrauen.
Manchmal, da habe ich keinen Mut.

Aber manchmal,
da kommt plötzlich jemand
und fragt mich: »Kommst du, geht's dir nicht gut?«

Hans Manz (geb. 1931)

1 Was haltet ihr von Jungen und Mädchen, die behaupten: »Ich habe nie Angst«?

2 Was könnt ihr tun, wenn ihr selbst Angst habt? Was könnt ihr tun, wenn ihr merkt, dass andere Angst haben?

3 Nützliche Angst – schädliche Angst: Könnt ihr dazu Beispiele erzählen? (→ S. 235)

4 Jesus hat andere Menschen von ihrer Angst befreit, aber auch selber Angst gehabt. Könnt ihr euch das erklären?

Egbert-Codex, Stillung des Seesturms, um 980. Links schläft Jesus im Boot, rechts droht er den Winden, die als Dämonenköpfe dargestellt sind.

Die Angst der Jünger

Das Markusevangelium erzählt eine Angst-Geschichte, in der sich jeder wiederfinden kann. Sie sagt auch: Wer an Jesus glaubt, kann seine Angst überwinden.

Am Abend eines Tages sagte Jesus zu seinen Freunden: Wir wollen ans andere Ufer des Sees hinüberfahren. Sie schickten die Leute fort und fuhren mit ihm in dem Boot, in dem er saß, weg; einige andere Boote begleiteten ihn.
Plötzlich erhob sich ein heftiger Wirbelsturm und die Wellen schlugen in das Boot, so dass es sich mit Wasser zu füllen begann. Er aber lag hinten im Boot auf einem Kissen und schlief. Sie weckten ihn und riefen: Meister, kümmert es dich nicht, dass wir zugrunde gehen? Da stand er auf, drohte dem Wind und sagte zu dem See: Schweig, sei still! Und der Wind legte sich und es trat völlige Stille ein.
Er sagte zu ihnen: Warum habt ihr solche Angst? Habt ihr noch keinen Glauben? Da ergriff sie große Furcht und sie sagten zueinander: Was ist das für ein Mensch, dass ihm sogar der Wind und der See gehorchen?

aus dem Evangelium nach Markus 4, 35–41

Karl Caspar (1879–1956), Getsemani – Jesus am Ölberg, 1916.

Die Angst Jesu

Nach dem letzten Pesachmahl (→ S. 107), das Jesus mit seinen Jüngern in Jerusalem gehalten hatte, ging er mit ihnen zum Ölberg (→ S. 108). Er wusste von dem Verrat des Judas und seinem eigenen nahen Tod.

Als Jesus dort war, sagte er zu seinen Jüngern: Betet darum, dass ihr nicht in Versuchung geratet! Dann entfernte er sich von ihnen ungefähr einen Steinwurf weit, kniete nieder und betete: Vater, wenn du willst, nimm diesen Kelch von mir! Aber nicht mein, sondern dein Wille soll geschehen. Da erschien ihm ein Engel vom Himmel und gab ihm (neue) Kraft. Und er betete in seiner Angst noch inständiger und sein Schweiß war wie Blut, das auf die Erde tropfte. Nach dem Gebet stand er auf, ging zu den Jüngern zurück und und fand sie schlafend; sie waren vor Kummer erschöpft.

aus dem Evangelium nach Lukas 22, 40–45

4. Eine Freudenbotschaft

Manche Leute meinen, der christliche Glaube sei eine traurige und langweilige Sache oder vor allem für Leute da, die Angst vor dem Leben haben. Wenn sie sich dann auch noch bestimmte Christen ansehen, kann es sein, dass sie ihren unerfreulichen Eindruck bestätigt finden. Aber der Eindruck täuscht, weil er sich nur auf einen Ausschnitt bezieht und nicht das Ganze sieht. Das Christentum ist vor allem eine Sache, die Freude macht.

Vom Ursprung her hört das Christentum auf Jesus, der seine ganze Lehre mit dem Wort »Frohe Botschaft« (→ S. 100) zusammengefasst hat.

In wichtigen Situationen des Lebens Jesu ist von Freude die Rede. »Freude« gehört zu seinem Programm. Es ist kein Zufall, dass in den **Evangelien** oft ein neuer Abschnitt seines Lebens mit einem Wort oder einer Tat beginnt, die Freude machen und Angst verringern wollen.

■ Bei der **Geburt Jesu** in der Krippe zu Betlehem erschienen den Hirten auf dem Feld in der dunklen Nacht Engel. Einer von ihnen sagte zu den Hirten: »Fürchtet euch nicht. Ich verkünde euch eine große Freude, die dem ganzen Volk zuteil werden soll« (Lk 2, 10; → S. 103).

■ Als Jesus sein **Wirken in der Öffentlichkeit** begann, sagte er in seinem ersten Satz: »Glaubt an die frohe Botschaft« (Mk 1, 14).

■ In einer Rede an einem Berg in Galiläa (**»Bergpredigt«**) hat Jesus seine Lehre dargelegt (→ S. 87). Dort hat er das Meiste von dem gesagt, was ihm wichtig war. Das erste Wort, das er sprach, lautete: »Freuen sollen (dürfen) sich alle, die …« (in anderer Übersetzung: »Selig sind die …«). Es blieb nicht bei diesem Anfang. Er wiederholte diese Botschaft der Freude neunmal. Sie wendet sich an Arme und Trauernde, an Gerechte und Barmherzige, an Leute, die ein gutes Herz haben und sich für Frieden einsetzen (Mt 5, 3–11).

■ Das Johannesevangelium erzählt gleich zu Beginn, dass Jesus sein erstes Wunder in **Kana** bei einer **Hochzeit** gewirkt hat (Joh 2, 1–12). Als den armen Gastgebern der Wein ausging, sorgte er dafür, dass die Krüge nicht leer wurden. So ersparte er ihnen eine Blamage und machte ihnen eine unerwartete Freude. Darüber hinaus zeigte er, dass in seiner Gegenwart die Menschenfreundlichkeit Gottes nahe gekommen ist, die die Herzen der Menschen erfreuen will.

Ein Kontrastprogramm für unsere Welt

■ In unserer Welt sind viele Menschen unzufrieden und freudlos, obwohl es ihnen gut geht und sie viel besitzen. Oft wissen sie nicht, was sie mit ihrem Leben machen sollen. – Das Evangelium sagt: In Gottes Schöpfung können alle Menschen froh sein. Jesus gibt ihnen Gründe sich zu freuen und andere mit ihrer **Freude** anzustecken. In der Bibel heißt es oft: »Freut euch!«

■ In unserer Zeit gibt es Menschen, darunter auch viele Mädchen und Jungen, die zu wenig Liebe erfahren. Sie haben kaum jemanden, der sie richtig mag. – Das Evangelium sagt: Von Gott dürfen sich alle Menschen geliebt wissen. **Niemand ist von Gottes Liebe ausgeschlossen.** Vor Gott ist jedes Mädchen und jeder Junge wichtig.

■ In der Schule, in unserer Arbeitswelt und in unserer Geschäftswelt werden die Menschen oft danach eingeschätzt, wieviel Geld sie haben und was sie alles können. Hier sind die Reichen und die Tüchtigen gefragt, während

1 Was ist für euch eine gute Nachricht oder eine Freudenbotschaft?

2 Kennt ihr Worte oder Begebenheiten aus dem Leben Jesu, die anderen Menschen Freude gemacht haben?

3 Ihr habt bestimmt schon mal anderen eine Freude gemacht. Wie habt ihr euch da gefühlt?

Jesus verwandelt in Kana Wasser in Wein, ein Zeichen dafür, dass mit ihm eine Zeit der Freude beginnt. Zillis (Schweiz), um 1130/40.

Emil Nolde (1867–1956),
Heilige Nacht, 1912.

KEIN GUT GEHT ÜBER DIE
FREUDE DES HERZENS.

Jesus Sirach 30,16

GOTT IST FREUDE
FÜR DAS HERZ.

Jesus Sirach 34,20

die Armen und die Unbegabten weniger oder gar keine Chancen haben. – Das Evangelium sagt: **Vor Gott zählen weder Reichtum noch Leistung.** Gott schenkt den Menschen seine Zuwendung, auch wenn sie wenig oder nichts haben, wenn sie nicht so gut aussehen, wenn sie nicht erfolgreich und wenn sie nicht besonders tüchtig sind (→ S. 147).

■ In allen Ländern der Welt gibt es schreiende Ungerechtigkeit (→ S. 21 ff). Viele Leute sind nicht daran interessiert dieses Unrecht zu beseitigen, weil sie selbst davon profitieren. Andere tun nichts oder zu wenig dagegen, weil sie zu bequem, zu feige oder zu müde sind. – Das Evangelium sagt: Alle Menschen sind aufgerufen, sich **für mehr Gerechtigkeit in unserer Welt** einzusetzen. Damit können sie dazu beitragen, das Leben vieler Menschen zu verbessern. Jeder noch so kleine Schritt in dieser Richtung macht Menschen froh.

■ Viele Menschen leben ohne Hoffnung. Wenn sie an ihre Zukunft denken, geraten sie leicht in Panik. – Das Evangelium sagt: Wer an Gott glaubt, kann nicht nur auf morgen und übermorgen hoffen, sondern für sein ganzes Leben. Er hat eine **Hoffnung über den Tod hinaus.** Sie reicht ins Unendliche (→ S. 182).

5. Ein fröhlicher Christ

In der Mitte des 19. Jahrhunderts gab es in den Vorstädten von Turin (Oberitalien) viele Jugendliche, die zwar als billige Arbeitskräfte gebraucht wurden, um die sich aber sonst niemand kümmerte. Die meisten waren aus den Dörfern in die Stadt gekommen und hatten hier nicht einmal eine Unterkunft gefunden. Sie trieben sich auf den Straßen herum und weil nichts vor ihnen sicher war, hatten die Leute Angst vor den »kleinen Dieben«.

Don Bosco

Ein Mann hatte keine Angst. Er wollte nicht glauben, dass diese Jungen schlechter seien als die anderen. Man durfte sie nur nicht sich selbst überlassen. Es musste jemanden geben, der sie verstand, der für sie sorgte und sie als Freunde gewinnen wollte. Und so fing der italienische Priester Giovanni (Johannes) Bosco an, die Jungen um sich zu sammeln. Er spielte mit ihnen, zog mit ihnen von einem Platz zum andern, weil man ihn mit seiner »Horde« immer wieder wegjagte, gab ihnen Unterricht und lud sie manchmal in seinen Gottesdienst ein. Schließlich fand er einen alten Schuppen, den er notdürftig zu einem Jugendheim ausbaute. Bei reichen Leuten sammelte er Lebensmittel, damit die immer größer werdende Schar seiner jungen Freunde zu essen bekam.

Don Bosco (geb. 1815) – so nannten ihn die Jungen – kam jetzt zugute, dass er schon als Junge ein Tausendsassa war, der alles konnte. Er beherrschte viele Zauberkunststücke; auch als Sportler, mit dem Ball oder am Trapez, konnte er die Leute stundenlang unterhalten. Es machte ihm Spaß, wenn er sie als Clown zum Lachen brachte. Einmal sagte er lachend: »Um die jungen Leute zu gewinnen, brauche ich eine Wiese, einen Koch und eine Trommel.«

Er begeisterte immer mehr Jugendliche mit seinem Witz, seiner Schlagfertigkeit und seinem Verständnis. »Mögen sie auf meinem Rücken ruhig Holz spalten, wenn sie nur nichts Böses tun.« Die Jungen spürten rasch: Hier ist einer, der uns mag, der uns nicht im Stich lässt. Hier ist ein Freund. Viele Bürger von Turin und die meisten anderen Priester fanden es seltsam und unpassend, dass sich ein Priester in dieser Weise mit den Straßenkindern abgab. Wenn er mit ihnen durch die Stadt zog, schüttelten sie ihre Köpfe über ihn: »Er ist verrückt«; »Er ist ein Idiot«; »Man müsste ihn in ein Irrenhaus bringen.«

Eines Tags fuhren zwei hohe Geistliche mit einer Droschke bei Don Bosco vor. Der Kutscher hatte Anweisung, bei der Rückkehr mit dem Gespann ohne Anhalten in die Irrenanstalt zu galoppieren. Die beiden würdigen Herren stiegen aus und luden Don Bosco mit freundlichen Worten zu einer Spazierfahrt ein, die seiner Gesundheit gut tun würde. Don Bosco durchschaute das abgekartete Spiel, zog seinen Priesterrock an und begleitete die beiden zur Kutsche. Diese baten ihn einzusteigen, aber er erwiderte: »Wo denken Sie hin? Der Vortritt gehört solch gelehrten Herren, wie Sie es sind.« Kaum hatten sie Platz genommen, als er die Wagentür zuwarf, die Riegel umschlug und dem Kutscher zurief: »Vorwärts, fahre los!« Anstatt seiner landeten die beiden im Irrenhaus und hatten Mühe wieder herauszukommen. In ganz Turin lachte man über diese Geschichte. Aber niemand wagte es mehr, Don Bosco für verrückt zu halten.

Gewiss wurde er weiter bespitzelt, bedroht, manchmal auch von Jugendlichen bestohlen – aber dadurch ließ er sich nicht entmutigen. Schon bald

»FRÖHLICH SEIN,
GUTES TUN
UND DIE SPATZEN
PFEIFEN LASSEN.«
Wahlspruch Don Boscos

genügte es ihm nicht mehr die jungen Leute von der Straße zu holen. Er richtete ein geräumiges Haus ein, das immer mehr Gassenjungen zur Heimat wurde. Schulklassen, eine Abendschule, Lehrwerkstätten für Handwerker entstanden. Die begabtesten Jungen ließ Don Bosco in Sonderkursen ausbilden, damit sie bald Lehrer für die anderen sein konnten. Geld hatte er nie, aber er verstand es in seiner unwiderstehlichen Art immer wieder, die Brieftaschen reicher Leute für seine Jungen zu öffnen. Als seine Kräfte allein nicht mehr ausreichten und man in vielen Städten Italiens nach ihm rief, gründete er eine Vereinigung von Laien und Priestern, die in seinem Geist lebten und arbeiteten.

Heute gehört die von ihm gegründete Gesellschaft der »Salesianer Don Boscos« zu den größten Ordensgemeinschaften der katholischen Kirche. An die 17 600 Männer und 16 900 Frauen leben im Jahr 2000 weltweit im Geist jenes Mannes, der als fröhlicher Christ gezeigt hatte, dass auch die Straßenkinder von Gott geliebt sind. Bis heute bemühen sie sich darum, Kindern medizinische Hilfe zu besorgen, ihnen eine schulische oder handwerkliche Ausbildung zu ermöglichen, sie bei Katastrophen zu unterstützen und ihnen Lebensfreude zu schenken.

Am 31. Januar 1888 starb Don Bosco nach langer Krankheit. Auf die Nachricht von seinem Tod schlossen in der Stadt Turin alle Geschäftsleute ihre Läden.

Einmal hat Don Bosco gesagt: »Was auch immer ein junger Mensch Böses getan haben mag, in jedem steckt doch auch etwas Gutes und die erste Pflicht des Erziehers besteht darin, diese gute Seite zu suchen und anzusprechen.«

Als in Rom 1934 darüber beraten wurde, ob man Don Bosco heilig sprechen könne, stellte jemand die Frage: »Wann hat dieser Mann bei seiner vielen Arbeit überhaupt gebetet?« Papst Pius XI. selbst griff in die Debatte ein und antwortete: »Die Frage ist falsch gestellt. Sie muss heißen: Wann hat Don Bosco nicht gebetet?«

1 Sprecht anhand der Worte Don Boscos, die ihr in diesem Text findet, über sein Lebensprogramm.
2 Vielleicht gibt es in eurer Nähe Salesianer. Schreibt ihnen einmal und fragt sie, wie sie das Werk Don Boscos heute fortsetzen.
3 Habt ihr schon von Straßenkindern gehört, für die man Ähnliches tun müsste, wie es Don Bosco getan hat? (→S. 22 f)

1. Jeder ist ein Original

Was kann man Kindern – manche nennen sie heute liebevoll »Kids« – schon über Kinder sagen? Kinder wissen über Kinder doch selbst am besten Bescheid. Sie kennen sich, beobachten andere und machen so ihre eigenen Erfahrungen. Oder nicht? Sie haben ihre Freuden und Leiden, ihre Hochs und ihre Tiefs, ihre Sorgen und Hoffnungen, ihre Licht- und Schattenseiten. Manchmal sind sie süß, manchmal sind sie mies, manchmal irgendwo dazwischen. Man kann sie auf keine Formel bringen. Kein Kind ist wie das andere. Jedes Mädchen, jeder Junge ist ein Original.
Wer Kinder verstehen will, muss sie erleben, viel mit ihnen zusammen sein, mit ihnen spielen und auf sie achten. Er muss sie vor allem gern haben. Man darf die Kids nicht über den grünen Klee loben, weil man dann blind wäre für ihre Schwächen. Aber wer dauernd auf sie schimpft, ist blind für ihre Stärken. Kinder sind weder immer Unschuldslämmer noch immer Monster. Zu allen Zeiten hat es Erwachsene gegeben, die Kindern nicht gerecht geworden sind. Zu allen Zeiten hat es Erwachsene gegeben, die die Kids herzlich geliebt haben.

> ### Die wichtigste Erfindung
>
> »Kann einer von euch eine wichtige Erfindung nennen, die es vor fünfzig Jahren noch nicht gab?«, fragt die Lehrerin. Ein heller Kopf in der zweiten Reihe hebt eifrig die Hand und sagt: »Mich!«
>
> *Anthony de Mello (1931–1987), Schriftsteller*

Was ist ein Kind?

Auf diese nicht gerade einfache Frage sind von gescheiten Erwachsenen viele Antworten versucht worden:

- ein unfertiger Erwachsener
- ein hilfloses Geschöpf
- eine Welt von Ideen
- ein Bündel von Energie
- eine leicht zu übersehendes Wesen
- ein lustiger Clown
- ein kleiner Künstler
- ein Stück Zukunft
- ein ständiger Störenfried
- ein Zeichen der Liebe
- ein Ausbund von Frechheit
- eine teure Angelegenheit
- ein liebenswertes Ungeheuer
- ein Gedanke Gottes
- ein Geheimnis
- …

Tik tak

»Alles geht nach der Uhr«, sagt Frau Ureburegurli. »Um ein Uhr haben die Kinder gegessen, bis zwei Uhr arbeiten sie an den Schulaufgaben, bis fünf Uhr dürfen sie spielen, um halb sechs essen sie Abendbrot, danach lernt die Großmutter noch mit den Kindern, und von abends sieben bis morgens sieben schlafen sie. Um acht Uhr gehen sie zur Schule und um zwölf Uhr dreißig sind sie wieder zu Haus.« »Ich bin gespannt«, sagt Frau Lustibustigiero, die Nachbarin, »wie lange es dauert, bis ihre Kinder nur noch tik tak sagen.«

Irmela Wendt

1 Um euch selbst besser kennen zu lernen, könnt ihr einen Fragebogen ausfüllen, indem ihr folgende Sätze weiterführt:
- Am meisten mag ich an mir …
- Am wenigsten mag ich an mir …
- Am wohlsten fühle ich mich, wenn …
- Am unwohlsten fühle ich mich, wenn …
- Wenn ich mich mit einem Tier/ einer Pflanze vergleichen sollte, dann am ehesten mit …
- Am liebsten möchte ich sein wie …
- Die größte Angst/Sorge habe ich vor …
- Hätte ich drei Wünsche frei, so diese …

2 Ihr könnt auch einen Pass ausstellen, in dem ihr Folgendes eintragt: Geburtsdatum – Geburtsort – Geburtsland – Wohnort – Straße und Hausnummer – Telefon – Religion – Größe – Augenfarbe – Haarfarbe – Hobbys – Lieblingssport – Lieblingsstar – Lieblingstier – Berufswunsch. Ein Fingerabdruck und ein Passbild sollten nicht fehlen.

3 Wärest du noch du selbst, wenn du einen anderen Namen, ein anderes Gesicht, ein anderes Herz, ein anderes Bewusstsein hättest?

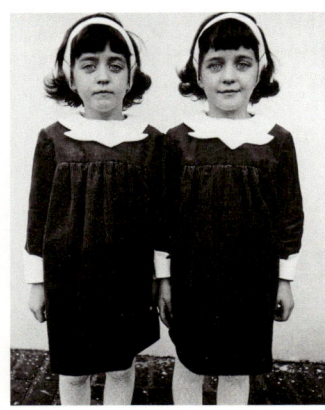

4 Stell dir vor, du fändest in deinem Briefkasten einen Brief ohne Absender, der auf einem großen Blatt Papier mit dicken Buchstaben nur die Frage stellt: Wer bist du? Was würdest du antworten?

5 Warum verkleiden sich Kinder so gern? In welche Maske, in welches Kostüm, in welche Rolle möchtet ihr am liebsten schlüpfen?

6 Manchmal gebrauchen Erwachsene ganz schön gewagte Bildworte für Kinder, z. B. Nervensäge, Springinsfeld, Lause-Igel, Dreikäsehoch, Maulheld, Zuckerrübe, Mauerblümchen, Schlafmütze. Kennt ihr auch ein paar Beispiele? Was haltet ihr von solchen Bezeichnungen? Welche Bildworte gebraucht ihr für Erwachsene?

7 Was macht ihr mit eurem Taschengeld? Haltet ihr es für besser zu sparen oder es auszugeben?

8 Könnt ihr Unterschiede im Verhalten von Mädchen und Jungen feststellen, z. B. beim Spiel, in der Klasse, zu Hause, in der Liste der Wünsche, während der Arbeit, in einer Freundschaft?

9 Weitere Gedichte über Kinder: → S. 192 f, 238.

Peter Nagel, Spielkiste II.

Wenn Kinder denken I. Was wäre, wenn ...?

- Anke (11): Ich versuche immer zu denken, ich sei ein anderer, und ich bin doch immer wieder ich.
- Lukas (10): Wenn ich nicht Lukas hieße, sondern Florian, wäre ich dann auch Florian?
- Susanne (9): Wenn ich genau so groß wäre wie Ester, ihre Haare, Nase und Eltern hätte, wenn ich in ihrer Familie groß geworden wäre – wäre ich dann Ester? Oder gäbe es mich zweimal?
- Sascha (11): Wenn morgen gestern wäre, könnte ich dann anders entscheiden, als ich gestern entschieden habe?

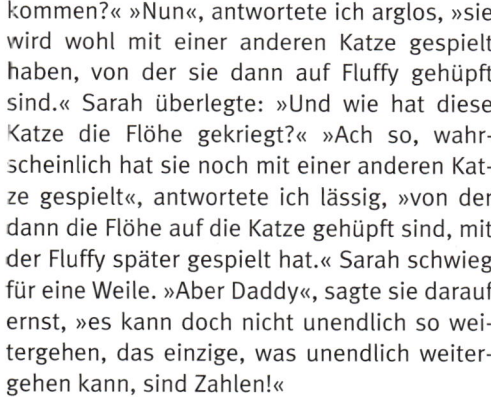

Wenn Kinder denken II.
Die kleinen Flöhe und der unendliche Gott

Ein amerikanischer Professor suchte einmal für seine Studenten nach einem Beweis für Gott. Während er sich in seinem Kopf mühsam quälte und viele Bücher las, kam seine Tochter Sarah bei dem Anblick eines Flohs ganz selbstverständlich auf einen überraschenden Gedanken. Und wenn das Kind auch das Wort »Gott« nicht brauchte, so war es doch »Gott« von sich aus auf die Spur gekommen. Er erzählt:

Unsere Katze Fluffy hatte Flöhe. Ich kündigte an, Fluffy im Keller wegen ihrer Flöhe zu behandeln. Unsere Tochter Sarah, damals vier Jahre alt, fragte, ob sie dabei zusehen dürfe. Widerstrebend willigte ich ein – unter der Voraussetzung, dass sie oben an der Treppe stehen bleibt, um nicht den Flohpuder einzuatmen. Von der obersten Treppenstufe beobachtete Sarah den einfachen Vorgang mit großem Interesse. »Daddy«, fragte sie plötzlich, »wie hat Fluffy die Flöhe bekommen?« »Nun«, antwortete ich arglos, »sie wird wohl mit einer anderen Katze gespielt haben, von der sie dann auf Fluffy gehüpft sind.« Sarah überlegte: »Und wie hat diese Katze die Flöhe gekriegt?« »Ach so, wahrscheinlich hat sie noch mit einer anderen Katze gespielt«, antwortete ich lässig, »von der dann die Flöhe auf die Katze gehüpft sind, mit der Fluffy später gespielt hat.« Sarah schwieg für eine Weile. »Aber Daddy«, sagte sie darauf ernst, »es kann doch nicht unendlich so weitergehen, das einzige, was unendlich weitergehen kann, sind Zahlen!«

Nachtrag. Sarah hat entdeckt, dass es mit den Flöhen nicht unendlich weit zurückgehen kann wie mit den Zahlen. Es muss sozusagen einmal einen ersten Floh gegeben haben, wenn es den Floh im Keller gibt. Dieser erste Floh mag ja seinerseits auch noch einmal eine lange Vorgeschichte gehabt haben. Aber auch da kann man nicht ins Unendliche zurückgehen wie bei den Zahlen. Man muss einmal an einen ersten Anfang kommen, der für alles andere ein Anfang ist, selber aber nie angefangen hat. Könnt ihr das noch verstehen?

Gareth B. Matthews

2. Alle haben Rechte – Alle haben Pflichten

Niemand kann leben ohne zu essen und zu trinken. Jeder braucht Kleidung zum Anziehen, ein Dach über dem Kopf und Geld in der Tasche. Aber das genügt nicht. Zum Leben braucht man mehr. Jeder braucht zum Leben **Rechte.** Das heißt, dass jeder – nur weil er ein Mensch ist – Anspruch auf etwas hat, das man nicht wie ein Ding sehen und anfassen kann. Rechte sind unsichtbar und unfassbar, und doch sind sie etwas. Sie sind zu einem menschenwürdigen Dasein nötig. Man braucht sie sich nicht erst mühsam zu verdienen, man hat sie von Geburt an. Weil man sie nicht veräußern (verlieren, verkaufen) kann, heißen sie auch »unveräußerlich«. Weil sie allen Menschen zukommen, heißen sie »Menschenrechte«. Jeder Mensch hat sie, egal, von welchen Eltern er abstammt, egal zu welchem Volk er gehört, egal was für eine Hautfarbe er hat, egal zu welcher Religion er sich bekennt. Auch Kinder haben Rechte.

Zu den besonderen **Rechten, die alle Menschen und somit alle Kinder haben,** gehören folgende:

- das Recht auf Leben
- das Recht auf einen eigenen Namen
- das Recht auf einen Pass
- das Recht unter dem Schutz der Gesetze zu stehen
- das Recht auf richtige Ernährung
- das Recht auf eine Wohnung und ein eigenes Bett
- das Recht auf eine gewaltfreie Erziehung
- das Recht auf Gehör und freie Meinung
- das Recht auf Schule und Unterricht, auf Information und Bildung
- das Recht auf Spiel und Erholung
- das Recht auf Gesundheit und ärztliche Betreuung
- das Recht auf Religionsfreiheit
- das Recht auf Schutz vor Gewalttätigkeit und Ausbeutung
- das Recht auf Hilfe in allen Notlagen
- das Recht auf Freundschaft, Verständnis und Liebe.

Christen glauben, dass den **Menschen Rechte** zukommen, weil Gott sie ihnen gibt. Er macht jede Frau, jeden Mann und jedes Kind zu seinem »Bild« (Gen 1, 27). Diese Spitzenaussage meint: Alle Menschen sind zu achten, zu schützen und zu lieben. Darauf haben sie unwiderruflich Anspruch. Mehr als den Menschen unveräußerliche Rechte zu geben hat selbst Gott kaum für sie tun können.

1 Welche Personen sind für die Durchsetzung und Wahrung eurer Rechte verantwortlich? Welche erscheinen euch selbstverständlich, welche nicht?

2 Könnt ihr selbst etwas für eure Rechte tun? Wie weit seid ihr selbst schon für die Rechte anderer Kinder (mit)verantwortlich?

3 Schreibt einem Politiker aus eurer Stadt, eurem Bundesland, aus dem Bundestag oder dem Europa-Parlament einen Brief und fragt ihn, was er und seine Partei in der letzten Zeit für die Rechte der Kinder getan haben.

Alle **Kinder** haben **Rechte.** Je älter und einsichtiger ein Kind wird, je mehr es schon entscheiden kann, umso mehr wachsen allmählich seine **Pflichten.**

4 Manche von euch kennen die Zehn Gebote (Ex 20, 1–17; →S. 58 f) und das Liebesgebot (Lk 10, 25–27; →S. 211), die wichtigsten Richtlinien für Christen. Sucht die Texte in der Bibel, schreibt sie auf große Plakate und vergleicht sie mit den Rechten und Pflichten für Kinder. Welche Entdeckungen könnt ihr da machen?

5 Ihr könnt in eurer Klasse einmal eine Befragung durchführen, die euch Aufschluss darüber gibt, was euch im Leben wichtig, weniger wichtig und unwichtig ist. Schaut euch dazu die alphabetisch geordneten Wörter an: ausgleichend – bescheiden – ehrlich – fleißig – gehorsam – gerecht – großzügig – hilfsbereit – lustig – mutig – nachdenklich – religiös – selbständig – tolerant – treu.
Versieht diese 15 Eigenschaften mit Punkten und stellt eine Reihenfolge auf, also z. B. »gerecht« 13 Punkte, »fleißig« 3 Punkte. Am Schluss sammelt ihr für die ganze Klasse die Punkte, die jeder von euch einer Eigenschaft gegeben hat. Welche ist der Hit, welche das Schlusslicht? – Ihr könnt die Liste auch selbst abwandeln, kürzen oder Begriffe wie diese einbeziehen: attraktiv – begabt – bekannt – beliebt – cool – erfolgreich – geschickt – gesund – reich – schön – sportlich – stark – verrückt – wahnsinnig.

6 Dass ihr regelmäßig in die Schule geht – ist das mehr ein Recht oder eine Pflicht?

7 Vielleicht habt ihr Lust auf ein Alphabet: Wie Kinder sind, sein sollen und nicht sein sollen, z. B.
A = albern, ängstlich;
B = brav, böse;
C = clever;
D = …;
Z = zappelig, zufrieden.

Jede Medaille hat zwei Seiten. So ist es auch mit den Rechten. Die andere Seite der Rechte nennen wir **Pflichten.** Wer nur ein wenig darüber nachdenkt, wird sofort einsehen: Es kann keine Rechte ohne Pflichten geben.
Logo: Wenn jeder Mensch ein Recht auf Leben hat, darf kein Mensch einem anderen das Leben nehmen. Das ist eine unbedingte Pflicht.
Klar doch: Wenn alle Jungen und Mädchen das Recht auf Schule und Unterricht haben, hat der Staat die Pflicht, dafür genügend Geld zur Verfügung zu stellen. Um das teure Unternehmen bezahlen zu können, nimmt der Staat ja all die vielen Steuern ein.
O.k.: Wenn Kinder vor Gewalt zu schützen sind, besteht für Erwachsene die Pflicht, gefährliche Gewalttäter so zu behandeln, dass sie Kindern nicht schaden können.
Dieser ganze Zusammenhang von Rechten und Pflichten gilt auch für Kinder. Wenn Kinder Rechte haben, haben sie auch Pflichten.
Doch halt! Dieser Satz ist nicht ganz richtig. **Babys** und noch ungeborene Kinder haben nur Rechte, aber noch keine Pflichten. Um Pflichten zu haben, muss man schon etwas von der Welt und von sich selbst verstehen. Man braucht wenigstens etwas Einsicht und ein wenig Verantwortung. Man muss schon das ein oder andere für sich selbst entscheiden können. Wo es dazu noch nicht reicht, gibt es für Menschen nur Rechte, aber noch keine Pflichten. Wer zehn und zwölf Jahre alt ist, hat mehr Pflichten als einer, der vier oder acht Jahre alt ist.

Zu den **Pflichten der Kinder** zählen z. B.:

- die Pflicht, die Gesundheit nicht durch Leichtsinn zu gefährden
- die Pflicht, an der eigenen Ausbildung in der Schule aktiv mitzuarbeiten
- die Pflicht, anderen Kindern soweit wie möglich in Notlagen zu helfen
- die Pflicht, niemanden wegen seiner Volkszugehörigkeit (»Ausländer«), wegen seiner Hautfarbe, seines Geschlechts oder seiner Religion zu beleidigen
- die Pflicht …

Martin Honert, Foto, 1993.

Die goldene Regel – Zwei Fassungen

Es gibt einen Satz, der bei vielen Völkern der Welt bekannt ist. Er fasst alles, was man über Pflichten und Rechte sagen kann, in äußerster Kürze zusammen. Man kann auch sagen: Er bringt das alles auf den Punkt. Er trifft den Kern der Sache. Weil die meisten Menschen diesen Satz für sehr wertvoll halten, nennt man ihn »die goldene Regel«.

Was du nicht willst, dass man dir tu,
das füg auch keinem anderen zu.

Damit war kaum zu rechnen: Jesus hat die goldene Regel noch einmal kräftig überboten, indem er den Wortlaut in seiner Rede am Berg (→ S. 12) nur ein wenig abwandelte:

Alles, was ihr von anderen erwartet,
das tut auch ihnen!

aus dem Evangelium des Matthäus 7, 12

Es gibt viele Pflichten. Aber **nicht alle Pflichten sind gleich** und gleich gewichtig.
• Manche Pflichten gelten immer, manche gab es früher nicht.
• Manche Pflichten gelten hier bei uns, aber nicht für andere Gruppen, Religionen und Völker.
• Manche sind für jeden Menschen lebensnotwendig, andere haben nur einen begrenzten Zweck.

8 Wenn ihr Mitglieder eines Vereins »Mehr Rechte für Kinder« (MRK) wäret, was würdet ihr dann vorschlagen, anregen und verbieten? Könnt ihr eine kurze Satzung und ein Plakat entwerfen?

Für wen gelten die folgenden Pflichten? Stellt eine Rangordnung zwischen den gerade aufgezählten »Kinder-Pflichten« und den folgenden Pflichten her.

• den Rasen nicht betreten
• die Eltern nicht belügen
• das neugeborene Kind taufen lassen
• bei roter Ampel nicht die Straße überqueren
• den markierten Fahrradweg benutzen
• im Ramadan fasten und einmal im Leben nach Mekka pilgern (→ S. 260 ff)
• bei der Klassenarbeit nicht mogeln
• beim Mittagessen schweigen
• einem Verunglückten erste Hilfe leisten
• im Supermarkt nichts unbezahlt mitgehen lassen
• kein Schweinefleisch essen
• den Lehrern gehorchen
• vegetarisch leben
• nicht rauchen
• in der Mittagszeit im Haus keinen Lärm machen
• beim Fußball nicht mit der Hand spielen
• das anvertraute Geheimnis eines Freundes oder einer Freundin nicht verraten
• …

Paul Klee (1879–1940),
Ein Kinderspiel, 1939.

3. Die großen Nöte der Kleinen

Wer meint, die Kids seien nur lustig und vergnügt, kennt sie nicht. Kinder haben oft Sorgen. Wenn sie so um 10 Jahre alt sind – manchmal auch schon früher – ändert sich einiges an ihrem bisherigen Verhalten. Vor allem wollen sie selbständiger sein. Sie regeln ihre Verabredungen oft ohne Mutter und Vater. Sie möchten nicht mehr beim Freund oder bei der Freundin abgeholt werden, sondern allein nach Hause kommen. Sie wenden sich nicht mehr mit allen Problemen sofort an die Eltern, sondern suchen allein damit fertig zu werden. Auf Kritik der Eltern, Lehrer und Freunde reagieren sie empfindlicher und abweisender als früher.

Vor allem fühlen sie sich gekränkt, wenn ihre Fehler und Schwächen (»wunde Punkte«) verspottet oder nachgeahmt werden. Wer z. B. lispelt, wem die Stimme manchmal versagt, wer kleine Pickel im Gesicht oder wenig Haare auf dem Kopf hat, wem nicht alle Übungen im Sportunterricht mühelos gelingen, der möchte nicht von Klassenkameraden verlacht werden. Kleine Sticheleien tun auch dann weh, wenn sie witzig gemeint sein sollen.

Viele Kinder kennen das Leid. Kinder sind oft in Not.

Käthe Kollwitz (1867–1945), Saatfrüchte sollen nicht vermahlen werden!, 1942.

Sorgen des Alltags

- Peter (11) schreibt in letzter Zeit nur noch schlechte Klassenarbeiten. Am Schuljahrsende wird er nicht versetzt. Peters Eltern haben sich scheiden lassen.
- Maria (12) kann sich so ausgefallene Hosen, Schuhe und Blusen nicht leisten wie viele ihrer Klassenkameradinnen. Die beliebten Markenartikel sind nur für andere da. Ihr Vater ist arbeitslos.
- Edith (10), ein Mädchen mit Übergewicht, wird immer von ihren Mitschülern gehänselt. Sie heißt nur »die Dicke«.
- Mehmet (11) stammt aus einer türkischen Familie, die schon lange in Deutschland lebt. Wenn jemand Klassenkameraden zum Geburtstag nach Hause einlädt, wird Mehmet regelmäßig übergangen.
- Sabina (12) lebt in einem Kinderheim, weil ihre Eltern bei einem Autounfall ums Leben gekommen sind.
- Sophie (10) kommt oft zu spät in den Unterricht. Obwohl die Lehrerin Verständnis zeigt und nicht schimpft, ist ihr die Sache peinlich. Alle wissen: Ihre Mutter ist Alkoholikerin.
- Jan (10) weiß, dass er nicht mehr lange leben wird. Er hat einen Hirntumor, der sich rasch ausbreitet.
- …

1 Kennt ihr ähnliche Beispiele?
2 Kennt ihr Situationen, in denen Mädchen und Jungen wegen Sprachschwierigkeiten, wegen ihres Aussehens, wegen ihrer Kleidung, wegen ihrer Eltern, wegen sportlicher Ungeschicklichkeit geärgert, nachgeäfft und verlacht werden? Wie verhaltet ihr euch in solchen Situationen?
3 Gibt es bei euch Gewalt unter Kindern? Wenn ja – was könnt ihr dagegen tun?

Für viele Kinder stehen die Kinder-Rechte nur auf dem Papier, sie wirken sich nicht in ihrem Leben aus. Fast überall in der Welt leben Kinder in menschenunwürdigen Verhältnissen. Wie schlimm die Situation ist, mag man kaum glauben, vor allem, wenn man in einem Land lebt, in dem es Wohlstand für viele gibt. Viele Leute verschließen dort ihre Augen vor den Ungeheuerlichkeiten, weil sie sich durch das Elend der Kinder nicht die Stimmung verderben lassen wollen.

Ein paar Beispiele für Kinder-Elend aus der Zeit um das Jahr 2000:

■ Jedes Jahr sterben weltweit fast **sieben Millionen Kinder** an den Folgen **unzureichender Ernährung.** Das bedeutet pro Tag den Tod von **20 000 Jungen und Mädchen.** Sie werden zuerst krank, magern völlig ab und müssen schließlich sterben, weil sie zu wenig zu essen haben und weil ihre Nahrungsmittel schlecht, nährstoff- und vitaminarm sind. Sie sterben, obwohl es in der Welt genügend Lebensmittel für alle und in vielen Gegenden sogar einen großen Überschuss an Lebensmitteln gibt.

■ Schmutziges **Trinkwasser** und **schlechte hygienische Verhältnisse** verursachen jährlich den Tod von 2, 2 Millionen Kindern unter fünf Jahren.

■ Es gibt auf der Welt schätzungsweise 100 bis 200 Millionen **Straßenkinder** im Alter zwischen 8 und 15 Jahren. Auf 40 000 wird ihre Zahl in Deutschland geschätzt. Man trifft sie in Indien, Afrika, Südamerika und Osteuropa. Eine traurige Berühmtheit haben die Straßenkinder von São Paulo, Manila und Moskau erlangt. Sie leben auf den Straßen, schlafen unter Brücken, in verfallenen Häusern oder im Bahnhof. Häufig werden sie von ihren Eltern auf die Straße geschickt, damit sie etwas zum Familienunterhalt beitragen. Häufig sind sie aus Angst vor Prügel oder sexueller Ausbeutung von zu Hause ausgerissen. Viele sind auch von den Eltern hinausgeworfen worden. Die meisten gehen nicht in eine Schule. Sie leben vom Straßenverkauf, kleinen Dienstleistungen (Autowaschen, Schuhe putzen), Straßenschauspiel, Betteln und Diebstahl. Ihr Gesundheitszustand ist oft Besorgnis erregend. Katastrophal wird ihr Los, wenn sie in die Hände

4 Kennt ihr auch selbst Kinder, deren Rechte verletzt werden?

5 Stellt euch vor, ihr könntet mit einem der betroffenen Kinder reden – was könntet ihr euch sagen?

6 Es gibt genug Brot, um die ganze Menschheit satt zu machen. Warum gibt es nicht genug Brot, um alle Kinder satt zu machen?

7 Was hieltet ihr davon, wenn die täglichen Nachrichten im Fernsehen oder Radio mit der Meldung beginnen würden: »Auch heute sind wieder – wie in den letzten Jahren – ca. 35 000 Kinder auf der Erde an den Folgen von Hunger, Wassermangel, leicht heilbaren Krankheiten, Armut, Krieg, Verwahrlosung und Kriminalität gestorben. Sie könnten noch leben, wenn sie etwas von dem Überfluss abbekämen, der bei uns herrscht.« Fragt doch einmal bei den Fernsehsendern an, warum sie eine so wichtige Nachricht nicht bringen.

kriminneller Gruppen geraten, die sie zu strafbaren Handlungen zwingen, z. B. zum Verkauf von Drogen, zu Einbrüchen und zu sexuellen Diensten. Tausende Straßenkinder werden jährlich umgebracht, wenn die Verführer fürchten, von ihnen bei der Polizei verpfiffen zu werden. Manchmal genügt für ihre Ermordung auch schon ihr bisschen Geld, das jemand gewaltsam an sich bringen will. Wenn den Straßenkindern niemand hilft, Vertrauen zu sich und zu den Erwachsenen zu finden sowie einen Beruf zu erlernen, ist ihre Zukunft hoffnungslos.

■ Vollends schockierend ist die Tatsache, dass auch gegenwärtig in Afrika und Südamerika obdachlose Kinder getötet werden, um deren gesunde **Organe** an private Kliniken zu verkaufen, wo sie reichen Patienten eingesetzt werden.

■ Auch der **Kinderhandel** bzw. die **Kindersklaverei** ist noch immer nicht ausgestorben. Weltweit werden Minderjährige entführt oder verkauft, die dann z. B. bei Grundbesitzern als Arbeitskräfte eingesetzt werden oder für kriminelle Banden betteln müssen.

■ Die **Kinderarbeit** ist weltweit verbreitet. An die 250 Millionen Kinder im Alter von fünf bis vierzehn Jahren müssen sich täglich hart quälen, um etwas Geld zu verdienen. Die Hälfte von ihnen arbeitet täglich mehr als 9 Stunden, die andere Hälfte verbindet Arbeit und Schule. Etwa 50 Millionen Kinder zwischen fünf und elf Jahren tun Arbeiten, die ihre Gesundheit gefährden, wenn sie z. B. im Bergbau oder auf Baustellen tätig sind. In manchen Gegenden müssen Kinder ohne Schutzmaske auf den Feldern Flaggen hochhalten, die Flugzeuge mit Pflanzengift einweisen. In vielen Ländern Südamerikas, Asiens und Afrikas werden Mädchen und Jungen täglich stundenlang bei der Ernte eingesetzt. Sie leisten dabei oft Schwerstarbeit. Dabei ist die Ursache ihrer Arbeit nicht der böse Wille ihrer Eltern, sondern deren Armut. In Indien, Nepal und Pakistan knüpfen unzählige Fünf- bis Vierzehnjährige in engen Fabriken Teppiche. Sie arbeiten an staubigen Webstühlen ohne Pause bis zu 16 Stunden für einen geringen Lohn. Woanders müssen Kinder Hemden nähen, Säfte pressen, Turnschuhe anfertigen oder Kinderspielzeuge herstellen, die dann bei uns zu Niedrigpreisen auf den Markt kommen. Wenn man sie auf Grund von Protesten von den Arbeitsstellen entfernt, geraten ihre Familien oft in noch größere Armut. Sie selbst müssen unter Umständen in gefährlichere Arbeitsplätze ausweichen. Eine schulische Ausbildung erhalten die meisten nicht.

■ Weltweit sind zur Zeit etwa 50 Millionen Menschen auf der **Flucht.** Davon wurden 30 Millionen aus ihrem eigenen Land vertrieben. Jeder zweite Flüchtling ist ein Kind.

■ In einigen Ländern Ostasiens, vor allem in Thailand, werden Kinder sexuell missbraucht. Mädchen verkaufen in Bordellen ihren Körper an Sextouristen, die oft auch aus Deutschland kommen. Den Zuhältern und den Verbrecherringen bringt die **Kinderprostitution** den fettesten Gewinn. Man schätzt ihre Einnahmen weltweit auf jährlich acht Milliarden Mark. Die Kinder selbst erhalten nur wenig Geld, das sie nicht selten zur Unterstützung ihrer verarmten Familien verwenden. Oft werden sie ungewollt schwanger und infizieren sich mit Aids. In den Reiseländern steht die Kinderprostitution nicht unter Strafe. In Deutschland ist der Missbrauch minderjähriger Kinder erst seit 1993 strafbar. Bisher sind aber nur einige Männer verurteilt worden. Insgesamt sind etwa zwei Millionen Kinder Opfer der Kinderprostitution und der **Kinderpornographie** (sexuelle Ausbeutung für Filme, Fotos und Videos).

■ In Indien, Bangladesch, Pakistan und China sind **Mädchen Menschen zweiter Klasse.** Ihre Eltern meinen allzu oft, Mädchen nützten der Familie weniger als Jungen. Tatsächlich kosten sie bei der Eheschließung ein hohes, oft kaum bezahlbares Brautgeld. Um sich der Last zu entledigen, gibt es dort vielfache Gewalt gegen Mädchen. Unzählige weibliche Föten (Kinder im Mutterleib) werden abgetrieben, Mädchen kurz nach der Geburt getötet, vielfach misshandelt, schlechter ernährt und weniger gesundheitlich versorgt als Jungen. Darum gibt es in diesen Ländern einen unnatürlichen Männerüberschuss. Dort kommen auf 1000 Männer nur 929 Frauen, während es woanders bei Erwachsenen 1040 Frauen sind. Im Übrigen erhalten die Mädchen in diesen Ländern kaum eine berufliche Ausbildung. Ihr Los bessert sich auch nicht, wenn sie – meist noch sehr jung – verheiratet werden. Nicht selten betrachten die Ehemänner ihre Frauen als ihr Eigentum. Sie haben nur die Aufgaben zu dienen, zu arbeiten und Söhne zu gebären.

■ Zur Zeit gibt es schätzungsweise ca. 300 000 **Kindersoldaten** zwischen 7 und 18 Jahren. In 27 Ländern kämpfen Kinder unter 15 Jahren. Diese werden bei Bedarf brutal gezwungen, sich am Krieg zu beteiligen und dabei andere Kinder und Erwachsene zu töten. Sie sind gute Kämpfer, weil sie

jung sind und angeben wollen. Für sie werden eigens kleine handliche Waffen hergestellt. Weil sie alles für Spiel halten, haben sie keine Angst. Doch nach einiger Zeit erleiden die Kinder allesamt schwere seelische Schäden.

■ Weltweit sind seit 1975 eine Million Menschen in Kriegsgebieten, z. B. in Vietnam, Kambodscha, Irak und Jugoslawien durch **Landminen** getötet oder verletzt

8 Christine (11) hat in einem Brief geschrieben: »Wenn wir einmal für ein paar Tage so leben würden wie die Kinder in der Dritten Welt, würden wir erst richtig merken, wie das ist. Es wäre auch gerecht.« Was haltet ihr davon?

9 Seit einigen Jahren ziehen zu Jahresbeginn viele Mädchen und Jungen als »Sternsinger« (»Drei Könige«) von Tür zu Tür, um Geld für Kinder in der Dritten Welt zu sammeln. Könnt ihr euch dieser Aktion anschließen und danach erzählen, wie es euch ergangen ist? Zur Vorbereitung solltet ihr euch über die Not der Kinder in der Welt informieren. Mit etwas Phantasie habt ihr rasch eine Königskrone und ein Königsgewand hergestellt. Ein paar Lieder müsstet ihr vorher einüben.

worden. Unter den Opfern sind sehr viele Kinder. Die gefährlichen Minen haben die Größe einer Cremedose oder eines Tennisballs, sind aus Plastik und kosten fünf bis sieben Mark. Die Explosion trifft die Kinderkörper mit voller Gewalt. Je jünger sie sind, um so geringer ist die Überlebenschance. Viele Kinder haben durch die Minen Beine oder Arme verloren. Bis heute gibt es erst zaghafte Ansätze zu einer weltweiten Ächtung der Minen. Die Minen fordern täglich neue Kinder-Opfer.

Man könnte die Liste noch weiter fortsetzen. Sie dürfte aber genügen, um alle Mädchen und Jungen tief zu erschüttern. Vielleicht stellen sich Ratlosigkeit und Fassungslosigkeit ein. Aber wenn man von all dem Unglück der Kinder überall in der Welt hört, darf man auch nicht übersehen, dass die Situation vor Jahren noch schlimmer war. Manches, wenn auch viel zu wenig, ist schon erreicht worden. Viele einzelne Menschen und viele Organisationen sind dabei, das Los der Kinder zu verbessern. An nicht wenigen Orten ist es gelungen, den Hunger zurückzudrängen, vorbeugende Maß-

nahmen für die Gesundheit der Kinder zu treffen, Ausbildungsplätze zu schaffen, die Chancen der Mädchen an die der Jungen anzugleichen und die Leute hier zu bewegen, keine Produkte mehr zu kaufen, die durch Kinderarbeit hergestellt wurden. Es gibt also **kleine Zeichen der Hoffnung.** Sie dürfen aber nicht dazu führen, dass man sagt: Es ist alles doch nicht so schlimm. Oder: Es wird schon werden. Der kleine Funke Hoffnung muss zu einem großen Licht werden. Er sagt: Anstrengungen sind nicht vergeblich. Jede **Hilfe ist wichtig.**

Links: Kriegsopfer, Cucurca, Osttürkei.

Das Leiden der Kinder

Wir können es nicht verhindern, dass diese Schöpfung eine Welt ist, in der Kinder gemartert (d. h. gequält und getötet) werden. Aber wir können die Zahl der gemarterten Kinder verringern.

Albert Camus (1913–1960), französischer Dichter und Philosoph

**Kindernot –
Findet ihr Wörter?**

A: ARM
B: BEGREIFEN
D: DU
E: ESSEN
F: FRIEDE
G: GEFAHR
H: HUNGER
I: IDEEN
K: KOPF
L: LACHEN
M: MUT
N: NEIN
O: OBEN
R: REICH
S: SINN
T: TEILEN
U: UNTEN
V: VERKEHRT
W: WARUM
Z: ZORN

Hans Manz (geb. 1931)

PROJEKT

Vielleicht bewegen euch die Informationen dieses Abschnitts so, dass ihr mehr über die Kinder der Welt erfahren wollt. Schon viele Klassen haben sich an ein Projekt gemacht, in dem sie sich mit einer Gruppe der Kinder (Hunger, Krankheit, Arbeit, Ausbeutung o. a.) näher befasst haben. Es wäre nicht schlecht, wenn diese Arbeit fächerverbindend zusammen z. B. mit Erdkunde, Politik, evangelischer Religionslehre, Englisch und evtl. auch klassen- und schulübergreifend in Gang käme. Ihr könnt versuchen, Kontakt mit Kindern in anderen Ländern aufzunehmen, Briefe und Fotos auszutauschen, nach den Ursachen der Not zu fragen, euch über die konkrete Situation zu informieren, nach Möglichkeiten der Hilfe Ausschau zu halten. Einige Anregungen und Adressen findet ihr → S. 212.

Die meisten Zahlen dieses Abschnitts stammen von UNICEF (United Nations Children's Fund), dem Weltkinderhilfswerk der Vereinten Nationen. Auch von hier könnt ihr tatkräftige Hilfen erwarten (Zeitungen, Broschüren, Adressen, Unterrichtsmaterialien usw.). Die Adresse: UNICEF Deutschland, Höninger Weg 104, 50969 Köln. In vielen Städten gibt es eine Vertretung von UNICEF, deren Adresse ihr im Telefonbuch findet.

4. Kinder Gottes

Im Christentum müssen sich Kinder eigentlich rundum wohl fühlen. Sie haben hier eine ausgezeichnete Stellung, wie sie sonst in der Welt nicht selbstverständlich ist. Hier sind alle Menschen Kinder – Kinder vor Gott. Alle stehen vor Gott sozusagen auf derselben Stufe. Das könnte nicht sein, wenn Gott die Kinder nicht besonders liebte. Das biblisch geprägte Christentum ist die Religion der Kinder Gottes. Jemand hat einmal gesagt: »Die Kids sind Gottes Hits«.

Jesus macht sich vor Gott zum Kind, wenn er seinen Vater im Gebet mit »Abba« anspricht. Das Wort aus der jüdischen Kindersprache müsste eigentlich mit »Papa« oder »Väterchen« übersetzt werden. In seinem Mund klingt es nur vertraut und liebevoll. Alle dürfen Gott so ansprechen.

Alle Kinder

Alle Kinder dieser Erde sind vor Gottes Angesicht
eine riesige Familie, ob sie's wissen oder nicht.

Alle sind genauso gerne froh und lustig auf der Welt,
freun sich über Mond und Sterne unterm gleichen Himmelszelt.

Spielen, lernen, singen, lachen, raufen sich auch mal geschwind.
Alle sind sie Gottes Kinder, welcher Farbe sie auch sind.

Christel Süßmann

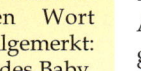

Die Bibel erklärt alle Menschen vor Gott gleich und benennt alle mit demselben Wort **»Kinder Gottes«.** Wohlgemerkt: Alle sind »Kinder«. Jedes Baby, jedes Mädchen, jeder Junge, jeder Heranwachsende, alle Frauen und Männer, selbst die Großmütter und Großväter sind vor Gott »Kinder«.

Kinder in der Bibel

Die Bibel ist kein Kinderbuch. Sie ist nicht eigens für Kinder abgefasst. Aber auch Kinder können schon viele Abschnitte der Bibel verstehen. Dazu gehören vor allem solche Texte, in denen von Kindern erzählt wird. Ein paar Beispiele sollen euch neugierig machen und zur Lektüre anregen.

■ Im Alten/Ersten Testament erwählt Gott zuerst **Abraham** (→ S. 51) für seine Geschichte mit den Menschen. Ihm werden zum Zeichen seiner Berufung viele Kinder versprochen. Sie sollen Zeichen seiner Hoffnung sein. Die Verheißung scheint zunächst nicht einzutreffen, da Abraham und seine Frau **Sara** schon alt sind. Es kommt dazu, dass Sara ihre eigene Sklavin Hagar bittet, Abraham einen Sohn zu gebären, der **Ismael** genannt wird und Stammvater der Araber geworden ist (Gen 16; 21, 9–16; → S. 247). Später bekommt Sara doch noch einen Sohn, den **Isaak** (Gen 21, 1–8), den Abraham Gott auf dem Berg opfern soll (Gen 22; → S. 52). Aber am Ende erkennt Abraham: Gott will keine Kinderopfer. Wenn Abraham Gott irgendwo am Werk sieht, dann in seinen Kindern.

■ Wie ungewöhnlich Kinder sein können, zeigt das Brüderpaar **Esau und Jakob** (Gen 25, 27–34; 27, 1–40; → S. 52 f). Mit unglaublichen Tricks haut Jakob den Esau übers Ohr. Was sie sich gegenseitig antun, das ist schon eine dramatische Geschichte.

■ Sie wird nur noch überboten durch das, was die **zwölf Söhne des Jakob** erleben (→ S. 53). Wer hat nicht von den Träumen des Josef gehört und von seinen Brüdern, die ihn beinahe getötet hätten, weil er ihnen hochmütig erschien. Und wer kennt nicht die aufregenden Geschichten von seinem jüngsten Sohn Benjamin, dem Sohn der einzig geliebten Rahel. Ihn beschuldigte man – wenigstens zum Schein – des Diebstahls und brachte ihn so in eine schlimme Situation. Spannend wie der Anfang ist das Ende der Erzählung, aus der man viel über Gott und die Welt lernen kann.

■ Dem größten Sohn des jüdischen Volkes, dem **Mose** (Ex 2, 1–10; → S. 54 ff) ist eine eigene wunderbare Kindheitserzählung gewidmet (→ S. 55), die für ihn mit einer tödlichen Gefahr beginnt, dann aber ein unerwartetes Ende findet.

■ Der junge **David** kann sich mit einer kleinen Schleuder gegen den schwer bewaffneten, riesigen Philister Goliat durchsetzen (1 Sam 17; → S. 65 f). Sein Sieg ist ein Sieg der jugendlichen Zuversicht gegenüber altem Hochmut, der Schwachen über die Starken, der Israeliten über die Philister, ein Sieg des Vertrauens gegenüber der Gewalt.

■ Das Urteil, das der weise König **Salomo** im Streit zweier Mütter gesprochen hat (1 Kön 3, 16–28), ist weltberühmt geworden. Beide Frauen hatten im gleichen Haus zur gleichen Zeit ihre Kinder geboren, aber ein Kind war sofort nach der Geburt gestorben. Nun behaupteten beide, ihr Kind sei das lebende. Als der König nun den Streit dadurch zu beenden vorgab, dass er das Kind mit dem Schwert durchteilen und jeder Mutter eine Hälfte des Kindes zusprechen werde, war die eine Frau einverstanden, aber die richtige Mutter stimmte aus Liebe zu ihrem Kind nicht zu. Da wusste der König, wie er in diesem Streit Recht sprechen musste.

■ Manchmal vergleicht **Gott** seine Liebe zu den Menschen mit der Liebe einer Mutter zu ihren Kindern: Jes 49, 15–16; → S. 69.

Emil Nolde (1867–1956), Jesus und die Kinder (Lk 18,15–17), 1910.

Oskar Kokoschka (1886–1980), Jesus hilft den hungernden Kindern, 1945.

Der Künstler ließ dieses Bild an Weihnachten auf eigene Kosten 5000 Mal als Plakat drucken und in London an U-Bahnhöfen und Litfaß-säulen anbringen. Er war vor den Nationalsozialisten nach England geflohen.

■ Im Neuen Testament gibt es zwei Erzählungen von der Kindheit Jesu, die aus der **Weihnachtszeit** bekannt sind. Sie stehen im Matthäus- und Lukasevangelium (→ S. 116).

■ Jesus hat während seines öffentlichen Wirkens auffällig oft den **Kontakt mit Kindern** gesucht. Er hat mehrfach kranke Kinder geheilt. Dramatisch verlief z. B. die Heilung eines besessenen Knaben (Lk 9, 37–43a; → S. 106).

■ Unter den drei **Todeserweckungen,** von denen die Evangelien erzählen, waren zwei von Kindern und Jugendlichen: die Tochter eines Synagogenvorstehers namens Jairus (Mk 5, 35–43) und der Sohn einer Witwe von Nain (Lk 7, 11–17).

■ Jesus hat nie gesagt, dass Kinder wie **Erwachsene** sein sollen, wohl aber, dass Erwachsene wie Kinder werden müssen, um Zugang zum Reich Gottes (→ S. 104) zu haben. Dabei hat er nicht gemeint, die Kinder seien immer gut oder gar unschuldig. Er wusste nur zu genau, dass die Kleinen oft nicht gerade liebevoll miteinander umgehen und mancherlei Macken haben. Eher hat er daran gedacht, dass Kinder ganz auf ihre Eltern angewiesen sind und im Vertrauen auf sie leben, ohne bereits selbst für sich sorgen zu können. Sie nehmen und fordern von den Eltern alles mit der größten Selbstverständlichkeit. Ein ähnliches Vertrauen sollen alle Christen zu Gott haben. Wer sich vor Gott wie ein Kind weiß, wird von Gott angenommen. Niemand darf sich vor Gott wie ein Erwachsener aufführen, der meint, alles für sich selbst regeln zu können.

■ **Jesus** wollte Kinder bei sich haben. Er hat nicht zugelassen, dass man sie von ihm fernhielt, weil sie etwa stören könnten. Er setzte die Kinder sogar mit sich selbst auf eine Stufe: Was man einem Kind tut, das tut man Jesus. Und selbst dieses unerhörte Wort hat er noch überboten: Was man einem Kind tut, das tut man Gott selbst an. Nie hat jemand über Kinder etwas Großartigeres gesagt.

Zwei unerhörte Jesusworte über die Kinder

Wer das Reich Gottes (→ S. 104) nicht annimmt wie ein Kind,
wird nicht hereinkommen.

aus dem Evangelium nach Markus 10, 15

Er nahm ein Kind, stellte es mitten unter sie, schloss es in seine Arme und sprach zu ihnen: Wer eines von solchen Kindern aufnimmt in meinem Namen, der nimmt mich auf, und wer mich aufnimmt, der nimmt nicht mich auf, sondern den, der mich gesandt hat (d. h. Gott).

aus dem Evangelium nach Markus 9, 36

Wie Kinder leben

1. Das Buch der Bücher

Viele Mädchen und Jungen sind »Leseratten«. Sie verschlingen alle Bücher, die sie in die Hand bekommen. Andere sind enttäuscht, wenn man ihnen ein Buch schenkt, weil sie selten Lust zum Lesen haben. Es gibt vieles, das sie viel lieber tun: spielen, Sport treiben, Fernsehen gucken, sich mit dem Computer beschäftigen.

Auch manche Erwachsene meinen, Bücher seien überholt (»out«). Dabei werden ständig mehr Bücher gedruckt und der Verkauf nimmt zu.

Es gibt auch heute gute Gründe Bücher zu lesen, z. B.

- Ein Buch kann man leicht mitnehmen und überall lesen, auch gemütlich im Bett
- Bücher regen die Fantasie an und sind manchmal spannender als das Fernsehen
- Zum Nachschlagen sind Bücher praktisch und oft unverzichtbar
- Bücher machen uns mit interessanten Menschen, fernen Ländern und anderen Zeiten bekannt
- Bücher können uns unterhalten und belehren
- Bücher erweitern unseren Horizont und helfen, dass wir uns selbst besser verstehen
- …

Die Welt der Bücher zeigt uns, wie bunt die Welt ist. Da gibt es Romane und Abenteuergeschichten, Tier- und Pflanzenbücher, Reiseberichte, Einführungen zu verschiedenen Techniken und viele andere Buchsorten. Es gibt wohl kaum ein Thema, zu dem es nicht ein Buch gibt. Man sieht die Dinge, über die man gelesen hat, nach der Lektüre oft mit anderen Augen. Bücherfreunden braucht man Bücher nicht anzupreisen. Sie wissen, was sie an Büchern haben. Aber sie wissen auch, dass nicht alle Bücher für sie in Frage kommen. Aus der Flut der Bücher muss man die auswählen, von denen man sich etwas verspricht.

Unter allen Büchern gibt es eines, das **»das Buch der Bücher«** genannt wird. Damit spricht man diesem Buch eine herausragende Bedeutung zu. Dieses Buch ist die Bibel. In der ewigen Hitliste aller Bücher nimmt sie beständig den Spitzenplatz ein. Die Bibel ist der älteste Bestseller der Welt. Ein so altes Buch wie die Bibel, das bis heute aktuell geblieben ist, kann nicht veralten.

Es gibt Mädchen und Jungen, die zuerst erschrocken sind, wenn sie sich mit der Bibel beschäftigen sollen. Sie vermuten, die Bibel sei ein veraltetes Buch, das heute nicht mehr viel bedeutet. Sie befürchten die große Langeweile, wenn sie die Bibel lesen. Dabei haben sie sich vielleicht noch nie mit der Bibel befasst. Doch gilt: Nur wer einen Versuch mit der Bibel macht und sich auf sie einlässt, kann wirklich beurteilen, ob seine Ablehnung berechtigt ist. Wenn die Bibel wirklich »das Buch der Bücher« ist, kann ein Versuch nicht verkehrt sein.

Der Name **»Bibel«** kommt von dem griechischen Wort »biblos«, d. h. »Blatt« oder »Buch«. Das Wort leitet sich her von der alten phönizischen Hafenstadt Byblos (im heutigen Libanon). Von dort bezogen die Griechen im Altertum das aus Papyrusstauden (→ S. 36) gewonnene Schreibmaterial, den sogenannten Papyrus. Den geschriebenen Text nannten sie »biblos« oder »biblion«. Unser Wort »Bibliothek« ist damit verwandt. Seit dem 4. Jahrhundert nC nennen die Christen ihre heilige Schrift ganz einfach »die Bibel«, d. h. »das Buch«.

Wovon die Bibel handelt

Die Bibel ist ein Buch mit unvergleichlicher Spannung und Spannweite. In einem unerhörten Bogen verbindet sie den Anfang der Welt mit dem Ende der Tage.

■ Sie beginnt mit einer Erzählung von der Schöpfung der Welt und der Menschen.

■ Dann wendet sie sich ausführlich der Geschichte Gottes mit dem Volk Israel zu.

■ Sie stellt im Weiteren Leben und Werk Jesu Christi und die Anfänge der Kirche dar.

■ Von dem Ende der Zeiten und der Ewigkeit erzählt das letzte biblische Buch.

In diesem weiten Rahmen erzählt die Bibel, wie Menschen Gott suchen und wie sie nach sich selbst fragen. Was die Bibel dazu sagt, gilt nicht nur für die Vergangenheit. Es ist auch für die Gegenwart wichtig.

1 Könnt ihr euer Lieblingsbuch einmal mitbringen? Erzählt der Klasse von eurem Lieblingsschriftsteller.

2 Was erscheint euch besser: ein Buch lesen – eine Fernsehsendung angucken – ein Video sehen – im Internet surfen?

3 Wisst ihr, wie ein Buch entsteht?
• Ein Schriftsteller hat eine Idee. Er will z. B. beschreiben, was eine Läuferin alles getan hat, bis sie eine Goldmedaille bei den Olympischen Spielen gewonnen hat.
• Er versucht, der Sportlerin zu schreiben und sie zu interviewen.
• ...
• Ihr habt sein Buch in Händen und könnt es lesen. Welche Stationen liegen dazwischen?

4 Bücher, die in früheren Zeiten geschrieben wurden, sind für uns oft nicht so leicht zu verstehen wie Bücher aus unserer Zeit. Woher kommt das? Was bringt es, auch alte Bücher zu lesen?

5 Anregungen für die Arbeit mit der Bibel: → S. 48.

Vincent van Gogh (1853–1890), Stillleben mit aufgeschlagener Bibel, Kerze und Roman, 1885. Der Titel des französischen Romans lautet: »Die Freude am Leben«.

Zahlen zur Bibel

• Die Bibel ist um das Jahr 2000 das am meisten verbreitete Buch auf der ganzen Welt. Eine vollständige Bibelübersetzung gibt es in ca. 370 Sprachen. Das Neue Testament allein ist in etwa 1300 Sprachen vollständig übersetzt. In einzelnen Teilen (Evangelien, Psalmen u. a.) kann die Bibel in mehr als 2220 Sprachen und Mundarten gelesen werden. An weiteren 685 Projekten wird gearbeitet.

• Zur Zeit werden jährlich ca. 22 Millionen vollständige Bibeln und ca. 600 Millionen Bibelauszüge verkauft oder verschenkt. Kein anderes Buch der Welt erreicht auch nur annähernd solche Auflagen.

• Kein Buch ist so oft verfilmt worden wie die Bibel. Es gibt sie als Video, als Comic, auf Kassetten. Ihre Texte können jederzeit im Computer über CD-Rom oder Internet abgerufen werden.

• Hervorragende Wissenschaftler sind ihr Leben lang damit beschäftigt die Bibel zu erforschen und auszulegen.

• Unzählige Menschen lesen täglich in der Bibel.

Nimm ein Buch

Nimm ein Buch, mach es auf:
Du kommst auf was drauf.

Lass es sein, mach es zu:
Es gibt keine Ruh.

So ist das eben:
Die Bücher leben.

Wolf Harranth (geb. 1941)

2. Eine ganze Bibliothek

Die Bibel, die Jesus las, bestand nur aus den Büchern, die man später »Altes Testament« nannte. Nach dem Tod Jesu entstanden in den frühen christlichen Gemeinden Schriften, die von Jesus erzählen und sein Werk deuten. Die junge Kirche nannte diese Schriften **»Neues Testament«**. Damals erhielten die heiligen Schriften der Juden von den Christen den Titel **»Altes Testament«**. Weil diese Bezeichnung den Eindruck hervorrufen könnte, diese Schriftengruppe sei »veraltet«, nennen wir sie auch **»Erstes Testament«**. Darin kommt zum Ausdruck, dass das »Alte Testament« den Anfang aller heiligen Schriften bildet und der Boden ist, auf dem das »Neue Testament« steht. Juden nennen diese Schrift nicht »Altes Testament« und nicht »Erstes Testament«, sondern **»Hebräische« oder »Jüdische Bibel«**. Bis heute ist das »Erste Testament«/die »Hebräische Bibel« die heilige Schrift, die Juden und Christen gemeinsam haben. Darin sind beide Religionen innerlich verbunden und verwandt. Das »Neue Testament« ist nur für die Christen heilige Schrift. Darin unterscheidet sich das Christentum vom Judentum.

Die eine Bibel, die so viele biblische Bücher umfasst, hat auch **zahlreiche Verfasser.** Unter ihnen sind Junge und Alte, Könige und Arme, Priester und Propheten, Geschichtsschreiber und Dichter, Jünger und Apostel Jesu. Manche biblische Autoren kennen wir mit Namen, z. B. den Propheten Jesaja oder den Apostel Paulus. Bei manchen Büchern wissen wir nicht mehr, wer sie geschrieben hat. Oft sind am Zustandekommen einzelner Bücher mehrere Autoren und Gruppen (»Schulen«) beteiligt gewesen.

Man kann die Bibel nicht wie einen Roman in einem Stück von vorn bis hinten lesen, weil sie keine fortlaufende Erzählung ist. In der biblischen Bibliothek finden sich ganz unterschiedliche Schriften: spannende Geschichten, wunderbare Erzählungen, historische Berichte, alte Heldensagen, originelle Sprichwörter, bedenkenswerte Gleichnisse, bunte Reiseberichte, sinnvolle Gebote, ungewöhnliche Gebete. Es gibt auch biblische Texte, die junge Leute nicht so interessieren, z. B ausführliche Stammbäume, Siedlungsräume einzelner Stämme oder Kommentare zu alten Gesetzen. Für Wissenschaftler sind auch diese Texte ergiebig.

Wichtige Abkürzungen

In Bibliotheken werden die Bücher oft auf ihrem Rücken und auf der ersten Seite mit einer Abkürzung gekennzeichnet, ähnlich wie wir auf dem Bildschirm eines Computers oder auf Autoschildern Abkürzungen finden. Auch für die biblischen Bücher gibt es Abkürzungen, z. B.

Altes/Erstes Testament (AT)	Neues Testament (NT)
Gen = Genesis, d. h. Ursprung, Anfang; das 1. Buch Mose	Mk = Markusevangelium
Jos = Josua	Apg = Apostelgeschichte
2 Kön = das 2. Buch der Könige	2 Kor = der 2. Brief des Paulus an die Korinther
Ps = Psalmen	Offb = die Offenbarung des Johannes
Jes = Jesaja	

Die eine Bibel ist kein einheitliches Buch. Man kann sie mit einer kleinen **Bibliothek** vergleichen. Katholische Christen zählen 73 Bücher zur Bibel. Das sind ein paar mehr, als Juden und evangelische Christen in ihrer Bibel haben.

Die Bibel umfasst zwei große Teile, die wir das **»Alte Testament«** oder auch das »Erste Testament« und das **»Neue Testament«** nennen.

Das lateinische Wort »testamentum« bezeichnet eine Urkunde, in der man etwas festlegt, besonders seinen letzten Willen, der nach dem Tod erfüllt werden soll (»sein Testament machen«). Für die Bibel hat das Wort den Sinn »Bund«, »Bundesschrift«, weil die Bibel vom Bund Gottes mit den Menschen spricht. Das Alte Testament beschreibt den Bund, den Gott durch Abraham und Mose mit dem Volk Israel geschlossen hat. Das Neue Testament erzählt, wie Gott diesen Bund durch Jesus Christus erneuert und auf alle Menschen ausgedehnt hat.

1 Besucht eine Bibliothek und erkundigt euch,
   • wie viele Bücher es dort gibt
   • welche Bücher häufig, welche nie ausgeliehen werden
   • welche Verfasser besonders beliebt sind
   • was das älteste Buch der Bibliothek ist.
2 Warum kann man die Bibel mit einer Bibliothek vergleichen? Worin stimmt der Vergleich, worin nicht?

3 Sucht in einer Bibel die Abkürzungen für folgende Bücher des Alten Testaments:
- die 5 Mosebücher
- das Buch des Propheten Jeremia
- die Bücher Ester und Tobias
- das Buch der Sprichwörter

4 Sucht in einer Bibel die Abkürzungen für folgende Bücher des Neuen Testaments:
- die vier Evangelien
- die Briefe des Paulus an die Römer und Galater

5 Was heißt: Jud – Hld – Dan – Hab – Lk – Eph – Hebr – 1 Joh?

6 Schreibt euch die Namen der biblischen Bücher und ihre Abkürzungen – vielleicht in Auswahl – auf und übt sie in einem Ratespiel in der Klasse ein, wobei ihr zwei Parteien bilden könnt.

Für die Bezeichnung der **Kapitel und Verse** gibt es weitere Abkürzungen. So bedeutet

- Mk 1, 14: Markusevangelium, 1. Kapitel, 14. Vers
- Mk 1, 14 f: Markusevangelium, 1. Kapitel, 14. und der folgende 15. Vers
- Mk 1, 14 ff: Markusevangelium, 1. Kapitel, 14. und die folgenden Verse
- Mk 1, 14–20: Markusevangelium, 1. Kapitel, 14. bis 20. Vers
- Mk 1, 14. 17. 20: Markusevangelium, 1. Kapitel, 14., 17. und 20. Vers
- Mk 1–3: Markusevangelium, 1. bis 3. Kapitel

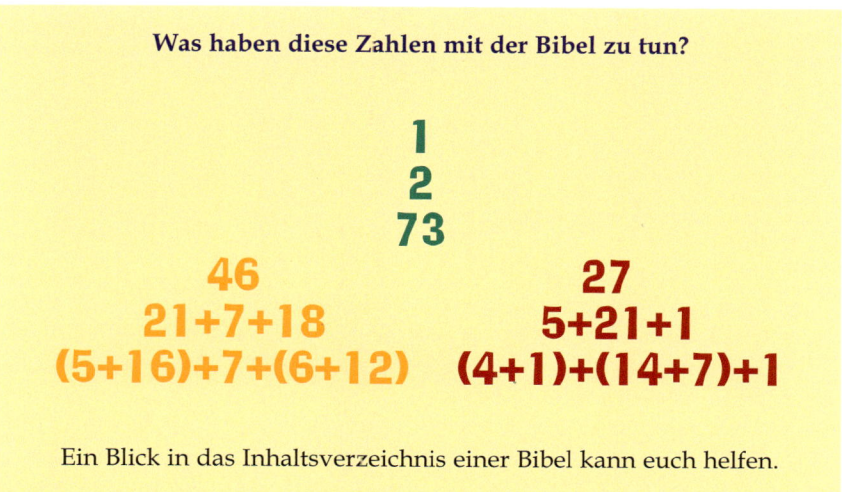

Was haben diese Zahlen mit der Bibel zu tun?

1
2
73

46
21+7+18
(5+16)+7+(6+12)

27
5+21+1
(4+1)+(14+7)+1

Ein Blick in das Inhaltsverzeichnis einer Bibel kann euch helfen.

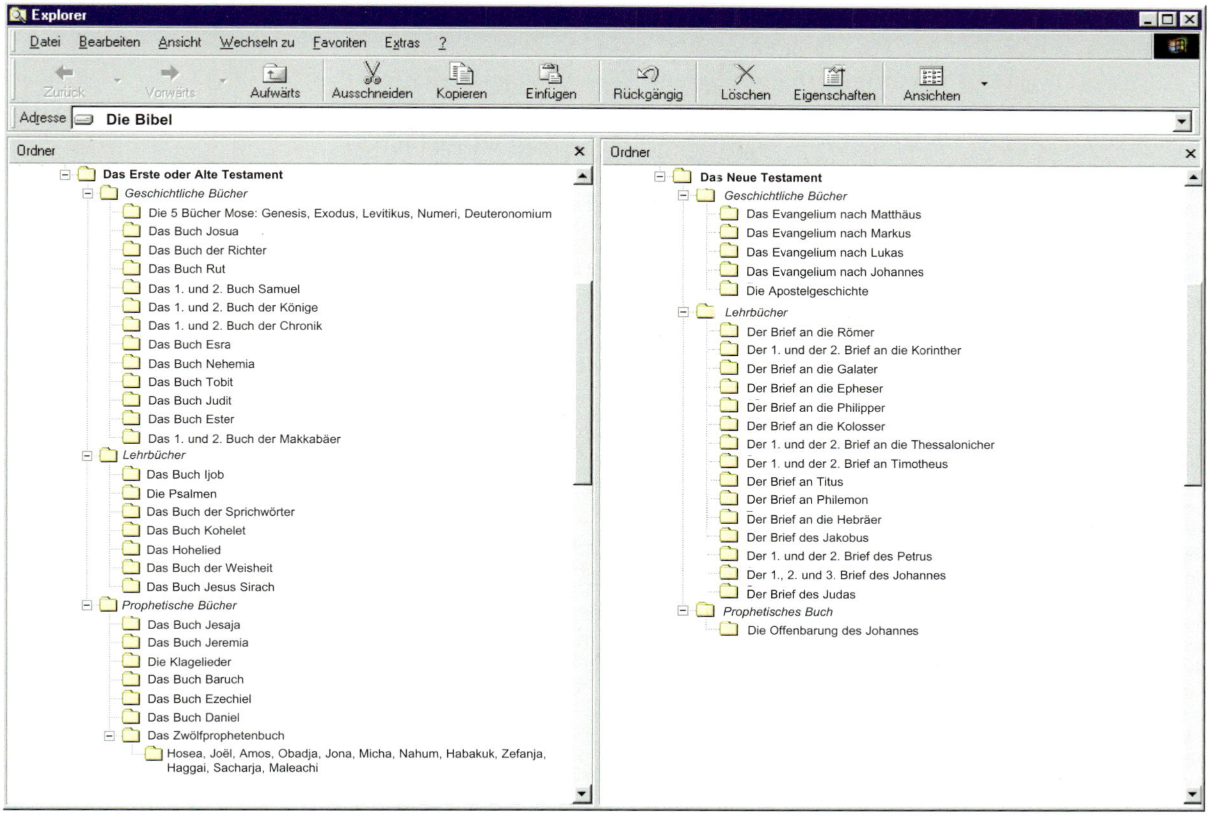

Explorer

Datei   Bearbeiten   Ansicht   Wechseln zu   Favoriten   Extras   ?

Zurück | Vorwärts | Aufwärts | Ausschneiden | Kopieren | Einfügen | Rückgängig | Löschen | Eigenschaften | Ansichten

Adresse Die Bibel

Ordner

Das Erste oder Alte Testament
- *Geschichtliche Bücher*
  - Die 5 Bücher Mose: Genesis, Exodus, Levitikus, Numeri, Deuteronomium
  - Das Buch Josua
  - Das Buch der Richter
  - Das Buch Rut
  - Das 1. und 2. Buch Samuel
  - Das 1. und 2. Buch der Könige
  - Das 1. und 2. Buch der Chronik
  - Das Buch Esra
  - Das Buch Nehemia
  - Das Buch Tobit
  - Das Buch Judit
  - Das Buch Ester
  - Das 1. und 2. Buch der Makkabäer
- *Lehrbücher*
  - Das Buch Ijob
  - Die Psalmen
  - Das Buch der Sprichwörter
  - Das Buch Kohelet
  - Das Hohelied
  - Das Buch der Weisheit
  - Das Buch Jesus Sirach
- *Prophetische Bücher*
  - Das Buch Jesaja
  - Das Buch Jeremia
  - Die Klagelieder
  - Das Buch Baruch
  - Das Buch Ezechiel
  - Das Buch Daniel
  - Das Zwölfprophetenbuch
    - Hosea, Joël, Amos, Obadja, Jona, Micha, Nahum, Habakuk, Zefanja, Haggai, Sacharja, Maleachi

Ordner

Das Neue Testament
- *Geschichtliche Bücher*
  - Das Evangelium nach Matthäus
  - Das Evangelium nach Markus
  - Das Evangelium nach Lukas
  - Das Evangelium nach Johannes
  - Die Apostelgeschichte
- *Lehrbücher*
  - Der Brief an die Römer
  - Der 1. und der 2. Brief an die Korinther
  - Der Brief an die Galater
  - Der Brief an die Epheser
  - Der Brief an die Philipper
  - Der Brief an die Kolosser
  - Der 1. und der 2. Brief an die Thessalonicher
  - Der 1. und der 2. Brief an Timotheus
  - Der Brief an Titus
  - Der Brief an Philemon
  - Der Brief an die Hebräer
  - Der Brief des Jakobus
  - Der 1. und der 2. Brief des Petrus
  - Der 1., 2. und 3. Brief des Johannes
  - Der Brief des Judas
- *Prophetisches Buch*
  - Die Offenbarung des Johannes

3. Drei Jahrtausende unterwegs

Thorarolle (→ S. 36, 58) aus Samaria
(→ S. 98) und heutige Bibelausgaben.

Die ältesten Texte der Bibel sind mehr als 3000, ihre jüngsten Texte etwas weniger als 2000 Jahre alt. So ist die Bibel ein Buch, das über 1000 Jahre wuchs. Damit brauchte sie für ihre Entstehung mehr Zeit als jedes andere Buch der Welt.

Die Bibel ist ursprünglich nicht in deutscher Sprache geschrieben. Ihre Verfasser kamen aus dem Volk Israel. Darum sind die älteren Schriften des Ersten Testaments in **Hebräisch** geschrieben. Zur Zeit Jesu war im Mittelmeerraum die **griechische** Sprache weit verbreitet. Wie es heute viele Menschen gibt, die Englisch verstehen, so konnten damals viele Leute Griechisch. So kommt es, dass die jüngeren Bücher des Ersten Testaments und alle Bücher des Neuen Testaments in Griechisch geschrieben wurden.

Leider sind uns die alten **Originalhandschriften** der Bibel nicht erhalten. Sie würden heute zu den kostbarsten Schätzen in den Museen der Welt gehören. Über ihren Verlust braucht man aber nicht erstaunt zu sein. Das Material, auf dem die biblischen Autoren schrieben (→ S. 36), war nicht sehr haltbar. Ein Papier, das die Jahrhunderte überstehen konnte, gab es in der alten Welt so wenig wie heute. So gingen die Originalschriften im Lauf der Zeit verloren. Aber auf Abschriften lebten sie weiter. Diese Abschriften sind von Schülern, Freunden und Interessenten erneut abgeschrieben und später auch gedruckt worden, z. B.:

- von jüdischen **Rabbinen und Schriftgelehrten,** die den heiligen Text für den jüdischen Gottesdienst brauchten
- von **Schreibern in den frühen Christengemeinden,** die nicht vergessen wollten, was sie von Jesus gehört hatten
- von **Schriftkünstlern** im Dienste von Kaisern und Königen, die die Prachtexemplare in ihre Bibliotheken nahmen oder einer Kirche schenkten
- von **Mönchen,** die ihre Achtung vor der Bibel dadurch bewiesen, dass sie jahrelang an einer einzigen Abschrift arbeiteten und den Text mit herrlichen Buchmalereien (»Miniaturen«) schmückten
- von **Buchdruckern,** die seit dem 15. Jahrhundert dafür sorgten, dass die Bibel nicht mehr mit der Hand abgeschrieben werden musste
- von **Verlegern,** die Massenauflagen besorgen
- von **Software-Herstellern,** die Bibelprogramme entwickeln
- von **unbekannten Christen,** die sich einzelne Sätze und Abschnitte durch Abschreiben einprägen und nahe bringen

GENESIS. בראשית

[hebräischer Text der Genesis]

KATA MAPKON

Ἀρχὴ τοῦ εὐαγγελίου Ἰησοῦ Χριστοῦ^T. 1
□Καθὼς γέγραπται ἐν ⌐τῷ Ἠσαΐᾳ τῷ προφήτῃ⌐· 2
ἰδοὺ ^Tἀποστέλλω τὸν ἄγγελόν μου πρὸ προσ-
ώπου σου,
ὃς κατασκευάσει τὴν ὁδόν σου^T·
φωνὴ βοῶντος ἐν τῇ ἐρήμῳ· 3
ἑτοιμάσατε τὴν ὁδὸν κυρίου,
εὐθείας ποιεῖτε τὰς τρίβους ⌐αὐτοῦ⌐,
⌐ἐγένετο Ἰωάννης ⌐ὁ βαπτίζων⌐ ἐν ⌐τῇ ἐρήμῳ⌐ κη- 4
ρύσσων βάπτισμα μετανοίας εἰς ἄφεσιν ἁμαρ-
τιῶν. καὶ ἐξεπορεύετο πρὸς αὐτὸν πᾶσα ἡ Ἰουδαία 5
χώρα καὶ οἱ Ἱεροσολυμῖται ⌐πάντες, καὶ ἐβαπτί-
ζοντο ὑπ' αὐτοῦ ἐν τῷ Ἰορδάνῃ °ποταμῷ ἐξομο-
λογούμενοι τὰς ἁμαρτίας αὐτῶν. ⌐καὶ ἦν ὁ Ἰωάννης 6
ἐνδεδυμένος ⌐τρίχας καμήλου⌐ καὶ ζώνην δερματίνην
περὶ τὴν ὀσφὺν αὐτοῦ⌐, καὶ ἐσθων ἀκρίδας καὶ
μέλι ἄγριον. ⌐καὶ ἐκήρυσσεν λέγων· * ἔρχεται ὁ 7
ἰσχυρότερός μου ὀπίσω [μου], οὗ οὐκ εἰμὶ ἱκανὸς
°κύψας λῦσαι τὸν ἱμάντα τῶν ὑποδημάτων αὐτοῦ.
⌐ἐγὼ ἐβάπτισα ὑμᾶς^Tὕδατι, αὐτὸς δὲ βαπτίσει ὑμᾶς 8
^Tπνεύματι ἁγίῳ^{T2}.

⌐Καὶ ἐγένετο ἐν ἐκείναις ταῖς ἡμέραις ἦλθεν 9
Ἰησοῦς ἀπὸ Ναζαρὲθ τῆς Γαλιλαίας καὶ ἐβαπτίσθη

Zwei Bibelseiten mit dem hebräischen Text am Anfang des Buches Genesis und dem griechischen Text am Anfang des Evangeliums nach Markus.

Hebräische und griechische Schriftzeichen

Die **hebräischen** Buchstaben sehen ganz anders aus als unsere Schriftzeichen. Darüber hinaus hat die hebräische Schrift Eigenarten, die wir in unserer Schrift nicht kennen. Etwas vereinfacht gesagt lassen sich folgende Unterschiede angeben:

■ Ursprünglich gibt es **nur Konsonanten** wie b, f oder t, keine Vokale wie a, o oder u. Wenn man ein Wort liest, muss man die Vokale aus dem Zusammenhang erschließen. So kann z. B. – aufs Deutsche übertragen – »SGN« »sagen«, »Segen« oder »siegen« bedeuten. Später hat man auch für die Vokale Zeichen eingeführt, z. B. einen Punkt ».« oder einen kleinen Strich »-«, die dann als »a« oder »e« zu lesen sind.

■ Es gibt **keinen Unterschied zwischen Groß- und Kleinschreibung.** »MR« kann dann »mehr« oder »Meer« bedeuten.

■ Die Buchstaben werden, anders als bei uns, **von rechts nach links** geschrieben. Dann wird aus »Jerusalem« »MLSRJ«, aus »Gebot« »TBG«, aus »Adam« »MD« usw. – Bis heute beginnen die Juden die Lektüre eines Buches auf der Seite, die bei uns die letzte ist.

■ Auch die **griechischen** Buchstaben weichen von unserer Schrift so ab, dass man sie nicht ohne weiteres lesen kann. Die ersten drei Buchstaben sind das Alpha »α«, das Beta »β« und das Gamma »γ«. Aus der Mathematik ist das »π« (pi) bekannt, das als »p« gelesen wird. Aber die Zeichen sind mit unserer Schrift enger verwandt als die hebräische Schrift. Im Griechischen gibt es Vokale. Die Wörter werden wie bei uns von links nach rechts geschrieben.

Einbanddeckel eines Evangelienbuches mit den vier Evangelistensymbolen Mensch (Mt), Löwe (Mk), Stier (Lk) und Adler (Joh), um 1100.

1 Die hebräische Schrift der Bibel ist schwer zu lesen. Man bekommt einen Eindruck davon, wenn man für die hebräischen Buchstaben deutsche Schriftzeichen einsetzt. Versucht zu entziffern:
- DR DN LMMH TTG FHCS GNFN M
- NBN RTTG NDMRF NK TSLLS D
  NBH RM
- SDRP M V DN MD

2 Versucht selbst ein Bibelwort so zu schreiben. Vielleicht entdeckt ihr so für euch eine Geheimschrift.

Schreibmaterialien aus alten Zeiten

■ Könige und Herrscher teilten in alten Zeiten ihren Untergebenen auf **Felswänden und Steinblöcken, Erztafeln oder Bronzesäulen** mit, was sie ihnen sagen und befehlen wollten. Handwerker schrieben in mühevoller Arbeit die Buchstaben. Diese Schriftdenkmäler sind sehr teuer und sehr beständig. Nicht wenige haben sich bis heute erhalten. Die Bibel erzählt, dass auch die Zehn Gebote auf steinernen Tafeln geschrieben waren (→ S. 59). Diese Tafeln sind nicht mehr erhalten.

■ In Mesopotamien gab es auch eine weniger aufwendige Schreibweise. Dort schrieb man auf kleine **Tontafeln.** Solange der Ton noch weich war, ließen sich die Keilschriftzeichen leicht mit einem Griffel einritzen. Diese Tafeln waren fast unbegrenzt haltbar. In den letzten zwei Jahrhunderten sind Hunderttausende solcher Täfelchen gefunden worden. Manche sind für das Verständnis der Bibel wichtig, z. B. wenn auf ihnen religiöse Erzählungen notiert sind, die ähnlich auch in der Bibel vorkommen (Paradiesesgarten, Sintflut).

Tontafel mit Keilschrift aus Mesopotamien.

■ Die Ägypter gewannen schon im 3. Jahrtausend vC aus dem Mark der am Nil wachsenden Papyrusstauden als brauchbares Schreibmaterial den »**Papyrus**« (verwandt mit unserem Wort »Papier«). Wenn man das Mark in dünne Streifen schnitt und diese längs und quer übereinander legte, entstanden Papyrusblätter, die zum Beschreiben hervorragend geeignet waren. Die einzelnen Blätter konnte man zu einer »**Schriftrolle**« zusammenkleben. Anfang und Ende einer Rolle, die 6 bis 10 Meter lang sein konnte, versah man mit Stäben, um die Rolle beim Lesen leicht abwickeln zu können (→ S. 34). Ein großer Nachteil des Papyrus: Er zog leicht Feuchtigkeit an und war daher in seiner Haltbarkeit begrenzt. Die Bibeltexte wurden oft auf Papyrusblätter und -rollen aufgeschrieben. Für das ganze Neue Testament brauchte man etwa 70 Meter, also etwa 7 bis 12 Rollen.

3 Ihr könnt versuchen eine Schriftrolle nach alter Art zu basteln, indem ihr Papierbögen vom Format DIN A 4 quer zusammenklebt und an den beiden Enden kleine Holzstäbe (evtl. Bleistifte) befestigt oder anklebt. Auf den beiden Holzstäben könnt ihr kleine Holzperlen, Kugeln o. Ä. anbringen.

Papyrusstaude

Übereinander gelegte Streifen aus dem Mark der Papyrusstaude.

Reste eines alten Papyrusblattes.

Ägyptische Hockfigur mit Hieroglyphen.

Ägyptischer Schreiber.

Alter Codex aus Pergament (Codex Sinaiticus).

Ägyptisches Schreibetui mit Vertiefungen für rote und schwarze Tinte.

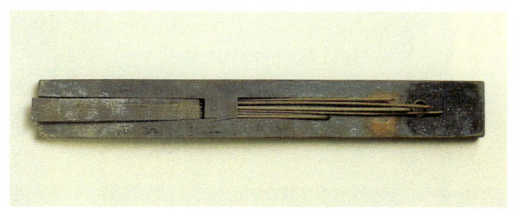

■ In Pergamon (in der heutigen Türkei) gelang es im 2. Jahrhundert vC Lederhäute als Schreibmaterial zu gewinnen, das man nach seiner Herkunft »**Pergament**« nennt. Dieses ließ sich, anders als der Papyrus, auf beiden Seiten beschreiben. Ein Buch aus Pergament – oder auch aus Papyrusblättern – nennt man »**Codex«.** Die Juden verwendeten zum Schreiben oft Pergament. Es brauchte nicht aus anderen Ländern eingeführt zu werden und war gut haltbar. Viele alte Bibeltexte sind auf Pergament geschrieben, z. B. die Rollen, die in Qumran gefunden wurden (→ S. 38 f).

Ein kostbarer Fund

In der Wüste am Ufer des Toten Meeres (→S. 96 f) liegt der kleine Ort Qumran, der seit einem halben Jahrhundert weltberühmt geworden ist. In dieser abgelegenen Gegend herrschte auch im August 1947 eine brütende Hitze. Kaum ein Mensch wagte sich aus den Zelten heraus. Das war dem Beduinen Muhamad Ed Dhib, »dem Schakal«, gerade recht, weil er sich so unbeobachtet auf die Suche nach einer Höhle machen konnte, in der er Schmuggelware verstecken wollte. Unterwegs entdeckte er das runde Loch einer Höhle, die ihm noch nie aufgefallen war. Neugierig warf er ein paar kleine Steine hinein – und sofort stutzte er. Er hörte, wie die Steine beim Aufprall am Boden ein seltsames Klirren erzeugten. Gab es in der Höhle vielleicht kostbare Schätze?

Erwartungsvoll kletterte Muhamad in die Höhle. Aber er fand kein Gold und kein Silber. Da standen nur ein paar halbmeterhohe Krüge, die offensichtlich keinen großen Wert hatten, da sie schon alt waren. In einigen Krügen steckten verschmutzte Rollen, die in stinkenden Hüllen verpackt waren. Er riss eine Hülle herunter und entdeckte im Inneren »bekritzeltes« Leder, konnte aber die Schriftzeichen nicht entziffern. Das Leder konnte er gut gebrau-

Die Felsenhöhlen von Qumran in der Wüste Juda.

chen, denn die Sandalen seines Vetters hatten keine guten Sohlen mehr. Er nahm ein paar Rollen mit und kam mit Freunden wieder zurück in die Höhle. Gemeinsam plünderten sie die Höhle aus. Das Leder verbesserte die Schuhe, die Krüge dienten als Wasserbehälter, einige Rollen wurden in einem Sack verpackt. Monate vergingen.

Irgendwann fiel Muhamad ein, dass es Leute gibt, die selbst noch für so alte Sachen Geld zahlen. Darum nahm er ein paar Rollen mit in das nahe gelegene Betlehem, wo er sie einem Schuster für fünf Dollar verkaufen konnte. Dieser witterte das Geschäft seines Lebens. Er fuhr mit den Rollen nach Jerusalem in das Markuskloster und zeigte sie dem Patriarchen Samuel, der ein Stück der Rolle verbrannte, um zu testen, ob die Stücke alt waren. Als er sich davon über-

Muhamad Ed Dhib

Tonkrüge aus Qumran und Teilstück der Jesaja-Rolle.

Der »Schrein des Buches«, Jerusalem, 1964. Die Kuppel spielt auf den Deckel eines Tonkrugs an, in dem Schriftrollen aus Qumran gefunden wurden.

zeugt hatte, begann ein wildes Feilschen um den Preis. Schließlich überließ der Schuster dem Patriarchen die Rollen für knapp 100 Dollar. Dieser machte sich nun daran, den wirklichen Wert der Rollen zu erkunden. Er schaltete Wissenschaftler ein, die ihm bestätigten, dass die Rollen alt und mit Texten der Bibel beschriftet seien. Da Samuel in Jerusalem aber nicht das viele Geld bekam, das er für die Rollen forderte, machte er sich 1954 nach Amerika auf, wo er im Wall Street Journal eine Anzeige aufgab. Ein israelischer Archäologe wurde so darauf aufmerksam, zahlte aber nicht den Preis von einer Million Dollar, sondern »nur« 250 000 Dollar. So kamen die Rollen in den Besitz des Staates Israel.

Die wichtigste Lederrolle enthält fast das ganze Buch des Propheten Jesaja. Diese Handschrift ist Jahrhunderte älter als alle anderen, die man bis dahin kannte. Sie wurde vor mehr als 2000 Jahren geschrieben und reicht damit in die Zeit vor Christi Geburt. Als man sie mit jüngeren biblischen Handschriften verglich, konnte man beweisen, dass die Bibelhandschriften stets äußerst sorgfältig angefertigt worden waren. Die alten Rollen zeigen, dass die Bibel so, wie sie in alten Zeiten geschrieben wurde, zu uns gekommen ist. Sie stellen den wertvollsten Fund zur Bibel dar, der je gemacht wurde.

Nach 1954 wurden in Qumran jüdische Klosteranlagen aus alter Zeit ausgegraben und andere kostbare Funde gemacht, darunter ganze Schriftrollen und viele kleine Papyrusschnipsel. Der Staat Israel ließ für die Schriftrollen ein atombombensicheres Museum in Jerusalem einrichten. Im »Schrein des Buches« haben seitdem viele Millionen Besucher aus aller Welt die Rollen bewundert. Es gibt kaum alte Texte, die die Neugierde der Wissenschaftler so intensiv angeregt haben wie die Funde von Qumran. Sie haben neue Wege in die Vergangenheit erschlossen.

Unterirdischer Ausstellungsraum im »Schrein des Buches«. Im Zentrum ist die Jesaja-Schriftrolle dargestellt.

4. Ein Leitfaden für das Leben

Es gibt kaum einen Menschen, der sich nicht gelegentlich die Frage stellt, wie sein Leben verlaufen soll. Die meisten möchten wissen, woran sie sich halten können und was für sie gut ist. Für viele Menschen war und ist die Bibel das Buch, das ihnen Antwort gibt. In der Bibel lesen sie von Menschen, die leiden und sich freuen, die Angst und Hoffnung haben, die vor Gott schuldig werden und sich bewähren, die ihr Leben gefährden und gewinnen. Manche biblische Gestalt wird ihnen zum Vorbild. Sie finden in der Bibel einen Leitfaden für das Leben.

Manchmal hat ein Bibelwort Menschen ganz plötzlich getroffen und ihrem Leben eine neue Richtung gegeben. Darunter sind Gestalten, die weltberühmt geworden sind.

Augustinus – »Anders leben«

Vor mehr als 1600 Jahren wurde Augustinus (354–430) im Römischen Reich in Thagaste, einer kleinen Stadt in Numidien (Nordafrika), geboren. Seine Familie gehörte zu den Berbern. Der Vater Patricius, ein kleiner Landeigentümer, war kein Christ. Er war darauf bedacht, seinem Sohn eine gute Ausbildung zukommen zu lassen, um ihm alle Chancen für einen gehobenen Beruf zu eröffnen. Seine Mutter Monika, eine überzeugte Christin, bemühte sich mit allen Kräften, ihren Sohn im christlichen Glauben zu erziehen. Aber Augustinus wollte lieber ein Leben führen, das ihm zunächst Abwechslung und Vergnügen und später Ansehen und Reichtum brachte. Da er ungewöhnlich begabt war, Fremdsprachen beherrschte und klar denken konnte, standen ihm hohe Ämter offen. Er interessierte sich aber nicht nur für sein Studium in Mailand und Rom. Oft besuchte er blutige Zirkusspiele und üble Theaterstücke. Er hatte Freunde, die nichts taugten und trieb sich mit leichtsinnigen Mädchen herum. Mit einer Freundin hatte er ein Kind, um das er sich wenig kümmerte. Obwohl er sie sehr liebte, heiratete er sie nicht, weil sie nicht so vornehm und gebildet war wie er.

Monika war über den Lebensweg ihres Sohnes untröstlich. Sie betete ständig darum, dass er sein Leben ändern und sich bekehren möge. Aber lange geschah nichts. Eines Tages hielt sich Augustinus im Garten eines Freundes auf. Schon seit einiger Zeit war er unsicher geworden, ob er so weiter leben sollte wie bisher. Da hörte er die Stimme eines spielenden Kindes: »Nimm und lies – nimm und lies!« Er wusste auf der Stelle, dass er zur Bibel greifen und die Verse auf sich beziehen sollte, die er zuerst aufschlug. Da stieß er auf ein Wort des Paulus (→ S. 136 ff) aus dessen Brief an die Römer: »Lasst uns ehrenhaft leben wie am Tag, ohne maßloses Essen und Trinken, ohne Unzucht und Ausschweifung, ohne Streit und Eifersucht. Legt (als neues Gewand) den Herrn Jesus Christus an und sorgt nicht so für euren Leib, dass die Begierden erwachen« (Röm 13, 13 f).

Dieses Wort traf ihn wie ein Blitz, der plötzlich die Nacht erleuchtet. Augustinus wurde sofort klar, dass er bis jetzt falsch gelebt hatte. Aber er war auch davon überzeugt, dass er glücklich werden könnte, wenn er diese Worte auf sich bezog. Darum gab er

Michael Pacher (um 1435–1498), Augustinus, um 1483.

Das Kind unten erinnert an eine Legende. Danach fragte Augustinus ein Kind, das mit einem Löffel Wasser aus dem Meer in eine Grube schüttete: »Was tust du da?« Die Antwort: »Ich schöpfe das Meer in diese Grube.« Als er darüber ungläubig lächelte, sagte das Kind: »Es wird mir eher gelingen als dir deine klugen Versuche, Gott zu erfassen.«

»Unruhig ist unser Herz,
bis es in dir, Gott, ruht.«

Aus den »Bekenntnissen« des Augustinus

seinem Leben eine andere Richtung. Ungezügeltes Essen und Trinken, freie Liebe und Habsucht fanden ein Ende. Stattdessen wandte er sich der Frohen Botschaft Jesu zu und verstand immer tiefer deren Sinn. Seine Mutter Monika war dankbar, dass ihre Gebete erhört worden waren. Später wurde Augustinus Bischof von Hippo, einer Stadt im heutigen Algerien. Mit seinen Reden hat er viele Menschen stark beeindruckt. Seine gelehrten Schriften werden noch heute gelesen und diskutiert. Sie sind aus der geistigen Welt des Christentums nicht mehr wegzudenken. Wie kein anderer in der Antike hat er in den »Confessiones« (»Bekenntnisse«) sein eigenes Leben beschrieben und dabei seine Verfehlungen nicht geleugnet. Die Kirche feiert das Fest der Monika am 27. August, das Fest des Augustinus am 28. August.

Giotto di Bondone (ca. 1267–1337), Franziskus gibt seinem Vater die Kleidung zurück und sagt sich von ihm los, um 1300.

Franz von Assisi – »Gib dein Geld den Armen«

Im Jahr 1182 wurde in eine reiche Tuchhändlerfamilie in Assisi, einer kleinen Handelsstadt im Umbrien (Italien), ein Kind geboren, das man auf den Namen Johannes taufte. Später gab man ihm den Namen Francesco (»Franziskus«, d. h. »Französlein«), weil es seiner lustigen Mutter, die aus Frankreich stammte, sehr ähnlich war. Der Junge führte zuerst ein verschwenderisches Leben. Leichtsinnig ging er mit dem Besitz um, den er von seinem Vater hatte. So sammelten sich allerlei fragwürdige Freunde um ihn. Aber eines Tages kamen ihm doch Zweifel, ob sein Leben so weitergehen sollte wie bisher.

Bald darauf zog er sich in eine kleine Kirche nahe Assisi zurück. Hier las er das Wort, das Jesus an einen reichen jungen Mann gerichtet hatte: »Wenn du vollkommen sein willst, verkauf deinen Besitz und gib das Geld den Armen. So wirst du einen bleibenden Schatz im Himmel haben« (Mt 19, 21). Dann fand er das Wort, das Jesus seinen Jüngern gesagt hatte, als er sie aussandte, das Reich Gottes zu verkünden: »Steckt nicht Gold, Silber und Kupfermünzen in euren Gürtel. Nehmt keine Vorratstasche mit auf den Weg, kein zweites Hemd, keine Schuhe und keinen Wanderstab« (Mt 10, 9 f).

Von diesen Worten war Francesco bis in sein Herz getroffen. Er nahm sie ganz ernst und ganz wörtlich. Alles, was er hatte, auch seine teuren Kleider, schenkte er den Armen und zog selbst eine rauhe Kutte an. Sein Vater war über diesen Schritt enttäuscht, weil er ihn gern als Nachfolger in seinem Geschäft gesehen hätte. Aber Francesco ließ sich von seinem Entschluss nicht abbringen und trennte sich von seinem Vater.

Mit nackten Füßen ging er in die Welt und begann zu predigen. Wie Jesus lebte er in völliger Armut und war dabei der fröhlichste Mensch. Weil er so viel Heiterkeit ausstrahlte, wurde er für viele zum Vorbild. Zahlreiche Menschen scharten sich um ihn, die auch so leben wollten wie er. So entstand der Orden der Franziskaner. Viele Menschen, die damals von der reichen Kirche enttäuscht waren, wandten sich der Kirche wieder zu. So hat Francesco durch seine Armut die Christenheit bereichert. Man erzählt sich von ihm wunderbare Dinge, z. B. dass er den Vögeln gepredigt und einen wilden Wolf gezähmt habe. Er reiste in das heilige Land, weil er dort Frieden stiften wollte, pflegte Aussätzige und trug am Ende seines Lebens die fünf Wundmale Jesu an seinem Körper. Mit nur 44 Jahren starb er 1226 in Assisi, wo er auch begraben ist. Sein Namensfest wird am 4. Oktober begangen.

> »MIR ZEIGTE KEINER, WAS ICH TUN MÜSSE, SONDERN GOTT SELBST OFFENBARTE MIR, DASS ICH NACH DEM HEILIGEN EVANGELIUM LEBEN SOLLE. UND ICH LIESS DIE ORDENSREGEL MIT WENIGEN WORTEN EINFÄLTIG AUFSCHREIBEN UND DER HERR PAPST BESTÄTIGTE MIR'S. UND DIE DA KAMEN, DIES LEBEN IM ORDEN ANZUNEHMEN, GABEN ALLES, WAS SIE HABEN MOCHTEN, DEN ARMEN UND WAREN ZUFRIEDEN MIT EINEM ROCK, INNEN UND AUSSEN GEFLICKT, SAMT GÜRTEL UND HOSEN; UND MEHR WOLLTEN WIR NICHT HABEN. DIE MESSE SAGTEN WIR PRIESTER WIE ANDERE PRIESTER, DIE LAIEN SAGTEN: VATER UNSER. UND GERN GENUG VERWEILTEN WIR IN DEN KIRCHEN. UND WIR WAREN UNGEBILDET UND ALLEN UNTERTAN.«
>
> *Aus dem Testament des Franz von Assisi*

Lucas Cranach d. Ä. (1472–1553), Martin Luther, 1528.

Martin Luther – »Aus Glauben gerecht«

Am 10. November 1483 wurde Martin Luther (→ S. 217) in einer armen christlichen Familie in Eisleben geboren. 1505 trat er in ein Kloster zu Erfurt ein. Er wurde Priester, Doktor der Theologie und Professor für Bibelwissenschaft. Im Kloster bemühte er sich sehr ein rechtschaffener Mönch zu werden. Er betete und fastete, empfing die Sakramente und strengte sich an, in allem den Willen Gottes zu tun. Doch trotz all seiner Mühen quälte ihn der Gedanke, er sei ein großer Sünder und müsse darum vor Gott Angst haben. Er meinte Gottes Gerechtigkeit fürchten zu müssen, da er in seinem Leben manches falsch gemacht habe. Sicher werde Gott ihn dafür gerecht und hart bestrafen. Von dieser Vorstellung kam er nicht los.

Eines Tages (1512/13) las er wieder im Turm des Klosters in der Bibel. Da fand er ein Wort des Paulus (→ S. 136 ff), das ihn plötzlich von all seiner inneren Not befreite: »Der aus Glauben Gerechte wird leben« (Röm 1, 17). Nun wusste Luther auf einmal, dass er vor Gott nicht deshalb bestehen konnte, weil er selbst so viele gute Werke getan hatte, sondern weil Gott ihm zuerst den Glauben geschenkt hatte. Nicht er selbst konnte sich gerecht und gut machen, sondern nur Gott.

»ICH ACHTE, DASS DEUTSCH-
LAND NOCH NIE SO VIEL VON
GOTTES WORT GEHÖRT HABE
WIE JETZT… LIEBE DEUT-
SCHE, KAUFT, SOLANGE DER
MARKT VOR DER TÜRE IST,
SAMMELT EIN, SOLANGE
SONNENSCHEIN UND GUT
WETTER IST, BRAUCHT GOTTES
GNADE UND WORT, SOLANGE
ES DA IST! DENN DAS SOLLT
IHR WISSEN: GOTTES WORT
UND GNADE IST EIN FAHREN-
DER PLATZREGEN, DER NICHT
WIEDER DAHIN KOMMT, WO ER
EINMAL GEWESEN IST… UND
IHR DEUTSCHEN DÜRFT NICHT
DENKEN, DASS IHR IHN EWIG
HABEN WERDET. DENN DER
UNDANK UND DIE VERACH-
TUNG WIRD IHN NICHT DA-
BLEIBEN LASSEN. DRUM GREIFT
ZU UND HALTET FEST, WER
GREIFEN UND HALTEN KANN!«
*Martin Luther, An die Ratsherren
aller Städte…, 1524*

Dieses Erlebnis hat Martin Luther nie vergessen. Noch kurz vor seinem Tod hat er davon erzählt. Die Stunde dieser religiösen Erkenntnis wurde zum Beginn der Reformation in Deutschland. Das Bibelwort, das Luther neu verstanden hatte, wurde für viele Christen zum Fundament ihres Glaubens. In späteren Jahren hat Martin Luther die Bibel ins Deutsche übersetzt, und zwar in einer kraftvollen und anschaulichen Sprache, die die Leute verstehen konnten. Er hat die Bibel deshalb so gut übersetzt, weil er, wie er es einmal selbst sagte, »dabei dem Volk aufs Maul schaute«. Luthers Bibelübersetzung hat starke Spuren in der deutschen Sprache hinterlassen, weil viele Menschen so zu sprechen begannen, wie sie es in Luthers Bibel lasen. Martin Luther starb 1546 in Eisleben, er ist in Wittenberg begraben.

Nicht immer trifft ein Bibelwort Menschen so plötzlich und unerwartet wie Augustinus, Franziskus und Luther. Im Allgemeinen wirkt die Bibel stiller und unauffälliger. Die meisten Menschen, die durch sie verändert wurden, sind nicht namentlich bekannt. Zu ihnen zählen Frauen und Männer über-all in der Welt.

Manchmal bestimmt ein Bibelwort auch heute die große Politik. So steht z. B. auf einem Denkmal vor dem Hauptgebäude der Vereinten Nationen (»UNO«) in New York der biblische Spruch »Schwerter zu Pflugscharen« (Jes 2, 4). Er gehört zu der Verheißung des Ersten Testaments, dass am Ende der Tage der Streit der Menschen untereinander ein Ende habe und dass die Völker dann zum Zeichen des Friedens ihre Schwerter zu Pflug-scharen umschmieden werden.

Vielen Jungen und vielen Alten ist die Bibel zum Leitfaden ihres Lebens geworden, weil sie ihnen so **wichtige Dinge** wie diese sagt:

- Die Welt ist nicht ein furchtbares Chaos, sondern Gottes gute Schöpfung.
- Alle Menschen sind wertvoll und niemand darf wegen seines Geschlechts, seiner Herkunft, seiner Hautfarbe, seiner Religion verachtet werden.
- Es gibt gute Gebote Gottes, die zu Glück und Heil führen.
- Was immer einer angestellt hat, er darf bei Gott auf Vergebung hoffen.
- Das Evangelium Jesu Christi ist die gute Botschaft Gottes für eine bessere Welt.
- Gott wird am Ende der Zeit alle Tränen abwischen.

1 Besprecht die Bibelworte, die das Leben von Augustinus, Franziskus und Luther verändert haben. Zu den Worten aus den Paulusbriefen → S. 146 f.

2 Kennt ihr Menschen, denen die Bibel ein Leitfaden für ihr Leben ist?

3 Fragt eure Großeltern oder andere Verwandte, ob sie ein Lieblings-wort aus der Bibel haben.

4 Könnt ihr selbst ein Bibelwort aus-findig machen, das euch für euer Leben wichtig werden kann? Schreibt diese eure biblischen Lieblingstexte wie die früheren Mönche phantasievoll in schöner Schrift auf und fügt passende Bil-der hinzu. Ihr könnt die Arbeiten dann in der Klasse an einer Pinn-wand ausstellen und darüber spre-chen. Oder wollt ihr die biblischen Worte lieber auf einer selbst ange-fertigten Bibelrolle (→ S. 36) auf-schreiben?

Kleine Kostproben aus der Bibel

- Das Weinen hat seine Zeit und das Lachen hat seine Zeit (Koh 3, 4).
- Der Mensch lebt nicht nur von Brot (Mt 4, 4).
- Wo dein Schatz ist, ist auch dein Herz (Mt 6, 21).
- Niemand kann zwei Herren dienen (Mt 6, 24).
- Bei euch sind die Haare auf dem Kopf alle gezählt (Mt 10, 30).
- Gott ist größer als unser Herz (1 Joh 3,20).

5. Ein Teil unserer Kultur

Die Bibel ist ein unübersehbarer Bestandteil unserer Kultur (→ S. 180). Sie prägt die Vorstellungen vieler Menschen, durchdringt unsere Sprache, hinterlässt Spuren in unserer Landschaft, lebt in unseren Städten und Dörfern, regt Dichter, Musiker und bildende Künstler zu ihren Werken an, erweckt die Neugier der Wissenschaft und fordert Politiker heraus.

Redewendungen aus der Bibel

In der deutschen Sprache gibt es viele Redewendungen, die aus der Bibel stammen. Menschen fanden sie einmal in der Bibel, und weil ihnen die Ausdrücke so gut gefielen, übernahmen sie diese auch in ihre Alltagssprache. Wer diese Redewendungen benutzt, weiß oft nicht von ihrem biblischen Ursprung. Heute wird die Bibel sogar in der Sprache der Werbung benutzt. Die folgenden Beispiele findet man so im Wortlaut nicht mehr durchgängig in der heutigen Einheitsübersetzung der Bibel. Einige stammen noch aus der alten Übersetzung von Martin Luther (→ S. 43).

- in ein »Tohuwabohu« geraten (Gen 1, 2; hebr.: »Chaos«, »Wildnis«, »Leere«)
- sich wie im Paradies fühlen (Gen 2, 4 ff)
- im Adamskostüm, im Evaskostüm (Gen 3, 6)
- ein Feigenblatt benutzen (Gen 3, 7)
- ein himmelschreiendes Unrecht (Gen 4, 12)
- um das goldene Kalb tanzen (Ex 31, 18 ff)
- alle Jubeljahre einmal (Lev 25, 8)
- sein Herz ausschütten (1 Sam 1, 15)
- zu Krethi und Plethi gehören (2 Sam 8, 18)
- ein salomonisches Urteil (1 Kön 3, 16 f)
- ein Lückenbüßer (Neh 4, 7)
- jemanden auf Herz und Nieren prüfen (Ps 7, 10)
- jemanden unter seine Fittiche nehmen (Ps 65, 1)
- einem das Maul stopfen (Ps 107, 42)
- ein Lästermaul (Spr 4, 24)
- ein Nimmersatt (Koh 1, 8)
- Wer anderen eine Grube gräbt, fällt selbst hinein (Sir 27, 26)
- da stehen einem die Haare zu Berge (Sir 27, 14)
- ein Auge auf jemanden werfen (Dan 13, 9)
- sein Licht unter einen Scheffel (Eimer) stellen (Mt 5, 15)
- ein Wolf im Schafspelz (Mt 7, 15)
- viele Talente haben (Mt 18, 24)
- aus seinem Herzen keine Mördergrube machen (Mt 21, 13)
- von Pontius zu Pilatus laufen (Mk 15, 1)
- seine Hände in Unschuld waschen (Mt 27, 24)
- ein ungläubiger Thomas (Joh 20, 24 ff)
- ein Buch mit sieben Siegeln (Offb 5, 1)

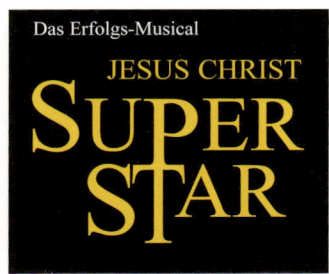

Das Erfolgs-Musical
JESUS CHRIST
SUPER STAR

Orte mit biblischem Namen – Zeiten mit biblischen Themen

Wer durch die Städte und Dörfer zieht, wer die Landschaften beobachtet, stößt oft auf Namen, die aus der Bibel genommen sind, z. B. Marienstadt, Johanneskloster, Ölberg, Petrushospital, Jakobsweg oder Samariterdienst. Auch im Rhythmus unserer Zeit stoßen wir häufig auf biblische Themen, ohne dies immer zu bemerken. So ist der Sonntag ein besonderer Tag der Woche, Weihnachten und Ostern sind herausragende Festtage in unserem Kalender (→ S. 209 f). Ohne die Bibel gäbe es diese Tage nicht.

1 Kennt ihr in eurer Nähe Einrichtungen, die biblische Namen tragen? Könnt ihr einmal hingehen und euch erkundigen, ob den Leuten ihr Name wichtig ist?

2 Auf alten Häusern und Toren, an Kirchen und Rathäusern befinden sich oft biblische Inschriften. Kennt ihr Beispiele?

3 Welche Schülerinnen und Schüler eurer Klasse haben biblische Namen? Sucht herauszufinden, was die Bibel von diesen Personen erzählt.

4 Welche Tage und Zeiten im Jahr haben mit der Bibel zu tun?

5 Es gibt viele Briefmarken mit biblischen Motiven. Könnt ihr ein paar Exemplare mitbringen?

6 Wer hat schon einmal in einer Kirche oder einem Museum Bilder mit biblischen Themen gesehen? Sucht die entsprechende Bibelstelle heraus und fertigt über das Bild einen Aufsatz für die Schülerzeitung an.

7 Schaut nach, ob in euren Gesang- und Lesebüchern Lieder und Texte vorkommen, die etwas mit der Bibel zu tun haben.

- Die Bibel ist das **Wort Gottes** im Wort von Menschen. Sie kommt letztlich von Gott, der heilig ist.
- Die biblischen Verfasser wurden beim Schreiben von **Gottes heiligem Geist** erleuchtet, so dass sie – wie das 2. Vatikanische Konzil (1962–65; → S. 208) sagt – »sicher, getreu und ohne Irrtum die Wahrheit lehren, die Gott um unseres Heils willen aufgezeichnet haben wollte«.
- Wer sich in seinem **Glauben** und in seiner **Hoffnung**, in seinem **Leben** und **Sterben** auf die Bibel stützt, lebt so, wie Gott es will. Er kann sich ganz und gar auf die Bibel verlassen.

6. Ein Geschenk des Himmels

Für die Christenheit hat die Bibel eine ganz einmalige Bedeutung. Sie allein ist unter allen Büchern die »**Heilige Schrift**«. In der menschlichen Sprache der Bibel hören die Christen Gottes Wort. Darin ist die Bibel unvergleichlich. Sie ist ein Geschenk des Himmels.

Nachfragen

- Ein Mädchen in einem Buchgeschäft: »Die Bibel ist das spannendste Buch, das ich je gelesen habe. Haben Sie vom selben Verfasser noch ein anderes Buch?«
- Ein Junge in der Kirche: »Lieber Gott, die meisten Geschichten aus der Bibel kenne ich schon. Ich habe sie schon so oft gehört und gelesen. Kannst du nicht ein paar neue Geschichten schreiben?«

○ Woran kann man erkennen, dass die Bibel für Christen das Wort Gottes ist, z. B.
  - im Gottesdienst
  - im sonstigen Gemeindeleben
  - in der Familie
  - ...?

Marc Chagall (1887–1985), Der Engel mit der Thora (→ S. 58), 1931.

1. Mit Geschichten leben

Was wir in der **Kindheit** und in der **Jugend** erfahren, prägt unser Leben. Unsere Eltern und Geschwister, die Freundinnen und Freunde, die Verwandten und Bekannten bestimmen in hohem Maß, wer wir sind und was wir werden. Die Heimat, die Schule, die Gemeinde hinterlassen in uns tiefe Spuren. Wir sehen leicht ein: Wenn wir an einem anderen Ort, mit anderen Menschen, zu einer anderen Zeit, mit anderen Erlebnissen aufgewachsen wären, wären wir anders geworden. Was an unserem Anfang geschehen ist, gibt unserem Leben eine Richtung. Wie immer sich unser Leben entwickelt: Der Anfang bleibt immer wirksam. Darum erzählen Erwachsene und selbst alte Leute immer wieder von ihrer Kindheit.

Was für das Leben des Einzelnen gilt, gilt auch für **das Leben der Völker und Religionen.** Selbst wenn sie schon tausende Jahre bestehen, blicken sie immer auf ihre Anfänge zurück. Dort liegt ihr Ursprung. Dort haben sie ihre Dynamik für ihren Weg durch die Geschichte erhalten. Die Personen und die Szenen des Anfangs bleiben ihnen lebendig. Davon müssen sie immer wieder erzählen.

Die Erzählungen von den Anfängen des **Volkes Israel** und seiner Religion stehen in der Bibel. Sie hält die Erinnerung an berühmte Frauen und Männer, an Unglück und Rettung, an Niederlagen und Siege, an Schuld und Versöhnung wach. Wenn Juden diese Geschichten hören, spüren sie, dass sie miteinander verbunden sind und demselben Volk angehören. Viele sind davon überzeugt, dass sie nur deshalb bis heute existieren, weil sie die Geschichten und Gestalten des Anfangs nicht vergessen haben. So sind auch hier die Anfänge nicht Zeiten, die längst überholt sind, sondern Kräfte, von denen die Gegenwart und Zukunft leben.

Man nennt den Teil der Bibel, der von der Geschichte Israels erzählt, das Alte oder das Erste Testament. Wie alle jüdischen Kinder hat auch **Jesus** diese Geschichten vor 2000 Jahren gehört und erzählt. Durch ihn sind sie auch zum Bestandteil der christlichen Bibel geworden. Darum erzählen nicht nur die Juden, sondern auch Christen diese Geschichten bis heute weiter. Für beide Religionen bilden sie den **bleibenden Anfang.**

Das Erste Testament, das in einer deutschen Übersetzung leicht an die 1200 Seiten umfasst, ist kein einheitliches Buch. Zu seiner Entstehung brauchte es mehr als 1000 Jahre. Ganz unterschiedliche Leute haben ihren Beitrag dazu geleistet.

Das **Erste Testament** erzählt die Geschichte Israels nicht so, wie unsere Geschichtsbücher die Geschichte alter Völker, z. B. der Römer oder Germanen, darstellen, in denen deren Götter zwar vorgestellt werden, aber Gott selbst aktiv nicht vorkommt. Es erzählt die **Geschichte Israels** als die **Geschichte Gottes mit seinem Volk.** Gott steht an ihrem Anfang und an wichtigen Stationen. Er spricht und handelt, aber er verbirgt sich auch. Gott wird auch das Ende bestimmen. Ohne seinen Glauben an Gott ist das Volk Israel nicht zu verstehen. Dabei ist dem Volk immer bewusst geblieben, dass es selbst Gott nicht verstehen kann.

Marc Chagall (1887–1985),
Die Erschaffung des Menschen,
1956–58.

Linke Seite: Marc Chagall (1887–1985),
Der Betende, 1934/35. Er hält eine
Thorarolle im Arm (→ S. 34, 58).

■ Die ältesten Geschichten stammen wahrscheinlich von **Nomaden,** die sich bei ihren Zelten in der Wüste von ihren Vorfahren erzählten oder Lieder von ihnen sangen.

■ In den sesshaften **Stämmen** gab es schon früh Überlieferungen von den Ahnen und Helden, die zu Hause von Generation zu Generation weitererzählt wurden.

■ Später ließen **Könige** die alten Erzählungen sammeln und ergänzen, um ein Bild von der Geschichte ihres Volkes zu gewinnen.

■ Die Taten der Könige selbst wurden von **Schreibern** am Hof festgehalten, damit sie der Nachwelt bekannt würden.

■ Was die **Propheten** Israels gesagt und getan haben, wurde oft von ihren Schülern aufgeschrieben und weitererzählt.

■ Die **Priester** von Jerusalem machten sich die alten Geschichten zu Nutze, um das Volk zu belehren und die Gebote in Erinnerung zu halten.

■ **Dichter und Weisheitslehrer** der Juden haben von Frauen und Männern erzählt, an denen sie zeigen konnten, wie man Gott verstehen und welche Wege man gehen oder meiden soll.

■ Die **Gebete der Frommen,** vor allem die Psalmen (→ S. 84 f), wurden gesammelt.

■ Aus den einzelnen Texten wurden allmählich kleinere und dann größere Sammlungen, bis weise Rabbinen all die Schriften zusammenstellten, die von den Juden »Hebräische Bibel«, von Christen das »Alte« oder »Erste Testament« genannt werden (→ S. 32).

1 Über die Bibel, die beiden Testamente, ihre vielen einzelnen Bücher, die Entstehungszeit, die Überlieferung und über ihre Bedeutung findet ihr mehr in dem entsprechenden Kapitel (→ S. 30–45).
2 Heute glauben viele Menschen, nur das sei wichtig, was aktuell und modern ist. Sie wollen nichts von alten Geschichten – auch nicht von einem Alten Testament – wissen. Welche Gründe haben sie für ihre Auffassung? Was spricht dagegen?

Die Beschäftigung mit dem Ersten Testament gleicht einer Reise in die Vergangenheit, auf der wir an wichtigen Stationen Halt machen. Sie führt in fremde Länder, in riesige Weltstädte und öde Wüsten, auf hohe Berge, an Meeresküsten und in fruchtbare Landschaften mit großen Flüssen. An allen Stationen haben sich Ereignisse abgespielt, die den Rahmen des Alltäglichen überschreiten. Sie sind wie Szenen eines großen Schauspiels. Wären sie nicht ungewöhnlich, hätte die Menschheit sie längst dem Vergessen preisgegeben.

PROJEKT

1 Für ein interessantes Projekt mit dem Titel **»Meine Bibel«** solltet ihr ein Ringbuch oder einen Schnellhefter mit losen Blättern anlegen. Darin kann es verschiedene Abschnitte geben.

- Im ersten Teil, der mehr persönlich ist, könnt ihr die **Bibelstellen** eintragen, **die euch gut gefallen.** Vielleicht prägt ihr euch den einen oder anderen Text so ein, dass ihr ihn auswendig könnt, d. h. »im Herzen« habt. Wenn ihr etwas ganz Besonderes tun wollt, könnt ihr alle Texte oder wenigstens einen Teil davon auch auf die selbst angefertigte Bibelrolle (→ S. 36) schreiben.

- Im zweiten Teil, der eher sachlich ist, könnt ihr ein eigenes **Bibellexikon** erstellen, in das ihr auf Blättern folgendes eintragt: **Personen** (z. B. Abraham, Rut); **Städte, Landschaften, Länder** (z. B. Jerusalem, Kanaan, Mesopotamien) und **fremde Ausdrücke** (z. B. Apokalyptik, Messias, Thora). Die Blätter könnt ihr in alphabetischer Reihenfolge ordnen. Gebt jeweils die entsprechenden Bibelstellen mit den üblichen Abkürzungen (→ S. 33) an und beschreibt kurz, was es mit den Namen und Ausdrücken auf sich hat.

- In einem letzten Teil könnt ihr eine **Zeitleiste** anfertigen, auf der ihr Daten der Geschichte festhaltet, z. B. 1000 vC: David macht Jerusalem zur Hauptstadt.

  Selbstverständlich solltet ihr auch die Kapitel zum Neuen Testament mit einbeziehen: Jesus – Eine unendliche Geschichte (→ S. 94–115); Leute um Jesus (→ S.116–135); Das Christentum auf Erfolgskurs – Paulus (→ S. 136–149).

  Ihr könnt zu einzelnen Angaben auch Bilder malen oder Fotos suchen. Das Arbeitsheft »Meine Bibel« könnt ihr in den späteren Klassen ergänzen. Manche wichtige Themen zum Alten und Neuen Testament, die hier noch ausgespart sind, kommen in den beiden nächsten Unterrichtsbüchern »Wege des Glaubens« und »Zeichen der Hoffnung« zur Sprache. Viel Freude bei der Arbeit!

2 In der Bibel gibt es viele Texte, die man in ein kleines **Spiel** mit verschiedenen **Szenen** verwandeln kann. Die Spieler finden dabei eine gute Möglichkeit, sich in das biblische Geschehen hineinzuversetzen und sich mit den biblischen Personen zu befassen. Zuerst müsst ihr ein kleines Drehbuch anfertigen, in dem ihr die einzelnen Szenen aufschreibt. Nicht jeder Bibelvers muss darin vorkommen. Ihr könnt einiges weglassen, wenn es nur den Sinn des Textes nicht verfälscht. Ihr könnt einiges ergänzen, wenn die Szene so besser verständlich wird. Dann könnt ihr bestimmen, wer welche Rolle übernimmt. Jeder Spieler soll seine eigenen Erfahrungen einbringen. Er muss sich in seine Rolle vertiefen, seinen Text lernen und mit seiner Stimme, seinem Gesichtsausdruck, seinen Händen und seinen Bewegungen die Rolle spielen. Dazu braucht er sowohl eine gute Kenntnis des Textes als auch ein gutes Stück Fantasie. Ein solches Spiel macht einige Arbeit und ganz viel Spaß. Texte des Ersten Testaments, die sich gut eignen:

- Gen 27, 1–40: Jakob erschleicht den Erstgeburtssegen. Personen: Isaak und Rebekka, Esau und Jakob (→ S. 52 f).

- Ex 2, 1–10: Die Kindheit des Mose. Personen: die Eltern des Mose, seine Schwester, die Tochter des Pharao, Dienerinnen, Pharao (→ S. 54 f).

- 1 Sam 16, 1–13: David wird zum König gesalbt. Personen: Saul und Isai, die Söhne Isais, unter ihnen David (→ S. 67).

  Leicht werdet ihr auch andere Texte finden.

3 Nicht ganz so aufwendig ist es, eine biblische Geschichte **aus der Perspektive einer der beteiligten Personen** nacherzählen zu lassen. So könnte Sara von ihrem Leben mit Abraham erzählen. Ein Israelit könnte beschreiben, wie er den Aufenthalt in Ägypten, die Rettung am Schilfmeer, die Wüstenwanderung oder die Gesetzgebung am Sinai erlebt hat.

Bilder von einem Malwettbewerb der Stadt Jerusalem für Kinder in aller Welt.

Die Lektüre der Bibel ist nicht immer einfach und bereitet einige **Schwierigkeiten.** Dafür gibt es viele Gründe, die leicht einzusehen sind:
• Die Bibel ist älter als 2000 Jahre.
• Sie kommt aus einer uns fremden Welt.
• Viele ihrer Texte sind anders erzählt, als heute erzählt wird.
• Sie sieht und deutet die ganze Geschichte von Gott her.

2. Hinweise zum Verständnis

■ Wer zu einem alten Buch greift, darf nicht erwarten, darin die heutige Welt vorzufinden. Da muss vieles ganz anders sein, und zwar nicht nur in dem äußerlichen Sinn, dass es früher noch keine Autos, Videos und Computer gab. Auch die Vorstellungen vom Aufbau, von der Größe und der Dauer der Welt sind selbst in Büchern, die nur 100 Jahre alt sind, anders. Auch die Bibel hat ein **anderes Bild von der Welt.** Sie kennt nicht die neuesten Forschungsergebnisse über den **Menschen** und seine **Geschichte.** Niemand kann heute die alten Vorstellungen der Bibel übernehmen. Aber es wäre grundfalsch die Bibel deshalb als veraltet anzusehen. Sie bietet trotz dieser zeitbedingten Unzulänglichkeiten einen so großen Schatz an Einsichten über Gott, die Welt und über den Menschen, dass ihre Lektüre einen reichen Gewinn bringt.

■ Wer sich in die alte Welt begibt, findet **andere Verhältnisse** vor, als wir sie heute kennen. In der Bibel gibt es noch keine UNO, keine Demokratie und keinen Euro. Ihr Schauplatz ist nicht die ganze Welt, sondern die damals wichtige Welt Vorderasiens und Nordafrikas. Da herrschen noch Pharaonen, Könige, Fürsten und Statthalter. Man zahlt mit Denaren, Schekeln und Talenten. Die stärksten Völker sind abwechselnd die Ägypter, Assyrer, Babylonier, Perser, Griechen und Römer. In der oft feindlichen Nachbarschaft der Israeliten leben die Kanaanäer, Philister, Jebusiter, Moabiter und Idumäer. Was man von der Geschichte der alten Völker weiß, ist lückenhaft. Trotzdem gibt es in dieser alten Welt vieles zu entdecken, das den Blick weitet und Verständnis auch für unsere Zeit schafft.

■ Wenn **Gott** in der Geschichte wirkt, geht es **wunderbar und geheimnisvoll** zu. Oft heißt es in der Bibel: »**Gott sprach**«. Gott spricht mit Abraham und Mose, zu einem Propheten oder König. Niemand muss sich dabei Gott mit Mund und Stimme vorstellen. Aber die Angesprochenen haben erfahren, dass Gott ihnen nahe ist und etwas von ihnen will. Wie dies geschehen ist, wissen wir nicht. Vielleicht haben sie sein Wort in ihrem Herzen gehört, im Traum vernommen oder aus ihrer Situation erschlossen. Aus Erfahrungen dieser Art können sie sagen: Gott hat gesprochen.

■ Wo Gott handelt, geschieht mehr als nur das, was man mit den Augen sehen, mit den Händen greifen und mit dem Verstand erfassen kann. **Alltägliche Ereignisse,** z. B. ein brennender Dornbusch, eine Wolke oder ein Gewitter bekommen auf einmal eine neue Bedeutung, weil Gott aus ihnen spricht oder sich in ihnen zeigt.

■ Die Bibel spricht darüber hinaus von **außergewöhnlichen Ereignissen,** die so normalerweise in unserer Welt nicht vorkommen. Da werden plötzlich Kranke geheilt, Mächtige von Schwachen besiegt und ein Meer lässt sich trockenen Fußes durchqueren. Da verkünden Engel wichtige Botschaften Gottes und Teufel (→ S. 242 f) richten Unheil an. Durch solche Texte wird die Bibel nicht zu einem Märchenbuch. Sie beschreibt auf diese Weise Erfahrungen, die mit Gott zu tun haben.

■ Wer diese Geschichten, in denen von Gott die Rede ist, verstehen will, muss sich auf ihre Besonderheit einlassen. Er darf sie nicht wie den Nachrichtenteil einer Zeitung oder wie einen Abschnitt aus einem modernen Geschichtsbuch lesen, wenn auch viele Texte einen historischen Kern haben. Er muss die **Sprache der Symbole** (→ S. 198) und **Bilder** verstehen und nach dem Sinn des Außergewöhnlichen fragen. Dann allerdings kann er die Welt des Alltäglichen überschreiten. Er kann zu Einsichten kommen, die dem Leben Sinn und Hoffnung geben.

Manchmal hat die Bibel Gott **Eigenschaften** zugesprochen, die nicht zu ihm zu passen scheinen. Sie lässt ihn gelegentlich **kriegerisch** erscheinen, wenn sie ihn »Herr der Heere« und »Kriegsheld« nennt. An manchen Stellen scheut sie nicht einmal davor zurück, Gott für die Tötung von Menschen verantwortlich zu machen, z. B. wenn sein Engel in der Pesachnacht alle Erstgeborenen Ägyptens umbringt oder wenn er selbst in Kämpfen dazu aufruft, die Feinde Israels zu töten. Auch übt er oft **Rache** für sein ohnmächtiges Volk. Solche Aussagen klangen in der alten Welt nicht so anstößig wie heute. Israel konnte eine Zeit lang ohne Zögern so von Gott reden, weil auch die anderen Religionen so von ihren Göttern sprachen. Aber diese Aussagen wurden mit der Zeit fragwürdig. Die Weisen der Bibel erkannten mehr und mehr, dass sie nicht zu Gott passen. Heute zeigt sich, dass die Texte meist nicht von der Gewalt um der Gewalt willen sprechen. Sie wenden sich an Verfolgte und Unterdrückte und verkünden ihnen Gott als **mächtigen und rettenden Helfer,** der für **Gerechtigkeit** kämpft und das Recht der Armen und Schwachen auch gegen Widerstände durchsetzt.

Rekonstruierter Stufenturm von Ur im südlichen Irak (Mesopotamien)

○ Hilfen zum Verstehen der Evangelien bietet das Kapitel »Jesus – Eine unendliche Geschichte«: → S. 100. Was dort gesagt ist, gilt weithin auch für das Alte Testament.

1800? Patriarchen	Abraham	Isaak	Jakob	Josef		
Vorstaatliche Zeit	Nomaden		Mose	JHWH	1250 Exodus	
1250						
Richter	1200 Einwanderung in Kanaan (Landnahme)		Gideon	Simson	Debora	Samuel
1020						
Könige und Propheten	Saul 1020-1004	Natan	David 1004-965			
	Salomo 965-932	1. Tempel	932 Zerfall des salomonischen Reiches in ein Nord- und ein Südreich			
	Elija	Amos	Jesaja	721 Untergang des Nordreiches	Jeremia	Ezechiel
586						
In der Fremde	586 Eroberung Jerusalems Zerstörung des Tempels Untergang des Südreichs		Babylonisches Exil	538 Rückkehr		
538						
Früh-Judentum	520-515 Wiederaufbau des Tempels, 2. Tempel		Frühe Redaktion der Bibel, Weisheitsliteratur	332 Eroberung durch Alexander den Großen	167 Makkabäeraufstand	
63						
0	63 Eroberung Jerusalems durch die Römer	Herodes der Große 37-4	Jesus	30 Kreuzigung Jesu	Paulus	
70	70 Untergang Jerusalems	fast 2000 Jahre Diaspora Fremdherrschaft über das Land Israel	1948 Gründung des Staates Israel			

Die Bibel erzählt, dass vor langer Zeit **Abraham** in Mesopotamien den Ruf Gottes vernahm und den Auftrag erhielt, seine Heimat zu verlassen und in ein fremdes Land zu ziehen. Er tat dies im Vertrauen zu dem Gott und in der Hoffnung auf dessen wunderbare Verheißungen.

1 Das Alte Testament beginnt mit einer großartigen Erzählung von Gottes Schöpfung, von Adam und Eva, von Kain und Abel, von der Sündflut und dem Turmbau zu Babel. Einiges davon findet ihr in diesem Buch: → S. 233 f, 240 f. Anderes kommt in den weiteren Büchern zur Sprache.

2 Für das Judentum ist Abraham der Stammvater des jüdischen Volkes. Das Christentum sieht in ihm den »Vater des Glaubens«. Dem Islam ist er der »erste Muslim« (→ S. 244, 247, 257), der die Einzigkeit Gottes erkannt hat. Warum kann die gemeinsame Hochschätzung Abrahams für die Zukunft dieser drei Religionen wichtig werden?

*Marc Chagall (1887–1985),
Abraham empfängt die drei Engel
(Gen 18,1–15), 1931.*

Der Anfang der Geschichte des Volkes Israel liegt nicht im jüdischen Stammland, sondern in **Mesopotamien,** dem fruchtbaren Zweistromland zwischen Euphrat und Tigris (heute Irak). Reiche Ernten bildeten die Grundlage für einen hohen Wohlstand. Hier gab es in der alten Welt gewaltige Reiche, mächtige Könige, eine einzigartige Kultur und eine einflussreiche Religion. Hier konnte man den Lauf der Gestirne berechnen, große Städte und Paläste errichten und Worte in einer urtümlichen Schrift (»Keilschrift«; → S. 36) festhalten. Hier wurden hohe Tempel gebaut, die an den Turmbau zu Babel denken lassen (Gen 11, 1–9). In rauschenden Festen wurden zahlreiche Götter und Göttinnen verehrt, die für die Fruchtbarkeit der Äcker, das Wohlergehen des Königs, den Krieg oder die Liebe zuständig waren. Hier erzählte man sich Mythen (Göttergeschichten) vom Anfang der Götter und von der Entstehung der Menschen aus dem Blut der Götter. Hier wusste man von einer großen Flut, die die Menschheit einmal heimgesucht hatte, und von Helden, die den Tod besiegen wollten und ein Lebenskraut für die Unsterblichkeit suchten. Hier war mehr los als in allen umliegenden Ländern, Ägypten ausgenommen.

In dieser interessanten Gegend lebten **Abraham** und seine Vorfahren. Die Städte Ur und Haran werden mit seinem Clan in Verbindung gebracht. Für seine Zeit muss er recht wohlhabend gewesen sein. Er besaß viel Vieh und zahlreiche Knechte. Seine Frau hieß **Sara** (hebr.: »Prinzessin«, »Herrin«). Wie weit beide von der Kultur und Religion ihres Landes beeinflusst waren, wissen wir nicht.

Abraham machte sich mit seiner großen Familie und seinem Hab und Gut auf den Weg. Wahrscheinlich fiel er mit seiner Karawane damals nicht sonderlich auf, weil es in dieser unruhigen Zeit große Wanderbewegungen gab. Überall waren Nomaden unterwegs, die keinen festen Wohnsitz hatten. Aber Abraham brach auf, weil er einem Ruf Gottes folgte. Wann dies war, weiß niemand genau. Schätzungen bewegen sich zwischen 1800 und 1400 vC. Zum Zeichen dafür, dass mit seinem Leben etwas Neues begann, erhielt er einen neuen Namen. Er heißt nun nicht mehr »Abram« (semit.: »Mein Vater, d. h. die Gottheit, ist erhaben«), sondern Abraham (hebr.: »Vater vieler Menschen«).

Abraham

Da sprach der Herr zu Abram: Zieh weg aus deinem Land, von deiner Verwandtschaft und aus deinem Vaterhaus in das Land, das ich dir zeigen werde. Ich werde dich zu einem großen Volk machen, dich segnen und deinen Namen groß machen. Ein Segen sollst du sein. Ich will segnen, die dich segnen; wer dich verwünscht, den werde ich verfluchen. Durch dich sollen alle Geschlechter der Erde Segen erlangen. Da zog Abraham weg, wie der Herr ihm gesagt hatte.

aus dem Buch Genesis 12, 1–4a

4. Kanaan – Männer und Frauen des Anfangs

Säule aus einem kanaanäischen Tempel. Zwei Hände strecken sich den beiden Himmelsgottheiten Sonne (Scheibe) und Mond (Sichel) entgegen. Hazor (Israel), 14./13. Jh. vC.

Marc Chagall (1887–1985), Jakobs Traum von der Himmelsleiter (Gen 28, 10 ff), 1931–56.

Kanaan wird in der Bibel das Gebiet zwischen Mesopotamien und Ägypten an der Ostküste des Mittelmeers genannt. Hier wohnten seit dem 4. Jahrtausend vC verschiedene semitische Völker, die man unter dem Sammelnamen »Kanaanäer« zusammenfasst. Manche zogen als Nomaden im Land herum, andere betrieben Ackerbau oder Handel mit den umliegenden Völkern. Vieles war in Kanaan anders als in Mesopotamien. Es gab hier noch kein großes Reich mit einem starken Herrscher. Es gab hier auch noch keine Mathematik und Astronomie, keine beachtlichen Paläste und großen Türme. Die Leute dort konnten Zelttücher weben, aus Ton schöne Wasserkrüge anfertigen und Tiere züchten.

Auch die Kanaanäer hatten ihre **Religion.** Ihr oberster Gott hieß »El« (»Macht«?) (→ S. 63). Er galt als Vater und Schöpfer aller Geschöpfe und wurde als Ewiger und Allmächtiger angerufen. Jeder Stamm verehrte darüber hinaus kleinere Stammesgötter. Alle fürchteten sich vor Blitz und Donner, Krankheit und Tod – Erscheinungen der Natur, die sie mit göttlichen Mächten in Verbindung brachten. Viele waren davon überzeugt, dass das Leben mit dem Tod endgültig aus sei und im dunklen Grab ende.

Als **Abraham und Sara** mit ihrem Gefolge nach Kanaan kamen, konnten sie das Land nicht in Besitz nehmen, weil hier Stämme wohnten, die sich nicht verdrängen ließen. So fassten sie nur an wenigen Orten Fuß. In der Bibel werden oft Mamre bei Hebron, Sichem, Bet-El, Beerscheba und die Wüste des Negeb genannt. In dieser Gegend zogen sie mit ihrer Karawane auf der Suche nach Weideplätzen herum. Dort schlugen sie ihre Zelte auf, errichteten ihrem Gott Altäre, konnten etwas Land erwerben und einen Platz für die Bestattung kaufen.

Von der ersten Zeit in Kanaan werden Dinge erzählt, die auch für ihre Nachkommen wichtig wurden.

■ Hier schloss Gott mit Abraham einen **Bund.** Dabei hatte er eines Nachts unter dem unendlichen Sternenhimmel ein geheimnisvolles Erlebnis der Gottesbegegnung (Gen 15).

■ Die **Beschneidung,** bei der die Vorhaut des männlichen Gliedes entfernt wird (→ S. 136 f), sollte für ihn und seine Nachfahren das Zeichen des Bundes sein (Gen 17, 9–14).

■ Er und seine Frau **Sara** mussten lange warten, bis sie in **Isaak** (hebr.: »dass Gott lächle«) das verheißene Kind erhielten (→ S. 27).

■ Die weiteren Erzählungen erscheinen als ein großer Familienzusammenhang. Danach ging die Verheißung Gottes später auf **Isaak** über. Weil Abraham und Sara für ihn keine Frau aus Kanaan haben wollten, sandten sie einen Knecht in ihre alte mesopotamische Heimat nach Haran, wo dieser die wunderschöne **Rebekka** (hebr.: »Kuh«) für Isaak gewinnen konnte (Gen 24, 1–67). Sie schenkte ihm die Zwillinge **Esau**

In einer schwer deutbaren Erzählung (Gen 22) wird **Abrahams** Gehorsam gegenüber
Gott auf die Probe gestellt. Er
vernahm die Aufforderung,
seinen Sohn Isaak zu opfern.
Zu diesem Opfer war er bereit,
weil er meinte, Gott gehorsam
sein zu müssen. Manche loben
Abraham dafür, dass er nicht
zögerte, Gott sein Liebstes zu
opfern. Andere machen ihm
daraus einen Vorwurf, weil er
hätte wissen müssen, dass Gott
kein Menschenopfer will. Tatsächlich brauchte Abraham das
Opfer nicht zu bringen. Die
Erzählung stellt für alle Zeiten
klar, dass Gott kein Menschenopfer will.

Auf dem Weg hatte **Jakob**
einen nächtlichen Kampf mit
einem geheimnisvollen Wesen,
bei dem seine Hüfte verletzt
wurde und er den Namen **»Israel«** (hebr.: »einer, der mit Gott
gekämpft hat«, »Gottesstreiter«)
erhielt (Gen 32, 23–33).

1 Versucht ein umfangreicheres Bild
von den »Erzvätern« (»Patriarchen«) Abraham, Isaak oder Jakob
und von den »Erzmüttern« Sara,
Rebekka oder Rahel zu gewinnen.
Ihr könnt in Partnerarbeit jeweils
ein Porträt dieser Personen entwerfen. Dabei werdet ihr entdecken,
dass die Männer nicht immer starke Helden und die Frauen nicht
immer schwach und unterdrückt
waren. Manche Texte eignen sich
gut für ein szenisches Bibelspiel
(→ S. 48).
• Abraham und Sara: Gen 11,
26–25, 11
• Isaak und Rebekka: Gen 17,
15–28, 5; 35, 27–29
• Jakob und Rahel: Gen 25, 19–33,
20; 35, 1–26
• Josef: Gen 37–50.
Versucht auch einen Stammbaum
dieser Personen nach den Angaben der Bibel zu erstellen. Fangt
bei Abraham an und führt ihn bis
zu Josef und seinen Brüdern.

2 Zu Abraham, seiner Frau Hagar
und seinem Sohn Ismael im Islam:
→ S. 247.

(hebr.: »struppig«, »behaart«) und **Jakob** (hebr.: »möge Gott beschützen«).
Von diesen Brüdern sind merkwürdige Dinge überliefert. So ergaunerte
sich der listige Jakob mit einem einfachen Linsengericht das kostbare Erst-
geburtsrecht seines Bruders. Seine Mutter Rebekka, die den etwas zarteren
Jakob mehr liebte als den wilden Esau, half ihm dabei, den Segen des blinden Vaters für sich zu gewinnen. Die ganze schlaue Betrügerei hatte aber
für Jakob böse Folgen. Er musste vor seinem Bruder fliehen und zog zu seinen Verwandten nach Haran, wo er bei seinem Onkel hart für seinen
Lebensunterhalt arbeiten musste. In Haran wurde er zu einem tüchtigen
Viehzüchter. Hier verliebte er sich in dessen jüngste Tochter **Rahel** (hebr.:
»Schaf«) über alle Maßen, erhielt aber von seinem Onkel zuerst dessen älte-
re Tochter **Lea** (hebr.: »Kuh«) zur Frau, die zwar im Haushalt tüchtig war,
aber lange nicht so schön wie ihre Schwester Rahel. Am Ende zog Jakob mit
Lea, Rahel und einer großen Karawane wieder nach Kanaan.

■ Bei der Rückkehr zeigte sich Esau versöhnlich, so dass Jakob sich im
Land niederlassen konnte. Er hatte **zwölf Söhne,** die zu den Stammvätern
des Volkes Israel wurden. Zu ihnen zählen **Benjamin** (hebr.: »Sohn der
Rechten«) und **Josef** (hebr.: »Gott möge andere Kinder hinzufügen«), von
denen umfangreiche Erzählungen in die Bibel gekommen sind. Danach
verkauften die Brüder Josef, den sie für hochmütig hielten, an Sklaven-
händler, die ihn nach Ägypten brachten. Dort gelang ihm ein einzigartiger
Aufstieg. Er wurde der Stellvertreter des Pharao, weil er dem Machthaber
Ägyptens überzeugende Ratschläge zur Vorbereitung auf Hungerjahre
gegeben hatte. Seinen Brüdern, die wegen der Hungersnot Mehl und Brot
in Ägypten einkaufen wollten, erteilte er eine bittere Lektion, als er ihren
jüngsten Bruder Benjamin, das geliebte Kind Jakobs, des Diebstahls ver-
dächtigte und ihn sozusagen als Faustpfand von ihnen haben wollte. Aber
am Ende versöhnte sich die ganze Familie.

Die Himmelsleiter

Als Jakob vor Esau fliehen musste, hatte er unterwegs ein geheimnisvolles Erlebnis, in dem
Gegensätzliches miteinander verbunden ist und symbolhaft (→ S. 49) gedeutet werden kann. Hier
gibt es Nähe und Ferne, Nacht und Tag, Schlaf und Traum, Himmel und Erde, Stein und Leiter,
Vergangenheit, Gegenwart und Zukunft, Mensch, Engel und Gott.

Jakob zog aus Beerscheba weg und ging nach Haran. Er kam an einen bestimmten Ort, wo er übernachtete; denn die Sonne war untergegangen. Er nahm einen
von den Steinen dieses Ortes, legte ihn unter seinen Kopf und schlief sofort ein.
Da hatte er einen Traum: Er sah eine Treppe, die auf der Erde stand und bis zum
Himmel reichte. Auf ihr stiegen Engel Gottes auf und nieder. Und siehe, der Herr
stand oben und sprach: Ich bin der Herr, der Gott deines Vaters Abraham und
der Gott Isaaks. Das Land, auf dem du liegst, will ich dir und deinen Nachkommen geben. Deine Nachkommen werden zahlreich sein wie der Staub auf der
Erde ... Ich bin mit dir, ich behüte dich, wohin du auch gehst und bringe dich
zurück in dieses Land. Denn ich verlasse dich nicht, bis ich vollbringe, was ich
dir versprochen habe. Jakob erwachte aus seinem Schlaf und sagte: Wie ehr-
furchtgebietend ist doch dieser Ort! Hier ist nichts anderes als das Haus Gottes
und das Tor des Himmels. Jakob stand früh am Morgen auf, nahm den Stein, den
er unter seinen Kopf gelegt hatte, stellte ihn als Steinmal auf und goss Öl darauf. Dann gab er dem Ort den Namen Bet-El (d. h. »Gotteshaus«).

aus dem Buch Genesis 28, 10–19

5. Ägypten – Der einzigartige Mittler

In **Ägypten** gibt es schon seit mehr als fünf Jahrtausenden eine faszinierende Geschichte und Kultur. Der Nil ist die Lebensader Ägyptens, von der die Fruchtbarkeit des Bodens abhängt. Hier wurden die Pyramiden und unvergleichliche Tempelanlagen gebaut. Hier herrschten von ca. 3150 vC bis 313 nC Könige und Feldherren, die man seit dem ersten Jahrtausend vC nach ihrem Palast auch »Pharaonen« (ägypt.: »Großes Haus«) nennt. Viele von ihnen hielten sich für Abkömmlinge Gottes, beanspruchten religiöse Verehrung und unbedingten Gehorsam. Der Pharao war der Vollstrecker des göttlichen Willens. Er bestimmte den Verlauf der Geschichte und bewahrte die Tradition. Mit seinem Tod, so glaubte man, wurde er unsterblich. Zeitweilig setzte sich der Pharao Echnaton (1364–1347 vC) für den Glauben an Einen Gott ein, ohne damit jedoch Freunde und Nachahmer zu finden. Die vornehmen Toten wurden einbalsamiert, um ihren Leib für die Überfahrt in das Jenseits zu erhalten. Göttliche Gestalten wie Isis und Osiris, von denen viele Geschichten verbreitet waren, wurden noch im Römischen Reich verehrt (→ S. 154 f). In Ägypten wurde die Hieroglyphenschrift erfunden, hier wurden großartige Skulpturen und Malereien zu Ehren der Götter und Menschen geschaffen. Die Weisen des Landes dachten über Gerechtigkeit, Wahrheit und Unsterblichkeit nach.

Zwischen 1730 und 1580 vC kamen semitische Stämme, die »Hyksos«, nach Ägypten, die möglicherweise zu den Vorfahren Israels zählen. In Ägypten stoßen wir auch auf **Mose,** die alles überragende Gestalt des Volkes Israel. Niemand kommt ihm im Ersten Testament gleich. Auf ihn führt die Geschichte der Patriarchen hin, von ihm nimmt die weitere Geschichte Israels ihren Ausgang.

Der **Name »Mose«** ist ägyptisch und bedeutet »geboren von« oder »Sohn«. Das Wort kennen wir von Pharaonennamen wie »Ramses«, d. h. Sohn des Sonnengottes Ra, oder »Thutmosis«, d. h. Sohn des Gottes der Weisheit Thut. Vermutlich hat Mose im 13. Jahrhundert vC in Ägypten gelebt. Er gehörte wohl zu der Gruppe der »Hebräer«, die in Ägypten Sklavendienste leisten mussten. Damals regierte Ramses II. (1290–1224 vC), ein überaus mächtiger Pharao, das Land. Seine reiche Bautätigkeit übertrifft die aller anderen ägyptischen Könige. Die Bibel nennt ihn nur den »Pharao der Unterdrückung«.

Ramses II. packt Gefangene am Schopf, Ägypten, 13. Jh. vC.

Sklavenarbeiter bei der Herstellung von Ziegelsteinen aus Ton, Ägypten, 14. Jh. vC.

Rechte Seite: Marc Chagall (1887–1985), Mose vor dem brennenden Dornbusch (Ex 3,1–15), 1966. Die hebräischen Buchstaben geben den jüdischen Gottesnamen wieder (JHWH; Ex 3, 14).

Mit dem Namen des **Mose** sind große Taten und Ereignisse verbunden: die Befreiung aus Ägypten, die Wüstenwanderung, die Gesetzgebung am Sinai und der Einzug des Volkes in das verheißene Land. Er ist der einzigartige Mittler zwischen Gott und seinem Volk. Ohne ihn gäbe es keine Bibel, kein Judentum, kein Christentum und wohl auch keinen Islam.

❍ Was könnt ihr über das alte Ägypten in Erfahrung bringen? Was musste es für die Israeliten bedeuten, in diesem Land als ausländische Zwangsarbeiter tätig zu sein?

Die Überlieferung entwirft in den ersten fünf biblischen Büchern (»Mose-Bücher«) ein vielgestaltiges Bild von Mose. Von ihm wird ausführlicher und farbiger erzählt als von allen anderen Gestalten des Ersten Testaments. Eine Legende weiß, dass am Lebensanfang des Mose eine Drohung des Pharao stand. Wie alle neugeborenen Knaben der Hebräer sollte er getötet werden, weil die Ägypter den Kinderreichtum der hebräischen Mütter fürchteten. Seine Mutter ließ ihn als kleines Kind in einem Binsenkorb am Ufer des Nils aussetzen, um ihn so vor der Ermordung durch die Ägypter zu schützen. Am Flussufer wurde er von der Tochter des Pharao entdeckt. Sie nahm ihn mit an den ägyptischen Königshof, wo er eine ausgezeichnete Bildung in der Weisheit der Ägypter erhielt, die ihm in seinem ganzen Leben nützlich war.
Mit 40 Jahren wurde Mose das Unglück seines Volks bewusst. Als er sah, wie einer seiner Landsleute misshandelt wurde, erschlug er im Zorn einen Ägypter. Nun musste er fliehen, um den ägyptischen Gerichten zu entgehen. Er kam nach Midian, wo er Schafhirt wurde, Zippora heiratete und Vater von zwei Söhnen wurde. In der Wüste widerfuhr ihm ein außerordentliches Erlebnis, das sein Leben in eine ganz neue Bahn lenkte.

Berufung und Auftrag

Als Mose einmal in der Wüste Schafe weidete, sah er plötzlich einen Dornbusch, der brannte, aber nicht verbrannte. Aus dem Dornbusch vernahm er eine Stimme.

Ich habe das Elend meines Volkes in Ägypten gesehen und ihre laute Klage über ihre Antreiber habe ich gehört. Ich kenne ihr Leid. Ich bin herabgestiegen, um sie der Hand der Ägypter zu entreißen und aus jenem Land hinauszuführen in ein schönes weites Land, in ein Land, in dem Milch und Honig fließen. ... Und jetzt geh! Ich sende dich zum Pharao. Führe mein Volk, die Israeliten, aus Ägypten heraus. Mose antwortete Gott: Wer bin ich, dass ich zum Pharao gehen und die Israeliten aus Ägypten herausführen könnte? Gott aber sagte: Ich bin mit dir; ich habe dich gesandt. Da sagte Mose zu Gott: Gut, ich werde also zu den Israeliten kommen und ihnen sagen: Der Gott eurer Väter hat mich zu euch gesandt. Da werden sie mich fragen: Wie heißt er? Was soll ich ihnen darauf sagen? Da antwortete Gott dem Mose: Ich bin der »Ich-bin-da«. Und er fuhr fort: So sollst du zu den Israeliten sagen: Der »Ich-bin-da« hat mich zu euch gesandt.

aus dem Buch Exodus 3, 7–12a. 13–14

6. Schilfmeer – Unerwartete Rettung

Um seinen Auftrag zu erfüllen, wurde Mose mit Wunderkraft ausgestattet, die ihm vor dem Pharao helfen sollte. Vor allem gab Gott ihm die Gabe der Sprache, damit Mose wusste, was er sagen sollte. Doch zuerst hatte er keinen Erfolg. Der mächtige Pharao nahm diesen zwar gebildeten, aber ohnmächtigen Hirten nicht ernst. Er weigerte sich hartnäckig das Volk wegziehen zu lassen, weil er auf die billigen Arbeitskräfte nicht verzichten wollte. Selbst durch mehrere auffällige »Plagen« konnte er nicht zum Einlenken gebracht werden. Ihn schreckten nicht das blutrote Nilwasser, die Viehpest, die Frosch-, Mücken- und Fliegenschwärme, der Hagel und die Finsternis. Erst als in einer Nacht alle Erstgeborenen der Ägypter getötet wurden, gab der Pharao die Zustimmung zum Auszug.

Die Israeliten durften nun endlich ziehen. Sie durchquerten ein Schilfmeer (auch: »Rotes Meer«), das zwischen Ägypten und der Sinaihalbinsel liegt. Hier erfuhr die kleine Schar eine erneute Bedrohung, aber auch eine unerwartete Hilfe.

Am **Schilfmeer** wurden die Israeliten von den ägyptischen Streitwagen, die ihren Auszug im letzten Moment verhindern sollten, zuerst in Angst und Schrecken versetzt, dann aber zu ihrer größten Überraschung an ihrem Weg in die Freiheit nicht mehr gehindert. Sie haben diese Rettung Gott zugeschrieben, der sich als Anwalt der Schwachen und als Retter aus der Gefahr erwies. Dieses Ereignis heißt **»Exodus«** (griech.: »Auszug«). Es ist für die Juden zu einem Symbol dafür geworden, dass sie in allen Ängsten, Gefahren und Leiden immer auf Rettung hoffen dürfen.

Pesach

In alten Zeiten gab es ein Hirtenfest, das nachts beim Frühlingsvollmond gefeiert wurde. Dabei opferten die Beduinen in der Wüste ein junges Tier, vielleicht den Erstling eines Lammes, um von den Göttern Fruchtbarkeit und Wohlergehen ihrer Herden zu erlangen. Höhepunkt des Festes war ein Mahl, bei dem das Opfertier verspeist wurde. Dazu aßen alle Anwesenden dünne Brotfladen, die an Ort und Stelle gebacken und darum ungesäuert waren. Bitterkräuter, die in der Wüste wachsen, gaben dem Mahl Würze. Die Beduinen kannten auch den Brauch, das Blut eines Lammes an ihre Türpfosten und Zeltstangen zu streichen, um so böse Geister abzuschrecken.

Die Israeliten haben ähnliche Bräuche mit ihrer Rettung aus Ägypten in Verbindung gebracht. Sie sagten sich, dass sie in der Nacht gerettet wurden, in der die Erstgeborenen der Ägypter – vielleicht durch eine Seuche – starben, weil der Todesengel das blutige Zeichen an ihren Türen und Zelten sah. Zur Erinnerung an diese Rettung feiern die Juden bis heute das **»Pesach-Fest«** (auch »Pas-cha-Fest«), in dem die alten Bräuche einen neuen Sinn bekommen. Was das Wort »Pesach« bedeutet, ist nicht genau bekannt. Es wird oft mit »Übergang« (vom Tod zum Leben) übersetzt. Da die Feier einer bestimmten »Ordnung« (hebr.: »seder«) folgt, nennt man sie auch **»Sederabend«**. Meist findet die Feier im Familien- und Freundeskreis statt. Zu Beginn hat der jüngste Teilnehmer das Wort. Er fragt den Hausherrn nach dem Sinn des Festes und der einzelnen Bräuche: »Was unterscheidet diese Nacht von

Ramses II. verfolgt Feinde mit vielen Streitwagen, Theben (Ägypten), 13. Jh. vC.

1 Eine Karte zum Exodus: → S. 272.
2 Jesus hat kurz vor seinem Tod das Pesachfest mit seinen Jüngern gefeiert: → S. 107. Welches für Christen wichtige Ereignis ist damit verbunden?

anderen Nächten?« Der Vater antwortet mit dem Bibeltext vom Auszug aus Ägypten, spricht alte Gebete und reicht den Anwesenden mehrere Becher Wein. Zum Mahl sind Kräuter, Fruchtmus aus Äpfeln mit Zimt und ein gebratenes Lamm aufgetragen. Der Hausvater bricht zur Eröffnung der Feier für alle Gäste das Brot (»Mazzen«), das ungesäuert sein muss, weil Sauerteig mit seiner Gärung ein Symbol der Fäulnis und Sünde ist. Dazu gibt es Bitterkräuter, die in das Fruchtmus getunkt werden. Die Kräuter versinnbilden die Bitterkeit der ägyptischen Knechtschaft, das Fruchtmus erinnert an den Lehm, aus dem die Israeliten in Ägypten Ziegelsteine her- stellen mussten. Schließlich wird das Lamm gegessen, weil das Blut eines Lammes den Israeliten in Ägypten Rettung gebracht hat. Nach dem Trinken eines weiteren Bechers beginnt die große Danksagung. Ein Lob Gottes und das Trinken des letzten Bechers beschließen die Feier.

Marc Chagall (1887–1985), Durchzug durch das Rote Meer (Exodus), 1966.

Das Wunder der Befreiung

Die Befreiung wird in der Bibel zu einer Szene voller Wunder. Ein Engel Gottes begleitet den Zug der Israeliten zum Schilfmeer. Eine Wol- kensäule am Tag und eine Feuersäule in der Nacht zeigen ihnen an, dass Gott bei ihnen ist. Als sich die schwer bewaffneten Ägypter ihnen bedrohlich nähern, kommt auch die Natur den Bedrängten zu Hilfe:

Mose streckte seine Hand über das Meer aus und der Herr trieb die ganze Nacht das Meer durch einen starken Ostwind fort. Er ließ das Meer aus- trocknen und das Wasser spaltete sich. Die Israeliten zogen auf trocke- nem Boden ins Meer hinein, während rechts und links von ihnen das Wasser wie eine Mauer stand. Die Ägypter setzten ihnen nach; alle Pferde des Pharao, seine Streitwagen und Reiter zogen hinter ihnen ins Meer hinein. Um die Zeit der Morgenwache blickte der Herr aus der Feuer- und Wolken- säule auf das Lager der Ägypter und brachte es in Verwirrung. Er hemmte die Räder an ihren Wagen und ließ sie nur schwer vorankommen. ... Darauf sprach der Herr zu Mose: Streck deine Hand über das Meer, damit das Wasser zurückflutet und den Ägypter, seine Wagen und Reiter zudeckt. Mose streckte seine Hand über das Meer und gegen Morgen flutete das Wasser an seinen alten Platz zurück, während die Ägypter auf der Flucht ihm entge- genliefen. So trieb der Herr die Ägyp- ter mitten ins Meer.

aus dem Buch Exodus 14, 21–27

7. Sinai – Das Grundgesetz

Mose führte die Israeliten auf der Sinaihalbinsel durch die Wüste, bis sie zu einem mächtigen Berg kamen, dessen Lage heute nicht mehr genau bestimmbar ist. Er wird in der Bibel meist »Sinai«, manchmal auch »Horeb« genannt. Was die Bibel von da erzählt (Ex 19), fasst die langen Erfahrungen des Volkes mit seinem Gott in einer großartigen Symbolerzählung zusammen. Die ganze Natur wird mit einbezogen und verweist in allen Einzelheiten auf Gott. Das Szenario umfasst ein gewaltiges Bergmassiv – den dritten Tag – das Morgengrauen – Donner und Blitz – Wolken – Rauch und Feuer – das Beben des Berges. So werden die Israeliten auf ein wichtiges Geschehen vorbereitet.

Am Sinai war Mose der Mittler zwischen Gott und seinem Volk. Die Bibel erzählt, dass Mose auf den heiligen Berg stieg, um dort die beiden Tafeln mit den Geboten abzuholen. Gleichzeitig verstieß das Volk gegen das erste Gebot und fertigte sich unter der Führung seines Bruders Aaron ein **goldenes Kalb** (Ex 33) an. Vielleicht sollte dieses Kalbsbild eigentlich ein Stierbild werden, weil der Stier in der alten Welt oft als Symbol der Fruchtbarkeit verehrt wurde. Wenn die Bibel von einem Kalb spricht, spottet sie vielleicht darüber, dass die Israeliten nicht genug Gold für ein Stierbild zusammenbrachten (Geiz?, Unfähigkeit?). Das Volk tanzte enthusiastisch um das schöne Machwerk, ähnlich wie es im Stierkult Kanaans üblich war. Dieses ganze Verhalten versetzte Mose in so großen Zorn, dass er die beiden Tafeln mit den Geboten zerschmetterte. Er verbrannte das Kalb im Feuer, zerstampfte es zu Staub, streute den Staub in Wasser und gab das Wasser den Israeliten zu trinken. Aber er bat Gott auch um Gnade für sein Volk und erneuerte den Bund. Als er von dem Gottesberg herabstieg, leuchtete sein Antlitz. Er hatte die »Herrlichkeit Gottes geschaut«.

Am Sinai erhalten die Israeliten, die gerade erst aus der Sklaverei Ägyptens befreit wurden, ihr Grundgesetz. Es umfasst drei Bereiche.

■ Gott **erwählt** sich das kleine **Israel** aus allen Völkern zu seinem besonderen Eigentum. Wenn die Israeliten den Bund mit ihm halten, sollen sie Gottes heiliges Volk sein.

■ Gott verkündet ihnen vom Berg Sinai die **Zehn Worte** (griech.: »Dekalog«, auch »Zehn Gebote«, Ex 20).

■ Die ganze »**Thora**« (hebr.: »Lehre«, »Unterweisung«; → S. 119) wird von den Juden auf die Offenbarung vom Sinai zurückgeführt. Dazu zählen außer den Zehn Geboten auch das Gebot der Gottes- und Nächstenliebe, der Schutz der Fremden, die Bestimmungen für den Sabbat, die Speiseregeln sowie die Vorschriften für den Gottesdienst und die jüdischen Feste.

Das Sinai-Massiv.

1 Wie lauten die Zehn Gebote? Warum waren und sind sie dem Judentum in allen Zeiten wichtig? Was bedeuten sie Christen? Haben sie auch für Menschen Bedeutung, die nicht religiös sind?

2 Wo gibt es bei uns heute »goldene Kälber«?

Mose empfängt die Tafeln des Gesetzes

Nachdem die Zehn Gebote feierlich am Sinai verkündet waren, wird Mose selbst auf den Berg Sinai gerufen. Der Text, der davon erzählt, ist voller Symbole, die alle nur eines wollen: das Geheimnis dieses Kontaktes zwischen Gott und Mose zu wahren.

1 Die sechs Tage erinnern an Gottes Werke bei der Schöpfung (Gen 1, 1–2, 4). Hier auf dem Sinai geschieht eine neue Schöpfung.

2 Der siebte Tag auf dem Berg ist so wichtig wie der Sabbat beim Beginn der Schöpfung.

3 Vierzig ist eine heilige Zahl, die Vollendung und Fülle bedeutet.

Marc Chagall (1887–1985), Mose empfängt die Gesetzestafeln (Ex 24, 12–18).

Der Herr sprach zu Mose: Komm herauf zu mir auf den Berg und bleib hier! Ich will dir die Steintafeln übergeben, die Weisung und die Gebote, die ich aufgeschrieben habe. Du sollst das Volk darin unterweisen. ... Dann stieg Mose auf den Berg und die Wolke bedeckte den Berg. Die Herrlichkeit des Herrn ließ sich auf den Sinai herab und die Wolke bedeckte den Berg sechs[1] Tage lang. Am siebten Tag[2] rief der Herr mitten aus der Wolke Mose herbei. Die Erscheinung der Herrlichkeit des Herrn auf dem Gipfel des Berges zeigte sich vor den Augen der Israeliten wie verzehrendes Feuer. Mose ging mitten in die Wolke hinein und stieg auf den Berg hinauf. Vierzig[3] Tage und vierzig Nächte blieb Mose auf dem Berg.

aus dem Buch Exodus 24, 12–18

Der bleibende Anfang – Szenen des Ersten Testaments

8. Wüste – Entbehrung und Bewährung

Die **Wüste** auf der Halbinsel Sinai dürfen wir uns nicht als eine Landschaft aus Sand vorstellen, wie sie in Afrika häufig vorkommt. In der Sinaiwüste gibt es steile Berge, hohe Felsen und unzählige Steine. Manche Orte sind vegetationslos, anderswo wachsen kleine Dornsträucher, Gräser und Blumen. Viele Tiere, z. B. Schlangen und Wildesel, fühlen sich hier zu Hause. Seit alten Zeiten ziehen Nomaden hier herum, die jede Wasserstelle kennen.

Die Wüste ermöglicht verschiedene, ja gegensätzliche Erfahrungen. Dem Städter erscheint die Wüste trostlos. Wer hier lebt, muss Entbehrungen ertragen und ohne viele Abwechslungen leben können. In der Wüste sein müssen, kann wie eine Strafe erscheinen. Für religiöse Menschen ist die Wüste ein Ort, an dem sie leichter Ruhe finden und sich auf die wichtigen Fragen des Lebens besinnen können. Zu allen Zeiten sind Menschen in die Wüste gezogen, um hier ihrem Gott näher zu kommen (→ S. 233, 163).

Die Wüste Sinai.

Bevor die Israeliten zum Sinai kamen, zogen sie durch die Wüste. Hier wartete auf sie elementare Not: Hunger, Durst, Hitze am Tag, Kälte in der Nacht, Überfälle durch Wüstenstämme, Einsamkeit, Angst, Verzweiflung. Dass sie die Entbehrungen der Wüste ertragen konnten, erschien ihnen wie ein Wunder. Sie fanden hier das **Manna** als Speise, das die sirupartige Ausscheidung kleiner Blattläuse ist. Sie fingen **Wachteln,** die in ihrem Frühlingsflug von Afrika nach Europa die Gegend passieren. Mose schlug aus einem Felsen **Wasser,** das zum Überleben nötig war. Gegen feindliche Stämme konnten sie sich erfolgreich **wehren.** Diese Zeichen sagten ihnen, dass sie trotz aller Not geborgen waren.

Nach dem Aufenthalt am Sinai gab es für Israel erneut eine Wüstenwanderung. Sie dauerte **vierzig Jahre.** Diese lange Zeit war eine Strafe Gottes dafür, dass die Israeliten nicht daran glaubten, in das verheißene Land einziehen zu können, weil dort starke Stämme lebten. Erst sollte die Generation der Zweifler ausgestorben sein, ehe ein Neubeginn möglich würde. So wurde der Wüstenaufenthalt zu einer Zeit der Bewährung, in der allmählich eine neue Zuversicht wachsen konnte.

1 Warum kann man das menschliche Leben mit einem Weg durch die Wüste vergleichen?

2 Ganz ungewöhnliche Erfahrungen hat auch Jesus in der Wüste gemacht: Mt 4, 1–11; → S. 233.

Wachtelfang am Nil, Wandgemälde aus einem Grab in Theben, um 1450 vC. Hier spannen Männer ein Netz über den Boden, auf dem die Wachteln sitzen (Ex 16, 1–13).

Marc Chagall (1887–1985),
Mose schlägt Wasser aus dem Felsen
(Ex 17, 1–7). Rechts oben Judenver-
folgung im 20. Jahrhundert.

Die **Wüste** mit ihrer Abge-
schiedenheit vom Trubel der
Welt ist ein **Ort der besonde-**
ren Nähe zu Gott. Es ist sicher
kein Zufall, dass Mose in der
Wüste zum ersten Mal die
Stimme Gottes (→ S. 55) hörte
oder dass der Gesetzgebung
vom Sinai jeweils eine Wüstenwanderung Israels voranging
und folgte.

Murren

Israel hatte gerade die Befreiung am Schilfmeer erlebt. Nun war das Volk unterwegs zum Sinai.
Zwischen diesen beiden Stationen führte der Weg durch die Wüste. – Aaron war der Bruder des Mose.
Auch er hatte Führungsaufgaben bei der Wüstenwanderung Israels. Bei der Anfertigung des golde-
nen Kalbes (→ S. 58) war er maßgeblich beteiligt.

Die ganze Gemeinde der Israeliten murrte in der Wüste gegen Mose und Aaron.
Die Israeliten sagten zu ihnen: Wären wir doch in Ägypten durch die Hand des
Herrn gestorben, als wir an den Fleischtöpfen saßen und Brot genug zu essen
hatten. Ihr habt uns nur deshalb in diese Wüste geführt, um alle, die hier versammelt sind, an Hunger sterben zu lassen.

aus dem Buch Exodus 16, 2–4

9. Israel – Im verheißenen Land

Weil Mose einmal in der Wüste an Gottes Macht gezweifelt hatte, als das Volk um Wasser schrie, durfte er das Land der Verheißung selbst nicht betreten, wohl aber konnte er es aus der Ferne sehen. **Mose starb** auf dem **Berg Nebo** im Land Moab (→ S. 64). Sein Grab ist späteren Zeiten unbekannt geblieben, so dass auch keine Kultstätte entstand.

Der Nachfolger des Mose war **Josua,** der die Geretteten aus Ägypten in das Land der Verheißung führte. Dieses Land nennen die Juden seit alten Zeiten auch das »**Land Israel**« (hebr.: »Erez Israel«; → S. 51, 94).

Die Einnahme des Westjordanlandes, die um 1200 vC begann, brachte viele Schwierigkeiten mit sich. Insgesamt waren die beiden nächsten Jahrhunderte für die Israeliten eher düster. Nur langsam konnten sie sich im Land durchsetzen. Ständig waren sie in Kämpfe mit den ansässigen Völkern verwickelt, die nicht daran dachten, ihnen im Land freiwillig Platz zu machen. Vor allem die **Philister** waren damals sehr mächtig. Sie verfügten über schnelle Pferde und Eisenwaffen, die die Israeliten nicht hatten. An Körperwuchs waren sie ihnen deutlich überlegen. Die Handelsstädte am Meer, die fruchtbaren Gebiete in den Flussebenen und die Festungen auf den Höhen waren noch lange in ihrer Hand. Da die israelitischen Stämme auch untereinander uneins waren, konnten sie lange keinen größeren Einfluss im Land erringen.

Es gab niemanden, der an der Spitze aller Stämme stand. Wohl gab es herausragende Männer und Frauen, die im Einzelfall für begrenzte Zeit ihre Stämme führten. Die Bibel nennt sie **Richter,** weil sie wichtige Entscheidungen auf religiösem und militärischem Gebiet trafen.

Aus dieser Zeit der Richter haben sich manche **Heldensagen** erhalten. So konnte **Debora,** eine tapfere Frau, ein Bündnis gegen kanaanäische Feinde zusammenbringen und sie besiegen. **Gideon** war gegen die Midianiter erfolgreich. **Simson,** ein Mann von ungeheurer Körperkraft, ärgerte die Philister maßlos, indem er mehrere Füchse an den Schwänzen zusammenband, an ihnen eine Fackel befestigte und sie so in deren trockene Felder trieb, wodurch die Ernte der Philister in Brand geriet. In der Philisterstadt Gaza wuchtete er ein Stadttor aus den Angeln, ehe er an einem Liebesabenteuer mit Dalila zugrunde ging.

Die **Religion der Landesbewohner,** die die Israeliten hier vorfanden und die im vorderen Orient weit verbreitet war, kannte viele Götter und Göttinnen und hatte prachtvolle Götterbilder hervorgebracht. Sie bot etwas zum Sehen, Hören, Betasten, Schmecken und Fühlen. Ihren Lebensrhythmus nahm sie aus dem Kreislauf des Jahres. Im Wachsen, Reifen, Welken und Vergehen waren Götter und Göttinnen tätig. Die Fruchtbarkeit von Feld, Tier und Mensch war ihr Werk. In ausschweifenden Festen wurden der Gott **Baal** (»Herr«) und die Göttin **Astarte** (auch Ischtar [→ S. 68], Aschera, Anath) verehrt. Wer daran teilnahm, wurde in unvergleichliche Begeisterung versetzt. Da wurde gegessen und getrunken, getanzt und geliebt. Baal, so glaubte man, werde im Herbst vom Todesgott Moth getötet und steige im Frühjahr wieder aus der Unterwelt empor. Dann feiere er mit der Liebesgöttin Astarte die heilige Hochzeit, der sich alles Werden und Blühen verdankt. Vielen **Israeliten** schien diese Religion ihrer eigenen überlegen zu sein, die nur einen Gott kannte, von Gott kein Bild erlaubte und viele Verpflichtungen auferlegte. Unzählige Male ließen sie sich vom Rausch dieser Religion mitreißen. Unzählige Male wurden sie dafür von den Verantwortlichen getadelt.

Weibliche Gottheiten aus Judäa (Aschera?), um 700 vC.

Schon bald kamen im verheißenen Land religiöse **Krisen** auf. Viele Israeliten vergaßen den Rettergott vom Schilfmeer und sein Gesetz vom Sinai. Stattdessen wandten sie sich den **Göttern und Göttinnen** der Einheimischen zu und stellten in ihren Häusern auch noch Bilder von ihnen auf.

Rechte Seite: Marc Chagall (1887–1985), Wandteppich im Museum Biblische Botschaft in Nizza, 1971.

Dies ist ein poetisches Bild des Landes, das Gott seinem Volk verheißen und gegeben hat. Rechts die Stadt Jerusalem. Viele Einzelheiten sind Symbole des Friedens und Glücks.

○ Nähere Einzelheiten über das Land findet ihr in dem Kapitel »Jesus – Eine unendliche Geschichte« → S. 94 ff.

Kanaanäische Gottheit, möglicherweise El (→ S. 52), 14.–13. Jh. vC.

Am Ende dieser unruhigen Zeit bestellte **Samuel**, der letzte Richter, **Saul** zum ersten König Israels. Das Volk erhoffte von ihm eine Stärkung und Einigung der vielen Stämme. Aber es gab auch viele Israeliten, die keinen König wollten. Die politischen Köpfe fürchteten um ihre Freiheit, die Religiösen meinten, nur Gott allein solle König über Israel sein. Saul, der von 1020–1004 regierte, war eine unglückliche Gestalt. Er konnte die Stämme nicht einigen, verletzte die Gesetze Gottes und nahm sich am Ende selbst das Leben.

Worauf es im Land ankommt

Josua, der Nachfolger des Mose, hatte die Israeliten in das Land geführt. Als er alt war, rief er das Volk zusammen, um es noch einmal auf Gott zu verpflichten. In seinem »Testament« sagte er:

Ihr werdet das Land in Besitz nehmen, wie es euch der Herr, euer Gott, versprochen hat. Haltet aber immer daran fest, alles zu beachten und zu tun, was im Gesetzbuch des Mose geschrieben steht; weicht nicht nach rechts oder links davon ab! Vermischt euch nicht mit diesen Völkern, die bei euch noch übrig geblieben sind; den Namen ihrer Götter sollt ihr nicht nennen und nicht bei ihnen schwören; ihr sollt ihnen nicht dienen und euch nicht vor ihnen niederwerfen, sondern am Herrn, eurem Gott, festhalten, wie ihr es bis heute getan habt. ... Achtet um eures Lebens willen sehr darauf, dass ihr immer den Herrn, euren Gott, liebt. ... Ich selbst muss heute den Weg alles Irdischen gehen. Ihr aber sollt mit ganzem Herzen und ganzer Seele erkennen, dass von all den Zusagen, die der Herr, euer Gott, euch gegeben hat, keine einzige ausgeblieben ist.

aus dem Buch Josua 23, 5–14

Der bleibende Anfang – Szenen des Ersten Testaments

10. Moab – Heimat einer Ausländerin

Im Ostjordanland liegt das Land **Moab.** Es erstreckt sich vom Ostufer des Toten Meeres bis in die syrisch-arabische Wüste. In alten Zeiten gehörte es nicht zum Gebiet der Zwölf Stämme Israels. Hier wohnten Fremde, die oftmals mit einer gewissen Feindschaft betrachtet wurden. Es gab mancherlei Vorurteile gegen sie, wie sie leider zu allen Zeiten gegenüber Ausländern vorkommen, zumal deren Könige Israel oft angriffen. Man sagte z. B. den Moabitern – gewiss zu Unrecht – nach, sie stammten aus einem unnatürlichen Verhältnis des Lot, eines Neffen des Abraham, mit der eigenen Tochter. Man warf ihnen vor, dass sie bei der Verehrung ihrer Götter ausschweifend waren und Unzucht trieben.

Umso erstaunlicher ist es, dass es eine Frau aus Moab gibt, von der die Bibel mit größter Hochachtung erzählt. Ihr Name ist **Rut** (hebr.: »Nächste«, »Freundin«).

Das kleine biblische Buch Rut, ein Meisterwerk jüdischer Erzählkunst, spielt in einer Zeit, als eine Hungersnot über das Land Israel gekommen war. Damals zog eine Familie mit ihren beiden Söhnen von Betlehem nach Moab, wo die beiden Söhne moabitische Frauen heirateten. Die Namen dieser beiden Moabiterinnen waren Rut und Orpa. Als Noomi (hebr.: »Liebliche«), die jüdische Schwiegermutter Ruts, nach dem Tod ihres Mannes und ihrer beiden Söhne wieder nach Betlehem heimkehrte, begleitete Rut sie aus tiefer Anhänglichkeit. Sie stand Noomi, der es als Witwe und alter Frau nicht besonders gut ging, in allen Situationen treu zur Seite. Noomi hatte einen angesehenen Verwandten namens Boas, der Landwirt war. Einmal sammelte Rut auf seinem Feld Ähren. Boas sah Rut und fand Gefallen an ihr. Noomi hatte gute Ideen, wie aus der ersten Sympathie eine dauernde Verbindung werden könnte. Die beiden trafen sich auf dem Hof des Boas und wurden kurz danach Mann und Frau. Ihr Sohn hieß Obed, der der Vater des Isai wurde. Isai war der Vater Davids (→ S. 65), des größten Königs in Israel.

(→ S. 65)

Worte der Zuneigung

Bei der ersten Begegnung auf dem Acker sagte Boas zu Rut:

Mir wurde alles berichtet, was du nach dem Tod deines Mannes für deine Schwiegermutter getan hast, wie du deinen Vater und deine Mutter, dein Land und deine Verwandtschaft verlassen hast und zu einem Volk gegangen bist, das dir zuvor unbekannt war. Der Herr, der Gott Israels, zu dem du gekommen bist, um dich unter seinen Flügeln zu bergen, möge dir dein Tun vergelten und dich reich belohnen. Sie sagte: Du bist sehr gütig zu mir, Herr. Du hast mir Mut gemacht und so freundlich zu deiner Magd gesprochen, und ich bin noch nicht einmal eine deiner Mägde.

aus dem Buch Rut 2, 12–13

Das **Buch Rut** ist eine **Frauengeschichte:** Es handelt von Frauen, die sich in einer Männerwelt hart durchs Leben schlagen müssen. Es ist eine **Fremdengeschichte.** Eine Moabiterin, die aus einem eher verachteten Volk kommt, wird die Urgroßmutter des Königs David und Ahnfrau der wichtigsten jüdischen Familie (Mt 1, 5). Es ist eine **Alltagsgeschichte.** Sie handelt nicht von Patriarchen, Propheten und Königen, sondern von kleinen Leuten, die eigentlich nichts Auffälliges tun. Sie helfen sich gegenseitig und ertragen die täglichen Mühen, ohne daran zu zerbrechen.

1 Könnt ihr in der Erzählung von Rut den (1) Tiefpunkt, (2) Wendepunkt und (3) Höhepunkt erkennen?

2 Warum ist das Buch ein Protest gegen alle Frauen- und Ausländerfeindlichkeit?

11. Jerusalem – Die königliche Stadt

Jerusalem (→ S. 96 f) ist eine unvergleichliche Stadt. Für viele Juden ist sie der Mittelpunkt der Welt. An Jerusalem hängt ihr Herz wie an keinem anderen Ort. Hier haben die Großen der jüdischen Geschichte gelebt und gewirkt. Könige, Propheten und Gesetzeslehrer haben die Stadt gerühmt und getadelt. Hier haben die Menschen Erfahrungen des Göttlichen gemacht. Hier haben sie alltäglich gearbeitet, geliebt und gelitten. Hier haben sie sich von ihrer angenehmen und unangenehmen Seite gezeigt. Hier sind schreckliche Verbrechen geschehen. Was immer sich an Gutem und Bösem hier ereignet hat – auf Jerusalem bezieht sich seit Jahrtausenden die ganze Sehnsucht des Judentums. In den Toren Jerusalems zu wohnen ist ein besonderes Glück. Darum wünschen die Juden überall auf der ganzen Welt an Pesach (→ S. 56 f): »Nächstes Jahr in Jerusalem«.

Davids Grab in Jerusalem.

Jerusalem ist eine der ältesten Städte der Welt, aber **ursprünglich keine jüdische Stadt.** Die ersten bisher entdeckten Siedlungen auf dem Stadtgebiet sind 5000 Jahre alt. Die jüdische Geschichte mit Jerusalem beginnt erst vor 3000 Jahren. Als **David** König wurde, gehörte die Stadt noch den Jebusitern, einem Stamm der Kanaanäer. Sie hatten die Stadt stark befestigt. Da Jerusalem auf einer Anhöhe (**»Zion«**) liegt, galt sie für uneinnehmbar. Doch die Soldaten Davids konnten sie mit einer Kriegslist erobern, indem sie geschickt durch einen in den Fels geschlagenen Brunnenschacht in ihr Inneres eindrangen. David machte Jerusalem um 1000 vC zur **neuen Hauptstadt** seines Reiches. Er tat es in der klugen Absicht, mit dieser Entscheidung keinen der zwölf Stämme zu bevorzugen oder zu benachteiligen, weil Jerusalem bislang zu keinem Stamm gehört hatte. Er erneuerte die Stadtmauer und errichtete für sich einen großartigen Königspalast. Mit seiner Entscheidung für Jerusalem ist David in die Weltgeschichte eingegangen. Noch heute sind die Folgen zu spüren.

Wer war dieser David? Ob der Name »David« »Vielgeliebter« oder »Kriegsführer« bedeutet, ist ungewiss. Beide Bedeutungen passen zu ihm. Sein Leben gleicht anfangs einem Märchen, in dem ein junger Held auftritt, dem alles zu gelingen scheint, was er anpackt. Auf vielen Gebieten war David überdurchschnittlich begabt. Er konnte Kriege führen, hinreißend tanzen, ein verlässlicher Freund sein und Frauen für sich begeistern. Er war fromm und konnte doch gelegentlich kriminell werden. Während sein Aufstieg zum König wunderbar war, lernte er in seiner späteren Lebensphase auch Leid und Unglück kennen. Seine Regierungszeit dauerte von 1004 bis 965 vC. Ein paar Szenen aus seinem Leben können einen ersten Eindruck von diesem berühmtesten König Israels geben.

■ Der junge David kam schon früh an den königlichen **Hof Sauls,** wo er sich in seine zukünftige Aufgabe einleben konnte. Es gelang ihm mit seinem eindrucksvollen Harfenspiel, den König zeitweise von seiner Schwermut zu befreien (1 Sam 16, 14–23).

■ David wird eine Geschichte zugeschrieben, die im alten Orient so ähnlich oft erzählt wurde. Danach konnte der junge David in einem Zweikampf den riesigen **Goliat,** einen schwer bewaffneten Philister, töten. Er

1 Von David könnt ihr eine ganze Bilderfolge malen, z. B. als Hirtenjunge, Kämpfer gegen Goliat, Harfenspieler vor Saul, Tänzer, auf dem Königsthron, im Gespräch mit Batseba, vor Natan, als Büßer, als idealer König.

2 Warum sehen die Juden in der Erzählung von David und Goliat (1 Sam 17) einen Hinweis auf die Geschichte ihres Volkes?

3 Bilder von Jerusalem findet ihr auf S. 96 f.

Linke Seite: Marc Chagall (1887–1985), Rut zu Füßen des Boas (Rut 3, 1–11), 1960.

Der bleibende Anfang – Szenen des Ersten Testaments

errang diesen sensationellen Sieg, weil er nicht so sehr auf Schwert und Speer, sondern auf Gott vertraut hatte (1 Sam 17).

■ Saul wurde mit der Zeit auf David eifersüchtig, da dieser große Erfolge gegen die Feinde erzielte und darum beim Volk beliebter wurde als er selbst. Darum versuchte er ihn zu töten, was ihm aber misslang. David rächte sich nicht an ihm, selbst als er dazu gute Gelegenheiten fand. Obwohl er Sauls Tochter Michal zur Frau hatte und mit dessen Sohn **Jonatan** eng befreundet war, musste er vom Königshof fliehen. Er wurde ein **Bandenführer,** der sich räuberisch und grausam verhielt (1 Sam 27, 8–12).

■ Als Saul seinem Leben selbst ein Ende gemacht hatte, wurde David in Hebron zum **König** ausgerufen. Damals war er 30 Jahre alt. Er konnte die **Stämme einigen** und ein **starkes Reich** begründen. Vor allem war er in mehreren Schlachten gegen die Philister erfolgreich, die fortan seine Herrschaft anerkennen mussten. Ebenso unterwarf er andere Grenznachbarn, die früher einmal für Israel gefährlich waren. Viele Kanaanäer vermischten sich damals mit den Israeliten und gingen so im Volk Israel auf. Niemals mehr in seiner Geschichte war Israel größer und mächtiger als zu Davids Zeiten.

Marc Chagall (1887–1985),
David spielt vor Saul die Harfe
(1 Sam 16, 14–23), 1931–39.

■ Am Hof Davids gab es den **Propheten Natan,** mit dem David oft sprach. Eines Tages eröffnete der König dem Propheten, dass er für Gott einen Tempel bauen wollte, wie ihn das Volk Israel noch nie gehabt hatte. Er sollte prächtiger sein als alle Heiligtümer der Kanaanäer im Lande, vergleichbar nur den Tempeln, die in Ägypten zu bewundern waren. Der Prophet war von diesem Plan überrascht und dachte darüber nach. Doch dann lehnte er das Vorhaben ab, weil Davids Hände von den vielen Kriegen blutbefleckt waren. Wer wie David Gewalt ausgeübt hatte, durfte kein Haus für Gott bauen. Darum sagte Natan dem König, dass sein Sohn Salomo diesen Tempel errichten solle. Für David aber hatte er dennoch eine unerhörte Verheißung. Er sagte ihm, dass sein Königtum ewigen Bestand haben werde (2 Sam 7).

■ David hat oft auch schwere Schuld auf sich geladen. Einmal verführte er die schöne **Batseba** zum Ehebruch und ließ dann ihren Mann **Urija,** einen seiner Offiziere, heimtückisch töten (2 Sam 11). Als Natan ihm sein Verbrechen in einer Gleichniserzählung vorhielt, sah er seine Schuld ein und tat vor dem ganzen Volk Buße.

■ Das Ende seiner Regierungszeit wurde von zahlreichen Schicksalsschlägen überschattet. Es gab hässliche Intrigen um sein Erbe und Aufstände innerhalb seiner eigenen Familie. Nach seinem **Tod** wurde er in der »Davidstadt« Jerusalem begraben.

Die Israeliten haben die dunklen Seiten dieses großen Königs bald vergessen und sich von ihm ein Bild gemacht, in dem das Licht die Schatten überstrahlt. **David** wurde nun der vollkommene König, dessen Herz ganz bei Gott war. Man sah in ihm den Verfasser vieler Psalmen (→ S. 84) und gab so den Gebeten eine hohe Autorität. Wenn es dem Volk schlecht ging, erwachte immer wieder die Hoffnung, Gott werde einen König wie David senden. Mit ihm haben sich später die Hoffnungen auf den »Messias« (→ S. 99) verbunden, der auch als »**Sohn Davids**« bezeichnet wird. Sie waren auch zu Jesu Zeiten lebendig (Lk 1, 32; → S. 101). Jesus selbst wird so genannt (Mt 21, 9).

Marc Chagall (1887–1985),
König David.

Unten die Stadt Jerusalem, daneben
der Prophet Natan.

An vielen Stellen des Alten Testaments ist von ganz ungewöhnlichen Gestalten die Rede, die **Propheten** heißen. Sie treten mit dem Anspruch auf, Gottes Wort gehört zu haben und es verkünden zu müssen. Manchmal bezieht sich das, was sie zu sagen haben, auf die Zukunft, so wenn sie von der Endzeit (→ S. 71) oder dem Messias (→ S. 99) sprechen. Aber Propheten sind keine Hellseher oder Wahrsager. Ihre wichtigste Aufgabe ist es, den Menschen zu sagen, was Gott will und was sie tun sollen.

Ein Hirtenjunge wird König

Da Saul als der erste König von Israel versagt hatte, suchte Samuel (→ S. 62) rechtzeitig einen Nachfolger für ihn. Er ging nach Betlehem zu Isai (→ S. 64) und ließ sich dessen Söhne vorstellen. Die sieben ältesten kamen für dieses Amt nicht in Frage, obwohl sie stattliche Männer waren. Da fragte Samuel Isai:

Sind das alle deine Söhne? Er antwortete: Der Jüngste fehlt noch, aber der hütet gerade die Schafe. Samuel sagte zu Isai: Schick jemand hin und lass ihn holen; wir wollen uns nicht zum Mahl hinsetzen, bevor er hergekommen ist. Isai schickte also jemanden hin und ließ ihn kommen. David war blond, hatte schöne Augen und eine schöne Gestalt. Da sagte der Herr: Auf, salbe ihn! Denn er ist es. Samuel nahm das Horn mit dem Öl und salbte David mitten unter seinen Brüdern. Und der Geist des Herrn war über David von diesem Tag an.

aus dem 1. Buch Samuel 16, 11–13a.

Du selbst bist der Mann

Als David den Ehebruch mit Batseba begangen hatte und ihren Mann Urija hatte töten lassen, kam der Prophet Natan zu ihm und erzählte ihm dieses Gleichnis (→ S. 104 f).

In einer Stadt lebten zwei Männer, der eine war reich, der andere arm. Der Reiche besaß sehr viele Schafe und Rinder, der Arme aber besaß nichts außer einem einzigen kleinen Lamm, das er gekauft hatte. Er zog es auf und es wurde bei ihm zusammen mit seinen Kindern groß. Es aß von seinem Stück Brot und es trank aus seinem Becher, in seinem Schoß lag es und war für ihn wie eine Tochter. Da kam ein Besucher zu dem reichen Mann und er brachte es nicht über sich, eines von seinen Schafen oder Rindern zu nehmen, um es für den zuzubereiten, der zu ihm gekommen war. Darum nahm er dem Armen das Lamm weg und bereitete es für den Mann zu, der zu ihm gekommen war.

Da geriet David in heftigen Zorn über den Mann und sagte zu Natan: So wahr der Herr lebt: Der Mann, der das getan hat, verdient den Tod. Das Lamm soll er vierfach ersetzen, weil er das getan hat und kein Mitleid gehabt hat. Da sagte Natan zu David: Du selbst bist der Mann.

aus dem 2. Buch Samuel 12, 1b–7

Der bleibende Anfang – Szenen des Ersten Testaments

12. Babylon – In der Verbannung

Weit weg vom Land Israel gab es die große Stadt **Babylon** (d. h. »Gottes Tor«), von der heute nur Ruinen übrig geblieben sind. Sie lag in Mesopotamien (→ S. 51) am Euphrat und war zeitweilig die Hauptstadt eines übermächtigen Weltreichs. Die Kultur Babyloniens hatte ebenso wie ihre Religion eine weite Ausstrahlung. Die Juden hörten diesen Namen nur mit Schrecken, weil sie dabei an die Bewohner der Stadt dachten, die in ihrer Maßlosigkeit einen Turm bauen wollten, der bis zum Himmel reichte (Gen 11, 1–9; → S. 241). Die Göttergeschichten, die dort erzählt wurden, waren mit dem jüdischen Gottesglauben nicht vereinbar. Vor allem fürchteten sich die Juden vor der militärischen Überlegenheit des Babylonischen Reiches, das von 636–538 vC eine Blütezeit erlebte. Wer wie Babylon die

Babylon, Ischtar-Tor (→ S. 62) und Teil der Prozessionsstraße, 6. Jh. vC, 1930 rekonstruiertes Modell, Vorderasiatisches Museum, Berlin.

damaligen Super-Mächte Assur und Ägypten mühelos besiegen konnte, für den musste die Eroberung des kleinen Israel ein leichtes Spiel sein. Tatsächlich sahen die Propheten Israels die babylonische Gefahr schon lange voraus und mahnten die Könige zur Vorsicht. Doch offensichtlich war diese Gefahr nicht zu bannen. Der babylonische König **Nebukadnezzar** (605–562) erschien 597 vor Jerusalem und eroberte die Stadt. **Jojakim,** der erst achtzehnjährige König, der kurz vorher noch einen Aufstand gewagt hatte, wurde mit seiner Familie und seinem Gefolge nach Babylon deportiert, wo er noch im selben Jahr starb. Auch der Tempel- und Palastschatz kam als Beute in die fremde Hauptstadt. Aber noch wurde das Land nicht zur babylonischen Provinz. Doch 588 erschien erneut ein babylonisches Heer vor Jerusalem und eroberte 586 die Stadt. Der Tempel ging in Flammen auf. Der König **Zidkija** geriet auf der Flucht in die Hände der Feinde. Er musste mit ansehen, wie seine Kinder getötet wurden. Ihm selbst wurden die Augen ausgestochen, bald darauf wurde auch er umgebracht. Ein Teil der Bevölkerung, vor allem die Oberschicht, wurde nach Babylon verschleppt.

Für die Juden begann in Babylon ein bitteres Leben im Ausland. Die Verbannten mussten hart arbeiten, sich an fremde Bräuche gewöhnen, konnten die Landessprache kaum verstehen und waren der Willkür der Sieger ausgesetzt. Es wäre nicht erstaunlich gewesen, wenn die Babylonische Gefangenschaft das Ende des jüdischen Volkes bedeutet hätte. Allzu leicht hätten sich die Deportierten mit den Babyloniern vermischen und in der babylonischen Bevölkerung aufgehen können. Aber wie durch ein Wunder behielten sie ihre Eigenständigkeit. Das verdankten sie vor allem ihrer **Religion.** Zwar fragten sie voll Bitterkeit, ob Gott sie verlassen und

Die **Babylonische Gefangenschaft** (586–538 vC) war die **schlimmste Katastrophe,** die das jüdische Volk bis dahin getroffen hatte. Sie bedeutete nicht nur das Ende der politischen Freiheit, sondern schien auch eine Niederlage der eigenen Religion zu sein. Es war so, als hätten die Götter Babylons den Gott Israels besiegt.

Marc Chagall (1887–1985), Jeremia kündigt die Zerstörung Jerusalems durch Nebukadnezzar an (Jer 19, 1–7).

Der Maler lässt einen Engel Gottes Jerusalem in Flammen setzen. Die Bewohner des Landes müssen das Land verlassen und nach Babylon ziehen.

den Bund mit ihnen aufgekündigt habe. War aus ihrer Erwählung eine Verwerfung geworden? Aber trotz dieser Ungewissheit hielten die meisten auch in der Fremde an Gott fest, beachteten so weit wie möglich die Thora (→ S. 58) und riefen sich ständig die Geschichten von Abraham, Israel und Mose in Erinnerung. Sie taten es, weil sie auf die Mahnungen ihrer **Propheten** hörten, die ihnen eine neue Befreiung ankündigten. Hatte Gott ihnen nicht seine Treue auf ewig zugesagt? So war die Gefangenschaft einerseits eine harte Belastung, andererseits aber auch eine Zeit der hoffnungsvollen Erwartung. Diese Hoffnung wurde nicht enttäuscht.

Heimweh nach Jerusalem

In Babylon entstand ein Psalm, der Einblick in die Stimmung der Deportierten gibt. – Der Zion ist eine Anhöhe in Jerusalem.

An den Strömen von Babel, da saßen wir und weinten, wenn wir an Zion dachten. Wir hängten unsere Harfen an die Weiden in jenem Land. Dort verlangten von uns die Zwingherrn Lieder, unsere Peiniger forderten Jubel: Singt uns Lieder vom Zion! Wie könnten wir singen die Lieder des Herrn, fern, auf fremder Erde? Wenn ich dich je vergesse, Jerusalem, dann soll mir die rechte Hand verdorren.

Psalm 137, 1–5

Neue Hoffnung

In der Babylonischen Gefangenschaft gab es Propheten, die dem Volk Mut machten und Rettung aus dem Exil in Aussicht stellten. Sie richteten die Hoffnung des Volkes auf Gott, der bald eine Wende herbeiführen werde. Dabei fanden sie Worte, die zu Herzen gingen.

Hört auf mich, ihr Verzagten, denen das Heil noch fern ist. Ich selbst bringe euch das Heil, es ist nicht mehr fern; meine Hilfe verzögert sich nicht. Ich bringe Hilfe für Zion und verleihe Israel meine strahlende Pracht.
Kann denn eine Frau ihr Kindlein vergessen, eine Mutter ihren leiblichen Sohn? Und selbst wenn sie ihn vergessen würde: Ich vergesse dich nicht. Sieh her: Ich habe dich eingezeichnet in meine Hände, deine Mauern habe ich immer vor Augen. Deine Erbauer eilen herbei und alle, die dich zerstört und verwüstet haben, ziehen davon.

aus dem Prophetenbuch des Jesaja 46, 12–13; 49, 15–17

1 Könnt ihr euch vorstellen, wie die Vertriebenen in Babylon von ihrem Gott dachten und sprachen?
2 Zum Schlimmsten, was Menschen treffen kann, gehört es, aus der Heimat vertrieben zu werden und in ein fremdes Land ziehen zu müssen. Warum ist das so?

13. Judäa – In der Heimat

Im Jahr 538 bereitete der Perserkönig **Kyros** dem Babylonische Reich ein Ende. Er erlaubte den verbannten Juden die Rückkehr in ihre alte **Heimat** und den Wiederaufbau ihres Tempels in Jerusalem. Das war die Wende, von der die Propheten im Exil geträumt hatten. Tatsächlich war die Begeisterung zuerst groß. Aber sie schlug bald in Enttäuschung um, da die Verhältnisse in **Judäa** (→ S. 96) nicht so gut waren, wie sie sich die meisten Juden erhofft hatten. Der Wiederaufbau des Tempels zog sich schleppend dahin, da es an Geld fehlte. Manche Juden blieben auch in Babylon, da sie sich dort inzwischen eine gute Existenz aufgebaut hatten. In der Heimat lebten viele nicht nach den Anweisungen der Thora, heirateten nichtjüdische Frauen und vergaßen die Geschichte ihres Volkes mit Gott. Vor allem mussten die Juden erleben, dass

Das Grab des Kyros (560–530 vC) in Pasargadae, Persien.

Rechte Seite: Marc Chagall (1887– 1985), Daniel in der Löwengrube (Dan 6, 17–24), 1956.

Unten: Marc Chagall, Ester, 1960.

Judäa kaum einmal wirklich politisch frei war. In den nächsten sechs Jahrhunderten war das Volk meist nur ein Spielball der großen Mächte. An ein eigenes jüdisches Reich wie zu Davids Zeiten war nicht mehr zu denken. Nacheinander herrschten die Perser, die Ägypter, die Syrer und die Römer über das Land. Die jeweiligen Machthaber brachten auch ihre Religion mit in das Land, die sie manchmal gewaltsam durchzusetzen suchten.

Besonders tapfer und zeitweise auch erfolgreich setzten sich im 2. Jahrhundert vC die **Makkabäer** (auch »Hasmonäer« genannt) gegen die Syrer zur Wehr. Immer gab es aber auch Juden, die zu der Religion der Herrschenden übertraten, weil sie sich davon Vorteile versprachen.

Damals entstanden viele Erzählungen, die den Juden zeigten, was Gott auch in dieser Zeit für sie tat und was sie selbst tun sollten.

■ **Judit** (»Jüdin«) ist eine junge Witwe, die einem babylonischen Heerführer den Kopf abschlägt, dadurch seine Truppen in Verwirrung setzt und das jüdische Volk rettet.

■ **Ester** (»Stern«) ist ein jüdisches Waisenkind, das nach Persien verschleppt wird. Weil ihre Schönheit auffällig ist, wird sie eine Frau des Königs. Als ihrem Volk eine blutige Verfolgung droht, kann sie es durch ihr kluges Vorgehen beim König retten.

■ **Tobias** (»Gott ist gut«) ist ein junger Mann, der auf einer beschwerlichen Reise nach Persien vom Engel Rafael begleitet wird, dort wichtige Erfahrungen macht und seine Frau Sara findet. Unterwegs zeigt ihm der Engel auch ein Mittel gegen die Blindheit seines Vaters.

Die sechs Jahrhunderte zwischen der Befreiung aus dem Babylonischen Exil im Jahr 538 vC bis zur endgültigen Vernichtung Judäas durch die Römer im Jahr 70 nC verliefen sehr wechselhaft. In dieser **nach-exilischen Zeit** gab es große Belastungen und Zeiten der Ruhe. Ein Teil des Volkes lebte im Stammland der Juden (**»Judäa«**), ein anderer war in vielen Ländern zerstreut (jüdische **»Diaspora«**, griech.: »Zerstreuung«; → S. 220). Viele Juden waren bemüht, das **religiöse Erbe** ihrer Mütter und Väter nicht verloren gehen zu lassen. In dieser Zeit entfaltete sich das religiöse Leben der Juden vor allem zu Hause und in den vielen Synagogen (→ S. 96).

■ **Daniel** ist die Hauptgestalt in einem Buch, das in einer unruhigen Zeit entstand. Damals war eine religiöse Bewegung lebendig, die man **Apokalyptik** (griech.: »Offenbarung«, »Enthüllung«; → S. 178) nennt. Viele Fromme glaubten, das Ende der Zeiten stehe nahe bevor, weil sich viele Juden nicht mehr an die Gebote Gottes hielten und das Volk von starken Feinden ständig gedemütigt wurde. Sie erwarteten Rettung und Heil nicht mehr aus eigener Kraft, sondern allein von Gott. In gewaltigen Bildern, Enthüllungen und Berechnungen beschreiben sie den Verlauf und das Ende der Geschichte. Krieg, Mord und Totschlag werden über die Menschheit kommen. Naturkatastrophen wie Erdbeben, Hungersnöte, Sonnenfinsternis, Brand, Überschwemmungen und der Einsturz des Weltgebäudes werden eintreten. Am Ende wird der Menschensohn (→ S. 114) auf den Wolken des Himmels erscheinen (Dan 7, 13), die Guten werden im Himmel belohnt, die Bösen in der Hölle bestraft. Dann wird sich die Gerechtigkeit Gottes endgültig durchsetzen.

Daniel in der Löwengrube

Im Buch Daniel wird eine Geschichte erzählt, die den Juden, die sich in vielerlei Nöten befanden, Trost spenden sollte. Sie wird in die Zeit des Perserreichs (6. Jh vC) zurückverlegt, wo ein Jude namens Daniel einen hohen Rang am Königshof einnahm. Weil er beim König Darius wegen seiner überragenden Fähigkeiten sehr geschätzt war, wollten neidische Kollegen ihn beseitigen. Sie setzten beim König einen Erlass durch, wonach jeder in eine Löwengrube geworfen werden sollte, der sich innerhalb der nächsten 30 Tage mit einer Bitte nicht an den König, sondern an »irgendeinen Gott oder Menschen« wandte. Dabei wussten sie sehr wohl, dass Daniel als religiöser Jude diesem Gesetz nicht gehorchen konnte. Tatsächlich verrichtete Daniel zu Hause seine Gebete weiter und lobte Gott, wie er es gewohnt war. Als er dabei von seinen Feinden entdeckt wurde, verlangten diese vom König die im Gesetz vorgeschriebene Strafe. Den König schmerzte es, dass er seinen treuen Diener bestrafen sollte, aber ihm blieb keine andere Wahl, da Daniel gegen seine Anordnung verstoßen hatte.

Der König befahl Daniel herzubringen und man warf ihn zu den Löwen in die Grube. Der König sagte noch zu Daniel: Möge dein Gott, dem du so unablässig dienst, dich erretten. Und man nahm einen großen Stein und wälzte ihn auf die Öffnung der Grube. Der König versiegelte ihn mit seinem Siegel und den Siegeln seiner Großen, um zu verhindern, dass an der Lage Daniels etwas verändert würde.

Dann ging der König in seinen Palast; fastend verbrachte er die ganze Nacht; er ließ sich keine Speisen bringen und konnte keinen Schlaf finden. Früh am Morgen, als es gerade hell wurde, stand der König auf und ging in Eile zur Löwengrube. Als er sich der Grube näherte, rief er mit schmerzlicher Stimme nach Daniel und fragte: Daniel, du Diener des lebendigen Gottes! Hat dein Gott, dem du so unablässig dienst, dich vor den Löwen erretten können? Daniel antwortete ihm: O König, mögest du ewig leben. Mein Gott hat seinen Engel gesandt und den Rachen der Löwen verschlossen. Sie taten mir nichts zu Leide; denn in seinen Augen war ich schuldlos, und auch dir gegenüber, König, bin ich ohne Schuld. Darüber war der König hoch erfreut und befahl, Daniel aus der Grube herauszuholen. So wurde Daniel aus der Grube herausgeholt; man fand an ihm nicht die geringste Verletzung, denn er hatte seinem Gott vertraut.

aus dem Buch Daniel 6, 17–24

In der Zeit der römischen Besatzung (ab 63 vC) wurde **Jesus von Nazaret** geboren. Er steht in der langen Tradition seines jüdischen Volkes und war ein herausragender Lehrer der biblischen Schriften. Für Christen ist mit seinem Namen ein neuer Anfang verbunden (→ S. 99).

■ **Ijob** (»Der sich gegen Gott wendet« oder »Wo ist der Vater?«) ist ein reicher und frommer Mann, der plötzlich alle Kinder, seine Güter und Gesundheit verliert. Er weigert sich Gott zu fluchen. Im Gespräch mit seinen Freunden fragt er nachdrücklich, warum er leiden muss, obwohl er sich keiner Schuld bewusst ist. Die klugen Antworten seiner Freunde lässt er nicht gelten. Am Ende findet er zu der Einsicht, dass er nicht alles verstehen kann, was Gott tut, und er willigt in sein Geschick ein.

■ **Jona** ist ein merkwürdiger Prophet. Gott hat ihm aufgetragen, nach Ninive am Tigris (Mesopotamien) zu gehen, wo die Feinde des Volkes Israel wohnen. Er soll sie zur Besserung ihres Lebens bewegen. Jona weigert sich, den Auftrag Gottes auszuführen und flieht auf einem Schiff. Unterwegs wird er von den Seeleuten ins Meer geworfen, wo ihn ein großer Fisch verschlingt. Das Untier speit ihn wieder aus und er zieht nun unwillig in die Stadt, wo er die Bewohner erfolgreich zur Umkehr aufruft. Aber dieser Erfolg gefällt ihm nicht, da er lieber Gottes Strafe über Ninive gesehen hätte. Die heitere Erzählung macht deutlich, dass Gott alle Völker liebt und seine Ziele auch mit widerspenstigen Propheten durchsetzen kann.

1 Ängste vor der Endzeit hat es immer wieder gegeben. Habt ihr davon schon etwas gehört? (→ S. 176 ff)
2 Ester oder Judit, Tobias oder Jona, Daniel oder Ijob – mit einer dieser biblischen Gestalten solltet ihr euch näher befassen. Was bedeutet sie für Juden damals und für Christen heute? Warum lesen selbst zweifelnde Menschen diese Geschichten mit Gewinn?

Links: Marc Chagall (1887–1985), Ijob in Verzweiflung, 1962.

Rechts: Ijob im Gebet, 1960. Er hat wieder Hoffnung geschöpft.

Juden und Christen sind religiös miteinander verwandt, weil sie dieselben Bücher zu ihren heiligen Schriften zählen. Gemeinsam stehen sie vor der großen Aufgabe, auch den Menschen etwas davon mitzuteilen, die heute nicht an Gott glauben und seine Gebote nicht beachten. Heute tun Juden und Christen gut daran, aus dem unterschiedlichen Gebrauch der Bibel nicht gegenseitige Feindschaft, sondern Freundschaft wachsen zu lassen.

14. Geschichten für die Gegenwart und Zukunft

Wenn viele Bücher, die heute aktuell und modern sind, längst überholt sind, wird man das alte Erste/Alte Testament noch immer lesen. Dafür gibt es gute Gründe.

• In **Personen** wie Abraham und Sara, Mose und Ijob, David oder Rut können viele Menschen Züge von sich selbst entdecken.

• **Situationen** wie die Wüstenwanderung, die Vertreibung aus der Heimat oder die Befreiung aus der Hand übermächtiger Feinde hat es auch später in der Geschichte gegeben. Sie sind wie Modelle, an denen sich viel ablesen lässt.

• Dem **Glauben** an den einen Gott, der Welt und Menschen erschaffen hat, wollen sich viele Menschen auch heute nicht verschließen.

• Die **Forderung** nach Liebe und Gerechtigkeit ist auch heute aktuell. Die Zehn Gebote werden weithin als Grundlage für ein menschenwürdiges Leben anerkannt.

• Die **Hoffnung** auf eine bessere Welt, die Gott am Ende der Zeit herbeiführen wird, ist in den Katastrophen der Geschichte stets wach geblieben.

Das Erste/Alte Testament wird seit 2000 Jahren nicht einheitlich gelesen und verstanden. Für Juden und Christen hat es einen unterschiedlichen Stellenwert.

■ Die Hebräische Bibel zählt bis heute zu den Grundschriften des **Judentums.** Wo immer Juden auf der Welt leben – im Staat Israel, in Deutschland oder sonst in der Diaspora – lesen sie in diesem Buch von den Anfängen ihrer Geschichte. Jüdische Fromme sehen hier die Anfänge ihrer Religion. Darum halten sie dieses Buch heilig. Sie sagen zu ihren Kindern: Am Exodus (→ S. 56) waren nicht nur unsere Vorfahren beteiligt, auch wir selbst gehören dazu. Die Gebote vom Sinai gelten nicht nur für unsere Mütter und Väter, sondern für alle Generationen, also auch für euch. Der Messias wird dereinst kommen und unser Volk von allem Leid befreien.

■ Weil Jesus das Alte/Erste Testament als seine Bibel angesehen hat, ist es auch für die **Christenheit** zu einem Teil der Bibel (→ S. 32) geworden. Christen können ihr Neues Testament nicht verstehen, wenn sie nicht das Alte Testament lesen. Denn das Neue Testament setzt an vielen Stellen das Alte Testament voraus und spricht in seiner Sprache (→ S. 32). Was im Alten Testament von Gott, Welt und Mensch, von Liebe und Gerechtigkeit gesagt wird, das gilt auch für Christen. Ein wichtiger Unterschied besteht darin, dass Christen glauben, der Messias sei in Jesus gekommen und sie brauchten die Thora nicht mehr in allen Punkten zu halten (→ S. 140). Darum verstehen sie manche Worte der alttestamentlichen Schriften anders als die Juden.

■ Zahlreiche **Menschen, die keiner Religion angehören,** schätzen das Alte Testament hoch, weil sie darin ein hochkarätiges Werk der Weltliteratur sehen, in dem sie Lebenserfahrungen aus mehr als tausend Jahren ausgebreitet finden. Viele Schriftsteller und Künstler auch unserer Zeit verdanken diesem Buch originelle Anregungen.

Marc Chagall (1887–1985), Der Märtyrer, 1940.

Anspielung des jüdischen Malers auf den gekreuzigten Jesus, der hier durch Gebetsschal und Gebetsriemen (→ S. 120) als jüdischer Arbeiter (Mütze) dargestellt und an einem Pfahl aufgerichtet ist.

1. Beten – Warum und wie?

In unserer Welt gibt es viele Menschen, die beten. Unter ihnen sind viele Mädchen und Jungen. Aber es gibt auch viele Menschen, die nicht beten. Auch unter ihnen sind viele Mädchen und Jungen.

■ Manche wissen gar nicht, was beten ist. Sie haben nie versucht zu beten, weil sie nie etwas von Gott gehört haben oder weil sie nicht an Gott glauben. Niemand hat mit ihnen über das Beten gesprochen. Beten ist daher für sie so etwas wie eine **Fremdsprache.**

■ Andere beten ungern, weil ihnen das Beten schwer fällt. Darum beten sie selten. Sie lassen sich beim Beten leicht ablenken, weil sie eher an ihre Freundinnen und Freunde, an ihren Computer und ihre Spielsachen denken. Manchmal merken sie gar nicht, dass sie ihr Gebet ohne innere Anteilnahme einfach nur so daherplappern. Beten ist ihnen nur eine **lästige Sache.**

René Magritte (1898–1967),
Die unendliche Besichtigung, 1963.

■ Nicht wenige Mädchen und Jungen wissen nicht, warum sie beten sollen. Sie fragen sich, was das Beten ihnen »bringt«. Vielleicht wurde ihr Gebet nicht erhört, als sie um ein bestimmtes Geschenk zu Weihnachten oder um einen Freund oder eine Freundin beteten. Noch schlimmer war die Enttäuschung, wenn sie für eine kranke Schwester oder ihr Lieblingstier beteten, die trotzdem starben. Beten erscheint ihnen **unnütz.**

■ Manche möchten wohl beten, aber sie wissen nicht, wie sie beten sollen. Beten ist für sie so etwas wie ein **Rätsel.**

▎Was bringt mir das?

Beten – Was bringt mir das? Was hat Beten mit meinem Leben zu tun? Was ist das überhaupt? Ich will etwas erleben. Ich will Musik und Sport, Freiheit und Glück, Freundschaft und Liebe. Ich will nicht so viel Zwang in meinem Leben und tun, was mir Spaß macht. Dabei kann mir beten nicht helfen.

Florian, 12 Jahre

Ich habe schon so oft vergeblich gebetet

Manchmal weiß ich gar nicht mehr, weshalb ich beten soll. Ich habe so oft Fragen gestellt und keine Antwort erhalten. Ich habe darum gebetet, dass meine Freundin wieder zu mir hält, nachdem wir uns so schlimm zerstritten haben. Ich habe darum gebetet, dass mein Vater endlich wieder einen Arbeitsplatz findet, aber er ist immer noch arbeitslos. Ich habe darum gebetet, dass meine Oma nicht so starke Herzbeschwerden hat, aber nichts hat sich gebessert. Ich

1 Warum fällt es manchen Schülern schwer, im Unterricht über das Beten zu sprechen? Wie sollte der Religionslehrer darauf reagieren?

2 Schreibt Jutta, Daniel und Florian einen kleinen Brief, in dem ihr auf deren Schwierigkeiten mit dem Beten eingeht.

3 Warum kann man Beten nicht in der Schule lernen wie z. B. Englisch oder Mathematik? Wie könnte man mit dem Beten-Lernen anfangen?

4 Lallen wie ein Kind – was spricht beim Beten dagegen, was dafür?

habe darum gebetet, dass ich in Mathe nicht so ängstlich bin, aber ich habe in der nächsten Stunde doch kein Wort herausbekommen. Wenn ich bete, komme ich mir manchmal vor wie einer, der telefoniert und am anderen Ende der Leitung nimmt niemand den Hörer ab.

Jutta, 11 Jahre

Ob es dich wirklich gibt?

Hallo, lieber Gott! Manchmal stelle ich mir die Frage, ob es Zweck hat zu beten, weil ich mir gar nicht so sicher bin, ob es dich wirklich gibt. Wenn es dich gibt – kannst du nicht so deutlich zu mir sprechen oder dich so klar zeigen, dass meine Zweifel endlich aufhören? Ich verspreche dann regelmäßig mit dir zu sprechen.

Daniel, 10 Jahre

Lallen

Die folgende Erzählung spielt im polnischen Judentum des 18. Jahrhunderts. In ihr geht es um das für die Juden verpflichtende Morgengebet. Dabei tragen sie am linken Arm (Seite der Herzens) und an der Stirn (Kopf) lederne Gebetsriemen (»Teffilin«) mit schwarzen Lederkapseln, in denen sich wichtige jüdische Gebete befinden (→ S. 120).

AUS DEM MUND DER KINDER UND SÄUGLINGE SCHAFFST DU DIR LOB.

Psalm 8,3

Rabbi Levi Jizchak kam einst in eine Herberge, wo viele Kaufleute eingekehrt waren, die zu einem Markt fuhren. Der Ort war fern von seiner Heimat, so kannte ihn niemand. Am frühen Morgen wollten die Gäste beten; da sich aber im ganzen Haus nur ein einziges Paar Gebetsriemen befand, zog einer nach dem anderen sie an, sprach in Eile das Gebet und reichte sie dem nächsten. Als alle fertig waren, rief der Rabbi zwei junge Leute zu sich heran; er wollte sie etwas fragen. Sie traten näher heran, er sah ihnen ernsthaft ins Angesicht und sagte: »Ma – ma – ma, wa – wa – wa.« »Was wollt ihr?«, riefen die jungen Männer, erhielten aber nichts zur Antwort als die gleichen wirren Laute. Da hielten sie ihn für einen Narren. Nun aber redete er sie an: »Wie, ihr versteht meine Sprache nicht und ihr habt doch soeben zu Gott dem Herrn in dieser Sprache gesprochen?«

Einen Augenblick schwiegen die jungen Leute bestürzt, dann aber sagte der eine: »Habt ihr nie ein Kind in der Wiege liegen sehen, das noch nicht sprechen kann? Habt ihr nicht gehört, wie es allerlei Laute mit seinem Mund macht: Ma – ma – ma, wa – wa – wa? Alle Weisen und Gelehrten können es nicht verstehen. Wenn aber seine Mutter hinzukommt, weiß sie sogleich, was die Laute meinen.« Als der Rabbi diese Antwort vernahm, begann er vor Freude zu tanzen. Und wenn er in Zukunft mit Gott im Gebet redete, pflegte er ihm diese Antwort zu erzählen.

Rabbi Levi Jizchak von Berditschew in Po'en (gest. 1809), ein Chassid (d. h. »Frommer«)

2. Ohne Worte beten

Man kann **in allen Situationen des Lebens** beten. Man kann ohne Worte beten, indem man singt und tanzt, lacht und weint, geht und ruht. Man braucht beim Beten nicht die Hände zu falten oder niederzuknien, um dann etwas zu sagen. Gebete entstehen auch, wenn Menschen in Begeisterung geraten oder wenn ihnen zum Schreien zu Mute ist. Selbst die Feststellung »Ich kann nicht beten« kann ein Gebet sein. Das wortlose Schweigen kann ein besonders gutes Gebet sein. Immer wenn man sich und sein Leben ernsthaft betrachtet und einen Weg zu Gott sucht, wird das Leben zum Gebet.

Der tanzende Gaukler

Es war einmal ein Gaukler, der tanzend und springend von Ort zu Ort zog, bis er des unsteten Lebens müde war. Da gab er alle seine Habe hin und trat in ein Kloster (→ S. 163 ff) ein. Aber weil er sein Leben bis dahin mit Springen und Tanzen und Radschlagen zugebracht hatte, war ihm das Leben der Mönche fremd und er wusste kein Gebet zu sprechen. So ging er stumm umher und wenn er sah, wie jedermann des Gebetes kundig schien, stand er beschämt dabei. »Was tu ich hier?«, sprach er zu sich, »ich weiß nicht zu beten. Ich bin der Kutte nicht wert, in die man mich kleidete.«
In seinem Gram flüchtete er eines Tages, als die Glocke zum Chorgebet rief, in eine abgelegene Kapelle. »Wenn ich schon nicht mitbeten kann im Kreis der Mönche«, sagte er vor sich hin, »so will ich doch tun, was ich kann.« Rasch streifte er das Mönchsgewand ab und stand da in seinem bunten Röckchen, in dem er als Gaukler umhergezogen war. Und während vom hohen Chor die Psalmgebete (→ S. 84) herüberwehen, beginnt er mit Leib und Seele zu tanzen, vor- und rückwärts, links herum und rechts herum. Mal geht er auf seinen Händen durch die Kapelle, mal überschlägt er sich in der Luft und springt die kühnsten Tänze, um Gott zu loben. Wie lange auch das Chorgebet der Mönche dauert, er tanzt ununterbrochen, bis ihm der Atem verschlägt und die Glieder ihren Dienst versagen. Ein Mönch war ihm aber gefolgt und hatte durch ein Fenster seine Tanzsprünge mit angesehen und heimlich den Abt geholt. Am anderen Tag ließ dieser den Bruder zu sich rufen. Der Arme erschrak zutiefst und glaubte, er solle gestraft werden. Also fiel er vor dem Abt nieder und sprach: »Ich weiß, Herr, dass hier meines Bleibens nicht ist. So will ich aus freien Stücken ausziehen und in Geduld die Unrast der Straße wieder ertragen.« Doch der Abt neigte sich vor ihm, küsste ihn und bat ihn, für ihn und alle Mönche bei Gott einzustehen: »In deinem Tanze hast du Gott mit Leib und Seele geehrt. Uns aber möge er alle Worte verzeihen, die über die Lippen kommen, ohne dass unser Herz sie sendet.«

Eine alte Legende

Georges Rouault (1871–1958),
Der vornehme Pierrot, 1941.

Das lateinische Wort **Meditation** bedeutet »Zur Mitte finden«. Das geschieht durch »Besinnung« oder »Betrachtung«. Zur Meditation braucht man eine Zeit der Stille. Man soll sich durch nichts ablenken lassen und sich innerlich sammeln. Dabei kann man neue und ungewöhnliche Erfahrungen machen, die im Alltag nicht so leicht vorkommen.

JESUS SAGT EINMAL: ENTWEDER: DER BAUM IST GUT – DANN SIND AUCH SEINE FRÜCHTE GUT. ODER: DER BAUM IST SCHLECHT, DANN SIND AUCH SEINE FRÜCHTE SCHLECHT. AN DEN FRÜCHTEN ALSO ERKENNT MAN DEN BAUM. *Mt 12, 33*

1 Könnt ihr einen Baum von sich erzählen lassen?
2 Bäume spielen in der Christenheit eine große Rolle. Da sind vor allem die Bäume des Paradieses (Gen 2–3) und der »Baum des Kreuzes«, an dem Jesus gestorben ist. Was wisst ihr davon?
3 Wie gehen wir heute mit Bäumen und Wäldern um?

Einen ersten Zugang zum Beten kann man finden, indem man sich ruhig auf etwas Wichtiges konzentriert und es in seinen Zusammenhängen wahrnimmt. Dazu braucht man keine Worte. Ein solches Tun nennen wir **»Meditation«.** Sie kann in ein gesprochenes Gebet übergehen. Nicht selten ist sie ein Sprungbrett in ein Gebetswort.

Wer einen **Baum** betrachtet, kann vieles über sich selbst und seine Welt entdecken. Ein Baum wächst, entfaltet sich, wird groß, irgendwann auch alt und stirbt dann. Der Baum kommt aus der Erde und streckt sich zum Himmel. Er lebt vom Wasser, das er im Boden aufspürt, und vom Licht, dem er sich entgegenstreckt. Seine Wurzeln

Paul Klee, Zwiegespräch Baum – Mensch, 1939.

wachsen im Dunkeln und seine Äste bewegen sich im Hellen zur Sonne. Wichtige Teile sind unsichtbar, wichtige sichtbar. Wurzelwerk und Stamm verändern sich nur langsam und geben dem Baum Beständigkeit. Äste tragen Blätter und Früchte, brechen aber auch ab. Blätter und Früchte erneuern sich rasch und geben dem Baum immer neu Farbe und Fülle. Bäume stehen allein, Bäume bilden einen Wald.

Bäume haben einen ganz unterschiedlichen Nutzen für Tiere und Menschen, für die Erde und die Atmosphäre. Bäume erfreuen uns durch ihre Schönheit. Manche Menschen verdienen mit den Früchten oder dem Holz eines Baumes Geld, andere verfertigen Gedichte über den Baum. Jungen und Mädchen klettern auf die Bäume, Alte suchen in ihrem Schatten einen Platz zum Ausruhen.

Himmel und Erde bewegen – Vom Beten

Meditieren kann man über

- eine Blume oder einen Vogel
- das Wasser oder das Feuer
- Brot und Früchte aller Art
- die Sonne, den Mond und die Sterne
- den Wechsel von Tag und Nacht oder von Frühling, Sommer, Herbst und Winter
- die Erde oder das Meer oder das Weltall
- ein Spiel, ein Rad, ein Auto oder einen Computer
- den Punkt, den Kreis, das Drei- und Viereck, die Kugel
- ein Bild, ein Lied, eine Erzählung oder ein Gedicht
- einen Freund, eine Freundin
- einen Clown, einen Bergsteiger, einen Star, einen Arzt, einen Priester, einen Jongleur
- eine Situation aus dem eigenen Leben, z. B. einen Augenblick des Glücks oder Leids
- sich selbst, sein Atmen und Fühlen, seine Hände und Füße, seinen Kopf und sein Herz
- ein Wort aus der Bibel

Beim Meditieren kann man sich fragen: Was sehe und höre ich? Wie ist es? Warum ist es so, wie es ist? Worin unterscheidet es sich von anderem? Was bleibt und ändert sich? Was ist daran wichtig? Was bedeutet es für sich, was für andere, was für mich? In welchen Zusammenhängen steht es? Was hat es mit Gott zu tun?

4 Es gibt Klassen, die manchmal im Religionsunterricht eine Meditation versuchen. Alle Schüler sind dann für ein paar Minuten ganz still. Für viele ist es oft am Anfang sehr schwer ruhig zu werden und die Gedanken zu sammeln. Aber meist gefällt ihnen das Meditieren nach wenigen Übungen so gut, dass sie es gern tun. Überlegt, ob ihr auch einmal einen Versuch machen solltet. Besprecht mit eurem Lehrer, welche Schwierigkeiten zu bedenken sind. Sucht euch einen geeigneten Gegenstand aus und stellt einige von den Fragen, wie sie hier genannt sind.

5 Man kann auch über Klänge meditieren, z. B. einen Gong, den Gesang der Vögel, eine Melodie, die eigene Stimme. Was geht in euch vor, wenn ihr still werdet und hinhört?

BETEN IST WIE...

oder wie man das Beten mit etwas Fantasie beschreiben kann:

SICH ZU GOTT EMPORRECKEN

EINEN BALLON ZUM HIMMEL AUFSTEIGEN LASSEN

UM GOTT HERUMFLIEGEN

ETWAS AN GOTT ADRESSIEREN

EIN WELLENSCHLAG DES GLAUBENS MIT SEINEM AUF UND AB

SICH SELBST SUCHEN

UM DIE EIGENE MITTE KREISEN

WIE IN EINEN BRUNNEN IN DIE EIGENE TIEFE SPRINGEN

MIT DER SEELE ATMEN

EIN ANDERES GESICHT BEKOMMEN

HINTER UNSEREN SPIEGEL SCHAUEN

EINE PAUSE MACHEN

IM DUNKELN EIN LICHT SUCHEN

MIT EINEM FREUND/EINER FREUNDIN REDEN

AUF EIN FUNDAMENT BAUEN

AUFERSTEHEN

...

BETEN IST WIE...

3. Mit Gott Kontakt suchen

Beten hat mit Gott zu tun. Im Beten wenden sich die Menschen an Gott. Sie werden sich bewusst, dass ihr Leben in einer Beziehung zu Gott steht. Betend suchen sie diese Beziehung zu aktivieren.

Diese im Grund einfache Sache ist für viele Menschen heute schwierig, weil sie nicht wissen, wie sie sich Gott vorstellen sollen und ob es überhaupt Gott gibt. Schon Mädchen und Jungen stellen sich die Frage, wer Gott ist. Dabei ist es leichter zu sagen, wer oder was Gott nicht ist. Viele Vorstellungen, die wir von Gott haben, sind nicht Gott selbst. Sie sind nur Bilder, die Menschen sich von Gott machen. Diese Bilder sagen etwas von den Menschen, ihren Wünschen und Ängsten, sie sagen nichts von Gott selbst. Wer ein solches Bild von Gott hat, vergisst, dass er sich von Gott kein Bild machen soll. Wer zu einem solchen Bild spricht, muss im Beten enttäuscht werden. Denn Gott ist größer als alles, was Menschen von ihm sagen oder denken oder sich von ihm vorstellen können. Gott ist ein **Geheimnis,** das niemand durchschauen kann.

Wir können von Gott nicht sprechen wie von Dingen oder Personen unserer Welt. **Gott ist ganz anders.** Manchmal sagt man von Gott etwas, das richtig ist, aber das genaue Gegenteil ist auch richtig. Dafür ein paar Beispiele:

- Der Tag ist hell, die Nacht ist dunkel. Gott ist für die Menschen hell und dunkel zugleich.
- Gott ist für die einen leicht verständlich, für die anderen unverständlich und beide haben Recht.
- In manchen Situationen ist Gott nahe, in anderen Situationen ist er fern. Oft freuen sich Menschen über seine Hilfe, oft leiden sie, weil sie seine Hilfe nicht spüren.
- Manche sprechen gern vom »lieben Gott«, andere meiden diese Bezeichnung, weil für sie Gott in seiner Gerechtigkeit auch streng ist.

Wenn man weiß, dass Gott über alle unsere Vorstellungen hinaus groß ist, kann man leichter verstehen, dass die Menschen mit ihm im Gebet ganz **unterschiedliche Erfahrungen** machen. Die einen fühlen sich von Gott verstanden, die anderen nicht. Viele Bitten werden erhört, viele Bitten werden nicht erhört. Warum das so ist, wissen wir nicht. Auch für die Betenden bleibt Gott das unergründliche Geheimnis ihres Lebens.

Für viele Menschen ist es ein großes **Glück** zu beten. Sie sprechen im Gebet mit Gott und sind ihm nahe, auch wenn er nicht alle ihre Gebete erhört. Sie vertrauen darauf, dass sie ihm selbst ihre geheimsten Gedanken sagen dürfen, über die sie sonst mit niemandem sprechen. Sie finden es lebenswichtig, immer wieder von neuem den Versuch zu machen, weil sie im Gebet lernen, dass Gott größer ist als ihr eigenes Herz.

Beten bedeutet Kontakt zu Gott zu suchen. Das kann auf vielfache Weise geschehen, z. B. im Wort, im Schweigen, im Lied, in der Arbeit, in Freude und im Leiden, in einer Tat.
Die Weisen aller Zeiten haben gewusst, dass man **Gott** nicht verstehen kann. Sie empfehlen Gott auf verschiedenen Wegen zu suchen. Ein solcher Weg ist das Gebet.

1 Gott – wer ist das? Prüft die Antworten, die ihr auf diese Frage gebt. Schreibt die Namen Gottes auf, die ihr kennt. Lest auch die Geschichte von Sarah: → S. 17.

2 Kennt ihr Gebete, die man regelmäßig sprechen kann (morgens, abends) und andere, die eher in einzelnen Situationen möglich sind? Könnt ihr selber ein Gebet verfassen?

3 Gebet – gebet: Vergleicht das Hauptwort und das Tätigkeitswort miteinander. Was haben sie miteinander zu tun?

4 Was haltet ihr von Gebeten in folgenden Situationen:
- Helga betet um eine gute Note, ohne dafür zu arbeiten.
- Fred braust mit seinem Motorrad unter Alkohol los und betet vorher, dass ihm und anderen nichts passiert.
- Ein reicher Hausbesitzer, der von seinen ausländischen Mietern zu hohe Miete verlangt, ist Mitglied in einem Kirchenvorstand und lässt sich gern beim Beten sehen.

5 Es gibt ein Gebet, in dem man nicht um irgendetwas, sondern um Gott selbst bittet. Was kann damit gemeint sein?

Beides zusammen

Fischer waren draußen bei ihrem Fang mit dem Boot. Da kam ein Sturm auf. Sie fürchteten sich so sehr, dass sie ihre Ruder wegwarfen und den Himmel anflehten, sie zu retten. Aber das Boot wurde immer weiter weggetrieben vom Ufer. Da sagte ein alter Fischer: »Was haben wir auch die Ruder weggeworfen! Zu Gott beten und zum Ufer rudern – nur dies beides zusammen kann da helfen.«

Leo N. Tolstoi (1828–1910), russischer Dichter

»Mister Gott is nich wie wir«

Ein irischer Mathematiker mit dem Künstlernamen »Fynn« hat vor einigen Jahren eine wahre Geschichte unter dem Titel »Hallo, Mister Gott, hier spricht Anna« geschrieben. Er erzählt hier von Anna, einem sechsjährigen Mädchen, das von seinen Eltern weggelaufen war, weil es sie nicht mehr ertragen konnte. Fynn findet sie in einer Nebelnacht im Londoner Hafengebiet und nimmt sie aus Mitleid und Zuneigung mit zu seiner Mutter nach Hause. Er war damals 19 Jahre alt. Zwischen Fynn und Anna kommt es zu intensiven Gesprächen. Dabei zeigt sich Anna als heiteres, schlagfertiges, auch ein bisschen freches Ding, das von Fynn oft einfach nur »Fratz« genannt wird. Fynn ist erstaunt darüber, wie Anna von Gott spricht, den sie meist »Mister Gott« nennt. Einmal fragt Anna Fynn:

»Glaubst du, dass Mister Gott uns wirklich lieb hat?«

»Klar«, sagte ich. »Er hat überhaupt alles lieb.«

»Warum gehen dann Sachen kaputt oder tot?«

»Keine Ahnung«, sagte ich. »Gibt 'nen Haufen Sachen, die wir nicht wissen.«

»Na, schön. Wenn wir aber so viele Sachen nicht wissen, warum wissen wir denn, dass Mister Gott uns lieb hat?«

Das konnte ja heiter werden. Aber Anna war in Eile. Gott sei Dank verlangte sie nicht sofort eine Antwort. Sie fuhr fort:

»Also die Blubblubs (kleinste Tierchen) hab ich ganz furchtbar lieb. Ich könnte platzen, so lieb hab ich sie, aber die Blubblubs wissen das kein bisschen, dass ich sie lieb habe, nich? Ich bin millionen- und millionenmal größer als die Blubblubs und Mister Gott ist millionenmal größer als ich. Warum weiß ich, was er macht? Und warum wissen die Blubblubs nicht, was ich mach?«

Sie schwieg einen Moment. Nachdenklich. Später schien es mir, als habe sie in diesem Augenblick ihre Kindheit verloren, aber das war wohl bloß ein sentimentaler Gedanke. Sie sagte:

»Fynn, Mister Gott hat uns nicht lieb.« Sie zögerte. »Bestimmt nicht, verstehst du? Bloß Leute können liebhaben. Ich hab meine Katze Bossy lieb, aber Bossy hat mich nicht lieb. Ich lieb die Blubblubs, aber sie mich nicht. Ich hab dich lieb, Fynn, und du hast mich lieb.«

Ich legte den Arm um sie. Sie sagte: »Du hast mich lieb, weil du Fynn bist, so wie ich Anna. Und ich lieb Mister Gott, aber er mich nicht.«

Das war ein Tiefschlag. Verdammter Mist, dachte ich. Warum musste das passieren? Jetzt hatte sie ihr Vertrauen, ihre Sicherheit verloren. Aber ich täuschte mich. Hier war nichts verloren. Anna wanderte sicher wie eine Nachtwandlerin auf gefährlichem Weg.

»Er hat mich nicht so lieb wie du, es ist bloß anders, nämlich millionenmal größer. … Fynn, du hast mich lieber als irgendwer sonst und ich hab dich auch lieber als irgendwer sonst. Aber mit Mister Gott ist das anders. Siehst du, Fynn, Leute lieben von außen rein und sie können von außen küssen, aber Mister Gott liebt dich innen drin und kann dich von innen küssen, darum isses anders. Mister Gott is nich wie wir. Wir sind bloß ein bisschen wie er. Aber nich sehr viel.«

Verantwortung für unsere Erde

Gott, unsere Erde ist nur ein kleines Gestirn im Weltall. An uns liegt es, daraus einen Planeten zu machen, dessen Geschöpfe nicht von Kriegen gepeinigt werden, nicht von Hunger und Furcht gequält, nicht zerrissen in sinnloser Trennung nach Rasse, Hautfarbe oder Weltanschauung.

Gib uns den Mut und die Voraussicht schon heute mit diesem Werk zu beginnen, auf dass unsere Kinder und Kindeskinder einst mit Stolz den Namen Mensch tragen.

Gebet der Vereinten Nationen, Stephen Vincent Benet

Zum **Beten** gibt es viele Anlässe. Man kann regelmäßig im Alltag beten, z. B. am Morgen und am Abend. Man kann ohne Plan und Programm in allen Situationen des Lebens beten.

Am Morgen

Danke für diesen Morgen,
danke für den neuen Tag,
danke für jeden neuen
Anfang,
danke, dass ich leben darf.

Am Tag

Halte mich fest,
wenn ich falle,
halte zu mir,
wenn ich allein bin,
halte mich ab,
wenn ich zuschlagen möchte,
halte mich aus,
wenn ich unausstehlich bin,
halte mir jederzeit
deine Schönheit vor Augen.
Amen.

Am Abend

Unter deinen Flügeln, Herr,
fühl ich mich geborgen.
Bleib bei mir in dieser Nacht.
Bleib bei mir bis morgen.

GOTT IST WIE...

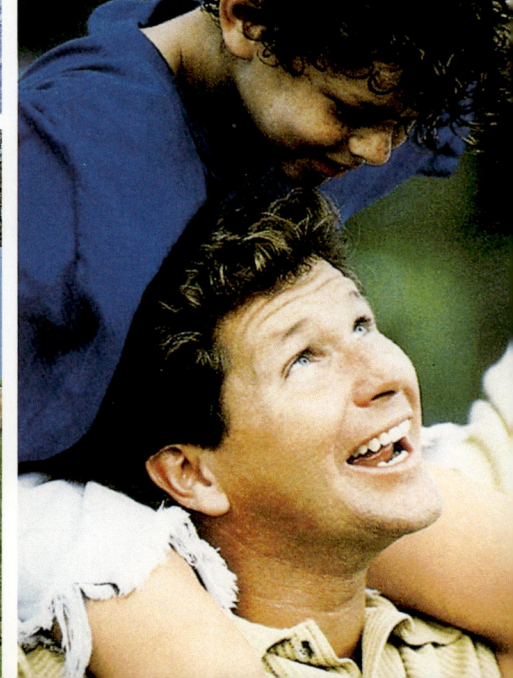

4. Die beste Gebetsschule

In der **Bibel** finden wir Gebete, die Menschen vor 2 oder 3 Jahrtausenden gesprochen haben und die auch heute noch von Juden und Christen gebetet werden, so als wären sie gerade erst entstanden. Die Bibel ist die beste Gebetsschule. Im Ersten/Alten Testament sind vor allem die Psalmen, im Neuen Testament die Gebete Jesu zu nennen.

Manche **Psalmen** sind einfach zu verstehen, weil sie ausdrücken, was Menschen zu allen Zeiten erfahren und erleben. Andere Psalmen benutzen Bildworte aus der alten Welt, die wir uns erst langsam erschließen müssen. Auch nachdem die Bibel entstanden war, haben Menschen Psalmen verfasst. Selbst in unserem Jahrhundert gibt es unzählige Versuche, die von berühmten und von unbekannten Frauen und Männern stammen.

Mit meinem Gott überspringe ich Mauern – Ungewöhnliche Worte

- Behüte mich wie den Augapfel, den Stern des Auges, birg mich im Schatten deiner Flügel. (Ps 17, 8)
- Mein Gott macht meine Finsternis hell. Mit dir erstürme ich Wälle, mit meinem Gott überspringe ich Mauern. (Ps 18, 29 f)
- Die Himmel rühmen die Herrlichkeit Gottes, vom Werk seiner Hände kündet das Firmament. (Ps 19, 1)
- Mein Gott, mein Gott, warum hast du mich verlassen, bist fern meinem Schreien, den Worten meiner Klage? Mein Gott, ich rufe bei Tag, doch du gibst keine Antwort; ich rufe bei Nacht und finde doch keine Ruhe. (Ps 22, 2 f)
- Viele Stiere umgeben mich, Büffel umringen mich. Sie sperren gegen mich ihren Rachen auf, reißende, brüllende Löwen. Ich bin hingeschüttet wie Wasser, gelöst haben sich alle meine Glieder. Mein Herz ist in meinem Leib wie Wachs zerflossen. (Ps 22, 13–15)
- Der Herr ist mein Hirte, nichts wird mir fehlen. Er lässt mich lagern auf grünen Auen und führt mich zum Ruheplatz am Wasser. (Ps 23, 1 f)
- Der Herr ist mein Licht und mein Heil: Vor wem sollte ich mich fürchten? Der Herr ist die Kraft meines Lebens. (Ps 27, 1)
- Du hast mein Klagen in Tanzen verwandelt, hast mir das Trauergewand ausgezogen und mich mit Freude umgürtet. Darum singt dir mein Herz. (Ps 30, 12 f)
- Wie der Hirsch lechzt nach frischem Wasser, so lechzt meine Seele, Gott, nach dir. (Ps 42, 2)
- Wach auf meine Seele, wacht auf Harfe und Saitenspiel. Ich will das Morgenrot wecken. (Ps 57, 9; 108, 2 f)
- Von Jahr zu Jahr säst du die Menschen aus; sie gleichen dem sprossenden Gras. Am Morgen grünt es und blüht, am Abend wird es geschnitten und welkt. (Ps 90, 5 f)
- Meine Tage sind wie Rauch geschwunden, meine Glieder wie von Feuer verbrannt. Versengt wie Gras und verdorrt ist mein Herz, so dass ich vergessen habe mein Brot zu essen. Vor lauter Stöhnen und Schreien bin ich nur noch Haut und Knochen. (Ps 102, 4–6)
- Herr, stelle eine Wache vor meinen Mund, eine Wehr vor das Tor meiner Lippen. (Ps 141, 3)
- Gelobt sei der Herr, der mein Fels ist. (Ps 144, 1)

Die berühmteste Gebetssammlung des Alten/Ersten Testaments (→ S. 32) heißt der »Psalter«, der 150 »Psalmen« enthält. Das zugrunde liegende hebräische Wort bedeutet »Lobgesänge«. Das griechische Wort »Psalmen« meint Lieder, die ursprünglich zu einem Saiteninstrument gesungen wurden. Die Psalmen sind in verschiedenen Situationen des Lebens entstanden und sie zeigen darum unterschiedliche Stimmungen der Beter. In den Psalmen gibt es Lob für Gottes Herrlichkeit, Dank für seine guten Taten, Bitte um Hilfe und Trost, Klage in Schmerz und Not, Anklage, weil Gottes Hilfe fern ist. Fast alle Psalmen haben einen kunstvollen Aufbau. Die meisten werden dem König David (1004–965 vC; → S. 65 ff) zugeschrieben, auch wenn sie andere Verfasser haben. Mit dieser Zuschreibung wollte man sagen, dass die Psalmen königlich, kraftvoll und kostbar sind.

PSALMEN DER BIBEL

1 Versetzt euch in die Situation, in der die Psalmworte entstanden sein könnten.
2 Geht auf die vielen Sprachbilder in den Psalmversen ein und versucht sie zu deuten. Warum sprechen die Psalmen in so vielen Bildern?
3 Schreibt ein Psalmwort in besonders schöner Schrift auf und hängt es zu Hause auf.

David beim Harfenspiel. Aus einer jüdischen Psalmenillustration, Ende 13. Jh.

Das Wunder der Schöpfung

Lobe den Herrn, meine Seele! Herr, mein Gott, wie groß bist du! Du hüllst dich in Licht wie in ein Kleid, du spannst den Himmel aus wie ein Zelt. Du verankerst die Balken deiner Wohnung im Wasser. Du nimmst dir die Wolken zum Wagen, du fährst einher auf den Flügeln des Sturmes. Du machst dir die Winde zu Boten und lodernde Feuer zu deinen Dienern. ...

Du lässt die Quellen hervorsprudeln in den Tälern, sie eilen zwischen den Bergen dahin. Allen Tieren des Feldes spenden sie Trank, die Wildesel stillen ihren Durst daraus. An den Ufern wohnen die Vögel des Himmels, aus den Zweigen erklingt ihr Gesang. Du tränkst die Berge aus deinen Kammern, aus deinen Wolken wird die Erde satt. Du lässt Gras wachsen für das Vieh, auch Pflanzen für den Menschen, die er anbaut, damit er Brot gewinnt von der Erde und Wein, der das Herz des Menschen erfreut. ...

Sie alle warten auf dich, dass du ihnen Speise gibst zur rechten Zeit. Gibst du ihnen, dann sammeln sie ein; öffnest du deine Hand, werden sie satt an Gutem. Verbirgst du dein Gesicht, sind sie verstört; nimmst du ihnen den Atem, so schwinden sie hin und kehren zurück zum Staub der Erde. Sendest du deinen Geist aus, so werden sie alle erschaffen, und du erneuerst das Antlitz der Erde.

Psalm 104, 1–4. 10–15. 27–30

In tiefer Not

Aus der Tiefe, rufe ich, Herr, zu dir: Herr, höre meine Stimme! Wende dein Ohr mir zu, achte auf mein lautes Flehen. Würdest du, Herr, unsere Sünden beachten, Herr, wer könnte bestehen? Doch bei dir ist Vergebung, damit man in Ehrfurcht dir dient. Ich hoffe auf den Herrn, es hofft meine Seele, ich warte voll Vertrauen auf sein Wort. Meine Seele wartet auf den Herrn mehr als die Wächter auf den Morgen. Mehr als die Wächter auf den Morgen soll Israel harren auf den Herrn. Denn beim Herrn ist die Huld, bei ihm ist Erlösung in Fülle. Ja, er wird Israel erlösen von all seinen Sünden.

Psalm 130

Ihr jungen Männer und auch ihr Mädchen – Lobt den Herrn

Lobt den Herrn vom Himmel her, lobt ihn in den Höhen: Lobt ihn, alle seine Engel, lobt ihn all seine Scharen, lobt ihn, Sonne und Mond, lobt ihn, all ihr leuchtende Sterne. ...

Lobt den Herrn, ihr wilden Tiere und alles Vieh, Kriechtiere und gefiederte Vögel, ihr Könige der Erde und alle Völker, ihr Fürsten und alle Richter auf Erden, ihr jungen Männer und auch ihr Mädchen, ihr Alten mit den Jungen.

Psalm 148, 1–3. 10–12

4 Was gefällt euch in diesen Psalmen? Was ist euch fremd?

5 Gott – wer ist das? Welche Antworten geben die Psalmen? Vergleicht die Antworten mit euren Antworten (→ S. 80).

Himmel und Erde bewegen – Vom Beten

Gott hilf uns

dass wir in allen
wüsten deine quelle
finden und nicht in fremde
brunnen fallen

dass wir auf deinen
brücken gehen über
der angst vor
leben vor tod

dass wir wieder lachen können
ohne lügen zu müssen
ohne in tränen zu
baden

dass wir keine
götter werden wollen
und maschinen
werden

GOTT
HILF UNS
MENSCHEN
MENSCHEN ZU SEIN

Günter Ullmann (geb.1946)

Preisen

Preisen
die Erde
und ihre unaufhörlichen Wunder

Sonne Mond Gestirne
und was dahinter
dichtet

Die Menschenbrüder
aufnehmen
im Herzgefäß
unsre winzige Ewigkeit

*Rose Ausländer (1901–1988),
jüdische Dichterin*

PSALMEN
AUS
UNSERER
ZEIT

6 Versucht selbst einen neuen Psalm zu schreiben. Alle Versuche könnt ihr an einer Pinnwand unter der Überschrift »Der Psalter der Klasse ...« anbringen.

*Rembrandt (1606–1669),
Jesus im Kreis der Jünger, 1634.*

Die wichtigsten Gebete des Neuen Testaments hat **Jesus** gesprochen. Er hat Psalmen gebetet, mit seinem Vater gesprochen, ihn gepriesen und in den Stunden seines Leidens um Hilfe und Rettung angefleht. Seinen Jüngern hat er gesagt, wie sie mit Gott sprechen und zu ihm beten sollen. Er hat ihnen dabei geraten, nicht zaghaft zu sein, vertrauensvoll zu beten und im Gebet nicht nachzulassen.

DAS VATER-UNSER

Schlange statt Fisch?

Es klingt fast unglaublich, was Jesus in der Bergpredigt (→ S. 12) über das Beten sagt:

Bittet, dann wird euch gegeben; sucht, dann werdet ihr finden; klopft an, dann wird euch geöffnet. Denn wer bittet, der empfängt; wer sucht, der findet; und wer anklopft, dem wird geöffnet. Oder ist unter euch ein Vater, der seinem Sohn einen Stein gibt, wenn er um Brot bittet oder eine Schlange, wenn er um einen Fisch bittet? Wenn nun schon ihr, die ihr böse seid, euren Kindern gebt, was gut ist, wie viel mehr wird euer Vater im Himmel denen Gutes geben, die ihn bitten.

aus dem Evangelium nach Matthäus 7, 7–11

So sollt ihr beten

In derselben Bergpredigt hat Jesus seinen Jüngern gesagt, sie sollten beim Beten nicht plappern und sie brauchten nicht viele Worte zu machen. Vor allem hat er sie gelehrt, wie sie beten sollen. Dieses Gebet, das zum wichtigsten Gebet der Christenheit geworden ist, lautet:

Vater unser im Himmel.
Geheiligt werde dein Name.
Dein Reich komme.
Dein Wille geschehe, wie im Himmel, so auf Erden.
Unser tägliches Brot gib uns heute.
Und vergib uns unsere Schuld,
wie auch wir vergeben unsern Schuldigern.
Und führe uns nicht in Versuchung,
sondern erlöse uns von dem Bösen.

aus dem Evangelium nach Matthäus 6, 9–13

Seit dem 2. Jahrhundert nC haben Christen dem Vaterunser einen feierlichen Lobpreis angefügt. Er lautet:

Denn dein ist das Reich und die Kraft und die Herrlichkeit in Ewigkeit. Amen.

7 Zum Vaterunser:
- Könnt ihr das Vaterunser gliedern? Achtet dabei auf die Worte »mein« und »dein«.
- Versucht zu sagen, was die einzelnen Bitten bedeuten. Könnt ihr einzelne Bitten oder den ganzen Text in eure Sprache umformen?
- Man kann einzelne Bitten des Vaterunser mit seinen Händen oder seinem Körper ausdrücken. Habt ihr dazu Ideen?
- Könnt ihr es auch singen?
- Kaum ein Gebet wird von Christen so oft heruntergeplappert wie das Vaterunser. Wie kommt das?

8 Wie Jesus selbst in einer Situation betete, in der er tätlich bedroht war, erzählt ein Text, bei dem er sich ein Wort des Vaterunser selbst zu eigen macht: Lk 22, 40–45 (→ S. 11). Ein Gleichnis über verschiedene Weisen zu beten: Lk 18, 10–14 (→ S. 119).

Abba« sagen die jüdischen Kinder zu ihrem Vater, wenn sie vertrauensvoll mit ihm sprechen oder etwas von ihm haben wollen. Mit »Papa«, »Daddy« oder »Väterchen« ist das Wort richtig übersetzt. Jesus hat »Abba« auch zu Gott gesagt. So liebevoll und zärtlich hat er mit ihm gesprochen. Auch seinen Jüngern hat er geraten, Gott ohne Bedenken und ohne Angst anzureden. Kein irdischer Vater kann allerdings so gut sein wie Gott. Aber die Liebe der Eltern ist ein Hinweis auf Gottes Liebe. Und jeder kann bei dem Gedanken an Gottes Liebe auch an eine Mutter denken.
Gott ist den Menschen als »Vater« ganz nahe, aber zugleich scheint er im Gebet Jesu auch weit weg »**im Himmel**« zu sein. Aber Jesus meint mit »Himmel« nicht einen Ort über den Wolken irgendwo im Weltall. Er ist nicht an einem fernen Ort im Universum anzutreffen. Der Himmel ist da, wo Gott ist. Und das kann überall sein (→ S. 113).

Eine Anregung aus dem Vaterunser für unsere Zeit:

Herr, gib Brot denen, die Hunger haben.
Herr, gib Hunger nach Gerechtigkeit denen, die Brot haben.

Herkunft unbekannt

5. Sich selbst ins Gebet nehmen

Das Gebet berührt Himmel und Erde. Das Gebet strebt hoch hinaus zu Gott und reicht zugleich tief hinein in den Menschen selbst. So hat das Gebet gleichsam zwei entgegengesetzte Pole, die sich zugleich nah und fern sind. Wer betet, sucht Kontakt zu Gott und kann im gleichen Atemzug zu sich selbst kommen. Wer betet, sucht sowohl Gott wie sich selbst. Wer sich selbst ins Gebet nimmt, spricht von seinen Gedanken und Gefühlen, von seinen Wünschen und Sorgen, von seinen Fragen und Sicherheiten, von seinen Stärken und Schwächen. Darum ist das Gebet eine so persönliche Sache. Beim richtigen Beten ist jeder bei sich selbst. Da kann er unbesorgt aussprechen, was er sonst nicht zu sagen wagt. Da braucht er kein Blatt vor den Mund zu nehmen. Da kann man an sich Seiten entdecken, die einem vorher verborgen waren. Im Beten fragt man nach sich selbst und kann sich so finden, wie man wirklich ist. Durch Beten wird das Leben reicher.

Fragen über Fragen

Gott, das Leben ist ein Geheimnis,
nach dem wir jeden Tag forschen
und das wir nie ganz entziffern.
Das Leben ist ein Schatz,
der tief verborgen ist
und den es zu entdecken gilt.
Das Leben ist eine einzige Frage,
die uns bedrängt
und für die wir Antwort suchen.
Beantworte du unsere Fragen,
sei du uns Antwort.

Auf dem Weg zu mir

Ich bin auf dem Weg zu mir selbst.
Lass mich ankommen, Gott, ankommen bei mir selbst.
Zeige mir, was mein Leben ausmacht, was wichtig ist für mich.
Bring mich in die Richtung, auf den richtigen Weg zu mir selbst.

Großer Gott, ich hätte so gern einen richtigen Vater

Mein Vater kümmert sich nicht um mich, er hat auch meine Mutter nicht lieb. Er kommt nie nach uns schauen. Wir sind ihm lästig, wir sind ihm zu viel. Warum muss ich ohne Vater sein? Ich brauche einen Vater, ganz dringend brauche ich ihn. Ich weiß, du bist unser Vater. Du sorgst für uns und denkst an uns und hast uns lieb. Aber ich habe auch einen Vater nötig, mit dem ich basteln und spielen und Fische fangen kann, mit dem ich plaudern darf, der mich lobt, wenn ich fleißig war und der mich straft, wenn ich faul war. Ich brauche ihn wirklich, lieber Gott. Mir gefällt es ohne Vater nicht. Hilf mir, großer Gott, dass wir einen Vater finden, einen ganz richtigen Vater. Amen.

1 Was meint man mit den Ausdrücken »sich selbst ins Gebet nehmen« und »einen anderen ins Gebet nehmen«?

2 Geht noch einmal die Psalmen und die Gebete Jesu durch und fragt euch, was sie jeweils vom betenden Menschen sagen.

3 Warum ist es im Allgemeinen so wichtig beim Beten ruhig zu sein, die Gedanken zu sammeln, mit den Augen nicht umherzuschweifen, Ablenkungen zu meiden?

4 Was bedeutet es, wenn Menschen beim Beten die Hände falten oder zum Himmel heben, die Arme ausbreiten oder öffnen, sich niederwerfen, niederknien oder aufstehen?

WIE CHRISTEN BETEN

6. In allen Sprachen

Überall in der Welt beten Menschen. Die Worte, die sie brauchen und die Haltungen, in denen sie beten, sind manchmal anders als in der Christenheit. Auch nennen sie Gott mit anderen Namen. Juden, Christen und Muslime stimmen darin überein, dass es einen und nur einen Gott (»Monotheismus«) gibt, den sie mit vielen Namen anrufen (→ S. 256 f).

Manche Religionen verehren viele Götter und Göttinnen (»Polytheismus«) In ihnen verehren die Menschen Kräfte, über die sie selbst nicht verfügen können, z. B. das Leuchten der Sonne und der Sterne, die Fruchtbarkeit der Erde, den Schrecken des Krieges, den Tod, die Sache der Gerechtigkeit und die Schönheit der Liebe. Die vielen Gottheiten haben unterschiedliche Namen und Aufgaben. Sie sind teils liebevoll, teils furchtbar, teils schrecklich, teils wunderbar. Hindus beten zu den Göttern Vishnu und Krishna oder zu der Göttin Kali, Buddhisten zum vergöttlichten Buddha oder zur Göttin Tara. Ägyptische Götter und Göttinnen im Altertum hießen Amun, Aton, Isis und Osiris.

Bei allen tief greifenden Unterschieden der Gottesnamen gibt es eine große Gemeinsamkeit: In allen Religionen sprechen Kinder und Erwachsene mit Gott bzw. Göttern. Betend sind sie auf der Suche nach sich selbst und dem Sinn ihres Lebens.

1 Was wisst ihr von den griechischen, römischen und germanischen Göttern und Göttinnen? (→ S. 154 f, 167 f).

Betender Mann mit seiner Tochter, römisches Kalksteinrelief, 2./3. Jh. Das Beten mit erhobenen Händen begegnet seit den Anfängen der menschlichen Geschichte.

Muslime (→ S. 244 ff) beim gemeinsamen Gebet.

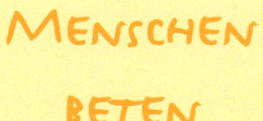

MENSCHEN

BETEN

1 *Junge Hindu-Frau beim Gebet.*

2 *Buddhistischer Mönch im Kloster.*

3 *Juden an der Klagemauer in Jerusalem (→ S. 97).*

4 *Junger Indianer beim Tanz.*

Indien – Gebet zum Wettergott

Du, dessen Donner weithin schallt, dessen göttlicher Lichtglanz unser All durchdringt: O Gott, schlag mit dem Blitz nicht unsere Saaten und schlage sie nicht mit den Strahlen der Sonne.

Gebet aus den alten heiligen Schriften Indiens (Atharvaveda VII, 11) , ca. 700–500 vC

Aus der buddhistischen Welt – Hilferuf an die Muttergöttin Tara

Mit Blumenkränzen, mit gefalteten Händen und mit gebeugtem Haupt bete ich in Frömmigkeit zu deinen Füßen. … Mein Leib ist hinabgesunken in das Feuer des Elends, das schwer zu überschreiten ist. Ich Unglücklicher weiß nicht, wohin ich mich wenden soll. Verwirrt rufe ich: Was soll ich tun? Was soll ich tun? …

Selbst eine Mutter wird müde, wenn ihr Kind oft weint, um die Brust zu erhalten, auch ein Vater wird zornig, wenn er Tag für Tag vom Sohn in Anspruch genommen wird wegen Dingen, die er nicht besitzt, aber du lässt reichlich Gaben zuströmen allen, die dich um Hilfe anrufen und nicht findet sich bei dir irgendwelche Veränderlichkeit.

Du sagst: »Für jeden, dessen Leib vom Feuer der Leidenschaften verbrannt wird, bin ich das rettende Boot«. Erfülle an mir, der ich in qualvolles Leiden gesunken bin, deine Verheißung.

Ein Rabbi – Erst helfen, dann beten

Einmal, am Vorabend des größten jüdischen Feiertags, versammelte sich die ganze Gemeinde des Rabbi Mosche Löb im Bethaus. Er hatte aber ein für allemal befohlen, dass man auf ihn nie mit dem Beten warten sollte. Darum stimmte man das Gebet ohne ihn an. Später erschien der Rabbi doch. Die Leute forschten nach, warum er so spät gekommen war und das so wichtige Gebet versäumt hatte und erfuhren Folgendes: Als der Rabbi zum Beten ging, hörte er unterwegs in einem Haus ein Kind weinen. Er ging hinein und sah, dass die Mutter zum Beten weggegangen war und das Kind allein gelassen hatte. Der Rabbi hatte Mitleid mit dem Kind und spielte mit ihm so lange, bis es müde wurde und einschlief. Erst dann ging er in die Synagoge, um das Gebet zu sprechen.

Mosche Löb von Sasow in Polen (gest. 1804), jüdischer Chassid (d. h. Frommer)

Bitte eines Afrikaners – Mach die Leichtsinnigen vernünftig

O Herr, ich bitte dich für alle Leute, die eine Maschine fahren: eine Lokomotive, ein Flugzeug, ein Auto, ein Motorrad, ein Moped. Du weißt, dass diese Leute oft leichtsinnig und müde sind. Und da waren ganz üble Unfälle, die Betrunkene verursacht haben. Diese Toten, diese Verletzten, diese Umgeworfenen, wie viel Elend haben sie ihren Familien gebracht. Mach diese Fahrer verantwortlicher. Nimm du sie dir einmal vor. Dein Wort ist die einzige Sache, die diese Burschen noch ändern kann.

Gebet eines Christen aus unserer Zeit

O GROSSER GEIST, DESSEN STIMME ICH IN DEN WINDEN VERNEHME UND DESSEN ATEM DER GANZEN WELT LEBEN SPENDET, HÖRE MICH. ICH TRETE VOR DICH HIN ALS EINES DEINER VIELEN KINDER. ICH BIN KLEIN UND SCHWACH. ICH BEDARF DEINER KRAFT UND WEISHEIT. LASS MICH IN SCHÖNHEIT WANDELN UND LASS MEINE AUGEN IMMER DEN ROTEN UND PURPURNEN SONNENUNTERGANG SCHAUEN. LASS MEINE HÄNDE DIE DINGE VEREHREN, DIE DU GEMACHT HAST, UND MEINE OHREN DEINE STIMME HÖREN. SCHENKE MIR WEISHEIT, DAMIT ICH DIE DINGE, DIE DU MEIN VOLK GELEHRT HAST, UND DIE LEHRE, DIE DU IN JEDEM BLATT UND JEDEM FELSEN VERBORGEN HAST, ERKENNEN MÖGE. NICHT UM MEINEN BRÜDERN ÜBERLEGEN ZU SEIN, SUCHE ICH KRAFT, SONDERN UM MEINEN GRÖSSTEN FEIND BEKÄMPFEN ZU KÖNNEN – MICH SELBST. MACHE MICH IMMER BEREIT, MIT REINEN HÄNDEN UND GERADEM BLICK ZU DIR ZU KOMMEN, DAMIT MEIN GEIST, WENN DEREINST MEIN LEBEN VERBLASST WIE DIE UNTERGEHENDE SONNE, OHNE SCHAM ZU DIR KOMMEN MÖGE.

Gebet der Sioux-Indianer

2 Islamische Gebete: → S. 253, 259 f .

GEBETE AUS DER WELT DER TIERE

Die Giraffe

Herr, ich, die ich die Welt von hoch her sehe, ich kann mich schwer in ihren Kleinkram fügen. Ich habe sagen hören, dass du die Demütigen liebst. Affengeschwätz! Es fällt mir leichter, an deine Größe zu glauben. Ich nähre mich von hohen Dingen … Es tut mir gut, mich deinem Himmel so nahe zu sehen! Die Demut? Affengeschwätz …   Amen!

Die Ameise

Herr, man tut mir Unrecht. Ich sammle und ich lege Vorräte an. Habe ich dann nicht das Recht, ein wenig die Frucht meiner Arbeit zu genießen, ohne mitansehen zu müssen, wie irgendein zirpender Bummelant meine Speicher ausräumt? Etwas ist an deiner Gerechtigkeit, was ich kaum verstehe. Ob man das nicht einmal überprüfen könnte? Wenn ich es wagen darf, einen Rat zu geben. Ich bin noch nie jemandem zur Last gefallen und ich schlage mich ganz gut durch – ohne mich rühmen zu wollen. Und da soll man zu diesem unverbesserlichen Mangel an Vorsorge gewisser Leute ewig von neuem sagen: Amen?

Das kleine Schweinchen

Herr, sie machen mich lachen mit ihren Höflichkeiten! Ja, ich grunze! Ich grunze und ich schnüffle! Ich grunze, weil ich grunze! Und ich schnüffle, weil ich nicht anders kann! Soll ich ihnen schließlich noch danken, dass sie mich für ihr Pökelfass mästen? Warum hast du mich so zart gemacht? Welch eine Bestimmung! Herr, lehre mich sagen: Amen!

Der Affe

Lieber Gott, warum hast du mich so hässlich gemacht? Wegen dieses lächerlichen Gesichtes will der Humor von mir, dass ich Grimassen schneide. Werde ich immer der Clown deiner Schöpfung sein? Wer wird mir diese Schwermut vom Herzen nehmen? Wirst du nicht erlauben – eines Tages, dass jemand mich ernst nimmt?   Amen, Herr!

Paul Klee (1879–1940),
Monolog des Kätzchens, 1938.

Der Hahn

Vergiss nicht, Herr, ich lasse die Sonne aufgehen! Ich bin dein Diener … Aber die Würde meiner Rolle zwingt mich zu einigem Prunk und Staat. Adel verpflichtet … Trotz alledem, ich bin dein Diener … Vergiss nicht, Herr, ich lasse die Sonne aufgehen!   Amen.

Der Schmetterling

Herr, woran war ich doch eben? Ah, ja, diese Blume, diese Sonne! Dank! Deine Schöpfung ist schön! Dieser Rosenduft! … Woran war ich doch eben? Ein Tropfen Tau rollt Feuer von Freude der Lilie ins Herz. Ich wollte doch zu … Ich weiß nicht mehr! Der Wind hat seine Fantasien auf meine Flügel gemalt.
Fantasien … woran war ich doch eben?
Ah! Ja, Herr, ich wollte dir etwas sagen: Amen!

Carmen Bernos de Gasztold

3 Macht euch daran, andere Tier-Gebete selbst zu erfinden, sie – soweit das möglich ist – lautmalerisch zu sprechen oder in einer Pantomime darzustellen, z. B.: Esel, Pferd, Elefant, Hamster, Spinne, Fliege, Schwalbe.

1. Die Heimat

Jeder Mensch wird von der Welt, in der er lebt, geformt. Die Landschaft, in der er groß wird, und die Orte, in denen er sich oft aufhält, bilden seine **Heimat.** Gewöhnlich hängen die Menschen an ihrer Heimat. Wer einen Menschen verstehen will, muss seine Heimat kennen. Das gilt auch für Jesus. Das **Land,** in dem Jesus lebte, hat viele Namen.

■ Ursprünglich hieß der Landstrich an der Ostküste des Mittelmeers **Kanaan.** Hier waren einmal die »Kanaanäer« (→ S. 52) ansässig, mit denen die Israeliten aneinander gerieten, als sie von Ägypten kamen.

■ Erst nach der biblischen Zeit wurde das Land auch **»Palästina«** genannt. Dieser Name kommt von den »Philistern« (→ S. 62), die hier seit 1200 vC lebten. Die heutigen »Palästinenser« sind muslimische und christliche Araber, die einen eigenen Staat anstreben.

■ Das Land hieß auch **»Judäa«,** weil hier viele »Juden« wohnten, die nach Juda, einem der zwölf Stämme Israels (→ S. 53), benannt sind. Es gab hier aber auch andere Bevölkerungsgruppen, z. B. die Samaritaner (→ S. 98). Zusammen waren es zur Zeit Jesu ca. 800 000 bis 1 Million Menschen.

■ Der 1948 neu gegründete jüdische Staat nennt sich **»Israel«.** Es ist der Name, den der Stammvater Jakob nach einem nächtlichen Kampf mit einem geheimnisvollen Wesen erhielt (Gen 32, 23–31; → S. 53). »Land Israel« (hebr.: »Erez Israel«) ist seit biblischen Tagen eine Bezeichnung dieses Landes. In Israel leben heute – um das Jahr 2000 – etwa 4, 7 Millionen Juden, 770 000 Muslime und 160 000 Christen.

■ Andere Namen haben einen ausschließlich religiösen Charakter: **»das Heilige Land«, »das Land, wo Milch und Honig fließen«, »Gottes eigenes Land«.** Heute ist das Land geteilt. Neben dem Staat Israel (mit vielen Palästinensern) gibt es unabhängige Gebiete, in denen hauptsächlich Palästinenser wohnen.

1 Vom jüdischen Staat Israel kann man heute viel im Fernsehen erfahren und in Zeitungen lesen. Tragt Informationen zusammen
- über die Hauptstadt und die anderen Städte
- über die Bevölkerung und die politische Lage
- das Verhältnis der Israelis zu den Palästinensern
- die Religionen des Landes
- über die Beziehungen zur Bundesrepublik Deutschland?
2 Von den Leuten, mit denen Jesus zu tun hatte, handelt ein eigenes Kapitel: → S. 116 ff.
3 Eine Karte vom Land, wo Jesus lebte, findet ihr → S. 272.

Galiläa. Der See Gennesaret.

PROJEKT

1 Die Anregungen für das Projekt **»Meine Bibel«** in dem Kapitel »Der bleibende Anfang« (→ S. 48) könnt ihr auch hier aufnehmen und fortführen.

2 Viele Texte des Neuen Testaments eignen sich für ein **szenisches Bibelspiel** (→ S. 48). Dazu ein paar Vorschläge:

- Lk 2, 15–20: Die Hirten kommen zur Krippe. Personen: Hirten, Maria und Josef, das Kind (→ S. 103)
- Gleichnisse (→ S. 104). Lk 10, 25–37: Der barmherzige Samariter (→ S. 211); Lk 15, 8–10: Die verlorene Drachme; Lk 15, 11–32: Der verlorene Sohn und gute Vater; Lk 18, 9–14: Der Pharisäer und der Zöllner (→ S. 119); Lk 10, 38–42: Jesus bei Maria und Marta (→ S. 129) oder Zachäus auf dem Baum (→ S. 130)

Die wieder errichtete Synagoge von Kafarnaum steht über einer älteren Synagoge aus der Zeit Jesu, 4. Jh. nC.

Ihr werdet leicht auch andere Texte finden.

3 Ihr könnt auch ein fächerverbindendes **Projekt** zum Thema **»Die Heimat Jesu«** angehen, an dem der katholische und evangelische Religions-, der Erdkunde- und der Geschichtsunterricht beteiligt sind. Folgende Schritte sind möglich:

- eine geographische Karte des Landes mit den drei Regionen Galiläa, Samaria und Judäa und deren Grenzgebiete anlegen (→ S. 272)
- Städte, Orte, Flüsse, Berge, Seen, Bodenbeschaffenheit und Straßen eintragen
- Bilder (Fotos, Videos, Bücher) dieser Orte sammeln und betrachten
- das alltägliche Leben in diesem Land kennen lernen, z. B. Kinder, Frauen, Männer, Landwirtschaft, Viehhaltung, Erntezeiten, Schifffahrt, Fischerei, Arbeit, Religion (→ S. 136), Geld, Hausbau, Brauchtum, Kultur
- Personen und Begebenheiten der Jesus-Zeit anhand von Quellen (Texte, Münzen, ausgegrabene Funde) kennen lernen
- zu den Angaben – wo das möglich ist – ein Geschehen aus der Bibel erzählen und es mit den gewonnenen Erkenntnissen verbinden.

4 Ihr könnt auch ein Spiel in der Klasse vorbereiten, das den Namen hat: **Eine Reise nach Jerusalem.** Zeit: um das Jahr 30 nC. Die Hauptpersonen: Jakob, ein Rabbiner, seine Frau Rut, ihre beiden Kinder Ester und Johannes. Sie wohnen in Kafarnaum in Galiläa und planen zum Pesachfest einen Besuch in Jerusalem, wo sie bei Verwandten unterkommen können. An was müssen sie bei der Planung der Reise denken? Was haben sie unterwegs zu erwarten? Welchen Weg sollen sie wählen? Wie weit ist er? Wie lange brauchen sie für die Strecke? Ihr könnt auch ein Tagebuch der Familie anlegen, in dem die einzelnen Stationen der Reise festgehalten werden.

Ein paar Stichworte für das Projekt: Grenzen – Zöllner (→ S. 130) – Römer – Gebirge, Flüsse, Seen – Gefühle gegenüber den Samaritern und Judäern – Gefahren – Räuber – Herbergen – Geld – Gebete – Sabbat – Pesachbräuche (→ S. 56 f). Ein paar biblische Anregungen: Lk 2, 41–51 (→ S. 117); Lk 10, 30–38; Ps 122 und 150.

Jesus – Eine unendliche Geschichte

■ **Judäa,** das Stammland des jüdischen Volkes, erstreckt sich von der Mittelmeerküste im Westen bis zum Toten Meer im Osten. Fruchtbare Ebenen, hohe Gebirge und trockene Wüste wechseln rasch miteinander ab. Trostlos ist die Gegend am Toten Meer (85 km lang, 16 km breit, bis zu 394 m unter der Höhe des Mittelmeers). Es ist die tiefste Stelle der ganzen Erdoberfläche. Fische und Pflanzen können in diesem See nicht leben, weil der Salzgehalt ungewöhnlich hoch

Der Jordan.

ist. Das Wasser trägt einen Menschen, auch wenn er nicht schwimmt. Am Nordufer befand sich zur Zeit Jesu mitten in der Wüste die klosterähnliche Siedlung Qumran (→ S. 38 f). Hier lebte eine jüdische Gruppe, die den Tempeldienst und die Priesterschaft von Jerusalem verachtete. Die Mitglieder hofften, durch ein strenges Leben in der Einsamkeit das Reich Gottes und den Messias (→ S. 99) herbeiführen zu können.

■ Im Mittelpunkt des Landes liegt **Jerusalem.** Die Stadt ist einzigartig, weil sie für Juden, Christen und Muslime heilig ist.

Die **jüdische Geschichte** Jerusalems beginnt vor 3000 Jahren, als um 1000 vC König David (→ S. 65 ff) die alte Stadt der Jebusiter zur Hauptstadt seines Reiches machte. Hier entstand unter seinem Sohn Salomo der erste **Tempel,** der zum zentralen Heiligtum des Volkes wurde, ehe er 586 vC von den Babyloniern zerstört wurde. Der nach dem Babylonischen Exil erbaute zweite Tempel war der sichtbare Ort für die Verehrung Gottes, der selbst unsichtbar ist. Hier wurden Gott Tiere geopfert. Hierhin zogen die jüdischen Wallfahrer aus aller Welt. Weil es nur einen Gott gibt, hatten die Juden auch nur einen Tempel. Demgegenüber gab es schon damals überall, wo Juden lebten, zahlreiche **Synagogen** (griech.: »Versammlungsräume«), wo sie sich trafen, studierten und die Gottesdienste am Sabbat und an den heiligen Festen feierten. Der Tempel von Jerusalem wurde von den Römern 70 nC zerstört. Dieses Datum bezeichnet eine der großen Katastrophen in der Geschichte des Judentums. Später verboten die Römer den Juden, die Stadt zu betreten. Bis ins 20. Jahrhundert stand Jerusalem unter nichtjüdischer Herrschaft. Doch wohnten in der Antike, im Mittelalter und in der

In **Jerusalem** hat Jesus gelehrt. Auf dem Zion, einer Anhöhe in Jerusalem, feierte er an Pesach das Abendmahl und am Ölberg betete er im Garten Getsemani. Durch die heutige Via Dolorosa (lat.: »Schmerzensstraße«) führte nach alter Überlieferung sein Weg auf den Hügel Golgota, der Stätte seiner Kreuzigung und seiner Auferweckung. Die Geschichte der Christenheit nimmt in Jerusalem ihren Anfang (→ S. 151).

Die Stadt Jerusalem. Links der Felsendom, rechts die Al Aqsa-Moschee, in der Mitte die Kuppel der Grabeskirche.

2

4

JERUSALEM

1 Juden an der Klagemauer, die alte
Stützmauer des Tempelplatzes aus
der Zeit Herodes des Großen
(→ S. 126 f). Im Hintergrund der
Felsendom, der zu den wichtigsten
Heiligtümern des Islam zählt
(→ S. 98).
2 Blick auf den Ölberg mit dem
Garten Getsemani.
3 Grabeskirche.
4 Modell des Tempels in Jerusalem.
Blick auf den Haupteingang, der
den Zutritt zum Allerheiligsten
eröffnete.
5 Die Via Dolorosa (→ S. 96).

5

JERUSALEM ZUR ZEIT JESU

····· Wichtige Straßen
—— Heutige Mauer der Altstadt
—— Vermutete Stadtmauer

0   100   200 m

Ölberg

Herodes-Tor
Teich
Betesda

Damaskus-Tor
Burg Antonia

Ölgarten
Stephanstor
Landgut Getsemani
Goldenes
Tor

Schaftor

Grab des Josef
von Arimathäa
Kreuzweg

VORSTADT

Kedron-
Tal

Neues
Tor

Golgota

Tempel

Mandel-
Weiher

Saal des
Hohen
Rates

ZION

Jaffa-Tor

Palast der
Hasmonäer

Wasser-Tor

Herodespalast
„Prätorium"

Gihon-Quelle

Lithostrotos
Gabbata

STADT
DAVIDS

OBERSTADT

Turm von
Schiloach

Haus des Kajaphas

Wassertunnel
des Hiskija

Abendmahlsaal?

Teich
Schiloach

Pfingstsaal?

Quell-Tor

Tal von Hinnom

Tal-Tor

Mist-Tor

Neuzeit immer Juden in der Stadt. Seit 1948 ist Jerusalem wieder die Hauptstadt eines jüdischen Staates. Einen neuen Tempel haben die Juden nicht mehr errichtet.

Für den **Islam** (→ S. 244 ff) ist Jerusalem die einzige Stadt, die als »heilig« bezeichnet wird. In Jerusalem sind nach Mekka und Medina die wichtigsten Heiligtümer des Islam, vor allem die Al Aqsa-Moschee auf dem Felsenplatz und der großartige Felsendom, von wo aus nach alten Überlieferungen Mohammed (→ S. 247–251) in den Himmel aufgestiegen ist. Heute fordern die Palästinenser gegen den Widerstand des Staates Israel einen Teil Jerusalems als Hauptstadt eines neuen Palästinenser-Staates.

■ Die Heimat Jesu war **Galiläa,** eine Landschaft, die im Norden liegt. Zur Zeit Jesu standen die Galiläer nicht im besten Ruf. Weil hier viele Juden und Nichtjuden (»Heiden«) zusammenlebten, sprach man verächtlich vom »heidnischen Galiläa« (Mt 4, 15). Tatsächlich gab es hier ganze Städte, die hauptsächlich von Nichtjuden bewohnt waren. Die Hauptstadt Tiberias wurde von Juden nicht betreten, weil sie auf einem alten jüdischen Friedhof errichtet und deshalb für die Juden »unrein« war.

Die Galiläer liebten ihre Freiheit über alles und kämpften mit großer Tapferkeit, aber auch mit blutigen Gewaltaktionen gegen die römische Herrschaft. Man sagte von ihnen: »Die Galiläer halten mehr auf ihre Ehre als auf ihr Geld. Die Judäer halten mehr auf ihr Geld als auf ihre Ehre.« Für manche Leute bedeutete der Ausdruck »Galiläer« nichts anderes als »Räuber« oder »Mörder«.

Jesus selbst und die meisten seiner Jünger waren Galiläer. In dem unbedeutenden Städtchen Nazaret wuchs er auf und erlernte dort wohl das Handwerk des Zimmermanns.

Später zog er nach Kafarnaum, eine der wichtigeren Städte Galiläas. In den Synagogen (→ S. 96) Galiläas erhielt er einen soliden Religionsunterricht. Bei den Rabbinen der Gegend lernte er die Heiligen Schriften seines Volkes kennen.

■ **Samaria,** mitten zwischen Galiläa und Judäa gelegen, galt als das Land der Abtrünnigen. Hier wohnte seit dem 8. Jahrhundert vC das Volk der Samaritaner, das aus der Vermischung der Israeliten mit den Assyrern hervorgegangen war. Sie erkannten nur die fünf Bücher des Mose als ihre Bibel an (→ S. 33). Die Juden nahmen es den Samaritanern übel, dass sie die Sitten der Fremden übernahmen und heidnische Frauen heirateten. Darum ließen sie die Samaritaner nicht zum Gottesdienst im Tempel von Jerusalem zu. So kam es, dass sich die Samaritaner auf dem Berg Garizim einen eigenen kleinen Tempel bauten, und zwar nahe der Stelle, wo schon der Patriarch Jakob Gott ein Opfer dargebracht hatte (Gen 35, 4; → S. 53).

Auch zur Zeit Jesu waren Samaritaner und Juden verfeindet. Die Samaritaner hatten zwischen 9 und 6 vC einmal auf dem Tempelplatz in Jerusalem Totengebeine verstreut und so den heiligsten Ort des Judentums entweiht. Das war ein Verstoß gegen ein jüdisches Reinheitsgebot. »Samaritaner« (bei uns auch »Samariter«) war vielen Juden ein Schimpfwort.

In **Galiläa** begann Jesus sein öffentliches Wirken. Hier predigte er zuerst vom Reich Gottes (→ S. 104), hier berief er seine Jünger (→ S. 121 f) und vollbrachte wunderbare Taten. So wurde Galiläa die Heimat des Evangeliums.

Jesus hat die Abneigung der Juden gegen die Leute aus **Samaria** nicht geteilt. Er hat aus dem Schimpfwort »Samariter« für alle Zeiten ein leuchtendes Beispiel für die Lehre von der Nächstenliebe (Lk 10, 25–37; → S. 211) gemacht. Ein ungewöhnliches Zeichen setzte er damit, dass er mit einer Frau aus Samaria ganz unbefangen sprach, die in keinem guten Ruf stand, weil sie schon fünf Männer hatte und gerade mit dem sechsten zusammenlebte. Nach dem Gespräch brachte ausgerechnet diese Frau viele Leute ihrer Stadt zum Glauben an Jesus (Joh 4, 1–42).

Der Jakobsbrunnen in Samaria (Gen 35, 4; Joh 4, 1–42; → S. 128).

2. Die wichtigste Erzählung

Manchmal hört man die Frage: Worin unterscheiden sich Christen eigentlich von anderen Menschen, die entweder einer anderen Religion angehören oder sich zu keiner Religion zählen?

Auf diese Frage gibt es nur eine Antwort: Für Christen ist die Orientierung an Jesus von Nazaret ausschlaggebend. Sie glauben, dass er ihr Leben mit Gott in Kontakt bringt. Sie hoffen, dass er ihrem Leben Sinn gibt. Sie sind davon überzeugt, dass seine Weisungen für jeden Menschen und für die ganze Welt gut sind. Darum ist keine andere Gestalt der Geschichte für sie so wichtig wie Jesus von Nazaret.

Von ihm erzählen Christen zu Hause, im Gottesdienst, in der Schule. Wenn sie ihre großen Feste (→ S. 209 f) feiern, steht er im Mittelpunkt. Christen bilden eine große **Erzählgemeinschaft,** deren wichtigstes Thema Jesus Christus ist.

Jesus lebte vor ca. 2000 Jahren in dem Land, das heute »Israel« heißt. Er hat viele Freunde um sich geschart, die von seinem Leben, von seinen Worten und Taten tief beeindruckt waren. Sie zogen mit ihm durch das Land, hörten seine Reden und sahen seine Taten. Was sie mit ihm erlebten, hat ihr Leben verändert. Darum hielten sie im Gedächtnis, was er gesagt und getan hatte. Schon bald sprachen sie von seinem ungewöhnlichen Leben auch zu anderen. So entstanden die ersten Jesus-Erzählungen. Später kamen die Christen auch auf den Gedanken, die Geschichten von Jesus aufzuschreiben. Ihre Schriften heißen »Evangelien« (→ S. 100). Fast alles, was wir über Jesus sagen können, stammt aus diesen Büchern.

Der beste Erzähler unter den vier Evangelisten ist **Lukas.** Er hat das dritte Evangelium und die Apostelgeschichte (→ S. 137) um 90 nC zusammengestellt. Seine Adressaten sind Christen der griechisch-römischen Welt (→ S. 153 ff). Von Jesus schreibt er mit starker innerer Sympathie. Weil er so anschaulich erzählt, hat die Legende in ihm einen Maler gesehen, der mit seinen Worten gleichsam ein Bild Jesu angefertigt habe. Jesus ist für ihn vor allem der Retter der Welt, voll Menschlichkeit für die Armen und Ausgestoßenen, voll Verständnis auch für die Sünder und Schwachen. Mit großer Liebe nimmt sich Jesus auch der Kranken an. In keinem anderen Evangelium wendet sich Jesus so den Frauen zu. Ihnen gilt die besondere Zuneigung Jesu.

Das Lukasevangelium bildet den Leitfaden für dieses Kapitel.

Rogier van der Weyden (um 1400– 1464), *Der Evangelist Lukas malt die Madonna, um 1435.*

Jesus Christus – das ist kein Doppelname wie Karl-Heinz und kein Vor- und Familienname wie Ted Neumann, sondern ein Name und ein Titel.

■ »Jesus« (hebr: »Joschua«, d. h. »Gott ist Heil«, »Gott rettet«) ist noch heute ein verbreiteter jüdischer Name. Mit diesem Namen wurde er zu seinen Lebzeiten von Freund und Feind gerufen. »Jesus von Nazaret« bestimmt den Namen näher, indem sein Heimatort hinzugefügt wird.

■ »Christus« ist ursprünglich kein Name, sondern ein Ehrentitel. Das griechische Wort »Christus« ist die Übersetzung des hebräischen Wortes **»Messias«** und bedeutet »der Gesalbte«. Der Messias hat im Judentum die Würde eines gesalbten Königs und Priesters. An ihm hängen die Hoffnungen auf die Rettung des Volkes Israel, auf eine gerechte Welt, auf Frieden und auf endgültiges Glück bei Gott.

■ Die Wortfolge **»Jesus Christus«** oder auch **»Jesus, der Christus«** spricht Jesus die Ehrenwürde des Messias/ Christus zu. Sie besagt, dass Jesus von Nazaret mehr ist als nur eine Gestalt der Geschichte. In ihm ist Gott den Menschen nahe gekommen. Durch ihn hat sich Gott den Menschen liebend zugewandt. Auf ihn können sie im Leben und im Tod vertrauen.

■ Neben dem Titel »Christus« haben sie ihm andere Ehrentitel gegeben. Er ist für Christen der **»Retter der Welt«,** der **»Erlöser der Menschen«,**der **»Heiland«,** der **»Menschensohn«**(→ S. 114), der **»Sohn Gottes«.**

1 Geschichten erzählen – was bedeutet euch das?
2 Kennt ihr die Grundzüge der Geschichte Jesu?Könnt ihr eine einzelne Geschichte von Jesus erzählen?

3. Hilfen zum Verstehen

Die vier Evangelisten haben auf verschiedene Weise von Jesus erzählt. Ihr persönliches Talent und ihr eigener Glaube haben ihre Schriften geprägt. Jeder hat auch Begebenheiten erzählt, die die anderen nicht kennen. Darum haben alle vier Evangelien eine besondere Note. Alle beschreiben die Geschichte von Jesus in einer Sprache, die damals leicht verstanden wurde, beim heutigen Leser aber manche Fragen aufwirft.

■ Die Evangelien enthalten eine Menge gesicherter Daten zum Leben Jesu, die niemand bezweifeln kann. Sie sprechen davon, wann und wo Jesus lebte, wo er sich aufhielt, welchen Tod er fand. Sie sind **nicht in allen Fällen Tatsachenberichte,** die für die Nachwelt das festhalten, was genau damals geschah. Wenn die Evangelisten von einer Totenerweckung, einer himmlische Stimme oder der Auferstehung Jesu erzählen, meinen sie Ereignisse einer anderen Welt, die man nicht einfach so verstehen kann wie ein Schulfest oder einen Verkehrsunfall.

■ Wenn die Evangelisten erzählen, verkünden sie eine **Botschaft** von Jesus, die die Zuhörer froh machen und auf den Weg Jesu bringen soll. Sie lautet: **Jesus lebt. Er ist vom Tod auferstanden.** Dieser Glaube ist das große Thema aller Evangelien. Er findet sich auch in den Texten, die nicht direkt von der Auferstehung Jesu handeln. Aus den Wunder- und Berufungserzählungen, aus den Kindheitsevangelien und in der Leidensgeschichte spricht nicht eine tote Gestalt der Vergangenheit, sondern ein Lebender.

■ In den Evangelien gibt es **Wörter, die in unserer Alltagssprache nicht mehr vorkommen** und daher für unsere Zeit übersetzt werden müssen, z. B. Evangelium (→ S. 100), Reich Gottes (→ S. 104), Abba (→ S. 87), Apostel (→ S. 121), Psalm (→ S. 84) oder Pharisäer (→ S. 118 f).

■ Manche **Wörter hatten damals einen anderen Sinn als heute.** »Himmel« wurde früher mit Gott in einen engen Zusammenhang gebracht (»Vater unser im Himmel«, → S. 87), heute ist oft nur eine Naturerscheinung gemeint (»ein sonniger Himmel«). Ein »Talent« war damals ein Gewicht bzw. eine Geldeinheit, heute bezeichnet es eine menschliche Fähigkeit.

■ Da kommen Gestalten vor, die unserer Welt eher fremd sind. »Engel« künden große Ereignisse an und deuten sie. Sie sind Boten einer anderen Welt, deren Wort man nicht so hören kann wie das Wort eines Menschen. Die Evangelisten setzen sie ein, um zu veranschaulichen, dass sich die Welt Gottes und die Welt der Menschen berühren. »Dämonen« und »unreine Geister« werden solche Mächte genannt, die auffällige Krankheiten verursachen und die Menschen quälen, ohne dass die Betroffenen dadurch böse werden. Der »Teufel« (→ S. 242 f) ist eine Gestalt, die zum Bösen verleitet.

■ Die Evangelien sprechen eine **bildhafte Sprache.** Wer ihre **Symbole** (→ S. 198) nicht versteht, kommt ihnen kaum auf die Spur. Worte wie »Wasser«, »Licht« oder »Brot« weisen oft auf etwas hin, was man nicht sehen und anfassen kann. »Blinde«, Taube« und »Lahme« sind nicht nur körperlich Kranke und Behinderte, sondern oft im übertragenen Sinn Menschen mit ihren Problemen und mit ihrem Verhältnis zu Gott. »Sehen«, »hören« und »sprechen« sind nicht nur Tätigkeiten der Sinnesorgane, sondern des Herzens oder des Glaubens.

Die **Evangelien** sind die ältesten und wichtigsten Schriften, die von Jesus erzählen. Es gibt vier Evangelien, die zwischen 70 und 100 nC entstanden sind. Ihre Verfasser heißen **Matthäus, Markus, Lukas und Johannes.** Das griechische Wort »**Evangelium**« bedeutet »Freudenbotschaft«, »Frohe Botschaft« oder »Gute Nachricht« (→ S. 12). Jesus selbst steht in ihrem Mittelpunkt. Für die Zuhörer sind die Evangelien Anweisungen zum Leben und Handeln. Sie sollen sich auf den Weg Jesu begeben.

○ Die Hilfen zum Verständnis des Ersten/Alten Testaments sind auch zum Verständnis der Evangelien nützlich. Ihr findet sie S. 49 f.

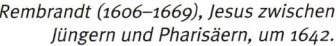

Rembrandt (1606–1669), Jesus zwischen Jüngern und Pharisäern, um 1642.

4. Geheimnisvoller Anfang

Der Lebensanfang jedes Menschen ist wunderbar. Der Lebensanfang Jesu war geheimnisvoll. Niemand wird ihn ganz begreifen, weil er von der Sphäre Gottes in die Welt der Menschen reicht. Er steht im Zusammenhang mit der Geschichte, von der die Bibel in ihrem ersten Teil erzählt (→ S. 46 ff). Das jüdische Volk hat im Lauf seiner Geschichte viele Schicksalsschläge hinnehmen müssen. Es gab Unterdrückung durch die Feinde und ein Leben in der Verbannung. Es gab Ungerechtigkeit und Unfrieden. Es gab Verfolgung und Not. Es gab auch jüdische Schuld und Verfehlung. Oft erschien den Juden ihr Leben wie eine dunkle Nacht, die sie nur ertragen konnten, weil sie ihre Hoffnung auf Gott setzten. Viele warteten auf einen Heilsbringer, der sie von ihrem Leid befreien sollte. Er hieß in ihrer Sprache »der Messias« (→ S. 99). Manche Propheten (→ S. 67) haben von ihm gesprochen. Von ihm erhofften sie, dass er das untergegangene Königtum Davids (→ S. 65 ff) wieder aufrichten werde.

Rembrandt (1606–1669), Der Engel Gabriel bringt Maria die Botschaft (Lk 1, 26–35.38), um 1635.

An diese Hoffnung knüpft Lukas am Beginn seines Evangeliums an. Dazu führt er seine Zuhörer nach **Nazaret**. Was er erzählt, hat sich nicht vor den Augen der Öffentlichkeit abgespielt und verträgt auch nicht, dass man es wie alltägliche Ereignisse im Geschichts- oder Biologiebuch untersucht. Lukas selbst erhebt nicht den Anspruch, Augenzeuge gewesen zu sein. Er erzählt mit tiefsinnigen Symbolen, wie es zugeht, wenn Gott auf unerwartete Weise ins Spiel kommt. Ein **Engel** kündet Maria, einem unverheirateten Mädchen, ein Kind an, das eine ganz besondere Herkunft haben wird. Was er von diesem Kind sagt, ist noch nie von einem Menschen gesagt worden. Wie die Ankündigung des Kindes ist auch seine **Empfängnis** im Mutterleib geheimnisvoll. Maria soll das Kind nicht von einem Mann empfangen, sondern der Geist Gottes soll über sie kommen. Das bedeutet nicht, dass dieser der Vater Jesu wäre. Wäre es so, wäre das Kind halb Gott und halb Mensch. Solche Gedanken liegen dem Evangelisten völlig fern.

Das Kind, das Maria in Nazaret angekündigt wird, ist eine besondere Schöpfung Gottes. Es kommt ganz von Gott. Maria konnte es empfangen, weil sie mit ihren einfachen Worten zeigte, dass sie für das Wirken Gottes empfänglich war.

1 Könnt ihr in diesem Text ein paar bemerkenswerte Gegensätze finden?

2 Das »Gegrüßet seist du Maria« (lat.: »Ave Maria«), das den Gruß des Engels Gabriel aufnimmt, ist zu einem wichtigen Gebet der Christen geworden. Wer kennt es?

3 Zu Maria → S. 116 f.

| Maria

Im sechsten Monat wurde der Engel Gabriel von Gott in eine Stadt in Galiläa namens Nazaret zu einer Jungfrau gesandt. Sie war mit einem Mann namens Josef verlobt, der aus dem Haus Davids stammte. Der Name der Jungfrau war Maria. Der Engel trat bei ihr ein und sagte: Sei gegrüßt, du Begnadete, der Herr ist mit dir. Sie erschrak über die Anrede und überlegte, was dieser Gruß zu bedeuten habe. Da sagte der Engel: Du wirst ein Kind empfangen, einen Sohn wirst du gebären: dem sollst du den Namen Jesus geben. Er wird groß sein und Sohn des Höchsten genannt werden. Gott, der Herr, wird ihm den Thron seines Vaters David geben. Er wird über das Haus Jakob in Ewigkeit herrschen und seine Herrschaft wird kein Ende haben. Maria sagte zu dem Engel: Wie soll das geschehen, da ich keinen Mann erkenne? Der Engel antwortete ihr: Der Heilige Geist wird über dich kommen und die Kraft des Höchsten wird dich überschatten. Deshalb wird auch das Kind heilig und Sohn Gottes genannt werden. ... Da sagte Maria: Ich bin die Magd des Herrn; mir geschehe, wie du es gesagt hast. Danach verließ sie der Engel.

aus dem Evangelium nach Lukas 1, 26–35. 38

5. Ärmliche Geburt

Rembrandt (1606–1669),
Die Hirten an der Krippe (Lk 2, 16),
1646.

Die Erzählung des Lukas von der Geburt Jesu ist ungewöhnlich. Seine Worte sind weltberühmt geworden und gehören zu den Texten der Bibel, die auch viele Nichtchristen kennen.

Lukas erzählt von der Geburt Jesu anders, als man sonst von der Geburt eines Kindes erzählt. Der Grund ist einleuchtend: Jesus ist kein gewöhnliches Kind. Die Worte des Engels in Nazaret hatten ihn als Sohn des Höchsten, als Thronerben des Königs David und als Herrscher über das Volk Israel (»Haus Jakob«) angekündigt. Aber die Umstände seiner Geburt scheinen im Gegensatz zu dieser Verheißung zu stehen. Sie sind ohne Glanz und nicht so, wie man sie bei einem Königskind oder einem zukünftigen Herrscher erwartet. Stattdessen lenkt der römische Kaiser Augustus (→ S. 124 ff), also ein weltlicher Herrscher, indirekt die Ereignisse. Allerdings stellt Lukas die unauffällige Geburt Jesu in große Zusammenhänge. Wenn er vom Kaiser Augustus spricht, fügt er das Geschehen in die profane (»weltliche«) Zeitgeschichte ein. Wenn er Betlehem als Geburtsort nennt, stellt er es in die Geschichte des jüdischen Volkes, da Betlehem der

Die erbärmliche **Geburt Jesu** in Betlehem ist mehr als ein alltägliches Ereignis. Sie stellt alle üblichen Maßstäbe auf den Kopf. Wenn nicht ein Engel Gottes das Geschehen deutete, würde es niemand verstehen. Er spricht von Freude und Rettung und nennt das Kind im Stall »Messias« und »Herr«. In einem kleinen Kind, das an Windeln erkennbar ist, wird Gott Ehre und den Menschen Frieden zuteil. Ein größerer Gegensatz ist nicht denkbar. Er wird das ganze Leben Jesu bestimmen.

Geburtsort des Königs David (→ S. 65 ff) war, der zu den größten Gestalten Israels zählt. In Betlehem hatte auch der König Herodes (→ S. 126 f) eine mächtige Festung errichten lassen, die nach ihm »Herodeion« hieß und zu seiner Grabstätte wurde. Sie war damals ein Symbol der politischen und militärischen Gewalt.

Aufgrund eines kaiserlichen Steuerbefehls, von dem wir nicht viel wissen, müssen sich Josef und Maria auf den langen Weg (→ S. 95) von Galiläa nach Judäa machen. Als unterwegs die Geburtswehen über Maria kommen, finden sie keine Herberge. Dass die Niederkunft in einem Stall erfolgt, wie es viele Weihnachtserzählungen nahelegen, sagt der Text nicht. Auch von Ochs und Esel ist nicht die Rede. Beide Tiere sind wohl aufgrund eines Prophetenworts später hinzugefügt worden (Jes 1, 3). Eine Futterkrippe wird zum Kindbett. Dass es eine solche in der Unterkunft gab, war nichts Ungewöhnliches, da damals Menschen und Tiere oft unter einem Dach lebten. Ferner gab es wenigstens ein paar Windeln, in die Maria das Kind wickeln konnte.

Für Lukas ist es kein Zufall, dass Hirten als erste von dieser Geburt erfahren. Hirten kommen nicht aus königlicher Umgebung, sondern nehmen in der gesellschaftlichen Rangordnung einen unteren Platz ein. Sie sind wenig angesehen und müssen sich recht und schlecht von der Arbeit mit ihren Schafen ernähren. So beginnt das Leben Jesu arm und elend. Alles spricht dafür, dass es so wirklich gewesen ist.

Doch dann erhält die Erzählung eine unerwartete Wendung. Nun beginnt die Deutung des Geschehens. Plötzlich wird der Himmel mitten in der Nacht hell. Ein Engel (→ S. 100) sagt, was es mit der Geburt dieses Kindes auf sich hat. Mit ihm ist eine große Engelschar, die Gott lobt und in Worten, die an die Sprache des Kaisers Augustus (→ S. 125) erinnern, das formuliert, was hier geschehen ist. Mit dem Kind in den Windeln beginnt eine neue Zeit.

1 Zwischen dem Kaiser Augustus (→ S. 124 ff) und Jesus bestehen große Gegensätze. Könnt ihr eine Szene erfinden, in der Lukas zum Kaiserhof nach Rom kommt und dem Augustus von der Geburt Jesu erzählt? Was könnten sich die beiden sagen?

2 Welche Weihnachtsbräuche, Lieder und Feiern knüpfen an die Erzählung des Lukas an?

3 Könnt ihr aus dem Text ein Krippenspiel (→ S. 48) machen? Oder könnt ihr ein Bild davon malen? Oder könnt ihr ein paar Weihnachtslieder singen oder einüben?

4 Überlegt, wie heute Weihnachten gefeiert wird. Was entspricht dem biblischen Text, was nicht?

Die frohe Botschaft von der Geburt Jesu

In jenen Tagen erließ Kaiser Augustus den Befehl, alle Bewohner des Reiches in Steuerlisten einzutragen. Dies geschah zum ersten Mal; damals war Quirinius Statthalter von Syrien. Da ging jeder in seine Stadt, um sich eintragen zu lassen. So zog auch Josef von der Stadt Nazaret in Galiläa hinauf nach Judäa in die Stadt Davids, die Betlehem heißt; denn er war aus dem Haus und Geschlecht Davids. Er wollte sich eintragen lassen mit Maria, seiner Verlobten, die ein Kind erwartete. Als sie dort waren, kam für Maria die Zeit ihrer Niederkunft und sie gebar ihren Sohn, den Erstgeborenen. Sie wickelte ihn in Windeln und legte ihn in eine Krippe, weil in der Herberge kein Platz für sie war.

In jener Gegend lagerten Hirten auf dem Felde und hielten Nachtwache bei ihrer Herde. Da trat der Engel des Herrn zu ihnen und der Glanz des Herrn umstrahlte sie. Sie fürchteten sich sehr, der Engel aber sagte zu ihnen: Fürchtet euch nicht, denn ich verkünde euch eine große Freude, die dem ganzen Volk zuteil werden soll: Heute ist euch in der Stadt Davids der Retter geboren; er ist der Messias, der Herr. Und das soll euch als Zeichen dienen: Ihr werdet ein Kind finden, das in Windeln gewickelt in einer Krippe liegt. Und plötzlich war bei dem Engel ein großes himmlisches Heer, das Gott lobte und sprach: Verherrlicht ist Gott in der Höhe und auf Erden ist Frieden bei den Menschen seiner Gnade.

aus dem Evangelium nach Lukas 2, 8–14

Jesus – Eine unendliche Geschichte

6. Ein menschenfreundliches Programm

Als Jesus etwa 30 bis 35 Jahre alt war, begann er in der Öffentlichkeit aufzutreten und zu lehren. Er sammelte Jünger um sich und zog zuerst durch die Städte Galiläas. Dort hatte er eigentlich nur ein Thema, auf das er immer wieder zu sprechen kam. Im Mittelpunkt seiner Verkündigung stand allein Gott. Wie ein roter Faden durchzieht seine **Botschaft vom Reich Gottes** sein ganzes Leben. Sie ist sein Programm, in dem er darlegt, wie er von Gott denkt und was er von Gott erwartet.

Jesus hat nie genau definiert, was das »Reich Gottes« ist, weil er wusste, dass man die Sache Gottes nicht in menschlichen Begriffen erfassen kann. Aber er hat auf anschauliche Weise gezeigt, was das Reich Gottes ist.

> ### Die Verkündigung des Reiches Gottes – Jesus, die Zwölf und die Frauen
>
> In der folgenden Zeit wanderte Jesus von Stadt zu Stadt und von Dorf zu Dorf und verkündete das Evangelium vom Reich Gottes. Die Zwölf (→ S. 121 f) begleiteten ihn, außerdem einige Frauen (→ S. 128 f), die er von bösen Geistern und von Krankheiten geheilt hatte: Maria von Magdala, aus der sieben Dämonen ausgefahren waren, Johanna, die Frau des Chuzas, eines Beamten des Herodes (→ S. 126 f), Susanna und viele andere. Sie alle unterstützten Jesus und die Jünger mit dem, was sie besaßen.

aus dem Evangelium nach Lukas 8, 1–3

> ### Worte Jesu vom Reich Gottes
>
> - Wer unter euch allen der Kleinste ist, der ist groß (Lk 9, 48).
> - Keiner, der die Hand an den Pflug gelegt hat und nochmals zurückblickt, taugt für das Reich Gottes (Lk 9, 62).
> - Das Reich Gottes ist nahe (Lk 10, 11).
> - Dein Reich komme (Lk 11, 2).
> - Hütet euch vor jeder Art von Habgier. Denn der Sinn des menschlichen Lebens besteht nicht darin, dass ein Mensch aufgrund seines großen Vermögens im Überfluss lebt (Lk 12, 15).
> - Wenn du ein Essen gibst, dann lade Arme, Krüppel, Lahme und Blinde ein (Lk 14, 13).
> - Das Reich Gottes ist mitten unter euch (Lk 17, 21).

Immer wenn Jesus vom **Reich Gottes** spricht, spricht er auch von den Menschen. Der Gott Jesu ist ein menschenfreundlicher Gott. Er liebt die Menschen. Gottes Reich – das ist die Welt, so wie Gott sie für die Menschen will. Jesus erwartet, dass Gott die Welt, die in Unordnung geraten ist, bald erneuert. Dann wird keine andere Macht mehr über die Welt herrschen. Unfriede und Ungerechtigkeit, Leid und Tod finden ihr Ende. Die Menschen tun gut daran, sich darauf einzulassen und ihr altes Leben zu erneuern (»Umkehr«). Mit jedem Schritt gegen die Mächte des Bösen bringen sie das Reich Gottes näher.

Rembrandt (1606–1669), Gleichnis von den Arbeitern im Weinberg (Mt 20, 11–15), um 1650.

Jesus hat viele **Gleichnisse** erzählt. An einzelnen Vorgängen aus dem alltäglichen Leben, z. B. an dem Wachsen eines Senfkorns oder an der Tätigkeit einer Hausfrau (Lk 13, 1–20) lässt Jesus Grundzüge des Reiches Gottes entdecken.

Manchmal sind seine Gleichnisse aber auch ganz ungewöhnlich. So erzählt Jesus einmal von einem Menschen, der einen Schatz in einem Acker fand. Er war davon so begeistert, dass er alles, was er hatte, verkaufte und mit dem Geld diesen Acker erwarb, um so den Schatz in seinen Besitz zu

Die zahlreichen **Gleichnisse** Jesu sind Bilder vom Gottesreich, die anschaulich auf etwas hinweisen, das man mit den Augen selbst nicht sehen kann. Sie sind aus unserer Welt genommen, aber sie weisen auf die Welt Gottes hin.

Rembrandt (1606–1669),
*Heilung der Schwiegermutter des
Petrus (Lk 4, 38), um 1650.*

bekommen (Mt 13, 44). Wir können annehmen, dass die Zuhörer in Staunen darüber gerieten, wie spannend Jesus diese Geschichte darstellen konnte. Sie werden seine Erzählkunst bewundert haben. Aber sie wurden auch nachdenklich, weil sie an der Erzählung leicht drei Seiten entdecken konnten.

(1) In dieser Erzählung handelte es sich um einen **ungewöhnlichen Vorfall,** der sich vielleicht so ähnlich gerade in der Nähe abgespielt hatte. Vielleicht wussten manche Hörer sogar von dieser Begebenheit.

(2) Den Hörern war damals sofort auch klar, dass die Erzählung mehr meinte als einen Vorfall und zum »Gleichnis« wurde. Was Jesus von dem Schatz und seinem Finder so anschaulich erzählte, das sagte er bildhaft von dem nicht sichtbaren Reich Gottes. Es ist wie ein kostbarer Schatz, für den es sich lohnt, alles zu verkaufen. Es gibt für die Menschen nichts Kostbareres.

(3) Damit wird das Gleichnis zur **Aufforderung.** Es will die Zuhörer aktiv machen, alles für das Reich Gottes zu tun, wie es der Schatzsucher getan hatte. Es sagt: Überall, wo Menschen sich daran machen, Gott mit allen Kräften zu suchen, werden sie Gott finden. Mit diesem Suchen fängt das Reich Gottes schon an. Da ist es schon mitten in der Welt.

Jesus hat viele andere Geschichten erzählt, die zum Gleichnis für das Reich Gottes wurden. Es ist wie eine kostbare Perle, eine aufgehende Saat, eine reiche Ernte, ein brennendes Licht, ein großes Gastmahl, eine glückliche Hochzeit, ein herrliches Fest, ein wieder gefundenes Schaf, ein gütiger Vater. Alle diese Gleichnisse sind mehr als nur bildhafte Erzählungen vom Gottesreich. Sie machen selbst das Reich Gottes erfahrbar, indem sie bei den Hörern Umkehr und Erneuerung, Freude und Trost, Vertrauen und Hoffnung, Frieden und Gerechtigkeit, Versöhnung und Liebe bewirken.

1   Die biblische Deutung des Gleichnisses vom Sämann findet ihr Lk 8, 11–15. Ihr könnt das Gleichnis in einem oder in mehreren Bildern malen.

2   Versucht an einem Gleichnis Jesu die folgenden Seiten zu entdecken: (1) das Bild: der äußere Vorfall; (2) das gemeinte Thema: das Reich Gottes, Gott, (3) die Aufforderung an die Zuhörer.

3   Ihr könnt auch versuchen ein Gleichnis Jesu in einer Pantomime darzustellen. Gleichnisse als Vorlage für ein szenisches Bibelspiel: → S. 48.

4   Ein Gleichnis aus dem Ersten Testament: → S. 67; Gleichnisse aus dem Neuen Testament: → S. 119, 211; Gleichnisse aus der Welt des Islam: → S. 255; ein Gleichnis aus unserer Zeit: → S. 236.

5   Könnt ihr selbst ein neues Gleichnis erfinden oder ein Gleichnis Jesu so verändern, dass es in unserer Zeit spielt?

Ein Gleichnis vom Reich Gottes – Der Sämann

Als die Leute aus allen Städten zusammenströmten und sich viele Menschen um Jesus versammelten, erzählte Jesus ihnen dieses Gleichnis: Ein Sämann ging aufs Feld, um seinen Samen auszusäen. Als er säte, fiel ein Teil der Körner auf den Weg; sie wurden zertreten und die Vögel des Himmels fraßen sie. Ein anderer Teil fiel auf Felsen, und als die Saat aufging, verdorrte sie, weil es ihr an Feuchtigkeit fehlte. Wieder ein anderer Teil fiel mitten in die Dornen und die Dornen wuchsen zusammen mit der Saat hoch und erstickten sie. Ein anderer Teil schließlich fiel auf guten Boden, ging auf und brachte hundertfache Frucht.

aus dem Evangelium nach Lukas 8, 4–8

Jesus hat viele **Wunder** bewirkt. Er heilt Kranke, Hungrige werden gesättigt, der Tod wird besiegt und die Welt wird von Gott her neu. All das ist noch nicht in endgültiger Vollendung da. Denn noch sind Hunger, Krankheit, Leiden und Tod in der Welt. Aber Jesus versteht seine Wunder als Hoffnungszeichen dafür, dass Leid, Ungerechtigkeit, Böses und selbst der Tod einmal völlig besiegt werden.

Viele Erzählungen sprechen davon, dass Jesus »**Dämonen**« ausgetrieben hat. In der damaligen Zeit führte man ungewöhnliche Krankheiten, Ängste und Einsamkeit auf »Dämonen« zurück. Jesus hat Menschen, die man damals als »Besessene« bezeichnet hat, von ihren leiblichen und seelischen Leiden befreit. Mit den Dämonenaustreibungen hat Jesus die Macht des Bösen (→ S. 232 f) angegriffen.

Die Wunder Jesu wollen zu Taten anregen. Alle Christen sind aufgerufen, Armen zu helfen, Kranke zu heilen, Hungrige zu sättigen, für Trauernde ein gutes Wort zu haben, gegen die Macht des Bösen anzugehen. Wo Christen diese »Wunder« tun, da ist das Reich Gottes schon mitten unter ihnen.

> Die **Wunder** Jesu sind machtvolle Zeichen dafür, dass das Reich Gottes begonnen hat. Jesus selbst hat sie so gedeutet. Was die Gleichnisse in Worten nahe bringen, das wird in den Wundertaten gegenwärtig.

6 Jesus hat sich oft den Kindern zugewandt. Viele seiner Wunder gelten ihnen: → S. 29.

7 Findet ihr heraus, warum das Vaterunser (→ S. 87) das besondere Gebet Jesu vom Reich Gottes ist?

Ein Zeichen des Reiches Gottes – Eine wunderbare Heilung

Mit dem Berg Tabor in Galiläa verbindet Lukas ein ungewöhnliches Erlebnis. Als Jesus sich dort mit seinen Aposteln (→ S. 121 f) aufhält, wird er verklärt und erscheint in einem hellen Licht. Er spricht mit Mose (→ S. 54 ff) und Elija, den großen Vertretern des Volkes Israel und stellt sich so in die jüdische Tradition. Seine Freunde hören eine Stimme aus einer Wolke: »Dies ist mein geliebter Sohn, auf ihn sollt ihr hören!« Bei der Rückkehr vom Berg kommt ihnen wieder das Leid des Alltags in den Blick.

Als Jesus und seine Jünger den Berg hinabstiegen, kam ihnen eine große Menschenmenge entgegen. Da schrie ein Mann aus der Menge: Meister, ich bitte dich, hilf meinem Sohn. Es ist mein einziger. Er ist von einem Geist besessen; plötzlich schreit er auf, wird hin und her gezerrt und Schaum tritt ihm vor den Mund und der Geist quält ihn fast unaufhörlich. Ich habe schon deine Jünger gebeten, ihn auszutreiben, aber sie konnten es nicht. Da sagte Jesus: O du ungläubige und unbelehrbare Generation! Wie lange muss ich noch bei euch sein und euch ertragen? Bring deinen Sohn her! Als der Sohn herkam, warf der Dämon ihn zu Boden und zerrte ihn hin und her. Jesus aber drohte dem unreinen Geist, heilte den Jungen und gab ihn seinem Vater zurück. Und alle gerieten außer sich über die Macht und Größe Gottes.

aus dem Evangelium nach Lukas 9, 37–43a

Rembrandt (1606–1669), Abendmahl, um 1635.

Die Zeichnung orientiert sich an dem berühmten Gemälde von Leonardo da Vinci. Das Bild zeigt den Moment, in dem Jesus ankündigt, dass einer der Zwölf ihn verraten wird (Lk 22, 21–23).

7. Das letzte Mahl

Es bleibt bis heute unfassbar, dass Jesus, der so vielen Menschen geholfen und ein so menschenfreundliches Programm verkündet hatte, ein furchtbares Ende fand. Er hatte – nach Lukas – nur etwa ein Jahr öffentlich gelehrt, als die jüdischen Behörden und die römische Besatzungsmacht gegen ihn einschritten, um ihn loszuwerden. Der Schauplatz des Evangeliums wechselt nun von Galiläa nach Judäa in die jüdische Hauptstadt **Jerusalem.** Alles geschah etwa um das Jahr 30 nC. Bis heute fragt man sich, warum es so gekommen ist. Dafür gibt es mehrere Gründe.

(1) Jesus wurde vielen seiner Zeitgenossen mit seiner Lehre lästig. Sie glaubten nicht, dass das Reich Gottes bald kommen werde und sahen in ihm nur einen religiösen Schwärmer, der die Leute verwirrte.

(2) Er hatte nach Ansicht der Behörden schon allzu viele Anhänger gefunden, die von ihm begeistert waren und ihn für einen König (Mk 11, 9–10) hielten. Sie fürchteten, dass die politischen Verhältnisse im Lande durch ihn leicht außer Kontrolle geraten könnten.

(3) Die Priesterschaft von Jerusalem (→ S. 120), die immer ängstlich auf einen Ausgleich mit Rom bedacht war, machte sich die nicht unberechtigte Sorge, dass die römische Besatzungsmacht wegen Jesus eingreifen könnte. Hatte er doch einmal sogar den Tempel von Jerusalem angegriffen (Mt 26, 60–62; Joh 2, 19), der unter dem besonderen Schutz der Römer stand, weil dort öffentlich für den Kaiser in Rom gebetet wurde. Eine Aktion gegen den Tempel erfüllte für die damalige Zeit den Tatbestand der Rebellion, auf dem die Todesstrafe stand.

Nach dem Lukasevangelium wusste Jesus, dass ihm in der Stadt Jerusalem der Tod drohte (Lk 13, 31–33). Trotzdem ging er hin, weil er wohl auch in der heiligen Stadt seine Botschaft vom Reich Gottes verkünden wollte. Als er sich mit seinen Jüngern zum Pesachfest in Jerusalem aufhielt, griffen die Hohenpriester ein. Zur Verhaftung bedienten sie sich der Mithilfe des Judas, eines Mitgliedes aus dem Kreis der Zwölf. Das Pesachmahl selbst, das die Juden am Sederabend zum Gedächtnis an den Auszug des Volkes Israel aus Ägypten (→ S. 56 f) feiern, konnte Jesus noch nach altem jüdischen Brauch halten. Es wurde zu seinem Abschiedsmahl. Damals setzte er sich mit seinen Jüngern an einen festlich gedeckten Tisch, sprach das Dankgebet (griech.: »Eucharistie«; → S. 201 f), aß mit ihnen von einem geschlachteten Lamm, brach dazu das ungesäuerte Brot und trank den Wein, wie es dem Brauch entsprach. Alle diese Gesten deutete er auf seinen Tod. Er gab dem Mahl, dem Brot und dem Wein, einen neuen Sinn.

Beim **Pesachmahl** (»Abendmahl«) in Jerusalem nennt Jesus das Brot, das er seinen Jüngern reicht, seinen Leib und den Wein, den sie trinken, sein Blut. Das Mahl soll den Bund Gottes mit seinem Volk erneuern und seine Jünger immer, wenn sie später zu diesem Mahl zusammenkommen, an ihn erinnern. Christen feiern es seitdem als »Eucharistie«, in der Jesus selbst gegenwärtig ist. So haben sie mit ihm über die Zeiten hinweg Gemeinschaft.

Denkt über folgende Einzelheiten des jüdischen Pesachfestes (→ S. 56 f) nach: das geschlachtete Lamm – Brot – Wein – das Fest – Dankgebet. Die Kirche hat darin Zeichen gesehen und sie auf das Geschick Jesu bezogen. Welchen Sinn bekommen sie bei seinem letzten Mahl?

Das Abendmahl

Als die Stunde gekommen war, begab sich Jesus mit seinen Jüngern zu Tisch. … Und er nahm den Kelch, sprach das Dankgebet und sagte: »Nehmt den Wein und verteilt ihn untereinander. Denn ich sage euch: Von nun an werde ich nicht mehr von der Frucht des Weinstocks trinken, bis das Reich Gottes kommt. Und er nahm Brot, sprach das Dankgebet, brach das Brot und reichte es ihnen mit den Worten: Das ist mein Leib, der für euch hingegeben wird. Tut dies zu meinem Gedächtnis! Ebenso nahm er nach dem Mahl den Kelch und sagte: Dieser Kelch ist der neue Bund in meinem Blut, das für euch vergossen wird.

aus dem Evangelium nach Lukas 22, 14–20

Jesus – Eine unendliche Geschichte

8. Ein schreckliches Ende

Das Lukasevangelium bietet vom Tod Jesu nicht einfach einen sachlichen Bericht, der gleichsam für den Nachrichtenteil einer Zeitung bestimmt ist. Lukas war kein Reporter, der dabei war und der nur das festhielt, was er sah. Er war ein Christ, der die Ereignisse deutete, von denen er gehört hatte. In seiner Erzählung ließ er ihren Sinn aufleuchten. Seine Passionsgeschichte (»Leidensgeschichte«) ist vom **Glauben** geprägt, dass Jesus leiden und sterben musste, um zur Auferstehung zu kommen (Lk 24, 26). Diesen Glauben wollte er verkünden.

Lukas erzählt, dass Jesus nach dem letzten Mahl die Stadt verließ und an den nahe gelegenen **Ölberg** ging, wo er Gott inständig bat, ihn vor dem zu erwartenden Leid zu verschonen. Er schloss sein Gebet damit, dass nicht sein eigener Wille, sondern der Wille Gottes geschehen solle. Seine Angst steigerte sich so, dass sein Schweiß wie Blut wurde (→ S. 11). Am Ende fand er die Kraft, sich dem Geschehen zu stellen, das auf ihn zukam.

Unmittelbar danach wurde Jesus von einer kleinen Schar von Männern verhaftet. **Judas** führte das Kommando an und zeigte dem Trupp, wer Jesus war, indem er ihn küsste. Zwar wollten die Begleiter Jesu einen Moment lang für ihn kämpfen und einer schlug sogar einem Diener des Hohenpriesters ein Ohr ab. Aber Jesus verbat ihnen jegliche Anwendung von Gewalt. Er heilte den Verletzten und ließ sich ohne jeden Widerstand festnehmen. Man führte ihn noch in der Nacht zum Haus des Hohenpriesters (→ S. 120), wo er von den Wächtern geschlagen und verspottet wurde. In der gleichen Zeit bot **Petrus** (→ S. 123) ein jämmerliches Bild. Als ihm von einer Magd auf den Kopf zugesagt wurde, auch er gehöre zu den Leuten um Jesus, verneinte der Erste der Apostel dies heftig, obwohl Jesus ihm dies angedeutet hatte. Ähnlich verhielt er sich in derselben Nacht noch zwei weitere Male. Erst als in der Morgenfrühe der Hahn krähte, wurde ihm bewusst, wie feige er gewesen war und nun vergoss er bittere Tränen.

Am Morgen kam es zum Verhör vor dem **Hohen Rat** (→ S. 120), wo Jesus keinen fairen **Prozess** fand. Man fragte ihn, ob er sich für den Messias (→ S. 99) halte. Jesus antwortete ausweichend. Als er sagte, dass der Menschensohn (→ S. 114) von nun an zur Rechten des allmächtigen Gottes sitzen werde, und als er die Anrede »Sohn Gottes« nicht zurückwies, glaubte man, einen Beweis für seine Schuld gefunden zu haben, ohne noch weitere Zeugen bemühen zu müssen. – Das Bild, das Lukas hier vom Prozess Jesu entwirft, ist nicht in jeder Hinsicht genau. Welche Worte damals gesprochen wurden, wissen wir nicht. Lukas geht es vor allem um den Kern des religiösen Konflikts, den die Gegner und Anhänger Jesu miteinander austrugen.

Der Hohe Rat konnte damals zwar in religiösen Dingen eine Todesstrafe aussprechen, aber sie musste von den Römern bestätigt werden. Darauf lief nun alles hinaus.

In vielen Punkten stellt **Lukas** das Ende Jesu ähnlich dar wie die anderen Evangelisten. Aber er setzt auch eigene Akzente. Für ihn bewegt sich das Leben Jesu **zwischen Krippe und Kreuz.** Es beginnt im Elend und endet in Schande. So verläuft das Leben Jesu anders als das der Mächtigen dieser Welt. Er hat am eigenen Leib erfahren, was Angst und Schmerz, Ungerechtigkeit und Tod bedeuten. Er weiß, wie elend einem Menschen zumute sein kann. Aber wenn er auf Gott blickt, weiß er auch, dass er nicht verzweifeln muss. Seine Hoffnung gründet in Gott. Vor allem betont das Lukasevangelium, dass der Tod Jesu der **Tod eines Gerechten** ist, der sein Leben in Gottes Hände zurückgibt. Damit stirbt er als ein Vorbild für Christen.

Rembrandt (1606–1669), Jesus und die Jünger am Ölberg (Lk 22, 39–46), um 1655.

1 Legt eine Zeittafel an, in der ihr alle Zeitangaben der Passionserzählung des Lukas (Lk 22–23) eintragt. Bei den Daten solltet ihr die Ortsangaben und stichwortartig die Ereignisse festhalten. Ihr könnt auch ein Register aller beteiligten Personen anlegen.

Rembrandt (1606–1669), Jesus wird gefangen genommen (Lk 22, 47–53), um 1655–1660.

Jesus bricht unter dem Kreuz zusammen. Links hält Veronika Jesus ein Tuch hin, rechts zwingt ein Soldat Simon von Zyrene, Jesus beim Tragen des Kreuzes zu helfen (Lk 23, 26–27), um 1655–1660.

Man führte Jesus nämlich zu **Pontius Pilatus** (→ S. 125 f), dem Statthalter von Judäa. Pilatus war wegen seiner Grausamkeit gefürchtet. Auf ein Menschenleben mehr oder weniger kam es ihm nicht an. Von ihm konnte man sich wohl leicht ein Todesurteil erhoffen.

Vor Pilatus war allerdings von dem Ergebnis des Verhörs nicht mehr die Rede. Vielleicht hätte der Nicht-Jude Pilatus auch gar nicht verstanden, was die jüdischen Ankläger mit »Messias«, »Menschensohn« und »Sohn Gottes« meinten. Sie münzten die Anklage politisch so um, dass Pilatus eigentlich nicht untätig bleiben konnte. Dreierlei warf man Jesus nun vor: (1) Er wiegelt das Volk auf. (2) Er hält das Volk davon ab, dem Kaiser Steuern zu zahlen. (3) Er behauptet, er sei der Messias und ein König. Das alles stellte für die Ruhe im Land ein Risiko dar und verstieß gegen römisches Besatzungsrecht. Aber Pilatus misstraute ihren Anschuldigungen und hielt Jesus für unschuldig.

Als er hörte, Jesus komme aus Galiläa, kam er auf eine raffinierte Idee. Er ließ Jesus zu seinem Landesherrn **Herodes Antipas** (4–39 nC; → S. 127), bringen, der sich gerade in Jerusalem aufhielt. Eigentlich waren sich die beiden Machthaber unsympathisch, aber die Rechnung des Pilatus ging auf. Durch diese Geste fühlte sich Herodes geschmeichelt, so dass Pilatus ihn zum Freund gewinnen konnte. Herodes selbst wollte, sensationssüchtig wie er war, von Jesus ein Wunder sehen und stellte ihm viele Fragen. Jesus ging darauf nicht ein. Er schwieg nur. Da machte Herodes ihn zum Spottkönig, indem er ihm ein Prunkgewand umhängen ließ, und schickte ihn so zu Pilatus zurück. Dieser erklärte noch einmal den Hohenpriestern und den anderen Anklägern, er habe an Jesus **keine todeswürdige Schuld** gefunden. Er wolle ihn nur auspeitschen lassen und dann frei geben. Da schrien die Ankläger fürchterlich auf und forderten lautstark so lange seine Kreuzigung, bis Pilatus sie anordnete. Vielleicht dachte er, dass sich wegen dieser erbärmlichen Spottgestalt ein Streit mit den jüdischen Behörden nicht lohne.

Auf dem **Weg zum Ort der Kreuzigung,** der außerhalb der Stadtmauern lag, ergriff man einen Mann namens **Simon,** der dem geschwächten Jesus helfen sollte, das Kreuz zu tragen. Den **Frauen** am Weg, die bei seinem Anblick in Tränen ausbrachen, sagte er, sie sollten über sich selbst und ihre Kinder weinen, weil großes Unheil bevorstehe. Zusammen mit Jesus wurden auch zwei Verbrecher hingerichtet.

2 Wie kann der Gekreuzigte in der Erzählung des Lukas für Christen zum Vorbild werden? (→ Apg 7, 60)

3 Welche Kreuze kennt ihr? Könnt ihr das ein oder andere Exemplar mitbringen und zeigen?

4 Verschiedene Darstellungen des Kreuzes findet ihr auf S. 190 f.

■ Das Kreuz Jesu war mit ein Anlass dafür, dass die ursprüngliche Verbundenheit der Christen mit den **Juden** (→ S. 136) zur Feindschaft wurde. Christen warfen in unzulässiger Verallgemeinerung den Juden vor, sie trügen die Verantwortung für den Kreuzestod Jesu. Sie sagten oft: »Die Juden haben unseren Herrn und Gott getötet.« Damit hätten die Juden das schlimmste Verbrechen aller Zeiten begangen. Die Christen unterschieden bei diesem Vorwurf nicht zwischen den jüdischen Zeitgenossen Jesu und den Juden der späteren Generationen. Den einen warfen sie vor, sie hätten Jesus ans Kreuz gebracht, die anderen beschuldigten sie, dass sie sich von dieser Tat ihrer Vorfahren nicht distanziert hätten. – Im Lukasevangelium kann man schon einige Spuren dieses Konflikts erkennen. Hier wird der Eindruck vermittelt, **Pilatus** habe Jesus schonen wollen, die Juden aber hätten seinen Tod unnachgiebig gefordert. In Wirklichkeit kann der Machtmensch Pilatus nicht von seiner Verantwortung für den Tod Jesu freigesprochen werden. Mit ihrem ungerechten Vorwurf gegenüber den Juden sind die Christen selbst an den Juden schuldig geworden. Heute dürfen sie die alten judenfeindlichen Äußerungen nicht mehr wiederholen. Auf dem 2. Vatikanischen Konzil (1962–1965; → S. 208) hat die Kirche die alten Vorwürfe gegen die Juden offiziell zurückgenommen.

Rembrandt (1606–1669),
Kreuzigung (Lk 23, 33–49),
um 1631.
Die Inschrift in hebräischer,
griechischer und lateinischer
Sprache lautet:
»Jesus von Nazaret,
König der Juden.«

Die Kreuzigung

Sie kamen zur Schädelhöhe (»Golgota«); dort kreuzigten sie Jesus und die Verbrecher, den einen rechts von ihm, den anderen links. Jesus aber betete: Vater, vergib ihnen, denn sie wissen nicht, was sie tun. Dann warfen sie das Los und verteilten seine Kleider unter sich. Die Leute standen dabei und schauten zu; auch die führenden Männer des Volks verlachten ihn und sagten: Anderen hat er geholfen, nun soll er sich selbst helfen, wenn er der erwählte Messias Gottes ist. Auch die Soldaten verspotteten ihn; sie traten vor ihn hin, reichten ihm Essig und sagten: Wenn du der König der Juden bist, so hilf dir selbst! Über ihm war eine Tafel angebracht; auf ihr stand: Das ist der König der Juden. Einer der Verbrecher, die neben ihm hingen, verhöhnte ihn: Bist du denn nicht der Messias? Dann hilf dir selbst und auch uns. Der andere aber wies ihn zurecht und sagte: Nicht einmal du fürchtest Gott? Dich hat doch das gleiche Urteil getroffen. Uns geschieht Recht, wir erhalten den Lohn für unsere Taten; dieser aber hat nichts Unrechtes getan. Dann sagte er: Jesus, denk an mich, wenn du in dein Reich kommst. Jesus antwortete ihm: Amen, ich sage dir: Heute noch wirst du mit mir im Paradies sein.

Es war etwa um die sechste Stunde (12 Uhr), als eine Finsternis[1] über das ganze Land hereinbrach. Sie dauerte bis zur neunten Stunde (3 Uhr). Die Sonne verdunkelte sich. Der Vorhang des Tempels riss mitten entzwei[2] und Jesus rief laut: Vater, in deine Hände lege ich meinen Geist (Ps 36, 1). Nach diesen Worten hauchte er den Geist aus.

Als der Hauptmann[3] sah, was geschehen war, pries er Gott und sagte: Das war wirklich ein gerechter Mensch. Und alle, die zu diesem Schauspiel zusammengeströmt waren und sahen, was sich ereignet hatte, schlugen sich an die Brust und gingen betroffen weg.

Alle seine Bekannten aber standen in einiger Entfernung vom Kreuz, auch die Frauen, die ihm seit der Zeit in Galiläa nachgefolgt waren und die alles mit ansahen.

aus dem Evangelium nach Lukas 23, 33–49

Im Text (Lukas 23, 33–49) sind drei Zeichen zu beachten:
1 Die Finsternis ist nicht nur eine Wettererscheinung. Sie ist ein Zeichen dafür, wie es um die Welt steht.
2 Im Tempel von Jerusalem gab es einen Vorhang, der den Zugang zum »Allerheiligsten« versperrte, das nur der Hohepriester betreten durfte. Der Weg dahin ist nun offen. Von jetzt an haben alle Menschen direkten Zugang zu Gott.
3 Ein nicht-jüdischer Offizier erkennt als Erster, dass der Tod Jesu nicht sinnlos war.

Jesus – Eine unendliche Geschichte

9. Von Gott bestätigt

Im Lukasevangelium ist – ebenso wie in den anderen drei Evangelien – der Bericht von der Kreuzigung nicht das letzte Wort über Jesus. Sein Tod ist hier nicht das schreckliche Ende eines Menschen, der mit seinen Plänen scheiterte und keinen Erfolg hatte. Lukas erzählt weiter: Der Gekreuzigte lebt. Er ist auferstanden. Mit dieser Botschaft gibt Lukas seiner Schrift ein herrliches Finale. Erst durch den letzten Abschnitt wird sein Werk endgültig zum Evangelium. Die Botschaft vom liebenden Gott, die Jesus zeitlebens verkündete, schließt ihn nun selbst wunderbar mit ein.

Die Botschaft der Engel

Am ersten Tag der Woche gingen die Frauen mit den wohlriechenden Salben, die sie zubereitet hatten, in aller Frühe zum Grab. Da sahen sie, dass der Stein vom Grab weggewälzt war; sie gingen hinein, aber den Leichnam Jesu, des Herrn, fanden sie nicht. Während sie ratlos dastanden, traten zwei Männer in leuchtenden Gewändern zu ihnen. Die Frauen erschraken und blickten zu Boden. Die Männer aber sagten zu ihnen: Was sucht ihr den Lebenden bei den Toten? Er ist nicht hier. Er ist auferstanden. Erinnert euch an das, was er gesagt hat, als er noch in Galiläa war: Der Menschensohn muss den Sündern ausgeliefert und gekreuzigt werden und am dritten Tag auferstehen. Da erinnerten sie sich an seine Worte. Und sie kehrten vom Grab in die Stadt zurück und berichteten alles den Elf und den anderen Jüngern. Es waren Maria aus Magdala, Johanna und Maria, die Mutter des Jakobus; auch die übrigen Frauen, die bei ihm waren, erzählten es den Aposteln. Doch die Apostel hielten das alles für Geschwätz und glaubten ihnen nicht. Petrus aber stand auf und lief zum Grab. Er beugte sich vor, sah aber nur die Leinenbinden dort liegen. Dann ging er nach Hause, voll Verwunderung über das, was geschehen war.

aus dem Evangelium nach Lukas 24, 1–12

1 Wenn man die Auferstehung Jesu schon nicht realistisch schildern kann, so gibt es doch Symbole dafür. Welche findet ihr im Text des Lukas? Welche anderen kennt ihr? Welche könnt ihr selbst vorschlagen?

2 Welche österlichen Bräuche und Symbole kennt ihr? Zum Wort »Ostern«: → S. 173.

3 Über die Bedeutung der Auferstehung Jesu im Jahr der Kirche: → S. 209 f.

4 Ein ausführlicher Osterhymnus: → S. 186.

Rembrandt (1606–1669), Jesus mit zwei Jüngern auf dem Weg nach Emmaus (Lk 24, 13–35), um 1655.

Die **Auferstehung** Jesu ist zur **Mitte des christlichen Glaubens** geworden. Sie hat für Christen eine vielfache Bedeutung:

■ **Gott** ließ Jesus nicht im Tod. Er ist ein Gott des Lebens.

■ **Jesus** ist mit seinem Leben und seinen Worten von Gott bestätigt worden. Darum ist es gut, sich ihm anzuschließen und auf seinen Weg zu begeben.

■ Die **Menschen** dürfen hoffen, dass auch ihre Ängste und Schmerzen ein Ende finden. Sie können sicher sein, dass die Wunden ihres Lebens heil werden und am Ende des Lebens nicht der Tod steht, sondern das Leben bei Gott.

Den **Vorgang der Auferstehung** selbst kann Lukas nicht beschreiben. Die Überwindung des Todes und der Weg Jesu zu Gott sind Ereignisse, die man mit dem äußeren Auge nicht sehen kann. Sie lässt sich nicht wie ein Alltagsgeschehen sehen, darstellen oder abbilden. Wäre ein Fernsehteam auf Golgota dabei gewesen, es hätte nichts von der Auferstehung filmen können.

Lukas führt das Evangelium von der Auferstehung noch ein Stück weiter fort. Er weiß von mehreren **Erscheinungen** des Auferstandenen. So zeigte sich dieser zwei Jüngern, die wegen des Kreuzestodes Jesu verzweifelt waren und nach Emmaus, einem kleinen Ort in der Nähe von Jerusalem, zogen. Unterwegs stieß der auferstandene Jesus zu ihnen, ohne dass sie ihn erkannten. Er erschloss ihnen den Sinn seines Sterbens, indem er ihnen die Heilige Schrift erklärte: »Musste nicht der Messias all das erleiden, um so in seine Herrlichkeit zu gelangen?« – Danach erschien Jesus auch den übrigen Jüngern in Jerusalem. Drastisch beschreibt Lukas, dass er sich von ihnen anfassen ließ und mit ihnen ein Stück Fisch aß, als ob er ihnen alle Zweifel an der Realität des Geschehens nehmen wollte. Dann ging Jesus mit ihnen nach Betanien, das nur wenige Kilometer von Jerusalem entfernt liegt. Hier entzog sich Jesus ihnen endgültig. Er segnete sie und wurde zum Himmel erhoben. Die Jünger aber kehrten voll Freude nach Jerusalem zurück und priesen Gott.

Die **Auferstehung** und **Himmelfahrt** Jesu machen heute nachdenklichen Menschen einige Schwierigkeiten. Sie wollen sich nicht ernsthaft vorstellen, Jesus sei wie ein Flugkörper durch den leeren Raum in die Höhe zu Gott entschwebt. Eine solche Vorstellung würde dem Evangelium aber auch nicht gerecht. Man muss schon auf die Sprache der Symbole (→ S. 198) hören, um den Text zu verstehen. »Auferstehen« und »emporgehoben werden« heißt dann nicht »nach oben wegschweben«, sondern aus der Alltagswelt zu Gott kommen. Der »Himmel« (→ S. 87) bezeichnet nicht das sichtbare Gewölbe, das sich über die Erde spannt, sondern den unsichtbaren Gott, der größer ist als unsere Welt und der alles umfasst.

Rembrandt (1606–1669), Jesus und die Jünger von Emmaus, Ausschnitt (Lk 24, 13–35), 1648.

10. Am Ende der Zeit

Die Geschichte Jesu ist eine unendliche Geschichte. Sie nimmt ihren Ursprung bei Gott und führt zu Gott hin. Der Evangelist Lukas ist in seinen beiden Schriften (Lk und Apg) davon überzeugt, dass Jesus lebt und am Ende der Zeit wiederkommen wird. Bis zu seiner Wiederkunft sollen die Christen wachsam sein und sich für das Programm einsetzen, das er verkündet hat. Wenn Jesus in Macht und Herrlichkeit kommt, wird er das letzte Urteil über die Welt sprechen.

Den **Zeitpunkt** des Endes weiß niemand außer Gott. Das Neue Testament nennt einige Vorzeichen: Krieg, Hungersnot, Erdbeben, Verfolgung der Gerechten, Gottvergessenheit, Verkündigung des Evangeliums auf der ganzen Welt. Da diese Zeichen nicht eindeutig sind und fast zu allen Zeiten beobachtet werden können, müssen Christen immer mit dem Ende rechnen, ohne dass sie in ständiger Panik leben sollten.

Das endzeitliche Geschehen lässt sich nicht in Worte fassen, weil es von Gott bewirkt wird. Wenn die Bibel dennoch davon spricht, muss sie **in Bildern und Symbolen** (→ S. 198) reden, die nur unzureichend auf das hinweisen können, was kommen wird. Sie tut das oft auch noch in Vorstellungen, die der vergangenen Zeit entsprechen und uns eher fremd sind. Wenn die Bibel z. B. von Zeichen an den Gestirnen oder von der Erschütterung des Himmels spricht, entwickelt sie ein Bild der Natur, das mit dem modernen Wissen von der Welt schwer vereinbar ist. So brauchen wir uns das Ende der Zeit nicht vorzustellen. Aber ihre Botschaft hängt davon nicht ab. Sie besagt, dass die Geschichte der Menschen nicht ins Ungewisse oder Leere läuft. Gott wird am Ende der Tage weltweit sein Heil schaffen.

> Die Rede von der **Wiederkunft Christi** und vom **Endgericht Gottes** ist eine gute Nachricht. Sie soll die Christen aller Zeiten vor dem Bösen warnen und ihnen zugleich die Hoffnung geben, dass Angst und Schuld, Hass und Leid, Krankheit und Tod einmal endgültig besiegt werden. Diesen Zustand nennt die Bibel »**Erlösung**«.

Der Zeitpunkt des Endes

Eines der letzten Worte Jesu unmittelbar vor seiner Himmelfahrt (→ S. 113) lautet:

Euch steht es nicht zu, Zeiten und Fristen zu erfahren, die der Vater in seiner Macht festgesetzt hat.

aus der Apostelgeschichte 1, 7

Der Richter der Lebenden und Toten

In einer Rede über die Endzeit spricht Jesus zuerst über die Bedrängnis, die über die Stadt Jerusalem kommen wird. Dann kommt er auf das Ende der Tage zu sprechen. Er setzt sich mit der Gestalt des Menschensohns gleich, der schon im Ersten Testament angekündigt war (Dan 7, 13; → S. 71).

Es werden Zeichen sichtbar werden an Sonne, Mond und Sternen, und auf der Erde werden die Völker bestürzt und ratlos sein über das Toben und Donnern des Meeres. Die Menschen werden vor Angst vergehen in Erwartung der Dinge, die über die Erde kommen; denn die Kräfte des Himmels werden erschüttert werden. Dann wird man den Menschensohn mit großer Macht und Herrlichkeit auf einer Wolke sehen. Wenn all das beginnt, dann richtet euch auf und erhebt eure Häupter; denn eure Erlösung ist nahe.

aus dem Evangelium nach Lukas 21, 25–28

In der Apostelgeschichte sagt Petrus in einer wichtigen Rede:

Gott hat uns geboten, dem Volk zu verkünden und zu bezeugen: Jesus von Nazaret ist der von Gott eingesetzte Richter der Lebenden und Toten.

aus der Apostelgeschichte 10, 42

1 Welche Gedanken kommen euch, wenn ihr über das Ende der Zeit nachdenkt?
2 Warum ist der Glaube an die Wiederkunft Jesu nicht eine Drohbotschaft, sondern eine Frohbotschaft?
3 Was die Menschen am Ende von Jesus zu erwarten haben, erzählt Jesus in seinem Gleichnis vom Weltgericht: → Mt 25, 31–46. Hier sagt er noch einmal anders als bei Lukas, worauf es letztlich ankommt.

*Bamberger Apokalypse, um 1000.
Das letzte Gericht (Offb 20, 11–15)
Der lateinische Text auf den
Bändern der beiden Engel lautet
in deutscher Übersetzung:
(links) »Kommt, ihr Gesegneten
meines Vaters, in mein Reich.« –
(rechts) »Weg von mir, ihr
Verdammten, in das ewige Feuer.«
(Mt 25, 34.41)*

Zum guten Schluss – Ein Gedankenexperiment am Ende des Kapitels

Schon immer haben sich Christen vorgestellt, **Jesus** sei nicht eine Gestalt der Vergangenheit, sondern er **lebe in der Gegenwart.** Auch heute ist ein solches Gedankenexperiment möglich.

Es wirft Fragen wie diese auf:

Was würde Jesus heute sagen? Was wäre seine Botschaft?

Welche Ereignisse, Personen und Naturerscheinungen würde er in seinen Gleichnissen aufgreifen?

Wen würde er um sich versammeln? Welche Zustände und Personen würde er kritisieren? Mit wem geriete er in heftigen Streit?

Für wen träte Jesus besonders ein? Auf welche Weise würde er sich Gehör verschaffen?

Welches Schicksal könnte ihm am Ende beschieden sein?

1. Die Mutter

Die Mutter Jesu hieß Maria (hebr.: »Mirjam«, d. h. »Seherin«, »Herrin«). Sie war eine einfache jüdische Frau, von deren Herkunft wir nichts wissen. In späteren Legenden heißen ihre Eltern Anna und Joachim. Wahrscheinlich kam sie aus kleinen Verhältnissen. In der Christenheit ist sie – nach Jesus – zu der am meisten verehrten Gestalt geworden. Verlobt war sie mit einem Mann namens Josef, der Zimmermann war. Die Familie wohnte in der unbedeutenden Stadt Nazaret in Galiläa (→ S. 98).

Wir können annehmen, dass Maria ihren Sohn Jesus so erzogen hat, wie es auch andere jüdische Mütter in der damaligen Zeit taten. Sie hat in ihm den Glauben an den Gott Israels grundgelegt und ihm zuerst von der Geschichte des jüdischen Volkes erzählt (→ S. 46 ff). Mit ihm hat sie die jüdischen Gebete und die Psalmen (→ S. 84 f) gesprochen. In ihrem Haus wurden die Bestimmungen der Thora (→ S. 58) für das Essen und das alltägliche Leben eingehalten. Hier wurden der Sabbat und die jüdischen Feste gefeiert. Sie wird ihm zum ersten Mal Jerusalem (→ S. 96), die heilige Stadt, gezeigt haben. An ihrem Tun hat er ablesen können, dass das Gebot der Gottes- und Nächstenliebe das Hauptgebot ist.

Das Neue Testament weiß von ihr nicht viel zu erzählen. Das Wenige, das von ihr mitgeteilt wird, ist meist nicht im biographischen Sinn (→ S. 100) zu verstehen. Die Marienerzählungen der Bibel sind weithin Glaubensgeschichten. Sie sind ein Zeugnis dafür, dass Gott Großes an ihr getan hat.

■ Nach dem **Lukasevangelium** (→ S. 101) war Maria eine junge jüdische Frau, die in Nazaret lebte, als der Engel Gottes zu ihr kam, um ihr die Geburt eines Kindes anzusagen. Zur Zeit ihrer Niederkunft war sie unterwegs in Betlehem, wo sie ihren erstgeborenen Sohn zur Welt brachte. Sie gab ihm den Namen Jesus (→ S. 99). Entsprechend den jüdischen Bräuchen ließ sie den Jungen beschneiden (→ S. 136 f) und brachte für sich ein Reinigungsopfer im Tempel von Jerusalem dar. Damals prophezeite ihr der greise Seher Simeon, dass ein Schwert durch ihre Seele dringen werde. Als Jesus zwölf Jahre alt war, hatten die Eltern mit ihm im Tempel von Jerusalem (→ S. 97), dem heiligsten Ort des Judentums, ein beunruhigendes Erlebnis.

■ Nach dem **Matthäusevangelium** kamen nach der Geburt Jesu Weise aus dem Osten zu Maria. Weil Herodes (→ S. 126 f) ihr Kind töten wollte, floh die Familie mit dem Kind nach Ägypten. Währenddessen wurden in Betlehem viele Kinder ermordet. Nach der Rückkehr ließ sich die Familie in Nazaret nieder.

Der Einfluss, den **Maria** während vieler Jahre in Nazaret auf Jesus ausgeübt hat, kann kaum überschätzt werden. Sie war es, die ihn alltäglich in die Religion des jüdischen Volkes eingeführt hat. Allerdings wird sie über ihren ungewöhnlichen Sohn oft erstaunt gewesen sein und gewiss auch viel von ihm gelernt haben. Augustinus (→ S. 40 f) nennt sie darum seine **»Lehrerin und Schülerin«.**

Rembrandt (1606–1669), Maria mit dem Kind, um 1635–37.

Maria vor dem Thron Jesu,
Reichenau, um 960–980.

■ Die wenigen weiteren Erwähnungen Marias im **Neuen Testament** klingen nicht besonders freundlich für sie. Einer Frau, die begeistert zu Jesus sagte: »Selig der Leib, der dich getragen, und die Brust, die dich genährt hat«, erwiderte Jesus nur: »Selig sind vielmehr die, die das Wort Gottes hören und es befolgen« (Lk 11, 27). Als Maria bei einer Hochzeitsfeier Jesus einen Wink gab, dass kein Wein mehr da sei, fragte er sie so, als wolle er sich von ihr nicht beeinflussen lassen: »Was willst du von mir, Frau? Meine Stunde ist noch nicht gekommen« (Joh 2, 3 f). Am Ende stand sie unter dem Kreuz ihres Sohnes, wo der sterbende Jesus sie dem Lieblingsjünger und umgekehrt den Lieblingsjünger ihr anvertraute (Joh 19, 25–27). Später sehen wir sie noch ein einziges Mal in der Urgemeinde von Jerusalem (Apg 1, 14). Sonst ist im Neuen Testament von ihr nicht mehr die Rede.

Ein ungewöhnliches Kind

Die Eltern Jesu zogen wohl jährlich zum Osterfest nach Jerusalem (→ S. 95). Auf dem Rückweg verloren sie einmal ihren gerade zwölfjährigen Sohn aus den Augen, vermuteten ihn zuerst irgendwo in der Pilgergruppe, suchten ihn eine Zeit lang ergebnislos und gingen schließlich voller Sorgen nach Jerusalem zurück, um ihn da aufzuspüren. Sie fanden ihn an einem ganz und gar ungewöhnlichen Ort.

Nach drei Tagen fanden sie Jesus im Tempel; er saß mitten unter den Lehrern, hörte ihnen zu und stellte ihnen Fragen. Alle, die ihn hörten, waren erstaunt über sein Verständnis und seine Antworten. Als seine Eltern ihn sahen, waren sie sehr betroffen und seine Mutter sagte zu ihm: Kind, wie konntest du uns das antun? Dein Vater und ich haben dich voll Angst gesucht. Da sagte er zu ihnen: Warum habt ihr mich gesucht? Wusstet ihr nicht, dass ich in dem sein muss, was meinem Vater gehört? Doch sie verstanden nicht, was er damit sagen wollte. Dann kehrte er mit ihnen nach Nazaret zurück und war ihnen untertan. Seine Mutter bewahrte alles, was er gesagt hat, in ihrem Herzen. Jesus aber wuchs heran und seine Weisheit nahm zu und er fand Gefallen bei Gott und den Menschen.

aus dem Evangelium nach Lukas 2, 46–52

1 Christen haben ein meditatives Gebet (→ S. 77), das sie den »Rosenkranz« nennen. Während sie eine Schnur mit über 50 Perlen langsam durch ihre Finger gleiten lassen, beten sie das »Ave Maria« (→ S. 101) und denken dabei an wichtige Stationen aus dem Leben Jesu. Wer kann einen Rosenkranz mitbringen und ihn erklären?

2 Seit 1995 ist »Maria« in Deutschland ununterbrochen der beliebteste Vorname für Mädchen, obwohl »Marie« eigens gezählt wird und zusätzlich einen 5. Platz in der Beliebtheitsliste einnimmt. Wie erklärt ihr euch das?

3 Was erinnert in eurer Umgebung und in unserem Land an Maria, die Mutter Jesu?

4 Kennt ihr Bilder Marias? Könnt ihr prüfen, ob sie den Aussagen der Bibel entsprechen?

5 Auch die Muslime (→ S. 268) verehren Maria als die Mutter Jesu. Sie wird im Koran öfter ehrenvoll erwähnt.

PROJEKT

1 Wenn ihr schon mit dem Projekt **»Meine Bibel«** begonnen habt, könnt ihr dieses Kapitel gut mit einbeziehen. Nähere Hinweise findet ihr in dem Kapitel »Der bleibende Anfang« (→ S. 48).

2 Manche biblische Texte lassen sich – ähnlich wie beim Ersten Testament (→ S. 48) – aus der **Perspektive einer beteiligten Person** erzählen. So könnte ein Hirt über die Weihnacht, Maria von Magdala von ihrem Leben mit Jesus oder ein Kranker von seinem Leiden und seiner Heilung erzählen.

2. Pharisäer und Sadduzäer

■ Mit keiner anderen jüdischen Gruppe hatte Jesus in seinem öffentlichen Leben mehr zu tun als mit den Pharisäern. Keiner anderen Gruppe stand Jesus so nahe wie den **Pharisäern.** Mit niemandem geriet er so in Streit wie mit den Pharisäern. Über keine Gruppe gehen die Meinungen bis auf den heutigen Tag so sehr auseinander wie über die Pharisäer. – Für viele ist das Wort »Pharisäer« zum Schimpfwort geworden. Man meint damit

- Heuchler, die sich über andere erheben, ohne die eigenen Fehler zu bemerken
- Leute, die sich selbst für gerecht halten
- Menschen, die allzu sehr auf Kleinigkeiten achten, dabei aber Wichtigeres aus dem Blick verlieren.

Zweifellos gab es unter den Pharisäern einige, die diesem Zerrbild entsprachen. Sie gehörten zu einer religiösen Gruppe, die, wie jede andere Gruppe, ihre Fehler und Schwächen hatte. Aber alles in allem ist diese Sicht der Pharisäer ungerecht. Sie stellt ein Vorurteil dar, das ähnlich falsch ist, wie wenn man alle Lehrer »Pauker« oder alle Männer »Machos« nennt.

Was waren das für Leute – die Pharisäer?

Das Wort »Pharisäer« bedeutet wahrscheinlich **»Abgesonderte«.** Der Name deutet darauf hin, dass sie sich von Gruppen fernhielten, die religiös eher gleichgültig waren, offensichtlich ungerecht lebten. Zur Zeit Jesu gab es die Pharisäer noch nicht so lange. Ihre Anfänge liegen im 2. Jahrhundert vC. Sie nahmen ihren Glauben ernst und setzten sich mit anderen auseinander, wenn sie bei ihnen Verstöße gegen Gottes Gebote bemerkten. Nach der Zerstörung Jerusalems 70 nC durch die Römer überlebten die Pharisäer als einzige der größeren jüdischen Parteien. Sie haben das spätere Judentum durch ihr Beispiel und durch ihre Lehre gefördert.

Zur Zeit Jesu gab es nicht viele Pharisäer im Land, aber ihr **Einfluss** war groß. Priesterliche Ämter übten sie nicht aus. Im Hohen Rat (→ S. 120) waren sie aber mit einer beträchtlichen Anzahl vertreten. Die meisten waren Handwerker, Kaufleute oder Bauern. In Streitfällen wurden sie vom Volk zu Richtern bestellt. In vielen Synagogen (→ S. 96) von Galiläa und

Für die **Pharisäer** stand die Thora im Mittelpunkt des Lebens. Die meisten waren von der Liebe zu Gott und zum Nächsten erfüllt. Als Lehrer des Volkes und als Vorsteher in den Synagogen waren sie weithin beliebt. Manche Pharisäer schauten allerdings mit Hochmut auf die einfachen Leute herab, die die vielen Bestimmungen der Thora nicht so genau kannten und darum auch nicht so exakt befolgten. **Jesus** hatte unter den Pharisäern gute Freunde (Joh 3, 1–13; Mk 5, 21–43). Pharisäer, die selbstgerecht, hartherzig oder unbarmherzig waren, hat er heftig kritisiert. Er dachte liebevoller von Gott und war nicht immer so streng wie manche von ihnen.

Emil Nolde (1867–1956),
Jesus und die Schriftgelehrten, 1951.

○ Wenn Jesus die Pharisäer oft scharf tadelt, kritisiert er eine Einstellung und ein Handeln, das es auch woanders gibt. Kennt ihr dafür Beispiele? Achtet bei eurer Suche darauf, dass ihr nicht selbstgerecht urteilt und damit in denselben Fehler verfallt, der manchen Pharisäern von damals nachgesagt wird.

Judäa leiteten sie den Gottesdienst. Nicht wenige Pharisäer waren Lehrer. Weil sie den Kindern das Lesen und Schreiben und die Kenntnis der Bibel beibrachten, waren sie bei vielen Eltern hoch geschätzt. Sie wurden von den Leuten voll Respekt mit dem Titel »Rabbi« angesprochen. Das Neue Testament nennt diese Pharisäer auch »Schriftgelehrte«.

Die Befolgung der **Thora** (→ S. 58, 136 f) war ihnen selbstverständliche Pflicht, weil sie darin die Weisungen Gottes für sich und das ganze jüdische Volk sahen. In der Thora fanden sie 613 Bestimmungen: 248 Gebote und 365 Verbote. Unter ihnen sind solche, die von den meisten Menschen auf der ganzen Welt anerkannt werden, z. B. »nicht morden«, oder »nicht rauben«. Andere Gesetze sind in besonderer Weise für das religiöse Judentum kennzeichnend, z. B. »am Sabbat kein Feuer machen« oder »das Fleisch von unreinen Tieren nicht berühren«.

Die Pharisäer glaubten, von Gott belohnt zu werden, wenn sie die Thora ganz befolgten. Die Strengeren unter ihnen setzten alles daran, immer und überall auch noch ihren kleinsten Buchstaben zu beachten. Die nicht so Strengen suchten nach Wegen, die Thora so zu deuten, dass die Leute sie auch halten konnten. Über den richtigen Weg haben sie oft heftig gestritten. Immer aber ging es ihnen darum, den Willen Gottes zu erkennen. Obwohl die Pharisäer meist nicht reich waren, spendeten sie den Zehnten ihrer Einnahmen für religiöse Zwecke. Sie arbeiteten in ihrem Beruf nur so viel, dass sie das hatten, was sie für den Lebensunterhalt der Familie brauchten. Die übrige Zeit nutzten sie zum Studium der Thora. Sie lernten gern »Tag und Nacht« aus den heiligen Schriften des jüdischen Volkes.

Nach dem Tod Jesu setzte sich der Streit zwischen den jüdischen Anhängern Jesu und den Pharisäern verschärft fort. Die Christen konnten nicht verstehen, dass die Pharisäer Jesus nicht als den Messias (→ S. 99) ansahen. Die Pharisäer konnten nicht verstehen, dass die Christen die Gültigkeit der ganzen Thora bestritten (→ S. 138). Für beide Seiten stand in diesem Streit viel auf dem Spiel. Für die Pharisäer ging es um die Frage, ob das Judentum plötzlich anders werden sollte oder ob es sich treu bleiben musste. Für die Anhänger Jesu – darunter waren auch Pharisäer – ging es darum, ob mit Jesus eine neue Zeit angebrochen war, in der sein Evangelium allen Menschen auf der ganzen Welt verkündet werden sollte.

In der Zeit, in der sich die Anhänger Jesu mit den **Pharisäern** auseinander setzten, entstanden die **vier Evangelien** (→ S. 100). Aus der Hitze des damaligen Streits erklärt es sich, dass die Pharisäer in diesen Schriften oft einseitig dargestellt und ungerecht beurteilt werden. Nun kamen nur noch ihre Fehler und Schwächen in den Blick, während ihre guten Seiten in den Hintergrund traten. Da die Evangelien im Alltag der Christen immer wieder zu Gehör kamen, wurde durch sie ein Zerrbild von den Pharisäern verbreitet. Christen wissen heute, dass sie den Pharisäern damit Unrecht getan haben.

Ein schlechtes und ein gutes Beispiel

Einmal erzählte Jesus denen, die von ihrer eigenen Gerechtigkeit überzeugt waren und die anderen verachteten, ein Gleichnis (→ S. 104 f). Darin kommen ein Pharisäer und ein Zöllner (→ S. 130) vor. Von der Art, wie sich die beiden hier geben, können Christen viel lernen. Aber nicht alle Pharisäer und auch nicht alle Zöllner waren so, wie sie hier dargestellt werden. Es geht hier nicht um »die« Pharisäer und »die« Zöllner.

Zwei Männer gingen zum Tempel (→ S. 96) hinauf, um zu beten; der eine war ein Pharisäer, der andere ein Zöllner. Der Pharisäer stellte sich hin und sprach leise dieses Gebet: Gott, ich danke dir, dass ich nicht wie die anderen Menschen bin, die Räuber, Betrüger, Ehebrecher oder auch wie dieser Zöllner dort. Ich faste zweimal in der Woche und gebe dem Tempel den zehnten Teil meines ganzen Einkommens. Der Zöllner aber blieb ganz hinten stehen und wagte nicht einmal seine Augen zum Himmel zu erheben, sondern schlug sich an die Brust und betete: Gott, sei mir Sünder gnädig! Ich sage euch: Dieser ging als Gerechter nach Hause, der andere nicht. Denn wer sich selbst erhöht, wird erniedrigt, wer sich aber selbst erniedrigt, wird erhöht werden.

aus dem Evangelium nach Lukas 18, 10–14

Leute um Jesus

■ Ganz anders als die Pharisäer waren die **Sadduzäer.** Bildeten die Pharisäer eher einen Teil des einfachen Volkes, so gehörten die Sadduzäer zur Oberschicht. In religiösen und politischen Fragen gab es in manchen Punkten erhebliche Unterschiede zwischen beiden Gruppen. Die Sadduzäer sahen sich als Schüler des Mose (→ S. 54 ff) an und wollten die alten Traditionen noch weniger verändern als die Pharisäer. Sie glaubten – anders als die Pharisäer – nicht an ein Leben nach dem Tod, nicht an die Auferstehung von den Toten und nicht an Engel, weil sie darüber in den Büchern des Mose nichts fanden.

Zur Zeit Jesu bildeten die Sadduzäer die einflussreichste und mächtigste jüdische Gruppe (»Partei«). Viele reiche Bürger und vor allem Priester gehörten zu ihnen. Ihr Name leitet sich ab von »Zadok«, einem Oberpriester aus den Tagen Salomos (1 Kön 1, 32), obwohl die Gruppe erst im 2. Jahrhundert vC entstanden ist. Ihre Zahl war zwar klein, aber sie saßen, soweit es die Römer zuließen, auf der jüdischen Seite an den Schalthebeln der Macht.

Aus ihrer Mitte wurde der **Hohepriester** gewählt. Er stand an der Spitze des **Hohen Rates** (griech.: »Synhedrium«), des obersten Gerichts der Juden. Neben dem Hohenpriester gehörten zum Hohen Rat 70 weitere Mitglieder. Die meisten von ihnen waren Priester aus der Gruppe der Sadduzäer, so dass sie das Geschehen im Tempel und im Hohen Rat weithin bestimmen konnten. Hinzu kamen nichtpriesterliche Vertreter des Volkes sowie Schriftgelehrte, die meist Pharisäer waren. In religiösen Dingen konnte der Hohe Rat frei entscheiden. In Fragen des Rechts und der Politik musste er auf die römische Besatzungsmacht Rücksicht nehmen.

Jude beim Gebet. Er trägt um seine Arme Lederriemen (»Teffilin«) und auf seinem Kopf eine kleine Kapsel, die biblische Texte enthält, sowie einen weißen Gebetsschal mit schwarzen Streifen (»Tallit«).

Die Sadduzäer übten ihre Macht mit Billigung der Römer aus. Sie waren bereit, sich mit den Römern zu arrangieren, solange diese die jüdischen Einrichtungen nicht antasteten. Den Aufstandsversuchen der Juden gegen die Römer widersetzten sie sich, da sie sich als Hüter der bestehenden Ordnung betrachteten und im Land Ruhe haben wollten. Vom Volk wurden sie wegen ihres Hochmuts verachtet. Bei vielen waren sie wegen ihrer Zusammenarbeit mit den Römern verhasst.

Solange Jesus in Galiläa wirkte, geriet er mit den Sadduzäern nicht aneinander. Erst als er in Jerusalem einzog, den Tempel säuberte und gefährliche Worte über den Tempel sagte (→ S. 107), schritten sie gegen ihn ein. Vor allem Sadduzäer waren es, die von Pilatus das Todesurteil über Jesus forderten. Nach der Zerstörung Jerusalems durch die Römer im Jahr 70 nC verschwanden sie aus der Geschichte.

3. Die Jünger und die Zwölf

Zum inneren Kreis seiner Gemeinschaft bestimmte Jesus die »Zwölf«, die meist »die Apostel« (griech.: »Abgesandte«) genannt werden, obwohl es mehr als nur zwölf Apostel gab. Die Gruppe der »Zwölf« sollte ein Zeichen sein. Wie die zwölf Stämme das Volk Israel bildeten (→ S. 53), so wollte Jesus mit den Zwölfen das Volk Israel erneuern, ihm neue Zuversicht geben und es auf das Reich Gottes vorbereiten.

■ Jesus hat keine Geheimlehre verbreitet. Er wandte sich an die Öffentlichkeit, so dass das **Volk** erfahren konnte, was er sagte und tat. Die Leute staunten über ihn. Er fand viele Anhänger, die ihm zwar nicht nachfolgten, aber über das nachdachten, was sie von ihm erfahren hatten. Vor allem die kleinen Leute wandten ihm ihre Sympathie zu. Sie spürten, dass er ein Herz für die Armen, Kranken und Ausgestoßenen hatte. Er verkündete eine Botschaft, die froh machen konnte. Manchen gab er neue Zuversicht. Wenn jemand vor Gott schuldig geworden war und einsah, dass er sich auf einen falschen Weg begeben hatte, sprach Jesus ihm die Vergebung seiner Schuld durch Gott zu.

■ Ähnlich wie die jüdischen Rabbinen hatte Jesus auch ständig Schüler um sich, die wegen ihres geringeren Alters oft »**Jünger**« genannt werden. Aber während sich damals gewöhnlich die Schüler ihren Rabbi (»Meister«) selbst aussuchten, um bei ihm in die Lehre zu gehen, war es bei Jesus

Duccio di Buoninsegna (um 1255–1319), Jesus, Petrus und die Jünger (Mk 1, 16–20), 1308–1311.

anders. Die Initiative ging von ihm aus. Er war es, der sich seine Jünger auswählte und einen größeren Jüngerkreis um sich scharte. Was er von ihnen forderte, war unerhört. Dass überhaupt jemand darauf einging, zeigt an, dass sie von ihm fasziniert waren. Sie sollten so anspruchslos sein wie er, um mit ihrem Leben auf das Reich Gottes (→ S. 104) hinzuweisen, in dem es keinen überflüssigen Reichtum, keine böse Macht und keine soziale Ungerechtigkeit mehr gibt. Ihre Besitzlosigkeit sollte sie gelassen und heiter machen, weil sie sich in der Geborgenheit Gottes sicher fühlen konnten. Dabei befürwortete Jesus nicht grundsätzlich ein Leben des strengen Verzichts (»Askese«), wie es damals z. B. die Leute von Qumran (→ S. 38 f) taten. Er konnte, wenn er eingeladen war, auch den guten Dingen des Lebens so zusprechen, dass ihn seine Kritiker »einen Fresser und Säufer« (Mt 11, 19) nannten.

Ein ungewöhnlicher Ruf

Die folgende Berufungsgeschichte erzählt in äußerster Kürze von dem, was sich möglicherweise in einem längeren Zeitraum entwickelt hat. Gleich am Anfang seines öffentlichen Auftretens hat Jesus Jünger um sich geschart. Sie sollten Zeugen seines Lebens und seiner Lehre werden.

Als Jesus am See von Galiläa entlangging, sah er Simon und Andreas, den Bruder des Simon, die auf dem See ihr Netz auswarfen; sie waren nämlich Fischer. Da sagte er zu ihnen: Kommt her, folgt mir nach! Ich werde euch zu Menschenfischern machen. Sogleich ließen sie ihre Netze liegen und folgten ihm. Als er ein Stück weiterging, sah er Jakobus, den Sohn des Zebedäus und seinen Bruder Johannes; sie waren im Boot und richteten ihre Netze her. Sofort rief er sie und sie ließen ihren Vater Zebedäus mit seinen Tagelöhnern im Boot zurück und folgten Jesus nach.

aus dem Evangelium nach Markus 1, 16–20

Die Wahl der Zwölf

In diesen Tagen ging Jesus auf einen Berg, um zu beten. Und er verbrachte die ganze Nacht im Gebet zu Gott. Als es Tag wurde, rief er seine Jünger zu sich und wählte aus ihnen zwölf aus; sie nannte er auch Apostel. Es waren Simon, dem er den Namen Petrus (d. h. Fels) gab, und sein Bruder Andreas, dazu Jakobus und Johannes, Philippus und Bartholomäus, Matthäus[1] und Thomas, Jakobus, der Sohn des Alphäus, Simon, genannt der Zelot[2], Judas, der Sohn des Jakobus, und Judas Iskariot[3], der zum Verräter wurde.

aus dem Evangelium nach Lukas 6, 12–16

1 Er wird sonst auch Levi genannt: → S. 130.
2 Zu den Zeloten: → S. 131.
3 Zu seiner Rolle in der Passionsgeschichte: → S. 108.

Duccio di Buoninsegna (um 1255–1319), Die Gefangennahme Jesu, 1308–1311. In der Mitte: Judas verrät Jesus mit einem Kuss. Links: Petrus schneidet dem Knecht des Hohenpriesters ein Ohr ab. Rechts: Die Apostel fliehen (Joh 18, 1–11)

Leute um Jesus

Jesus wäscht Petrus die Füße (Joh 13, 1–11), Saint-Gilles, 12. Jh.

○ Was wisst ihr von anderen Männern aus dem Kreis der Zwölf, z. B von Johannes oder Judas Iskariot?

Kreuzigung des Apostels Petrus, Mainz, um 1000.

■ Die Bibel berichtet von den »**Zwölf**« kaum Einzelheiten. Von kaum einem aus diesem Kreis können wir uns ein genaueres Bild machen. Sie treten fast immer gemeinsam auf. Als Kerngruppe der Jesus-Gemeinde sind sie wichtig geworden. Von der führenden Gestalt des Zwölfer-Kreises erfahren wir aber einige interessante Details. Simon war ein Fischer aus Galiläa, der mit seinem Bruder Andreas zuerst von Jesus berufen wurde. Er war verheiratet. Von seiner Frau wissen wir nichts, wohl aber von seiner Schwiegermutter, die Jesus einmal von einem bösen Fieber heilte. Von Jesus erhielt er den aramäischen Namen »Kephas«, der im Griechischen »**Petrus**« lautet und »Fels« bedeutet. Meist wird er nur Petrus genannt. Simon sollte hart wie ein Felsen sein und somit für den Bau der Kirche eine sichere Grundlage bilden. Das Matthäusevangelium erzählt, Jesus habe ihn mit diesem Namen ausgezeichnet, weil Simon ihn in einer entscheidenden Stunde »Messias« (→ S. 99) genannt hatte (Mt 16, 13–19).

Dabei war Petrus ein Mann, der nicht in jeder Hinsicht perfekt war. Er hatte seine Stärken und Schwächen. Negativ schlug zu Buche, dass er manchmal vorschnell redete, ohne nachgedacht zu haben (Mt 14, 28). In den dramatischen Stunden vor der Kreuzigung Jesu zeigte er sich einmal verschlafen (Mt 26, 40), einmal jähzornig (Joh 13, 10 f) und dreimal feige (Lk 22, 56–62; → S. 108). Das war kein Ruhmesblatt für ihn. Aber er bedauerte seine Schuld und machte sie später durch sein ganzes Leben gut. In der frühen Kirche spielte er eine wichtige Rolle. Am Pfingstfest war er der Sprecher der Zwölf (→ S. 151). Mit Paulus (→ S. 140) geriet er in einen Streit, von dem für die Kirche viel abhing. Für die Ausbreitung der jungen Kirche hat Petrus viel getan (→ S. 151).

Eine alte Legende erzählt, dass er in der Zeit des Kaisers Nero (→ S. 148) im Jahr 64 oder 67 den Märtyrertod (→ S. 155) fand. Als der irrsinnige Kaiser die Stadt Rom in Brand setzen ließ und dann den Christen die Schuld an diesem Verbrechen gab, sei Petrus aus der Stadt geflohen. Auf der Via Appia (lat.: »Appische Straße«; → S. 141) sei ihm auf einmal Jesus entgegengekommen. Petrus habe ihn gefragt: »Herr, wohin gehst du?« (lat.: »Quo vadis?«). Jesus habe ihm geantwortet, er gehe nach Rom, um sich dort ein zweites Mal kreuzigen zu lassen, da sein Stellvertreter aus der Stadt fliehe. Sofort sei Petrus klar geworden, dass er sich von den anderen Christen nicht entfernen durfte. Er sei sofort nach Rom zurückgekehrt, wo er verhaftet und verurteilt wurde. Seine Henker habe er darum gebeten, mit dem Kopf nach unten gekreuzigt zu werden, weil er nicht würdig sei, den gleichen Tod zu sterben wie sein Meister.

Das Fest des Petrus wird am 29. Juni begangen. Die Päpste (→ S. 207) sehen sich in seiner Nachfolge. Auf den Bildern der Kunst trägt Petrus in seiner Hand die Schlüssel, weil Jesus ihm die Schlüssel zum Himmelreich versprochen hat. Über seinem Grab auf dem vatikanischen Hügel in Rom erhebt sich die Petrus-Basilika (→ S. 207 f), die größte Kirche der Christenheit.

Leute um Jesus

4. Die Mächtigen der Zeit

■ Zur Zeit Jesu war das Land der Juden schon lange nicht mehr frei. Die Römer hatten es vor Jahrzehnten erobert und hielten es seitdem als Besatzungsmacht fest im Griff. Im Jahr 63 vC hatte diese unglückliche Zeit mit etwas Ungeheuerlichem begonnen. Damals hatte der römische Feldherr **Pompejus** (106–48 vC) Palästina erobert. Er schockierte alle Juden damit, dass er als Römer etwas tat, was den Juden nicht erlaubt war. Er wagte es das Allerheiligste des Tempels in Jerusalem zu betreten, das nur der jüdische Hohepriester (→ S. 120) einmal im Jahr am großen Versöhnungstag betreten durfte. Pompejus vermutete wohl, dass die Juden im Tempel Schätze oder Waffen versteckt hätten. Er wurde in seiner Erwartung enttäuscht. Der Raum war völlig leer. Nicht einmal ein Gottesbild fand er hier, wie es für die Tempel der Griechen und Römer selbstverständlich war. Er wusste nicht, dass es den Juden verboten war, ein Bild von Gott anzufertigen. Viele Juden hassten von diesem Tag an die Römer, weil sie ihren Tempel geschändet und ihnen die Freiheit genommen hatten.

■ Zur Zeit Jesu herrschten in Rom die beiden **Kaiser** Augustus (31 vC–14 nC) und Tiberius (14–37 nC). **Augustus** (lat.: »der Erhabene«) war eigentlich kein Name, sondern ein Ehrentitel, den der römische Senat Oktavian, dem Adoptivsohn Cäsars, verliehen hatte, als er nach vielen Kämpfen mit Rivalen die Alleinherrschaft im Römischen Reich erobert hatte. Er war damals der mächtigste Mann der Welt, der über ein Gebiet herrschte, das von Spanien im Westen bis nach Judäa im Osten, von Britannien und Germanien im Norden bis Nordafrika und Ägypten im Süden reichte. Mit Augustus beginnt die Epoche des römischen Kaisertums, die fast fünf

1 Warum kann man Jesus von Nazaret besser verstehen, wenn man seine Zeit und seine Zeitgenossen kennt?
2 Zur römischen Religion der damaligen Zeit: → S. 154 f.
3 Was ergibt sich aus einem Vergleich zwischen Jesus und den Mächtigen seiner Zeit?

Goldmünze mit dem Kopf des Augustus.

Cäsarea am Meer (Rekonstruktionsmodell), eine Hafenstadt, die von Herodes dem Großen (→ S. 126 f) für den Cäsar (»Kaiser«) Augustus erbaut wurde. In der Stadt römische Tempel, Theater und Wasserleitungen.

PROJEKT

Um die Geschichte zur Zeit Jesu besser kennen zu lernen, könnt ihr **fächerverbindend** zusammen mit dem Geschichts- und evtl. auch Lateinunterricht folgende Themen behandeln:

• Die römische Herrschaft in Judäa zwischen 63 vC und 70 nC
• Rom und Jerusalem – zwei Hauptstädte, deren Wirkungen bis heute andauern
• Römische und jüdische Gestalten und Gruppen dieser Zeit
• Grundzüge der römischen und jüdischen Religion
• Bilder, Bauten, Porträts, Münzen, Straßen, die erhalten sind

Silberner Tiberiusdenar.

*Duccio di Buoninsegna (um 1255–1319),
Jesus vor Pilatus (Lk 23, 1–5), 1308–1311.*

Stein mit der einzig bekannten inschriftlichen Erwähnung des Pontius Pilatus (Mitte). Gefunden 1961 im Theater von Cäsarea. Der rekonstruierte Text lautet: »Für die Seeleute ließ Pontius Pilatus, Präfekt von Judäa, das Tiberieum (Leuchtturm) wiederherstellen.«

Jahrhunderte bis 476 nC dauerte. Sein Amt hatte auch eine hohe religiöse Bedeutung. Seit 12 vC trug er den Titel »Pontifex maximus« (lat.: »oberster Brückenbauer«), den später die Päpste übernommen haben. Zu seiner Zeit begann nicht so sehr in Rom, wohl aber im Osten des Reiches der Kaiserkult (→ S. 155 f), der dem Kaiser mehr und mehr göttliche Ehren zusprach. Mit Augustus verbanden sich die Hoffnungen auf einen »Heiland« (»Retter«, »Erlöser«) der Welt, der ein Goldenes Zeitalter heraufbringen werde, in dem es keine Schrecken mehr gebe. Er selbst hat sich als »Friedensfürst« in Rom ein großes Denkmal gesetzt. Seine Epoche ist als »Friedenszeit des Augustus« (lat.: »Pax Augusta«) in die Geschichte eingegangen. Das wichtigste Ereignis seiner Zeit mit den größten Auswirkungen für die Zukunft hat er selbst nicht bemerkt, obwohl er mit seinen Maßnahmen indirekt daran beteiligt war. In seiner Zeit wurde Jesus geboren (→ S. 102 f), der im Gegensatz zum Kaiser als armes Krippenkind begann, später aber den Ruhm des Kaisers übertraf und von seinen Anhängern bis heute als der wirkliche »Heiland« der Welt und »Friedensfürst« verehrt wird.

■ Der Nachfolger des Augustus war sein Adoptivsohn **Tiberius**, der zwar ein tüchtiger Feldherr war, aber charakterliche Schwächen hatte. Gegen das sittenlose Treiben am Kaiserhof in Rom vermochte selbst er sich nicht durchzusetzen, so dass er vom Jahr 26 an von der Insel Capri aus regierte. In seine Zeit fällt das öffentliche Auftreten und die Hinrichtung Jesu am Kreuz.

■ Seit 6 vC unterstand Judäa den **Statthaltern** (lat.: »Prokuratoren«, »Präfekten«) der römischen Kaiser. Ihre Residenz lag in Cäsarea in Samaria (→ S. 98). Sie hatten dafür zu sorgen, dass im Land Ruhe und Ordnung herrschten und die vorgeschriebenen Steuern (→ S. 130) an die Römer gezahlt wurden.

Der Statthalter **Pontius Pilatus** (26–36 nC; → S. 109) ist noch heute bekannt. In seiner Amtszeit wurde Jesus gekreuzigt. Für diesen Tod trägt Pilatus letztlich die Verantwortung. Er war bei den Juden sehr verhasst, weil er sie reizte, wo er nur konnte. Einmal wollte er die Feldzeichen mit dem Bild des römischen Kaisers öffentlich zur Schau stellen. Er wusste genau, dass die Juden diese Maßnahme als Gotteslästerung empfanden. Sie wehrten sich dagegen mit allen Kräften. Pilatus versammelte sie in einem Stadion von Cäsarea, ließ die Anlage von Soldaten umzingeln und drohte ihnen mit der sofortigen Niedermet-

JESUS SAGTE: IHR WISST, DASS
DIE, DIE ALS HERRSCHER GELTEN,
IHRE VÖLKER UNTERDRÜCKEN
UND DIE MÄCHTIGEN IHRE
MACHT ÜBER DIE MENSCHEN
MISSBRAUCHEN.

Mk 10, 42

Kaiser Augustus, Statue aus der Villa von Primaporta, 14 nC. Auf seiner Rüstung sind seine Siege in Spanien und Gallien symbolisch dargestellt. Der Kaiser erscheint hier als vergöttlichter Herrscher, dem Verehrung und Anbetung zustehen.

zelung, wenn sie ihren Widerstand nicht aufgäben. Die Juden aber warfen sich zu Boden, entblößten ihren Hals und sagten, sie wollten lieber sterben als gegen ihr Gesetz verstoßen. Für dieses Mal gab Pilatus nach. Ein andermal beschlagnahmte er den Tempelschatz, weil er mit dem Geld eine große Wasserleitung bauen lassen wollte. Wieder protestierten die Juden dagegen, doch wurden die Demonstranten diesmal von seinen Soldaten niedergeschlagen. Darüber kam er zu Fall. Der Kaiser setzte ihn ab. Eine alte Legende erzählt, er habe sich selbst das Leben genommen.

■ Die Römer setzten in Judäa **Könige** ein, mit deren Hilfe sie leichter ihre Macht ausüben konnten. Diese Könige, die selbst keine Römer waren, kamen aus Idumäa, der Landschaft südlich von Judäa. Die Idumäer waren mit den Juden zwar verwandt, galten ihnen aber als Ausländer.
Der bedeutendste König, der von hier kam, war **Herodes I.** (griech.: »Heldensohn«; 37–4 vC). Dass er einerseits im 4. Jahr vor Christi Geburt gestorben ist, andererseits bei der Geburt Christi erwähnt wird, ist deshalb

DAS SCHWACHE IN DER WELT HAT GOTT ERWÄHLT, UM DAS STARKE ZUSCHANDEN ZU MACHEN.

1 Kor 1,27

Lovis Corinth (1858–1925),
Ecce homo, Seht, ein Mensch
(Joh 19, 5), 1925.

kein Widerspruch, weil sich die Leute, die die christliche Zeitrechnung einführten, um ein paar Jahre verrechnet haben. Eigentlich müsste die neue Zeitrechnung mit dem Jahr beginnen, das jetzt 7 oder 6 vC heißt. Das Herrschaftsgebiet des Herodes war fast so groß wie das einstige Reich Davids (→ S. 65). Die Juden fürchteten seine tyrannische Brutalität. Seine vielen Ehen mit jüdischen und heidnischen Frauen machten ihn unbeliebt. Einige seiner Frauen und Söhne ließ er ermorden. Er wird im Kindheitsevangelium des Matthäus als besonders grausam beschrieben (Mt 2, 1–18; → S. 116). Um sich bei den Juden anzubiedern, förderte Herodes den Um- und Neubau des Tempels von Jerusalem (→ S. 96) in verschwenderischer Pracht. In ihm hat sich Jesus mehrfach aufgehalten (→ S. 107). Im Jahr 70 nC wurde dieser Tempel von den Römern zerstört. Bis heute hat sich noch die westliche Stützmauer des Tempelplatzes erhalten, die auch »Klagemauer« genannt wird, weil Juden dort den Untergang ihrer Stadt betrauert haben.

■ Nach seinem Tod wurde das Reich von Kaiser Augustus unter seine drei Söhne aufgeteilt. Von diesen wurde **Herodes Antipas** (4 vC–39 nC) der Herrscher von Galiläa und damit der Landesherr zur Zeit Jesu. Er hat Johannes den Täufer enthaupten lassen (Mk 6, 14–29). In der Passionsgeschichte Jesu kommt er einmal vor (→ S. 109).

Leute um Jesus

5. Frauen

■ Die Frauen hatten **im damaligen Judentum** in mancher Hinsicht eine gute Stellung. Die Erzählung von Gottes Schöpfung hatte ihnen die gleiche Würde zugeschrieben wie den Männern. Von Sara, Rebekka und Rahel, den Frauen der Patriarchen (→ S. 51 ff), wird in der Thora liebevoll erzählt. Frauen wie Rut (→ S. 64) , Ester und Judit nehmen in der Bibel einen wichtigen Platz ein. In den Familien standen die Frauen in hohem Ansehen. Ihr Einfluss auf das alltägliche Leben konnte größer sein als der der Männer. Den Müttern galt in besonderer Weise die Liebe der ganzen Familie.

Allerdings waren die jüdischen Frauen damals nicht in jeder Hinsicht gleichberechtigt. Meistens erhielten die Mädchen weniger Unterricht als die Jungen. In der Ehe und bei einer Ehescheidung unterstanden die Frauen den Männern, die in vielerlei Hinsicht über sie bestimmen konnten. Sie konnten auch nicht Priester werden und mussten viele Reinheitsgebote beachten. In der Öffentlichkeit traten sie kaum auf. Ihr Bereich war mehr das Haus. Man erwartete von einer Frau, dem Mann eine gute Gattin zu sein, den Haushalt klug zu führen, sparsam zu wirtschaften, für die Kinder liebevoll zu sorgen und sie religiös zu erziehen. Soweit wir wissen, waren die meisten jüdischen Frauen mit ihrer Rolle nicht unzufrieden.

Duccio di Buoninsegna (um 1255–1319), Jesus und die Samariterin (Joh 4, 1–26; → S. 98), 1308–1311.

■ **Jesus** hat die guten Ansätze, die es im damaligen Judentum gab, bestärkt. Immer zeigte er viel Verständnis für die Frauen. Wenn er sich so entschieden für die Unauflöslichkeit der **Ehe** einsetzte, kam dies vor allem den Frauen zugute, die bei einer Scheidung meist benachteiligt waren. In seinem Umgang mit Frauen ging er über das hinaus, was damals üblich war. Darüber wird man überall geredet und vermutlich selbst in seinem Jüngerkreis die Nase gerümpft haben. Es hatte etwas Provozierendes an sich, dass er auch Frauen in seinen **Jüngerkreis** aufnahm, während Frauen im Gefolge der Rabbinen damals nicht zugelassen waren. Jesus und seine Jüngerinnen – das fiel in der Öffentlichkeit auf. Frauen folgten ihm auf seinen Wanderungen und unterstützten ihn mit ihrem Vermögen. Ohne ihre Hilfe hätte er nicht so sorglos sein können. Dass Jesus sie als Jüngerinnen zuließ, konnte nur bedeuten, dass er ihre Würde uneingeschränkt achtete. Das Lukasevangelium nennt drei Namen aus seinem Gefolge: Maria von Magdala, Johanna und Susanna (Lk 8, 2; → S. 104). Das Markusevangelium überbietet diese Angabe noch, wenn es von Maria aus Magdala, der Jakobusmutter Maria, Salome und »vielen Frauen« spricht (Mk 15, 40–41). Es waren also nicht nur einzelne Frauen, die mit ihm waren. Die drei namentlich genannten Frauen waren in den wichtigsten Tagen Jesu dabei. Sie waren es, die unter dem Kreuz standen (Mk 15,40) und zuerst zu Zeugen seiner Auferweckung wurden (Mk 16, 1–8). Von den Jüngern ist an dieser Stelle nicht die Rede. Damit kommt Frauen in der Jesus-Geschichte eine herausragende Bedeutung zu.

1 Die Texte Lk 7, 36–50, Lk 10, 38–42 oder Mk 27, 24–30 eignen sich gut für ein biblisches Spiel (→ S. 48).

2 Was würde Jesus heute über die Stellung der Frauen und Mädchen in der Familie, in der Schule, in der Kirche und in der Öffentlichkeit sagen?

■ Auffällig häufig wird in den Evangelien **Maria von Magdala** (fälschlich »Magdalena«) genannt. Ihren Beinamen hat sie von ihrem Herkunftsort am See Gennesaret. Sie war Jesus in Liebe zugetan, weil er sie von sieben Dämonen (→ S. 104) befreit hatte. Die vielleicht schönste Auferstehungsgeschichte der Bibel ist mit ihrem Namen verbunden. Danach weinte sie am Grab Jesu, bis sie ihn in Gestalt eines Gärtners sah, ohne ihn gleich zu erkennen. Sie fragte den Unbekannten, ob er den Leichnam Jesu fortgebracht habe. Als der Auferstandene sie mit ihrem Namen »Maria« ansprach, wusste sie Jesus in ihrer Nähe und war tief beglückt (Joh 20, 11–18). Fälschlicherweise wird sie häufig mit der öffentlichen Sünderin gleichgesetzt, die Jesus bei einem Essen im Haus eines Pharisäers die Füße salbte und küsste und damit den Unwillen der Gastgeber erregte (Lk 7, 36–50). Jesus nahm diese Frau auf ganz ungewöhnliche Weise in Schutz. Übrigens ist diese Begebenheit ein ebenso gutes Beispiel für den verständnisvollen Umgang Jesu mit Frauen wie seine wirkungsvolle Verteidigung einer Ehebrecherin (Joh 8, 1–11) oder sein offenes Gespräch mit einer Frau aus Samaria am Jakobsbrunnen (Joh 4, 1–26; → S. 98).

■ In Betanien wohnten die beiden Geschwister **Maria und Marta** zusammen mit ihrem Bruder Lazarus. Jesus liebte die drei Geschwister. Als er einmal als Gast in ihr Haus kam, war Marta wie eine gute Hausfrau ganz davon in Anspruch genommen, für Jesus aufs Beste zu sorgen.

Duccio di Buoninsegna (um 1255– 1319), Drei Frauen am Grab (Mk 16, 1–8), 1308–1311.

In derselben Zeit saß Maria zu Füßen Jesu und hörte auf seine Worte. Marta war über diese ungleiche Arbeitsverteilung nicht glücklich und beschwerte sich, dass sie alles allein tun müsse. Sie bekam von Jesus eine Antwort, über die bis auf den heutigen Tag nicht nur die Frauen diskutieren: »Marta, du machst dir viele Sorgen und Mühen. Aber nur eines ist notwendig. Maria hat das Bessere gewählt; das soll ihr nicht genommen werden« (Lk 10, 38–42).

Jesus lernt von einer Frau

Eine Frau, deren Tochter von einem unreinen Geist besessen war, hörte von ihm; sie kam sogleich herbei und fiel ihm zu Füßen. Die Frau war von Geburt Syrophönizierin. Sie bat ihn, aus ihrer Tochter den Dämon[1] auszutreiben. Da sagte er zu ihr: Lasst zuerst die Kinder[2] satt werden[3]; denn es ist nicht Recht, den Kindern das Brot wegzunehmen und den Hunden[4] vorzuwerfen. Sie erwiderte ihm: Ja, du hast Recht, Herr! Aber auch für die Hunde unter dem Tisch fällt etwas von dem Brot ab, das die Kinder essen. Er antwortete ihr: Weil du das gesagt hast, sage ich dir: Geh nach Hause, der Dämon hat deine Tochter verlassen[5]. Und als sie nach Hause kam, fand sie das Kind auf dem Bett liegen und sah, dass der Dämon es verlassen hatte.

aus dem Evangelium nach Markus 7, 24–30

1 Zu Dämonen: → S. 100.
2 Gemeint sind die Kinder Israels, d. h. die Juden.
3 Satt werden ist hier ein bildhafter Ausdruck dafür, dass die »Kinder« den ersten Anspruch auf das Handeln Jesu haben.
4 Mit »Hunden« gebraucht Jesus hier ein hartes Bild für die Nichtjuden.
5 Jesus ist erstaunt über die schlagfertige Antwort der Mutter. Sie macht ihn so nachdenklich, dass er seine ursprüngliche Absicht ändert.

Leute um Jesus

6. Zöllner und Zeloten

■ Die Römer hatten den Juden nicht nur die Freiheit genommen, sie legten ihnen auch harte Lasten auf. Vor allem wollten sie aus dem armen Land viel Geld pressen. Die römischen Besatzer trieben aber nicht selber die Steuern ein, sondern ließen dies durch jüdische **Zöllner** (Zolleinnehmer) tun. Diese konnten von den Römern einen bestimmten Zollbezirk gegen Höchstgebot ersteigern, für den sie jährlich eine bestimmte Pachtgebühr zu zahlen hatten. Dafür hatten sie das Recht in ihrem Bezirk die Zölle zu kassieren. So konnten sie an Landesgrenzen, Wegen und Brücken Wegegeld erheben oder Nahrungsmittel wie Fleisch, Fische, Salz, Öl und Wein besteuern. Selbst Sklaven und manchmal sogar Kinder mussten verzollt werden. Oft verlangten die Zöllner erheblich mehr, als sie brauchten, um den Römern die Pacht zu bezahlen. Der Überschuss floss in ihre eigenen Taschen. An den Zollstationen gab es Lug und Trug, wenn die Zöllner falsche Gewichte benutzten oder den Warenwert zu hoch ansetzten. Es liegt auf der Hand, dass die Zöllner bei den Juden höchst unbeliebt waren. Sie galten als Betrüger, Räuber und Diebe. Wegen ihrer ständigen Kontakte mit Nichtjuden waren sie »unrein«. Weil sie das Geld für den Kaiser in Rom eintrieben, der ein Heide (→ S. 136) war, wurden sie auch selbst als religiöse Außenseiter und als »Heiden« angesehen. Viele Juden wollten mit ihnen nichts zu tun haben. Wer ihr Haus betrat oder mit ihnen sprach, brachte sich selbst in ein schiefes Licht. So waren die Zöllner reich und arm zugleich.

Umso auffälliger war das Verhalten **Jesu** gegenüber den Zöllnern. Dass er in einem Gleichnis ausgerechnet einen verachteten Zöllner mit einem anerkannten Pharisäer verglich (→ S. 119), war schon eine kleine Sensation. Das stellte die übliche Einstellung der Leute geradezu auf den Kopf. Vor allem aber waren es seine Kontakte mit Zöllnern, die Jesus bei den Super-Frommen ins Gerede brachten. Einmal traf er unterwegs auf den Oberzöllner **Zachäus,** der von kleiner Gestalt war und deshalb auf einen Baum geklettert war, um den berühmten Jesus im Gedränge der Leute mit eigenen Augen sehen zu können. Zachäus hatte schon viele Juden an seiner Zollstation ausgenommen. Jesus, der das genau wusste, ließ sich trotzdem von ihm in sein Haus einladen, was viele Leute unmöglich fanden. Es gelang ihm, diesen einflussreichen Mann zur Besinnung zu bringen, so dass er sich bereit erklärte, den Armen die Hälfte seines Vermögens zu geben und alle Betrogenen vierfach zu entschädigen (Lk 19, 1–10).

1 Wieso kann das Verhalten Jesu gegenüber den Zöllnern von den einen als schlecht, von den anderen als beispielhaft angesehen werden?

2 Alle Gesellschaften haben ihre »Zöllner«, denen man nichts Gutes zutraut, weil sie viel Unrechtes getan haben. Überall gibt es Leute, in deren Nähe man sich besser nicht sehen lässt. Wo gibt es sie auch bei uns? Wie sollte man mit ihnen umgehen, wenn man dem Beispiel Jesu folgt?

In schlechter Gesellschaft

Einmal sah Jesus einen Zöllner namens Levi* am Zoll sitzen und sagte zu ihm: Folge mir nach. Da stand Levi auf, verließ alles und folgte ihm. Und er gab für Jesus in seinem Haus ein großes Festmahl. Viele Zöllner und andere Gäste waren mit ihnen bei Tisch. Da sagten die Pharisäer und ihre Schriftgelehrten voll Unwillen zu seinen Jüngern: Wie könnt ihr mit Zöllnern und Sündern zusammen essen und trinken? Jesus antwortete ihnen: Nicht die Gesunden brauchen den Arzt, sondern die Kranken. Ich bin gekommen, die Sünder zur Umkehr zu rufen, nicht die Gerechten.

aus dem Evangelium nach Lukas 5, 27–32

* In den anderen Evangelien heißt er Matthäus. Vielleicht hat er diesen Namen neu angenommen. Viele sehen in diesem Matthäus den Verfasser eines Evangeliums(→ S. 100). Dann wäre ein Zöllner zum Evangelisten geworden.

Caravaggio (1573–1610), Die Berufung des Matthäus (Lk 5, 27–32). Rechts Jesus und Petrus.

3 Könnt ihr euch vorstellen, wie die Pharisäer, Sadduzäer und Zöllner zu den Zeloten standen?

4 Auch heute gibt es im Land Israel und in vielen Teilen der Welt Leute wie die Zeloten, die meinen, durch gewaltsame Aktionen politische Ziele erreichen zu können (»Fundamentalisten«). Kennt ihr Beispiele dafür? Wie würde Jesus zu ihnen stehen?

■ Die gefährlichsten Leute zur Zeit Jesu waren die **Zeloten.** Ihr Name bedeutet »wilder Kämpfer«, »Fanatiker« oder »Terrorist«. Seit Judäa von den Römern unterworfen war, setzten sie sich mit Leidenschaft für die nationale und religiöse Unabhängigkeit ihres Volkes ein. Oft trugen sie einen Dolch im Gewand und töteten plötzlich im Getümmel des Marktes oder auf einer einsamen Straße römische Soldaten oder solche Juden, die mit den Römern zusammenarbeiteten. Sie lehnten es ab dem römischen Kaiser Steuern zu zahlen, weil dieses Geld zur Unterdrückung ihres Landes verwendet wurde. Viele Zeloten kamen aus Galiläa (→ S. 98). Sie glaubten, das Reich Gottes könne nur durch Gewalt herbeigeführt werden.

Jesus hat die Anwendung von Gewalt, wie sie die Zeloten befürworteten, immer entschieden abgelehnt. Von Jesus stammt das Wort, das viele nicht verstehen und auch nicht für richtig halten: »Wenn dich einer auf die rechte Wange schlägt, dann halt ihm auch die andere hin« (Mt 5, 39). Er hat sogar geboten, die Feinde zu lieben (Mt 5, 44). Das war eine Forderung, für die die Zeloten nicht zu haben waren. Vielleicht gehörte Simon, einer der Zwölf, der den Beinamen »Eiferer« (Lk 6, 15) trug, einmal zu ihnen.

7. Eine unendliche Zahl

Jesus hatte zu seinen Lebzeiten Freunde und Feinde um sich. Es gab Leute, die ihn liebten und andere, die ihn aus dem Weg räumen wollten. Vor allem die Armen und Ausgegrenzten, die Hilflosen und Ängstlichen waren ihm zugetan. Doch auch zu manchen Zöllnern, die Geld hatten und in einem schlechten Ruf standen, hielt er Kontakt. Es gab Fromme, denen er mit seiner Botschaft zu weit ging, weil es ihm mehr auf den einzelnen Menschen ankam als auf die Erfüllung der Gesetze um jeden Preis. Und es gab Politiker, denen er höchst gefährlich erschien, weil er sich für mehr Gerechtigkeit in der Welt einsetzte.

Nach seinem Tod hat sich an der Vielfalt der Einstellungen zu ihm nichts geändert. Keine andere Gestalt der Weltgeschichte hat so viel Interesse gefunden wie er. Unzählige Menschen haben sich seitdem mit ihm befasst. Unter ihnen sind ebenfalls Freunde und Feinde, Leute, die ihn verehren, und andere, die ihn ablehnen oder sogar hassen. Bis auf den heutigen Tag wird seine Botschaft untersucht, geprüft, diskutiert. Sie wird von den einen als das Wort des Lebens angenommen, von den anderen für unzeitgemäß erklärt und abgelehnt. Aber kaum jemand bleibt gleichgültig, wenn er sich einmal mit ihm beschäftigt. Jeder, der mit ihm näher zu tun bekommt, sieht sich vor Fragen gestellt, die ihn in seinem Innersten berühren.

Auf Jesus richten unzählige Arme überall in der Welt ihre Hoffnung und ihre Zuversicht. Viele nachdenkliche Menschen sind davon überzeugt, dass es für die Gegenwart und für die Zukunft der Welt nichts Besseres gibt als das Beispiel seines Lebens. In der Kirche (→ S. 194) lebt die Erinnerung an ihn weiter. Christen feiern in ihren Festen die Ereignisse seines Lebens. Sie beten zu ihm im persönlichen Leben, im Gottesdienst und wissen sich ihm in den Sakramenten (→ S. 199 ff) nahe. Für sie gibt es keinen besseren Lebensweg, als ihm nachzufolgen.

Kein einzelner Mensch kann in sich alles das verwirklichen, was er an Jesus sieht und bewundert. Wie sehr sich einer auch darum bemüht, er wird nur einzelne Schritte auf dem Weg Jesu gehen können. Selbst die entschiedenen Christen können Jesus nicht in allen Punkten folgen. Manche leben im Vertrauen auf Gott wie er. Viele kümmern sich um die Armen und Leidenden. Andere leisten wie er Widerstand gegen die Mächte des Bösen. Wer Kinder liebt und Frauen nicht herabwürdigt, steht in seinem Gefolge. Alle, die die Welt als Gottes Schöpfung achten, sich für Gerechtigkeit einsetzen und Frieden auf Erden suchen, erfüllen einen wichtigen Punkt seines Programms.

Wie das Spektrum des Lichts viele Farben in sich birgt, so eröffnet Jesus viele Möglichkeiten zu einem sinnvollen Leben. Das lässt sich an den großen Gestalten der Christenheit zeigen, deren Leben nur von Jesus her zu verstehen ist.

Frans Masereel (1889–1972), Mitten unter euch ist einer, den ihr nicht kennt (Joh 1, 26), um 1958.

○ Die großen Gestalten der Christenheit sind ganz verschieden. Jeder hat seine unverwechselbare Eigenart. Und doch sind alle unverkennbar von Jesus geprägt. In jedem leuchtet Jesus als Vor-Bild auf. Zeigt das an einigen Beispielen auf, z. B. an Paulus (→ S. 136 ff), Perpetua und Felicitas (→ S. 156 f), Augustinus (→ S. 40 f) und Benedikt (→ S. 164 f), Martin und Hilarius (→ S. 161 f), Franziskus (→ S. 41 f) und Elisabeth (→ S. 213 ff), Martin Luther (→ S. 42 f), Don Bosco (→ S. 14 f), Menschen in eurer Umgebung.

Wo Jesus zu finden ist

Wo zwei oder drei in meinem Namen versammelt sind, da bin ich mitten unter ihnen.

aus dem Evangelium nach Matthäus 18, 20

---

8. Ein einzelnes Beispiel

Eine der großen Plagen der Menschheit ist die **Lepra,** die auch »**Aussatz**« genannt wird. Erste Anzeichen der Krankheit sind helle Flecken auf dem Körper und Knotenbildungen an den Gliedern. Die Erreger befallen zuerst die Haut und die Nerven, wodurch es an Händen und Füßen zu Gefühllosigkeit kommt. Die Kranken spüren keine Verletzungen mehr. Infektionen können zur Verstümmelung und zum Verlust der Glieder führen. Auch im Gesicht kann Lepra schwere Missbildungen hervorrufen und Blindheit bewirken. Die Schmerzen werden im Verlauf der Krankheit immer schlimmer. Wer in früheren Zeiten von dieser ansteckenden Hautkrankheit befallen war, hatte keine Aussicht auf Gesundung. Genauso schrecklich wie die körperlichen Qualen war die Ächtung, denen die Aussätzigen ausgesetzt waren. Die Gesunden stießen sie aus ihrer Gesellschaft aus und zwangen sie, isoliert für sich zu leben, da sie Angst vor einer Ansteckung hatten. Oft hausten die Aussätzigen in Höhlen oder abgesonderten Elendsquartieren. Wenn sich ihnen ein Gesunder näherte, mussten sie entweder durch Schreien oder durch Klappern auf sich aufmerksam machen und so vor sich selber warnen. In öffentlichen Gewässern durften sie nicht baden. Kaum jemand hatte Erbarmen mit ihnen. Erst 1873 gelang es dem norwegischen Arzt Armauer Hansen den Erreger der Lepra nachzuweisen. Seitdem ist die Krankheit heilbar. Sie könnte heute ausgerottet werden, wenn genügend Geld, Medikamente und Ärzte zur Verfügung stünden. Dabei kostet die Heilung eines Leprakranken heute nur etwa 22 €. In Europa kommt Lepra kaum mehr vor. Man schätzt, dass es heute vor allem in den tropischen und subtropischen Ländern 4 Millionen Aussätzige gibt, etwa eine halbe Million Menschen erkranken jährlich neu.

Damian Deveuster kurz vor seinem Tod, 49 Jahre alt.

In allen Zeiten gab es Christen, die sich der Aussätzigen angenommen haben. Unter ihnen ist besonders **Damian Deveuster** (1840–1889) bekannt geworden. Er stammte aus einer flämischen Bauernfamilie und hatte zunächst auch selber vor, Bauer zu werden und eine Familie zu gründen. Das Beispiel seines älteren Bruders stimmte ihn um und veranlasste ihn, in ein Kloster in Löwen einzutreten. Dort verrichtete er in Küche und Keller, im Stall und Garten alle anfallenden Arbeiten. Er lernte Latein und studierte Theologie (→ S. 146). Auf seine Bitten hin schickte man ihn in das Inselgebiet von Hawaii nach Honolulu, wo er die Priesterweihe (→ S. 205 f) empfing und als Missionar arbeitete. 1873 hatte er eine Begegnung mit seinem Bischof Maigret, die seinem Leben eine neue Richtung wies. Der Bischof erzählte ihm, dass er bisher keinen Missionar gefunden habe, den er nach Molokai, eine der Hawaii-Inseln im Pazifik, schicken könne, wo 800 Leprakranke ausgesetzt waren. Nur ab und zu könne er einen Seelsorger auf einem Versorgungsschiff für einige Tage dahin entsenden, der den Sterbenden kurz Beistand leiste und dann zurückkehre. Er fügte hinzu, dass die Aufgabe fast über die Kraft eines Menschen gehe. Die Kranken

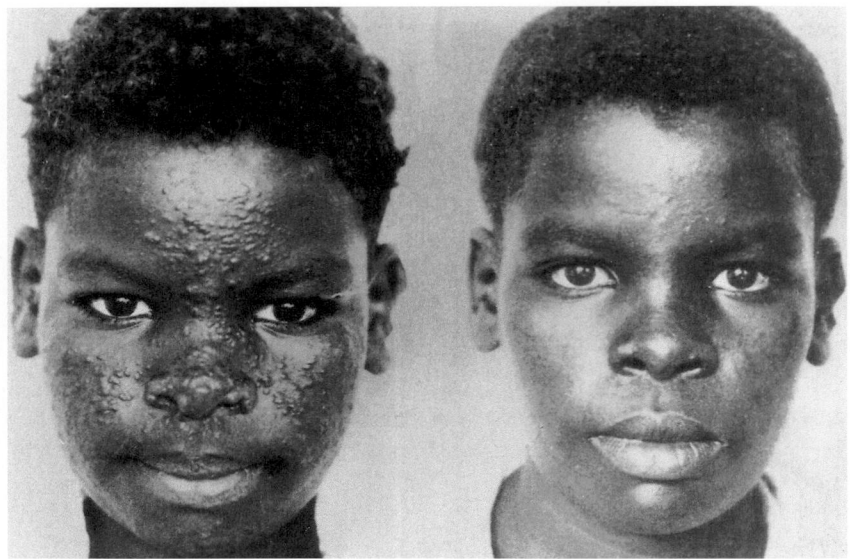

Lepra ist heilbar, wenn die Krankheit rechtzeitig erkannt und behandelt wird.

seien nicht nur wegen ihrer stinkenden Wunden und wegen ihres schrecklichen Anblicks für einen Europäer unerträglich, sondern auch deshalb, weil sie in ihrer Verzweiflung und Lebensgier alle Gebote missachteten und sich gegenseitig schikanierten. Sie wüssten allzu gut, dass sie für immer dorthin verbannt seien und nicht auf eine Rückkehr hoffen dürften. Ein Priester, der auf diese Toteninsel gehe, müsse damit rechnen, auch selbst angesteckt zu werden. Trotz dieser schlechten Aussicht erklärte sich Damian Deveuster sofort bereit, nach Molokai zu gehen. Ein Schiff, auf dem gerade Lebensmittel und eine neue Gruppe von Aussätzigen auf die Insel gebracht werden sollte, nahm auch Damian Deveuster mit.

Die Kranken mochten kaum glauben, dass ein Priester zu ihnen gekommen war, der immer bei ihnen bleiben wollte. Voll Dankbarkeit schleppten sie sich auf ihren zerfressenen Beinen zu ihm heran und küssten ihn mit ihrem aussätzigen Gesicht. Schon bald war er ihnen wie ein Vater. Ohne Berührungsängste wusch er ihre ekelhaften Wunden und legte ihnen Verbände um. Er half ihnen, Bäume zu fällen, Hütten zu bauen, eine Wasserleitung anzulegen, eine Schule einzurichten und ein Krankenhaus zu gründen. Ein Chor mit aussätzigen Sängern und ein Theater mit kranken Schauspielern brachte Abwechslung und Lebensfreude auf die Insel. Vor allem sollten sich die Verbannten gegenseitig helfen, so weit sie nur konnten. Wer nicht so schwer erkrankt war, sollte mehr tun als der, der bald sterben musste. Viele Leprakranke fanden so neuen Mut. Ihr Leben hatte plötzlich einen neuen Sinn bekommen. Die Briefe und das Beispiel des Priesters bewirkten, dass auch die Hilfe der Regierung verstärkt wurde und mehr Medikamente und mehr Nahrungsmittel auf die Insel kamen als früher.

Oft wurde Damian Deveuster gefragt, warum er das alles auf sich nehme. Er machte davon nicht viel Aufhebens, erzählte ihnen aber gern von Jesus, der auch Aussätzige berührt (Mk 1, 40–45; Lk 17, 11–19) und immer ein Herz für Kranke gehabt hatte. So erfuhren viele zum ersten Mal von der Frohen Botschaft Jesu, aber auch von seinem qualvollen Tod und seiner Auferstehung. Manche von denen, die bisher nicht Christen waren, wollten nun selber Christen werden, weil sie das Beispiel des Priesters überzeugt hatte. Wer so etwas tat wie er, dessen Glaube musste richtig sein.

Zwölf Jahre konnte Damian Deveuster auf der Insel wirken, ohne von der Krankheit angesteckt zu werden. Im dreizehnten Jahr bemerkte er die ersten Anzeichen der Lepra auch am eigenen Leib. Entschieden lehnte er es ab, die Insel jetzt zu verlassen, obwohl medizinische Hilfe in diesem Stadium möglich gewesen wäre. Noch mehr als vier Jahre arbeitete er so intensiv, wie es seine Kräfte zuließen. In dieser Zeit verunstaltete die Krankheit seine Glieder und vor allem sein Gesicht. Als seine Kräfte völlig aufgebraucht waren, kam er in das Hospiz, das er selbst hatte anlegen lassen. Dort starb er unter Schmerzen. Die Trauer und die Dankbarkeit der Inselbewohner war grenzenlos. Sein Beispiel wird bis heute bei den Leprakranken in Ehren gehalten. Er wurde 1995 vom Papst in Rom selig gesprochen.

Wer wissen will, was man für Aussätzige heute tun kann, möge sich an das Deutsche Aussätzigen Hilfswerk (DAHW) wenden. Die Adresse der DAHW-Bundeszentrale lautet: Marianhillstr. 1c; 97074 Würzburg. In vielen anderen Städten gibt es Regionalstellen und Büros, z. B. DAHW-Büro, Plittersdorferstr. 204, 53173 Bonn.

Rembrandt (1606–1669), Aussätzige bitten Jesus um Hilfe (Mk 1, 40–45), um 1652.

1. Jüdische Herkunft

Man kann das Christentum nicht ohne den Mann verstehen, der der Jesus-Bewegung schon bald nach dem Tod Jesu einen ungeheuren Schwung gegeben hat. Es war **Paulus,** der Jesus nicht einmal persönlich gekannt hat und der auch nicht zum Kreis der Zwölf (→ S. 121) gehörte. Niemand aus dem Umkreis Jesu ist uns so bekannt wie er. Er brachte die Christen auf ganz neue Ideen und setzte sich mit einer Tatkraft ohnegleichen für die Ausbreitung des Evangeliums (→ S. 100) bis an die Grenzen der damals erreichbaren Welt ein. Keine andere Gestalt des frühen Christentums hat so viel bewirkt wie Paulus.

Paulus wurde in **Tarsus,** einer Stadt in Kilikien an der Mittelmeerküste der heutigen Türkei, geboren. Die Stadt gehörte damals zum Römischen Reich. Ihre Bürger besaßen das römische Bürgerrecht, das ihnen manche Rechte gewährte, die andere Personen in den von den Römern unterworfenen Gebieten nicht hat-

Paulus, Mosaik, Ravenna, 6. Jh.

Die **Juden** glauben an einen einzigen, ewigen, unsichtbaren **Gott,** den Schöpfer Himmels und der Erde, von dem sie sich **kein Bild** machen dürfen und dessen **Namen** (JHWH) sie nicht aussprechen. Sie befolgen – oftmals mit Freuden – die **Thora** (→ S. 119), das Gesetz Gottes, das anderen oft als streng vorkommt. Die Thora ist ihnen von ihrem großen Lehrer Mose am Berg Sinai (→ S. 58 f) gegeben worden, als Gott sie zu seinem besonderen **Volk** erwählte. Zur Thora gehören die Zehn Gebote, das Gebot der Nächstenliebe und viele Bestimmungen für die Feste und den Alltag. Im Gehorsam gegen die Thora lassen die Juden ihre neugeborenen Jungen an der Vorhaut des männlichen Gliedes **beschneiden** (→ S. 52), um so zu zeigen, dass sie seit den Tagen Abrahams in einem besonderen **Bund** mit Gott stehen. Den **Sabbat,** den siebten Tag der Woche, halten sie von jeder Arbeit frei und haben für ihren Küchenzettel bestimmte **Speiseregeln,** die es sonst nirgends gibt. Das zentrale Heiligtum war der **Tempel** in Jerusalem, der im Jahr 70 nC von den Römern zerstört wurde. Zum Gottesdienst, zum Gebet und zur Lektüre der Bibel treffen sich die Juden in den **Synagogen** (→ S. 96), oft einfachen Häusern, die sie überall in der Welt einrichten, wo Juden leben. Sie feiern herrliche **Feste** wie Pesach (Ostern, → S. 56 f) oder Schawuoth (Pfingsten), die sie aus der Bibel (→ S. 30 ff) herleiten und durch die sie Ereignisse ihrer Vergangenheit lebendig in Erinnerung halten. Für die Zukunft hoffen sie auf ein Reich, das anders ist als jedes weltliche Reich. Hier wird es keine Gottlosigkeit mehr geben und das jüdische Volk wird nicht mehr leiden. Hier soll Gerechtigkeit aller Ungerechtigkeit ein Ende bereiten, hier soll anstelle von Unterdrückung der Menschen ein gegenseitiges Verständnis treten und alle Gewalt von einem dauerhaften Frieden abgelöst werden. Dieses Reich wird der **Messias** (→ S. 99) herbeiführen, wie es ihre Propheten verheißen haben. Bis dahin leben die Juden sowohl im **Land Israel** (→ S. 94), das Gott ihnen zugesagt hat, wie auch zerstreut in der **Diaspora,** d. h. unter den Völkern in fremden Ländern. Nichtjuden wurden damals oft als »Menschen aus den Völkern« bezeichnet, oft auch als »**Heiden**«, ein Wort, das Christen auch häufig für Nichtchristen verwendet haben. Da das Wort einen unguten Beigeschmack bekommen hat, wird es heute eher gemieden.

1 Könnt ihr euch ein Bild davon machen, wie es in der reichen Handelsstadt Tarsus auf dem Markt, im Hafen, in den Kneipen oder bei den Tempeln zuging?

2 Wie müssen sich Juden fühlen, wenn sie als religiöse Minderheit in einer fremden Umwelt leben? Versucht zu beschreiben, wie sich die Befolgung der Thora im täglichen Leben der Juden von Tarsus ausgewirkt hat.

3 Worin unterscheidet sich die Religion der Juden von der damals vorherrschenden Religion der Griechen und Römer? (→ S. 154 f)

4 Was bedeutet es, dass Paulus in zwei Welten zu Hause ist und sich dort auskennt: politisch im Römischen Reich und religiös im Judentum?

5 Stellt dar, wie Paulus aus dem römischen Bürgerrecht Nutzen zog: Apg 16, 37; 22, 28.

Für das Leben und die Lehre des Paulus haben wir **zwei biblische Quellen.**

■ In den **Briefen,** die Paulus zwischen 50 und 55 nC geschrieben hat, kommt er oft auf sich selbst zu sprechen. Da die Briefe eher zufällig entstanden sind, geben sie kein zusammenhängendes Bild seines Lebens, sind aber für viele Einzelheiten aufschlussreich. Es sind dies in der Reihenfolge ihrer Entstehung:
• der 1. Brief an die Thessalonicher
• die beiden Briefe an die Gemeinde von Korinth
• der Brief an die Galater
• der Brief an die Philipper
• der Philemonbrief
• der Brief an die Gemeinde von Rom.

■ Die **Apostelgeschichte,** die Lukas (→ S. 99) viel später um 90 nC verfasst hat, erzählt zusammenhängend von vielen Stationen seines Lebens. Sie ist weitgehend eine Art Paulus-Biographie. Dabei hat Lukas der spannenden Erzählung oft seinen eigenen Stempel aufgedrückt und manches da von sich aus ergänzt (z. B. in den Reden des Paulus), wo ihm keine eigenen Quellen vorlagen.

ten. Paulus hat davon gelegentlich profitiert. Sein genaues Geburtsdatum kennen wir nicht. Er wird zu Beginn unserer Zeitrechnung in einer jüdischen Familie geboren worden sein. Von Anfang an hörte er auf den römischen Namen »Paulus« (lat.: »der Kleine«) und den jüdischen Namen »Saulus« (hebr.: »ein von Gott Erbetener«).

In Tarsus gab es eine **jüdische Gemeinde,** die sich dort frei entfalten konnte, obwohl sie mit ihren religiösen Vorstellungen in ihrer Umwelt erheblich abwich und auf manche Leute wie ein Fremdkörper wirkte. Die Juden, die hier eine Minderheit bildeten, waren stolz darauf, einer Religion anzugehören, die älter als die griechische und römische Religion war. Sie lehnten diese Religion ab, weil sie an Einen Gott glaubten und mehrere Götter und Göttinnen nicht verehren konnten.

Paulus ist in Tarsus als Jude aufgewachsen und unterwiesen worden. Hier lernte er die jüdische Lebenswelt mit all ihren Besonderheiten so kennen, dass sie ihm in Fleisch und Blut überging. Er schloss sich hier der jüdischen Gruppierung an, die damals sowohl als streng wie als fortschrittlich galt, den **Pharisäern** (→ S. 118 f). Einen großen Teil seines Lebens verbrachte er damit, die Schriften des Judentums zu erlernen. Das hinderte ihn nicht daran, auch die Religion und Philosophie seiner Umwelt zu studieren. Seinen Unterhalt verdiente er mit dem Beruf eines Zeltmachers. Mit jungen Jahren ging er nach Jerusalem (→ S. 96). Hier wurde er ein Schüler des **Gamaliel,** der zu den berühmtesten Gesetzeslehrern seiner Zeit zählte. Am Ende ging Paulus andere Wege als Gamaliel. Der Schüler hat den Ruhm seines tüchtigen Lehrers noch überstrahlt.

Zur Person

Einmal stellt sich Paulus in einem seiner Briefe selber so vor:

Ich wurde am achten Tag beschnitten, bin aus dem Volk Israel, vom Stamm Benjamin, ein Hebräer von Hebräern, lebte als Pharisäer nach der Thora.

aus dem Brief des Paulus an die Philipper 3, 5

Paulus, Knecht Christi Jesu, berufen zum Apostel, auserwählt, das Evangelium Gottes zu verkündigen.

aus dem Brief des Paulus an die Römer 1, 1

Ein kluger Rat

Als Petrus und andere Apostel in Jerusalem vor den Hohen Rat (→ S. 120) gebracht wurden, weil sie trotz eines Redeverbots im Tempel öffentlich von Jesus gesprochen hatten, überlegten die Verantwortlichen, was man mit den Anhängern Jesu tun sollte. Damals sagte Gamaliel, ein Mitglied des Hohen Rates:

Ich rate euch jetzt: Lasst von diesen Männern ab und gebt sie frei; denn wenn dieses Vorhaben von Menschen stammt, wird es zerstört werden; stammt es aber von Gott, so könnt ihr sie nicht vernichten.

aus der Apostelgeschichte 5, 38 f

137

Das Christentum auf Erfolgskurs – Paulus

2. Eine fanatische Phase

Wir wissen nicht, ob Paulus in Jerusalem von den Aufsehen erregenden Ereignissen um Jesus von Nazaret gehört hat. Wahrscheinlich wurde er auf die neue Bewegung erst aufmerksam, als er bemerkte, dass die Jünger Jesus für den Messias (→ S. 99) hielten. Das schien ihm mit der Thora nicht vereinbar zu sein. Weil die Thora das Wichtigste ist, was das Judentum von Gott erhalten hat, konnte Paulus als gesetzestreuer Jude dafür kein Verständnis aufbringen. Das schien ihm ein Verrat am Judentum zu sein, der ihn zutiefst empörte. Er wurde zum Feind der Jesus-Gemeinde – aber so, dass er alle guten Gesetze der Thora vergaß. Im Verein mit anderen Fanatikern war er bereit, mit äußerster Gewalt gegen die neue Bewegung vorzugehen. Diese gefährliche religiöse Gruppe richtete ihren ganzen Hass auf

einen jungen Juden namens **Stephanus,** der aus der griechischen Welt (»Diaspora«) kam und ein begeisterter Anhänger Jesu geworden war. Er hatte in der Kirche von Jerusalem wichtige Pflichten übernommen und war in der Lage, über seinen neuen Glauben überzeugend zu reden und viele neue Anhänger zu gewinnen. Den Juden warf er vor, nicht auf die eigenen Propheten zu hören und Jesus abzulehnen. Das brachte einige Fanatiker so auf, dass sie Stephanus aus Jerusalem hinaustrieben und vor der Stadt steinigten. Er wurde zum ersten christlichen Märtyrer (→ S. 155). Der noch junge Paulus solidarisierte sich mit den falschen Zeugen, die Argumente für den Mord an Stephanus liefern sollten. Der Bericht über die Untat schließt mit den Worten: »Saulus war mit dem Mord einverstanden« (Apg 8, 1a).

Steinigung des Stephanus (Apg 7, 54–8, 1), Müstair (Schweiz), 12. Jh.

Furchtbare Taten

Die Apostelgeschichte erzählt kurz und bündig, wie sich Paulus gegenüber der Kirche verhielt:

Saulus aber versuchte die Kirche zu vernichten; er drang in die Häuser ein, schleppte Männer und Frauen fort und lieferte sie ins Gefängnis ein.
Er wütete immer noch mit Drohung und Mord gegen die Jünger des Herrn. Er ging zum Hohenpriester und erbat sich von ihm Briefe an die Synagogen in Damaskus, um die Anhänger des (neuen christlichen) Weges, Männer und Frauen, die er dort finde, zu fesseln und nach Jerusalem zu bringen.

aus der Apostelgeschichte 8, 3; 9, 1 f

1 Wer mehr von Stephanus wissen will, kann Apg 6–7 lesen.
2 Habt ihr schon einmal darüber nachgedacht, warum manchmal aus einem religiösen Menschen ein Fanatiker wird, der meint, seine Überzeugung auch gewaltsam durchsetzen zu müssen? Kennt ihr Beispiele aus unserer Zeit?

3. Die plötzliche Wende

Paulus blieb nicht auf dem Weg der Gewalt. Ein Ereignis etwa im Jahr 34 nC machte ihm schlagartig bewusst, dass dieser Weg ein Irrweg war. Die Apostelgeschichte erzählt davon, wie sein Leben eine völlig neue Richtung bekam.

Caravaggio (1573–1610),
Die Bekehrung des Paulus (Apg 9, 3–9).

Die Wende

Unterwegs aber, als sich Saul bereits Damaskus näherte, geschah es, dass ihn plötzlich ein Licht vom Himmel umstrahlte. Er stürzte zu Boden und hörte, wie eine Stimme zu ihm sagte: Saulus, Saulus, warum verfolgst du mich? Er antwortete: Wer bist du, Herr? Dieser sagte: Ich bin Jesus, den du verfolgst. Steh auf und geh in die Stadt; dort wird dir gesagt werden, was du tun sollst. Seine Begleiter standen sprachlos da; sie hörten zwar die Stimme, sahen aber niemand. Saulus erhob sich vom Boden. Als er aber die Augen öffnete, sah er nichts. Sie nahmen ihn bei der Hand und führten ihn nach Damaskus hinein. Und er war drei Tage blind und er aß nicht und trank nicht.

aus der Apostelgeschichte 9, 3–9

In Damaskus traf Paulus auf Christen, die ihm die Botschaft Jesu erklärten. Er erkannte nun, was er falsch gemacht hatte, und fand zum Glauben an Jesus. Nach einiger Zeit ließ er sich taufen und in die Gemeinschaft aufnehmen, die er bisher wütend verfolgt hat-

1 Wie hat das Damaskus-Ereignis Paulus verändert? Warum saß er zunächst zwischen allen Stühlen?

2 Paulus hat sein Erlebnis auf dem Weg nach Damaskus nicht seinen eigenen Taten (Leistungen) zugeschrieben, sondern der Gnade und Barmherzigkeit Gottes. Diese Erfahrung ist für ihn sein ganzes Leben lang wichtig geworden. In seinen Briefen hat er davon eindringlich gesprochen (→ S. 147). Sie gehört bis heute zu den Grundlagen des Christentums (→ S. 42 f).
Was bedeutet sie für das Leben der Christen?

te. Die Juden in der Synagoge von Damaskus aber brachte er dadurch in Verwirrung, dass er ihnen darlegte, Jesus von Nazaret sei der Messias. Diese Botschaft hatten sie am allerwenigsten von ihm erwartet. Einige seiner früheren Gesinnungsgenossen wollten ihn deshalb umbringen. Auf abenteuerliche Weise konnte er ihren Tötungsplänen im letzten Augenblick entkommen. Seine neuen christlichen Freunde ließen ihn nachts in einem Korb an der Stadtmauer von Damaskus herab. Er kehrte nach Jerusalem zurück, fand dort aber zuerst keinen Kontakt zu den Christen, weil diese sich noch zu sehr vor ihm fürchteten. Erst als Barnabas, ein junger Christ, sich seiner annahm und ihm Vertrauen schenkte, fand er Zugang zu den Aposteln Jesu, die auch eine Weile brauchten, bis sie ihr Misstrauen ihm gegenüber abbauten und ihn schließlich als neuen »Apostel« (→ S. 121) anerkannten.

4. Ein weltweiter Glaube

Das Erlebnis von Damaskus hat Paulus verändert. Er schwor nicht nur aller Gewalt ab, wie es Jesus in der Rede am Berg gefordert hatte (Mt 5, 38 ff). Aus dem Juden, der die Thora im Mittelpunkt seines Lebens gesehen hatte, wurde ein Jude, der das Evangelium Jesu Christi in den Mittelpunkt seines Lebens stellte. Hatte Paulus früher seine Hoffnung auf die getreue Befolgung der Thora gesetzt, so wurde ihm nun Christus die Hoffnung seines Lebens. Aus dem gesetzestreuen Pharisäer (→ S. 118) wurde nun der »Apostel für die Heiden«.

Aber Paulus hat nicht nur sich selbst verändert. Er hat auch das Christentum verändert. Er gab der jungen Kirche ganz neue Ideen, in denen er das Evangelium Jesu Christi entfaltete (Gal 1, 11). Während die meisten Apostel noch meinten, die **Thora** (→ S. 58, 119) gelte selbstverständlich für die Christen, die aus dem Judentum kamen, entwickelte Paulus ein viel weitergehendes Programm. Er wollte auch Nichtjuden (»Heiden«) für das Evangelium gewinnen. Diesen aber wollte er die Befolgung der ganzen Thora nicht zumuten, zumal er aus eigener Erfahrung wusste, wie schwer manche Bestimmungen in der Diaspora einzuhalten waren. Alle, die Christen wurden, sollten sich zwar an die Zehn Gebote und das Liebesgebot halten, aber sie brauchten ihre Jungen nicht mehr beschneiden zu lassen und sich selbst nicht an die jüdischen Essensvorschriften zu halten. Jeder, der sich taufen ließ und an Jesus glaubte, sollte Christ werden können, egal ob er vorher Jude oder Nichtjude war. Seit Christus gelte eine neue Freiheit. Für den Glauben an ihn könne es keine Grenzen geben.

Diese Gedanken stießen bei den Juden auf heftige Ablehnung, weil sie mit den Grundlagen des Judentums nicht vereinbar waren. Sie schienen aber auch den meisten Verantwortlichen in der jungen Kirche so revolutionär, dass sie sich mit allen Kräften dagegen stemmten. Selbst Petrus bezog nicht klar Stellung. So gab es den ersten bedrohlichen Streit innerhalb der jungen Kirche. Es ging darum, wie sie sich selbst verstehen und welche Wege sie für die Zukunft einschlagen sollte. Damals berief die Kirche zum ersten Mal eine Versammlung ein, auf der der Konflikt zur Sprache kam. Im gemeinsamen Gespräch suchten und fanden die Verantwortlichen eine Lösung. Man nennt diese Versammlung das »**Apostelkonzil von Jerusalem**«. Hier konnte Paulus seine neuen Ideen vertreten und weitgehend durchsetzen. Die Teilnehmer waren überzeugt, in ihrer Entscheidung vom Geist Gottes gelenkt worden zu sein.

Die Versammlung in Jerusalem wurde zum Vorbild für spätere Zeiten. Zahlreiche Konzilien (→ S. 208) haben Streitfragen des Glaubens behandelt und Lösungen gefunden.

Die Entscheidung

Die Apostel und die Ältesten der Kirche haben in dem Streitfall Folgendes entschieden:

Denn der Heilige Geist und wir haben beschlossen, euch (den »Heiden«) keine weitere Last aufzuerlegen als diese notwendigen Dinge: Götzenopferfleisch, Blut, Ersticktes und Unzucht zu meiden. Wenn ihr euch davor hütet, handelt ihr richtig.

aus der Apostelgeschichte 15, 28 f

Das **Apostelkonzil** (»Versammlung«) hat auf Anregung des Paulus um das Jahr 48/49 entschieden, dass Nichtjuden, die Christen werden, nicht mehr die ganze Thora befolgen müssen. Dieser Beschluss hatte zur Folge, dass das junge Christentum nicht eine kleine jüdische Gruppe blieb, wie es damals viele im Judentum gab, sondern zu einer weltweiten Religion wurde, wie es bisher keine gab. Zielgruppe der Botschaft Jesu waren nun nicht mehr nur Juden oder solche Nichtjuden, die bereit waren, wie Juden zu leben, sondern **alle Menschen.** Das war ein Durchbruch von ungeahntem Ausmaß. Darum gehört das Apostelkonzil zu den wichtigsten Daten in der ganzen Geschichte des Christentums. Allerdings hat Paulus deutlich ausgesprochen, dass das Christentum auch weiterhin aus jüdischen Wurzeln lebt und sich davon nie abtrennen darf.

---

1 Sprecht über folgenden Gedanken: Wer Christ wird, muss wie Paulus aller Gewalt gegenüber anders Denkenden und anders Glaubenden abschwören.

2 Man kann verstehen, dass sich die Verantwortlichen in der Kirche mit den Forderungen des Paulus schwer taten, wenn man z. B. an das Wort Jesu aus der Rede am Berg denkt: Mt 5, 17–20. Aber sie mussten auch an ein anderes Wort Jesu denken, das dasselbe Evangelium abschließt: Mt 28, 19 f.

3 Paulus hat einerseits die Bedeutung der Thora für die Christen eingeschränkt, andererseits aber das Judentum als Wurzel des Christentums angesehen. Was gehört zum unaufgebbaren jüdischen Erbe der Christen?

4 Auch Petrus (→ S. 123) kam zu ähnlichen Einsichten wie Paulus. Lest, welch aufregende Tiervision er hatte: Apg 10, 9–16.

5. Auf großen Reisen

Paulus tat alles, um seine Ideen umzusetzen. Aus Begeisterung für seinen neuen Glauben machte er sich auf beschwerliche Wege, um auch bei anderen Menschen für ihn zu werben. Er legte große Eile an den Tag, weil er glaubte, das Ende der Tage mit der Wiederkunft Christi stünde nahe bevor. Es sei wichtig vor diesem Ereignis noch möglichst viele Menschen zum Glauben zu bringen. Paulus hat allmählich einsehen müssen, dass niemand diesen Zeitpunkt kennt (→ S. 176).

Mit einigen Freunden unternahm er mehrere ausgedehnte Reisen, die ihn in viele Städte des Mittelmeergebietes brachten. Oft ging er zuerst in die Synagogen, um den Juden die Frohe Botschaft von Jesus Christus zu verkünden. Dort fand er häufig kein Verständnis, weil die Juden ihrer Tradition treu bleiben wollten. Dann ging er auch zu den »Heiden«, wo er auch nicht immer erfolgreich war.

Via Appia Antica vor der Stadt Rom.

Aber viele Frauen und Männer – darunter Juden und Heiden – hörten ihm aufmerksam zu und staunten über die nie gehörte Botschaft. So gelang es ihm in vielen bedeutenden Städten die ersten christlichen Gemeinden zu gründen. Sie waren wie Samenkörner, aus denen sich bald eine reiche Ernte entwickelte. Durch die Tätigkeit des Paulus hat sich die große Welt des Römischen Reiches (→ S. 153 ff) dem Christentum geöffnet und dadurch allmählich völlig verändert.

PROJEKT

Zu einem fächerverbindenden Projekt **»Paulus auf Reisen«** könnt ihr eure Religions-, Geschichts-, Kunst- und Erdkundelehrer um Hilfe bitten. Überlegt, ob ihr eine Collage anfertigt oder eine Bild-Text-Mappe anlegt. Vielleicht versucht ihr auch die ein oder andere Szene zu spielen (→ S. 48) oder zu malen/zeichnen.

Mögliche Schwerpunkte des Projekts: Befasst euch mit einer Station seiner Reise näher. Besonders geeignet sind die Erzählungen von seinem Aufenthalt in Paphos (Apg 13, 6–13), in Lystra (14, 8–20), in Philippi (16, 11–40), in Athen (17, 16–18,1) und in Ephesus (19, 11–20, 1). Achtet dabei z. B. auf Folgendes:

- die geographische Lage, historische Bedeutung, Architektur und die besondere Atmosphäre der Stadt
- die dortige Synagogengemeinde mit ihrem Leben (→ S. 136)
- das Profil der Bewohner: Namen, Arbeit, Freizeit, das Verhältnis von Frau und Mann (→ S. 145), Eltern und Kinder, Benehmen, Fehler und Schwächen
- die griechisch-römische Religion mit Tempeln, Göttern, Priestern, Anhängern (→ S. 154 f)
- das Auftreten des Paulus und seiner Begleiter
- Alltag und Höhepunkt seines Aufenthalts
- Gründe für Erfolg und Misserfolg des Paulus
- die langfristige Wirkung seiner Botschaft

Eine zusätzliche Anregung für das Projekt: Man hat ausgerechnet, dass Paulus auf seinen Reisen ca. 16 000 Kilometer zurückgelegt hat. Sein durchschnittliches Tagespensum zu Fuß wird 25–30 km betragen haben. Mit der staatlichen Post konnte er täglich 40–50 km bewältigen. Die damaligen Segelboote schafften bei gutem Wind sogar 160 Tageskilometer. Legt ein Fahrtenbuch an, in dem ihr die Entfernungen zusammenstellt, die Paulus bewältigt hat. Ihr könnt darin die Begebenheiten von unterwegs eintragen.

Petrus und Paulus, Bronzemedaillon, um 200 nC.

Die Apostelgeschichte weiß von drei Missionsreisen.

■ Die **erste Reise** (etwa 46–48 nC) nimmt ihren Ausgangspunkt im syrischen Antiochia und führt zunächst auf die Insel Zypern, wo Paulus und seine Begleiter in Paphos auf einen Zauberer stoßen, der den römischen Prokonsul davon abzuhalten versucht Christ zu werden. Paulus wehrt sich gegen ihn mit drastischen Worten (»Du elender und gerissener Betrüger, du Sohn des Teufels«, Apg 13, 10) und kann den Prokonsul gewinnen. In Antiochia in Pisidien auf dem kleinasiatischen Festland kommt es zu einem

Athen mit der Akropolis, dem großen ummauerten Tempelbezirk. Im Zentrum der Parthenon, der Marmortempel der Göttin Athene. In der Nähe befindet sich der Areopag, wo Paulus eine Rede hielt (→ S. 143).

ernsten Streit mit den Juden der Stadt. Ähnliche Konflikte entstehen in anderen Städten der Gegend. In Lystra geschieht etwas, das uns heute zum Lachen bringen kann. Hier heilten Paulus und sein Gefährte Barnabas einen Gelähmten. Die Tat löste bei der dortigen Bevölkerung eine solche Begeisterung aus, dass sie meinten, die Götter selbst, Zeus und Hermes, seien in Menschengestalt zu ihnen gekommen. Die Priester brachten Stiere und Kränze und das Volk wollte ihnen Opfer darbringen. Selbst als Paulus und Barnabas darauf bestanden Menschen zu sein, konnten sie die Volksmenge kaum davon abbringen, ihnen zu opfern (Apg 14, 8–18). Nicht zum Lachen ist der Bericht darüber, dass kurz darauf die Stimmung völlig umschlug. Paulus wurde gesteinigt. Weil man glaubte, er sei tot, schleifte man ihn aus der Stadt. Doch Paulus überlebte den Anschlag, der ihn an die Ermordung des Stephanus erinnert haben wird. Die Rückreise führte wieder ins syrische Antiochia.

Römische Altarinschrift, einer unbekannten Gottheit geweiht: »Sei es ein Gott oder eine Göttin« (Apg 17, 16–21).

■ Die **zweite Reise** (etwa 49/50–52 nC) führte Paulus und seinen Begleiter Silas quer durch Kleinasien (Galatien). In Troas, an der Grenze zwischen Kleinasien und Europa, sah er in einer nächtlichen Vision einen Mann aus Mazedonien, der ihm sagte: »Komm herüber nach Mazedonien und hilf uns« (Apg 16, 9). Paulus sah darin einen Ruf Gottes, nun auch in Europa das Evangelium zu verkünden und begab sich auf dem kürzesten Weg nach Philippi.

Freilufttheater in Ephesus. Das Foto lässt nur einen Ausschnitt seiner gewaltigen Ausmaße erkennen. Es hatte 66 Sitzreihen übereinander. Von diesen Rängen herunter schrie die aufgehetzte Menschenmenge dem Paulus entgegen: »Groß ist die Artemis von Ephesus!« (Apg 19, 34).

Hier entstand die erste christliche Gemeinde Europas. Sie wurde zur Lieblingsgemeinde des Paulus. Auch hier gab es Erfolg und Misserfolg. Paulus konnte einerseits einflussreiche Leute für seine Botschaft gewinnen, geriet andererseits aber auch in eine unangenehme Situation. Als er eine Magd, die öffentlich wahrsagte, von ihrem inneren Zwang befreite, bekam er es mit denen zu tun, die mit der Frau gutes Geld verdient hatten. Sie klagten Paulus wegen Unruhestiftung an. Die Beamten der Stadt ließen Paulus und Silas die Kleider vom Leib reißen, sie auspeitschen und in Haft nehmen. Nachts wurden die beiden auf wunderbare Weise aus ihrer unangenehmen Situation befreit. Als die Beamten hörten, Paulus habe das römische Bürgerrecht, erschraken sie und taten alles, um ihn zu beschwichtigen (Apg 16, 11–40). Später zog Paulus über Thessalonich (heute Saloniki) in die beiden wohl wichtigsten Städte Griechenlands: in die traditionsreiche Hauptstadt Athen, die die berühmtesten Dichter, Künstler und Philosophen hervorgebracht hatte, und in die reiche Hafenstadt Korinth, die wegen ihrer Spielhöllen, Bäder und Theater in einem überaus schlechten Ruf stand. In Athen ging Paulus auf den berühmten Areopag (griech.: »Hügel des Kriegsgottes Ares«) und hielt hier öffentlich eine Rede, die man als eine Glanzleistung bezeichnen kann, obwohl sie nicht erfolgreich war. Zunächst schmeichelte er seinen Zuhörern ein wenig, indem er sie »besonders fromm« nannte, weil sie so viele Götterbilder in der Stadt aufgestellt hatten. Sodann kam er darauf zu sprechen, er sei auch an einem Altar vorbeigekommen, der die Aufschrift trug: »Einem unbekannten Gott«. Paulus wusste wohl, dass die Athener diesen Altar errichtet hatten, weil sie Angst hatten, vielleicht einen Gott vergessen zu haben, der sie deshalb strafen könnte. Aber er gab der Sache geschickt eine andere Wendung: »Was ihr verehrt, ohne es zu kennen, das verkündige ich euch.« Bis dahin hörten die Athener interessiert zu. Dann sprach Paulus zu ihnen von dem einen Schöpfer des Himmels und der Erde und von dem Mann, den Gott von den

Auf dem Areopag

In Athen hat Paulus so von Gott gesprochen, dass die Leute zwar beeindruckt waren, seine Worte aber letztlich nicht verstanden. Was er damals gesagt hat, gehört noch heute zum Grundbestand des christlichen Gottesglaubens.

Gott, der die Welt erschaffen hat und alles in ihr, er, der Herr über Himmel und Erde, wohnt nicht in Tempeln, die von Menschenhand gemacht sind. Er lässt sich auch nicht von Menschen bedienen, als brauche er etwas; er, der allen das Leben, den Atem und alles gibt. ... Die Menschen sollten Gott suchen, ob sie ihn ertasten und finden könnten; denn keinem von uns ist er fern. Denn in ihm leben wir, bewegen wir uns und sind wir, wie auch einige von euren Dichtern gesagt haben: Wir sind von seiner Art.

aus der Apostelgeschichte 17, 24–25.27–28

◯ Eine Karte zu den Reisen des Paulus findet ihr auf der Innenseite des Umschlags hinten.

Das Christentum auf Erfolgskurs – Paulus

Toten auferweckt hatte. Das war den Zuhörern zu viel. Daran wollten sie nicht glauben. Einige spotteten und andere sagten, sie wollten ihn darüber ein andermal hören. Trotzdem gewann Paulus auch in Athen einflussreiche Leute für das Evangelium (Apg 17, 16–34). Ähnlich wie an früheren Orten ging es ihm auch in Korinth. Auch hier fand er Zustimmung und Ablehnung. Er blieb hier länger und begründete eine Gemeinde, die ihm später viel Ärger und viel Freude bereitete. Über Ephesus und Jerusalem kam er nach Antiochien zurück.

■ Auf der **dritten Reise** (etwa 52–55 nC) hielt er sich lange in Ephesus auf, wo es ein vielbesuchtes Heiligtum der göttlichen Artemis gab. Die Leute kamen von weither in diesen Tempel, weil sie glaubten, das hier verehrte Bild der Göttin sei vom Himmel herabgefallen. In der Stadt gab es viele Silberschmiede, die vom Verkauf kleiner silberner Tempel und silberner Artemisstatuen lebten (»Andenkenverkäufer«). Eines Tages wiegelte ihr Anführer Demetrius seine Kollegen mit dem Hinweis auf, bald würden sie ihren Job verlieren, weil Paulus den Leuten einzureden versuche, »die mit Händen gemachten Götter seien keine Götter«. Im Theater der Stadt demonstrierte eine riesige Menge gegen Paulus und wiederholte fast zwei Stunden lang lautstark: »Groß ist die Artemis von Ephesus.« Nur mit Mühe konnte der Stadtschreiber die Randalierer zur Ruhe bringen. Bei dem Tumult kam Paulus nicht zu Schaden, verließ aber bald die Stadt, besuchte zum letzten Mal einige der von ihm gegründeten Gemeinden und zog sich dann nach Jerusalem zurück (Apg 19, 23–20, 1).

Nach anderen Quellen soll Paulus noch bis in den äußersten Westen nach **Spanien** gekommen sein. So wurde durch ihn zum ersten Mal in einem großen Teil der damals erreichbaren Welt das Evangelium Jesu verkündet.

Eine ungewöhnliche Narrenrede

Einmal schreibt Paulus verärgert an die Leute von Korinth, niemand solle angeben (»prahlen«) und ihn für verrückt (»für einen Narren«) halten. Er könne sich schon selbst zum Narren halten und auch selbst zum Angeber (»zu einem, der prahlt«) werden. Sie sollten sich nur einmal anhören, was er, Paulus, ihnen als »prahlender Narr« zu sagen habe:

Ich rede jetzt als Narr. … Ich ertrug mehr Mühsal (als sie), war häufiger im Gefängnis, wurde mehr geschlagen, war oft in Todesgefahr. Fünfmal erhielt ich von Juden die neununddreißig Hiebe; dreimal wurde ich ausgepeitscht, einmal gesteinigt, dreimal erlitt ich Schiffbruch, eine Nacht und einen Tag trieb ich auf hoher See. Ich war oft auf Reisen, gefährdet durch Flüsse, gefährdet durch Räuber, gefährdet durch das eigene Volk, gefährdet durch Heiden, gefährdet in der Stadt, gefährdet in der Wüste, gefährdet auf dem Meer, gefährdet durch falsche Brüder. Ich erduldete Mühsal und Plage, durchwachte viele Nächte, ertrug Hunger und Durst, häufiges Fasten, Kälte und Blöße. … Wenn schon geprahlt sein muss, will ich mit meiner Schwachheit prahlen.

aus dem 2. Brief an die Korinther 11, 21 ff

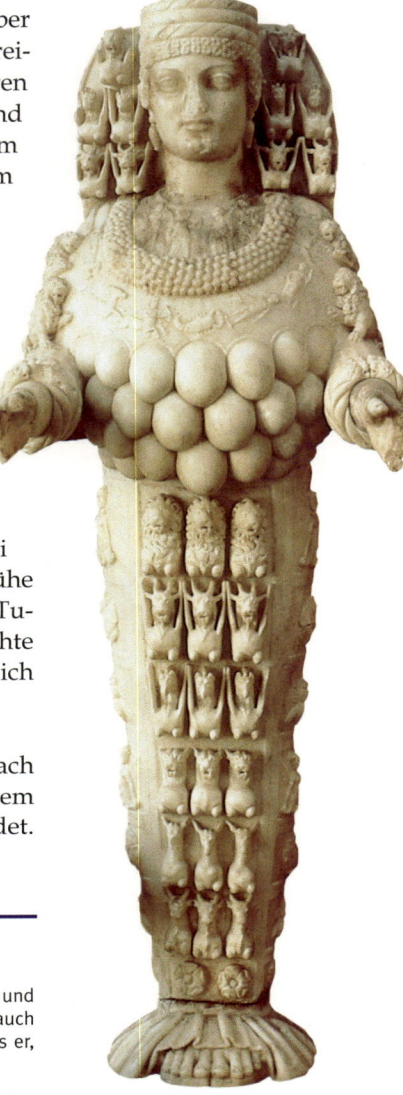

Artemis von Ephesus, Nachbildung des dortigen Kultbildes, 2. Jh. nC. Die vielen Brüste weisen sie als eine Muttergottheit aus, die vielen Tiere auf ihrem Gewand zeigen ihre Naturverbundenheit.

1 Nicht nur wohlhabende, sondern vor allem arme Frauen wurden von Paulus für das Evangelium gewonnen. Gelegentlich waren es auch Sklavinnen. Damalige Frauenberufe: Frisöse, Weberin, Flickerin, Büglerin, Salberin, Händlerin, Verkäuferin, Zofe, Hebamme, Flötistin, Leierspielerin usw. Versetzt euch in das Leben und die Arbeitswelt dieser Frauen und überlegt, was es für sie bedeutete Christinnen zu werden (→ S. 156 f).

2 Mädchen und Frauen – wie seht ihr deren Rolle heute in Familie, Schule, Öffentlichkeit, Kirche?

3 Welche Einstellung müssen Christen, die ja glauben, dass Gott alle Menschen mit der gleichen Würde geschaffen hat (Gen 1, 27), gegenüber den Frauen haben?

6. Frauen in den Gemeinden

Paulus selbst war unverheiratet. Seine Einstellung zu den Frauen ist umstritten. Sie zu beschreiben ist schwierig, weil verschiedene Seiten zu beachten sind.

■ Einerseits hat Paulus vor allem im ersten Brief an die Korinther manches gesagt, das heutige Frauen (und Männer) ärgert und für viele nicht annehmbar ist. Manchmal scheint er davon überzeugt zu sein, dass die **Frau dem Mann untergeordnet** ist. Er hält es für selbstverständlich, dass die Frau im Gottesdienst ein Kopftuch trägt (1 Kor 11, 5 ff) und dass sie im Gottesdienst den Mund zu halten hat (1 Kor 14, 34), weil hier nur Männer reden sollen. Bei solchen Ansichten ist Paulus ganz von seiner Zeit geprägt. So hat man damals allgemein über die Frauen gedacht.

■ Andererseits gibt es Anzeichen dafür, dass Paulus den hohen Wert der Frau erkannt und von der **Gleichberechtigung von Mann und Frau** vor Gott überzeugt war, so wenn er einmal schreibt, dass es vor Gott »nicht Juden und Griechen, nicht Sklaven und Freie, nicht Mann und Frau gibt« (Gal 3, 28), weil alle in Christus eins (und gleich) sind. Auf seinen Reisen hat er oft die Hilfe von Frauen erfahren und diese dankbar angenommen. Ohne die Aktivität der Frauen hätte Paulus nicht so viel erreicht. In Philippi lud die reiche Purpurhändlerin Lydia, die er für das Evangelium gewonnen hatte, ihn und Barnabas in ihr Haus ein und war den beiden eine großzügige Gastgeberin. Paulus wusste ihre Hilfe sehr zu schätzen. In Korinth lernte er Priska und ihren Mann Aquila kennen und nahm beide mit auf ein Teilstück seiner Reise (Apg 18, 2.18.26). Priska hat einmal ihr Leben für ihn aufs Spiel gesetzt (Röm 16, 4). Am Ende seines so wichtigen Briefes an die Römer nennt er die Namen vieler Frauen, die ihn zumeist bei seiner Arbeit und im Dienst der Gemeinden unterstützt haben. Sie tragen die klangvollen Namen Phöbe, Priska, Maria, Junia, Tryphäna, Tryphosa, Persis und Julia (Röm 16, 1–16).

Von **Junia** (16, 7) heißt es sogar, dass sie zu den angesehenen »Aposteln« (→ S. 121) gehört und somit als Frau eine wichtige Rolle in einer Hausgemeinde von Rom gespielt hat. Sie war schon vor Paulus Christin geworden. Man hat ihr Weisheit und Arbeitskraft nachgesagt. Weil man sich in späteren Zeiten nicht vorstellen konnte, dass eine Frau zu den Aposteln gehörte, schrieb man ihren Namen in den männlich klingenden Namen »Junias« um. Diesen Namen hat es aber in den Zeiten des Paulus nicht gegeben.

Paulus an einem Stadttor, dahinter eine Frau, die ihm zuhört. Szene auf einem Elfenbeinkästchen, um 420–430.

7. Briefe machen Geschichte

Paulus ist in der frühen Zeit des Christentums nicht nur am weitesten herumgekommen. Er hatte auch den weitesten geistigen Horizont. In seinen Briefen an die Gemeinden hat er als Erster den christlichen Glauben mit klarem Kopf und unruhigem Herzen beschrieben. Für diesen Glauben hat er eine eigene **Sprache** gefunden, die bis heute in der Christenheit nachwirkt. Zu einer Zeit, in der noch keines der vier Evangelien geschrieben war, hat er nicht nur erzählt, was mit Jesus geschehen war, er hat vor allem versucht die neue Botschaft zu verstehen und zu deuten. Dabei hat er Dinge entdeckt, die so in keiner anderen Schrift des Neuen Testaments stehen. In seinen Briefen (→ S. 137) hat er auf Adam und auf Christus geschaut, die Propheten Israels und die Apostel Jesu im Blick gehabt. Er kannte die Sprache und die Religion der Juden, Griechen und Römer. Er konnte beten und denken, lachen und weinen, kämpfen und leiden. Um seine Gesundheit stand es nicht zum Besten, in seiner Intelligenz wurde er von kaum einem Zeitgenossen übertroffen.

Gelegentlich wird er die **Adressaten,** meist doch einfache Leute, überfordert haben. Denn manchmal spricht er zu ihnen wie ein Lehrer, der über den Köpfen seiner Schüler/innen schwebt. Die Briefe, die damals wahrscheinlich nicht völlig verstanden wurden, landeten aber nicht im Papierkorb. Sie wurden als sein kostbares Vermächtnis in den Gemeinden sorgfältig aufbewahrt und für andere Gemeinden abgeschrieben. So konnten sie später Aufnahme in das Neue Testament finden und **Teil der Bibel** (→ S. 32 f) werden.

Mit seinen Briefen ist Paulus der einflussreichste Theologe der Christenheit geworden. Unzählige Menschen haben daraus Kraft für ihr Leben geschöpft. Weltbewegende Gestalten wie Augustinus (→ S. 40 f) und Luther (→ S. 42 f) haben erst durch seine Worte entdeckt, welchen Lebensweg sie einschlagen sollten. Auch heute beschäftigen sich tausende Wissenschaftler in vielen Ländern mit seinen Schriften. Täglich werden Abschnitte aus seinen Briefen im Gottesdienst aller christlichen Konfessionen gelesen. Die Briefe des Paulus haben seit 2000 Jahren Geschichte gemacht – mehr als alle anderen Briefe der Welt.

Paulus hat sich die Menschen seiner Zeit genau angesehen. Dabei hat er **Beobachtungen** gemacht, die wir auch heute machen können, z. B. wenn er auf das Gute und das Böse in der Welt oder auf die Verschiedenheit der Menschen blickt. Neuland betritt er, wenn er diese Erfahrungen **im Licht seines Glaubens** deutet. Das geschieht z. B. da, wo er von der Gnade Gottes, von der Auferweckung Jesu und der Rechtfertigung des Menschen spricht. Besonders sein Bekehrungserlebnis vor Damaskus (→ S. 139) hat auf seine Lehre einen großen Einfluss gehabt.

Wie die Empfänger der Briefe brauchen auch heutige Leser zum Verständnis der Briefe viel Ruhe, Zeit und Aufgeschlossenheit. Nur dann werden sie verstehen, welche **Zusammenhänge** Paulus hergestellt hat, wenn er über Gott, Christus und die Menschen nachdachte. Hier können nur ein paar Hinweise den Gedankenreichtum des Paulus andeuten.

■ Paulus sieht mit Schrecken, dass die Menschen zwar oft das Gute wollen, aber immer wieder auch das Böse tun, das er »Sünde« nennt. Er entdeckt, dass die Sünde eine furchtbare Macht über die Menschen ausübt und oft zum Tod führt. Diese Macht drängt die Menschen oft dazu andere zu quälen oder ungerecht zu behandeln. Täter und Opfer scheinen manchmal wehrlos bösen Kräften ausgeliefert zu sein (→ S. 203, 232 f).

Das Wort **Theologie** (griech.: »Die Rede/Lehre von Gott«) kommt nicht zufällig von den Griechen. Diese versuchten mit allen Kräften der Vernunft darüber nachzudenken, was der Glaube bedeuten kann. Sie stellten Fragen und suchten nach Antworten. Christliche Theologie ist das Wissen, die Wissenschaft von Gott, Jesus Christus, der Bibel, dem Heil der Menschen und der Kirche. Dieses Wissen ist – anders als das Wissen in anderen Fächern – an den Glauben gebunden. **Theologen und Theologinnen** sind die Männer und Frauen, die die christliche Lehre für ihre Zeit erklären und auslegen. Das ist eine meist leichte Aufgabe. Ein Pfarrer oder eine Religionslehrerin haben Theologie studiert. Auch Kinder sind manchmal gute Theologen, wenn sie über Gott nachdenken, obwohl sie nicht studiert haben.

Auszug aus dem Philipperbrief des Paulus. Papyrusblatt aus einem Kodex der Paulusbriefe (p 46), spätes 1. Jh.

Rembrandt (1606–1669), *Paulus im Gefängnis*, 1627.

■ Paulus fragt, wie es dazu gekommen ist. Für seine Erklärung stellt er alle Menschen in einen großen Zusammenhang. Er schlägt einen weiten Bogen zurück in die Vergangenheit bis er zur ersten Seite der Bibel, auf der sie – entsprechend dem damaligen Wissen – von dem ersten Menschen erzählt, der hier »**Adam**« heißt (→ S. 233 f). Adam hat als Erster gesündigt und dadurch einen schlimmen Einfluss auf seine Nachkommen ausgeübt. Sie tun das, was Adam getan hat. So ist durch ihn die Macht der Sünde in die Welt gekommen. Die Menschen können deshalb nicht zu Gott kommen, weil sie sich den Weg zu ihm durch ihr böses Tun selbst verschließen.

■ Aus seinem Glauben weiß Paulus, dass **Gott** die Menschen liebt. Gott will, dass alle zu ihm kommen. Durch seine Güte, die Paulus auch »**Gnade**« nennt, will er die Macht der Sünde besiegen und dadurch die Menschen befreien.

■ In einem nächsten Gedankenschritt schaut Paulus auf seine Gegenwart, in der sich für ihn das wichtigste Ereignis der ganzen Geschichte abgespielt hat. In **Jesus Christus** ist Gottes Liebe leibhaftig in die Welt gekommen. Er starb wie ein Sünder am Kreuz und ist wie ein Gerechter **von den Toten auferweckt** worden. Alle Menschen, die an ihn glauben und sich taufen lassen, dürfen seitdem hoffen von der Macht der Sünde befreit und zu neuem Leben auferweckt zu werden.

■ So macht Gott selbst in seiner Barmherzigkeit die Menschen gerecht. Sie haben sich nicht selbst durch großartige Taten diese **Rechtfertigung** vor ihm verdienen können. Nicht ihre guten Werke sind dafür ausschlaggebend. Gott allein hat die Menschen wieder gut gemacht. Er hat sie angenommen und seine grenzenlose Barmherzigkeit erfahren lassen.

Für Paulus steht fest: Christen erfahren Gottes **Gnade** – das ist Gottes Liebe und Barmherzigkeit. Sie brauchen sich nicht vor der Macht des Bösen zu ängstigen. Voll Freude können sie auf Gottes Wegen gehen. Paulus nennt das: **Im Glauben leben.**

- Im Glauben leben heißt im **Frieden mit Gott** leben (Röm 5, 1).
- Im Glauben leben heißt für die **Gerechtigkeit** leben (Röm 14, 17).
- Im Glauben leben heißt mit **Hoffnung** leben (Röm 8, 18).
- Im Glauben leben heißt in der **Liebe** leben (1 Kor 13, 1 f).
- Im Glauben leben heißt in **Freiheit** leben (Gal 5, 1).

Kleine Kostproben

Viele Sätze aus den Briefen des Paulus sind we tbekannt geworden. Christen zitieren sie zuweilen im Gespräch. Auch viele Nichtchristen denken darüber nach. Aber manche seiner Worte sind wie harte Nüsse, die einen guten Kern haben, aber nicht leicht zu knacken sind. Diese Erfahrung machten schon die frühen Christen.

- Wir sollen als neue Menschen leben. (Röm 6, 4)
- Freut euch mit den Fröhlichen und weint mit den Weinenden! (Röm 12, 15)
- Alle Gebote sind in dem einen Satz zusammengefasst: Du sollst deinen Nächsten lieben wie dich selbst. (Röm 13, 10)
- Lauft so, dass ihr den Siegespreis erringt. (1 Kor 9,24)
- Wenn ich alle Glaubenskraft besäße und Berge damit versetzen könnte, hätte aber die Liebe nicht, wäre ich nichts. (1 Kor 13, 2)
- Tod, wo ist dein Sieg? Tod, wo ist dein Stachel? (1 Kor 15, 55)
- Einer trage des anderen Last. (Gal 6, 2)
- Zieht den neuen Menschen an. (Eph 4, 24)

8. Tod in Rom

Nach seiner letzten Reise kam Paulus wieder nach **Jerusalem.** Hier geriet er in eine gefährliche Situation, die letztlich zu seinem Tod führte. Juden aus Kleinasien beschuldigten ihn fälschlich einen Nichtjuden in den Tempel (→ S. 96) mitgenommen zu haben. Das war ein Verbrechen, auf das selbst bei den Römern die Todesstrafe stand, weil sie meinten, so am ehesten für Ruhe und Ordnung im Land der Juden sorgen zu können. Man nahm Paulus in Haft, führte ihn vor römische und jüdische Instanzen und wollte gegen ihn einen Prozess eröffnen, der in Jerusalem stattfinden sollte. Da Paulus von diesem Verfahren nichts Gutes zu erwarten hatte, appellierte er an das Gericht des Kaisers in Rom, wozu er als römischer Bürger ein Recht hatte. Er kam nach einer abenteuerlichen Seefahrt nach **Rom,** wo es schon eine Christengemeinde gab. An sie hatte er seinen wichtigsten Lehrbrief geschickt. Wir dürfen annehmen, dass die Hauptstadt des Römischen Reiches schon lange das Ziel seiner Reisewünsche war. Gerade in dieser wichtigsten Stadt der damaligen Welt wollte er noch einmal für seinen Glauben wirken. Aber er hatte sich wohl nicht vorgestellt nur als Gefangener nach Rom kommen zu können. Zuerst durfte er sich hier noch relativ frei bewegen.

Paulus wird gefangen genommen, Ausschnitt von einem römischen Sarkophag (Steinsarg), 4. Jh.

Die letzte Nachricht

Die Apostelgeschichte schließt mit folgenden Worten:

Paulus blieb zwei volle Jahre in seiner Mietwohnung (in Rom) und empfing alle, die zu ihm kamen. Er verkündete das Reich Gottes (→ S. 104) und trug ungehindert und mit allem Freimut die Lehre über Jesus Christus, den Herrn, vor.

aus der Apostelgeschichte 28, 30

Nach einem alten Bericht der römischen Gemeinde (um 100), der nicht mehr in der Bibel steht, wurde unter dem römischen Kaiser Nero (54–68 nC; → S. 157) der Prozess gegen Paulus wieder aufgenommen. Nero hatte aus Sensationslust im Jahr 64 nC in Rom eine Feuersbrunst angefacht, weil er hoffte, durch eine solche Katastrophe zu hoher Dichtkunst angeregt zu werden. Und so sang der irrsinnige Kaiser im Anblick der Flammen seine verrückten Lieder und spielte dabei auf seiner Leier. Die Tat schob er später den Christen in die Schuhe. Viele wurden in seinen Gärten als Fackeln bei lebendigem Leib verbrannt oder in Tierhäuten wilden Hunden vorgeworfen. In diesem Zusammenhang soll auch Paulus das Opfer kaiserlicher Willkür geworden sein. Da er römischer Bürger war, wird er mit dem

1 Von Jerusalem (→ S. 96) nach Rom (→ S. 154 ff) – das ist nicht nur räumlich ein weiter Weg. Die beiden Städte verkörpern zwei verschiedene Welten. Könnt ihr in einer Liste ein paar Unterschiede gegenüberstellen?

2 Sucht die Jahreszahlen dieses Kapitels heraus und erstellt eine kleine Paulus-Chronik.

3 Welche Angaben könnten in einem »Paulus-Pass« stehen?

4 Wenn ihr auf dieses Kapitel zurückblickt: Was habt ihr verstanden, was nicht? Könnt ihr ein Wort nennen, das euch wichtig geworden ist? Oder ein Ereignis?

Die Basilika (→ S. 184 ff) St. Paul vor den Mauern.

Schwert enthauptet worden sein. An der Stelle seines Todes, den er wohl im Jahr 64 erlitt, steht heute die berühmte Basilika St. Paul vor den Mauern (→ S. 185). Hier liegt auch sein Grab, zu dem bis heute unzählige Menschen aus aller Welt kommen. Sie verehren in Paulus einen Heiligen, eine faszinierende Persönlichkeit und eine der wichtigsten Gestalten der Christenheit. Sein Gedenktag am 29. Juni fällt mit dem des Petrus zusammen, der ebenfalls in dieser Zeit in Rom den Tod fand.

Was wäre, wenn… Eine Frage für heute

Wer sich mit der Vergangenheit befasst, ist manchmal versucht zu fragen: Was wäre geschehen, wenn dieses oder jenes damals anders gelaufen wäre oder heute passierte? Das ist zwar eine Frage, die fern von aller Realität ist, aber manchmal ist sie doch reizvoll.

Paulus war zu seiner Zeit ein moderner Mensch. Das zeigt sein bewegtes Leben, das ihn in viele Länder führte. Sein ungewöhnliches Denken entdeckte im Glauben an Jesus Zusammenhänge, an die vor ihm keiner gedacht hat. Man kann sich fragen, was wäre, wenn Paulus heute lebte. Was würde er tun, wie würde er denken und glauben?

Was wir annehmen dürfen: Er hätte keine Probleme, durch die Welt zu jetten, seine Botschaften per E-Mail zu versenden, im Fernsehen aufzutreten und eine Homepage im Internet zu haben. Er würde nach allem, was seither mit den Juden geschehen ist, kein missverständliches Wort über sie schreiben und gegen jede Benachteiligung der Frauen auch in der Kirche angehen. Er würde die wichtigen Sprachen unserer Welt sprechen und da sein, wo etwas los ist. Aber was wir nicht wissen: Wie würde er heute von seinem Glauben an Jesus sprechen? Wie müsste er heute vorgehen, um die Menschen von heute anzusprechen und einen ähnlichen Erfolg zu haben wie damals? Und…? Oder…?

PAULUS
APOSTEL CHRISTI
TEL./FAX: 0130-29664
MOBIL: 0171-24836500
E-MAIL:
PAULUS@WORLDWIDE.COM
WWW.APAULUS.COM

1. Eine Reise in die Vergangenheit

Eine alte Redensart sagt: »Wenn jemand eine Reise tut, so kann er was erzählen«. Weil die meisten Menschen gern etwas erleben, reisen sie so gern. Unterwegs wollen sie sich erholen, andere Menschen kennen lernen, Abenteuer bestehen und ihren eigenen Horizont erweitern. Allerdings muss man auf Reisen auch mit manchen Schwierigkeiten rechnen. Es kann sein, dass man in anderen Ländern die Sprache der Menschen nicht versteht, ihre Gewohnheiten falsch einschätzt und das Essen nicht verträgt. Trotzdem verlockt es uns immer wieder an fremde Orte und in ferne Länder.

Wir können nicht nur in die Welt reisen, wir können uns auch in die Zeit aufmachen. Auch wer die Vergangenheit aufsucht, wird viele neue Eindrücke gewinnen und interessante Dinge entdecken. Zwar wird er auch da manches nicht auf Anhieb verstehen, weil so vieles anders ist. Manchmal ist es schon mühevoll zu begreifen, was man da sieht und hört. Doch auch von einer solchen Reise in die Vergangenheit ist noch niemand dümmer in seine Gegenwart zurückgekehrt. Am Ende werden wir feststellen, dass wir uns selbst und die Welt besser verstehen.

Weil die Vergangenheit so aufschlussreich ist, gibt es in der Schule das Fach »Geschichte«. Da lernt ihr, in die Vergangenheit zu reisen. »Geschichte« ist dann ein interessantes Fach, wenn euch klar wird, weshalb die Vergangenheit etwas mit euch zu tun hat. Nur wenn einer den Eindruck hat, mit dieser Reise seine kostbare Zeit zu verschwenden, wird ihm das Fach langweilig erscheinen.

Auch das **Christentum** hat seine Geschichte. Es kann auf zwei Jahrtausende zurückblicken.

In der **Kirchengeschichte** kann man erfahren, wie Christen früher gelebt haben, welche Ideen sie hatten, welche Gefahren sie bestehen mussten, was ihnen ihr Glaube bedeutet hat, wo sich die Kirche bewährt und wo sie versagt hat.

1 Was ist euch aus eurer eigenen Vergangenheit und aus der Vergangenheit eurer Familie, eurer Stadt, unseres Landes wichtig?

2 Gibt es Querverbindungen vom Religionsunterricht zum Fach Geschichte? Fragt euren Religions- und Geschichtslehrer, ob ihr Themen dieses Kapitels gemeinsam erarbeiten könnt.

3 Ihr werdet das Folgende besser verstehen, wenn ihr auch anderswo nachlest, was damals geschehen ist: Schulbücher, Jugendbücher, Sachbücher, Geschichtsbücher, einen Geschichts- oder Bibelatlas. Vielleicht findet ihr zu Hause, in der Schulbibliothek, in einer kirchlichen oder städtischen Bücherei weitere Werke. Unterscheidet sich das, was ihr da über die Geschichte des Christentums findet, von dem, was hier in diesem Kapitel gesagt ist?

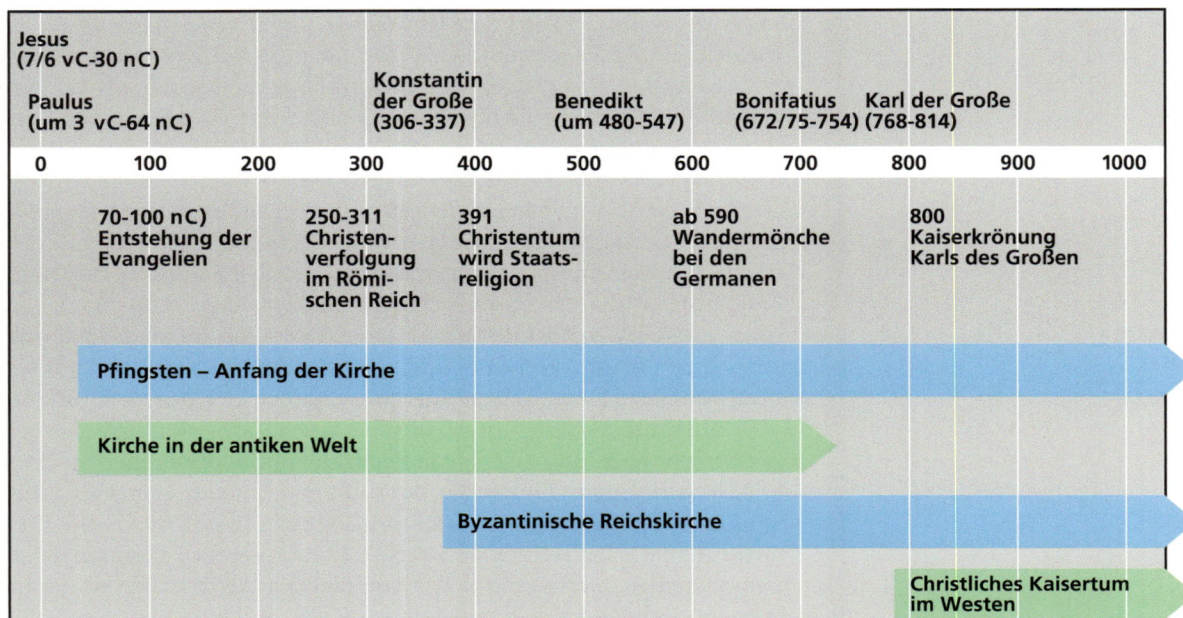

Vom Geist Gottes ist in der Bibel oft die Rede. Einige Beispiele zum Nachdenken:

Gott, sende aus deinen Geist und alles wird neu geschaffen und du wirst das Angesicht der Erde erneuern.

Psalm 104, 30

Ich (Gott) schenke euch ein neues Herz und lege einen neuen Geist in euch.
Ich nehme das Herz von Stein aus eurer Brust und gebe euch ein Herz von Fleisch.

aus dem Buch des Propheten Ezechiel 36, 26

Die Frucht (Wirkung) des Geistes ist Liebe, Freude, Friede, Langmut, Freundlichkeit, Güte, Treue, Sanftmut und Selbstbeherrschung.

aus dem Brief des Paulus an die Galater 5, 22 f

Pfingsten

Der Pfingsttag
kennt keinen Abend,
denn seine Sonne, die Liebe,
kennt keinen Untergang.

Herman Schell (1850–1906), katholischer Theologe

2. Das Wunder des Anfangs

Heute ist das Christentum die Religion, die die meisten Anhänger in der Welt hat (→ S. 194). Das war nicht immer so. Um eine so große Gemeinschaft zu werden, hat das Christentum eine Entwicklung ohnegleichen durchlaufen. Wenn wir auf den Anfang vor zweitausend Jahren zurückblicken, finden wir dort ein Ereignis, das vielen wie ein Wunder vorkommt. Es geschah in Jerusalem an einem Fest, das Christen »Pfingsten« (griech.: 50 Tage) nennen. Im jüdischen Kalender steht an diesem Tag »Schawuoth« (hebr.: »Wochenfest«). Dabei handelt es sich um ein altes Erntefest, das 50 Tage nach dem Pesachfest (→ S. 56 f) begangen wird und an dem sich die Juden an den Auszug aus Ägypten und an die Gesetzgebung vom Sinai erinnern (→ S. 58 f).

An Pesach um das Jahr 30 nC ist etwas geschehen, das die Welt verändert hat. An diesem Fest wurde Jesus von Nazaret in Jerusalem nach einem fragwürdigen Prozess unter dem römischen Prokurator Pontius Pilatus zum Tod verurteilt und am Kreuz hingerichtet (→ S. 109 ff). Er war im Land umhergezogen, hatte Jünger um sich gesammelt, Aufsehen erregende Reden gehalten, Kranke geheilt, Sündern die Schuld vergeben, wunderbare Taten gewirkt und das Reich Gottes angesagt. Vielen Leuten schien es, dass er mit seiner frohen Botschaft von Gott wie von einer anderen Welt gekommen war. Sein gewaltsamer Tod erschütterte seine Anhänger. Ein solches Ende hatten sie nicht erwartet. Als aber am dritten Tag einige Frauen und Männer aus seinem Freundeskreis ihn leibhaftig sahen, kamen sie zu der Überzeugung: Der gekreuzigte Jesus lebt. Er ist von den Toten auferstanden. Das gab seinen Anhängern zwar neuen Mut, aber sie wagten sich mit der Botschaft von Jesus noch nicht an die Öffentlichkeit, sondern blieben zuerst nur unter sich.

Das änderte sich mit einem Schlag an Pfingsten. Es war, als hätte ein Sturm ihre alte Angst weggefegt. Vielen schien es, als würde ein flammendes Feuer entzündet, das weithin Licht und Wärme spendet. Ein neuer Geist war plötzlich in ihnen.
Zu diesem Fest strömten gewöhnlich viele Juden aus der Diaspora (→ S. 136) nach Jerusalem. Sie kamen aus Ägypten und Libyen, aus Persien und Mesopotamien, aus Arabien und Kreta. Selbst jüdische Gäste aus Rom, der Hauptstadt des Reiches, wollten diesen Tag in ihrer Heimat mit anderen Juden feiern. Die Apostelgeschichte (→ S. 137) entwirft ein eindrucksvolles Bild dieses Tages.
An diesem Tag trat Petrus (→ S. 123), der Erste der Apostel, zusammen mit den elf andern Aposteln auf und hielt eine flammende Rede. Energisch wies er den Vorwurf zurück, sie seien betrunken. Er legte ihnen ein Wort des Propheten Joel aus, der vor Jahrhunderten angekündigt hatte: Gott wird einmal seinen Geist senden. Dann geschehen Wunder, die Menschen werden sich ändern, alte Leute haben neue Visionen und junge Leute können wieder träumen. Das ist heute eingetroffen. Beim Höhepunkt seiner Rede kam Petrus auf Jesus zu sprechen, den Gott vor ihnen durch seine Taten beglaubigt habe. Er sei umgebracht worden, Gott aber habe ihn auferweckt, dafür seien sie Zeugen. Dann forderte Petrus sie auf ein neues Leben anzufangen und sich auf den Namen Jesu taufen zu lassen. Dann würden ihnen die Sünden vergeben und sie könnten den Heiligen Geist empfangen. Petrus hatte mit seiner Rede großen Erfolg. Viele Zuhörer schlossen sich der neuen Jesus-Bewegung an.

Geistesgegenwart und Be-geist-erung

Lukas erzählt in der Apostelgeschichte (→ S. 137) vom Pfingsttag in Jerusalem so:

Als der Pfingsttag gekommen war, befanden sich alle am gleichen Ort. Da kam plötzlich vom Himmel her ein Brausen, wie wenn ein heftiger Sturm daherfährt und erfüllte das ganze Haus, in dem sie waren. Und es erschienen ihnen Zungen wie von Feuer, die sich verteilten; auf jeden von ihnen ließ sich eine nieder. Alle wurden mit dem Heiligen Geist erfüllt und begannen in fremden Sprachen zu reden, wie es der Geist ihnen eingab. In Jerusalem aber wohnten Juden, fromme Männer aus allen Völkern unter dem Himmel. Als sich das Getöse erhob, strömte die Menge zusammen und war ganz bestürzt; denn jeder hörte sie in seiner Sprache reden. Sie gerieten außer sich vor Staunen und sagten: Sind das nicht alles Galiläer, die hier reden? Wieso kann sie jeder von uns in seiner Muttersprache hören? ...
Die einen sagten zueinander: Was hat das zu bedeuten? Andere aber spotteten: Sie sind vom süßen Wein betrunken.

aus der Apostelgeschichte 2, 1–8.12b–13

Pfingsten ist der **Geburtstag der Kirche.** An diesem Tag kamen 3000 Frauen und Männer zu der Gemeinschaft Jesu, die man seitdem auch »Kirche« (→ S. 194) nennt. Das war der Beginn einer Bewegung, die sich in der nächsten Zeit mit atemberaubender Geschwindigkeit ausbreitete. Pfingsten bildet den wunderbaren Anfang einer spannenden und wechselvollen Geschichte.

Pfingsten, Winchester, um 980.

1 Warum können Brausen, Sturm und Feuerzungen Zeichen des Geistes Gottes sein? Heute gibt es auch andere Möglichkeiten, vom Geist Gottes zu reden, z.B. Schwung, Energie, Dynamik, Kraftfeld. Könnt ihr noch weitere finden?

2 »Geist« und »Geistesgegenwart« – was meinen die Wörter (1) in unserer Sprache und (2) im Zusammenhang mit Pfingsten? Sucht Wörter, die mit »Geist« zu tun haben, z. B. Geistesblitz, Geistlicher, Geisterfahrer u. a. Was ist der »Geist« einer Familie oder Klasse?

3 Im Ersten Testament wird vom Turmbau zu Babel erzählt, der damit endet, dass die Sprachen der Menschen verwirrt werden: Gen 11, 1–9 (→ S. 241). Zwischen dieser alten Erzählung und dem Pfingstereignis bestehen Zusammenhänge. Könnt ihr einige entdecken?

4 Die frühe Erfolgsgeschichte des Christentums nach Pfingsten wird vor allem durch Paulus in Gang gebracht. Über ihn gibt es ein eigenes Kapitel in diesem Buch: → S. 136–149. Wenn ihr dem Leitfaden der Geschichte folgt, könnt ihr dieses Kapitel hier einfügen.

In Antiochia nannte man die Anhänger Jesu schon um 40 nC zum ersten Mal »Christen« (Apg 11, 26). Das Wort wurde zuerst als Spitz- oder Schimpfname abschätzig gebraucht, um eine kleine Minderheit zu ärgern, ist aber später von den Christen als Ehrenname empfunden worden. Der Name bedeutet »Messianer«, weil »Christus« die griechische Übersetzung des hebräischen Wortes »Messias« (d. h. »Gesalbter«) ist (→ S. 99). Das Wort »Christen« bezeichnet seitdem Leute, die glauben, dass Jesus von Nazaret der von Gott verheißene Messias ist, der der Welt Liebe, Frieden und Gerechtigkeit bringt. So ist der Name »Christen«, der heute weltweit verbreitet ist, ein Programm, sich für das Werk des Messias (oder »Christus«) Jesus einzusetzen.

3. Neue Energie in einer alten Welt

Die ersten Anhänger Jesu (→ S. 121 ff, 128 f) kamen wie Jesus selbst aus dem Judentum (→ S. 136) und lebten im Land der Juden. Mit den Juden glaubten sie an Einen Gott, den Schöpfer des Himmels und der Erde. Mit den Juden wussten sie sich an die Thora mit den »Zehn Geboten« und dem Liebesgebot gebunden. Mit den Juden beteten sie die Psalmen (→ S. 84 f) und feierten sie ihre Feste. Zuerst waren die Christen eine jüdische Minderheit. Erst als sie begannen, ihre Söhne nicht mehr zu beschneiden (→ S. 52), die Speisegesetze nicht mehr zu befolgen und anstelle des Sabbat den Sonntag zu feiern, kam es zum Bruch mit dem Judentum. Wer sich so über die Thora hinwegsetzte, konnte nicht mehr im herkömmlichen Sinn Jude sein. Vor allem Paulus (→ S. 140) hat dafür gekämpft, dass auch Nichtjuden (»Heiden«) in die junge Gemeinschaft aufgenommen wurden. Er führte die junge Kirche in die **Welt des Römischen Reiches**. Da gab es für die kleine Gemeinschaft der Christen von Anfang an fast überall Probleme. Sie waren eine Minderheit, auf die man argwöhnisch schaute, obwohl man ihnen nichts Schlechtes nachsagen konnte. Alle wussten, dass sie keine Bösewichter waren, für das Wohlergehen des Reiches beteten, ihre Steuern zahlten und als Soldaten ihre Pflicht taten. Aber da war so vieles ganz neu.

Die Leute im Römischen Reich stellten sich **Fragen** wie diese:

- Was sind das für Leute, die nur *einen* Gott anbeten und einen gekreuzigten Verbrecher verehren?
- Wie kommen sie darauf, dass ihr Gott die Liebe ist und alle Menschen liebt? Wo doch unsere Götter oft gegeneinander kämpfen und aufeinander eifersüchtig sind.
- Kann von dieser jüdischen Sekte etwas Gutes kommen? Warum bleiben die nicht im Land der Juden, wo sie doch herkommen?
- Warum gehen sie nicht in unsere Tempel? Sind sie vielleicht gottlos?
- Warum versammeln sie sich zu abendlichen Mahlzeiten, als ob sie etwas zu verbergen hätten? Was ist das für ein Geheimbund?
- Ist es richtig, dass sie bei ihren Treffen das Fleisch kleiner Kinder verzehren?
- Wieso achten sie alle Menschen hoch, auch die Sklaven und sogar die Sklavinnen und die Asozialen aus den Elendsvierteln?
- Warum helfen sie Armen und Schwachen, auch wenn sie selbst arm sind?
- Warum pflegen sie Leute mit ansteckenden Krankheiten und fliehen nicht vor ihnen, wie es unsere Priester tun?
- Warum halten sie selbst Krüppel und Schwachsinnige für Menschen?
- Warum setzen sie ihre neugeborenen Mädchen auch dann nicht aus, wenn sie schon viele Kinder haben – so wie es bei uns üblich ist?
- Warum verhüllen sich ihre Frauen so züchtig und zeigen in der Öffentlichkeit nicht offenherzig, wie schön sie sind?
- Laufen ihnen deshalb so viele Frauen zu, weil sie es dort besser haben?
- Wieso bleiben die Eheleute sich treu? Warum nehmen sich ihre Männer nicht andere Frauen, wenn sie Lust dazu haben, wie es sonst doch überall üblich ist?
- Warum lügen die meisten von ihnen selbst dann nicht, wenn sie Nachteile zu erwarten haben?
- Wieso vergnügen sie sich nicht bei den Gladiatorenkämpfen, wo echt Blut fließt, oder in den öffentlichen Badeanstalten, wo es doch stets zwischen Männlein und Weiblein heiß hergeht?

Könnt ihr diese Fragen beantworten?

Christus als Sonnengott, der im vierspännigen Himmelswagen das Licht bringt. Mosaik unter der Basilika (→ S. 184 ff) von St. Peter in Rom, Anfang 3. Jh.

■ Solange die Christen für ihre Umgebung noch Fremde waren, brachte man ihnen vielfach Misstrauen entgegen. Häufig kamen sogar wilde **Beschuldigungen** auf, z. B. die Christen würden bei ihrem Gottesdienst Kinder töten und dann deren Fleisch verzehren. Diese üble Nachrede konnte entstehen, weil man gehört hatte, dass die Christen in ihren Versammlungen das Brot, das sie aßen, »Leib Christi« und den Wein, den sie tranken, »Blut Christi« nannten (→ S. 202). Und wenn der Tiber Rom unter Wasser setzte oder der Nil nicht genug Wasser für die Felder mit sich brachte, schob man es den Christen in die Schuhe und forderte ihre Bestrafung. So kam es in Rom und an anderen Orten in den Provinzen, z. B. in Antiochia und Lyon, schon früh zu einzelnen Ausschreitungen gegen die Christen, die manches Blutopfer forderten. In anderen Zeiten und an anderen Orten konnten sie dagegen ruhig leben, ohne ständig behelligt zu werden.

■ Auf der anderen Seite war es gerade dieses **ungewöhnliche Leben der Christen**, das vielen Menschen imponierte. Das war ein ganz neuer Lebensstil, wie ihn die alte Welt nicht kannte. Er zog wie ein Magnet viele Leute an. Man sagte: »Sie sind wie Himmelslichter in der Welt«, wenngleich auch damals nicht alle Christen so lebten, wie Christen leben sollen. Unter den frühen Anhängern des Christentums waren viele Frauen. Sklavinnen und Sklaven fühlten sich in der neuen Gemeinschaft wohler als in ihrer alten Umgebung. Es kamen kleine Handwerker zu ihnen, aber auch manche Gebildete, die das Lebensprogramm und die Lehre der Christen gut und vernünftig fanden. Selbst Leute vom kaiserlichen Hof zählten sich schon früh zu ihrer Gemeinschaft. Ihr wachsender Erfolg setzte sie selbst und ihre Umgebung in Staunen.

■ Der auffälligste Unterschied zwischen den Christen und Nichtchristen lag auf dem Feld der **Religion**. Die meisten Römer waren religiöse Menschen, ließen sich in der Zeit der römischen Kaiser (→ S. 124 f) jedoch verunsichern und hatten keine einheitliche Religion mehr.

Viele glaubten noch wie ihre Vorfahren, dass ihre Häuser, ihre Städte und das ganze Reich eigene **Götter** hätten, denen man nur die vorgeschriebenen Opfer darzubringen brauchte, um sie zufrieden zu stellen und ihre Hilfe zu erlangen. **Janus** (»Januar«) war der Gott der Tür und Beschützer des Hauses. Die **Penaten** walteten in der Vorratskammer bei Mehl und Bier. **Vesta** war die Göttin des Herdes. In ihrem Tempel in Rom sorgten Jungfrauen dafür, dass das heilige Feuer nicht erlosch. **Mars** war für den Krieg, **Venus** für die Liebe, **Neptun** für das Meer, **Diana** für die Jagd und **Merkur** für die Kaufmannsgeschäfte zuständig. **Juno**, die Göttermutter, kam Schwangeren bei der Geburt eines Kindes zu Hilfe. Über allem thronte der Göttervater **Jupiter**, der alles sah und über Treue und Redlichkeit wachte, obwohl man ihm selbst manchen Seitensprung mit irdischen Mädchen nachsagte. Die kleineren Götter wurden zu Hause, die größeren in öffentlichen Tempeln verehrt. Manche Götter übernahmen die Römer auch von den Griechen, so den Sonnengott **Apollo** oder seinen Sohn

Oben: Zeus von Otricoli.

Unten: Apoll von Belvedere, römische Kopie nach einem griechischen Vorbild, um 130–140 nC.

Pantheon, aus der Zeit des römischen Kaisers Hadrian (117–138).

Asklepios, den Schutzgott der Ärzte. Im Allgemeinen waren die Römer in Religionsdingen tolerant. Sie achteten auch die Göttinnen und Götter der Völker, die sie unterworfen hatten. Für sie hatten sie in Rom eigens einen großartigen Bau errichtet, den sie »**Pantheon**« (griech.: »Ort für alle Götter«) nannten und der heute noch steht. Hier konnte man die Götter der Griechen, Ägypter, Gallier und Germanen einträchtig nebeneinander finden und verehren. Nur den Juden hatten sie zugestanden, ihren Gott hier nicht einbringen zu müssen, weil diese sich mit äußerster Energie gegen eine solche Zumutung für den Einen Gott wehrten und sich von ihm grundsätzlich kein Bild machten.

■ Damals waren auch seltsame Praktiken weit verbreitet, die man heute als »**Aberglaube**« bezeichnet. So fütterte man sogenannte »Heilige Hühner«, achtete auf den Flug der Vögel oder schaute auf die Leber von Tieren, um daraus zu erkennen, ob die Truppen einen Sieg oder eine Niederlage zu erwarten hätten. Man wollte vielerorts beobachtet haben, dass sich im Himmel ein großes Loch gezeigt, Schilde oder Bilder Blut geschwitzt, feurige Steine vom Himmel gefallen und zwei Monde miteinander gekämpft hätten. Aus solchen »Vorzeichen« deuteten »Seher« die Zukunft. Viele Römer kamen damals zu der Auffassung, das Christentum sei ihrer alten Religion überlegen.

■ Zu einem heftigen Konflikt mit dem römischen Staat kam es in dem Moment, als **römische Kaiser** den Titel »Herr und Gott« annahmen, die Religion total in den Dienst der Politik nahmen und einen einheitlichen religiösen Kult für das ganze Reich anordneten. Er sollte ihre Herrschaft unterstützen, das Reich von der Religion der äußeren Feinde abheben und in allen Untergebenen ein Gefühl der Zusammengehörigkeit bewirken. Zu diesem Zweck mussten alle Frauen und Männer zum ersten Mal während der Amtszeit des römischen Kaisers Decius (249–251) das Bild des Kaisers verehren, als sei er ein Gott. Sie mussten ihm öffentlich ein kleines Opfer und etwas Weihrauch darbringen, vom Fleisch der Opfertiere essen und sich vor dem Bild niederknien. Von Christen verlangte man manchmal noch zusätzlich, dass sie den Namen Christi schmähen sollten. Dann war man sicher, dass sie politisch zuver-

Freibrief mit Bestätigung des Opfers für den Kaiser (249).

Viele Christen weigerten sich den römischen Kaisern Ehrungen zukommen zu lassen, die nur Gott zustehen. Sie stellten sich gegen einen Staat, der meinte in religiösen Dingen alles bestimmen zu dürfen und kämpften so für die Freiheit des Gewissens. Ihren Widerstand bezahlten sie oft mit dem Tod. Ca. 3000 Frauen und Männer wurden Opfer der Macht und **Märtyrer** (griech.: »Zeugen«) für ihren Glauben. Ihr Kampf war nicht vergeblich. Viele Zeitgenossen wurden durch den Widerstand der Christen nachdenklich und fragten, was für ein Glaube dahinterstehe. Ihre Ideen lebten weiter und fanden in der Zukunft immer mehr Zustimmung.

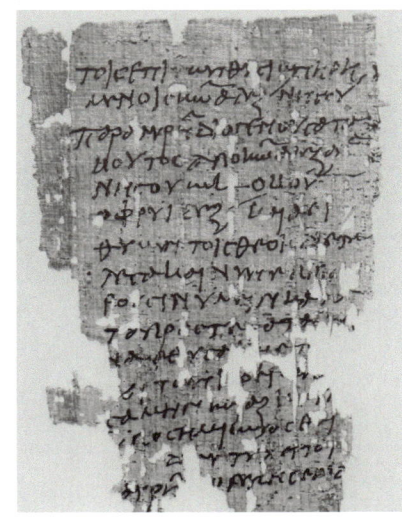

lässig waren. Nach dem Opfer erhielten die Beteiligten eine Bescheinigung für die Erfüllung des kaiserlichen Gesetzes. Die meisten Leute dachten sich nicht viel dabei und taten, was befohlen war. Aber die Christen sahen in dieser Anordnung ein großes Problem. Hier erklärte sich ein Mensch für göttlich und verlangte dafür auch noch von allen öffentliche Zustimmung. Das war mit ihrem Glauben an Gott unvereinbar und verletzte die Freiheit ihres Gewissens. Darum verweigerten viele dieses Opfer vor dem Kaiserbild. Manchmal stießen sie auf römische Beamte, die Mitleid mit ihnen hatten und ihnen eine Bescheinigung ausstellten, als hätten sie geopfert. Nicht wenige wurden schwach und opferten aus Angst vor dem Tod dem Kaiserbild.

Kolosseum, Rom. Altes Amphitheater aus der Zeit zwischen 70 und 80. Hier fanden Gladiatorenkämpfe und Tierhetzen statt. Dass hier christliche Märtyrer hingerichtet wurden, ist nicht erwiesen.

Unten: Blick in das Innere.

Perpetua und Felicitas

Der römische Kaiser Septimius Severus (192–211 nC) hatte den Übertritt zum Christentum unter strenge Strafe gestellt. Es gab jedoch Leute in Karthago (Nordafrika), die sich davon nicht abschrecken ließen. Unter ihnen waren die beiden Frauen Perpetua und Felicitas. Perpetua stammte aus einer vornehmen und angesehenen Familie, Felicitas war ihre Sklavin. Beide Frauen waren verheiratet und müssen schön und lustig gewesen sein. Sie waren enge Freundinnen, obwohl sie unterschiedlichen Gesellschaftsgruppen angehörten. Die eine war reich und frei, die andere arm und unfrei. Beide waren davon überzeugt im Christentum die richtige Religion für ihr Leben gefunden zu haben. Darum baten sie trotz des kaiserlichen Verbots um Aufnahme in die Kirche. Sie wurden im christlichen Glauben unterwiesen und empfingen die Taufe. Dabei wussten sie nur allzu gut, in welche Gefahr sie sich begeben hatten. Schon kurz darauf wurden sie ergriffen und ins Gefängnis geworfen. In einem uns erhaltenen Bericht schreibt Perpetua voller Entsetzen, das Gefängnis sei ein finsteres Loch, in das die Gefangenen massenweise von brutalen Soldaten hineingestoßen würden. Man brachte ihr ihren Säugling, der zu Hause ohne die Muttermilch schon halb verhungert war. Ihr greiser Vater, der selbst nicht Christ war, kam ins Gefängnis und flehte sie inständig

1 Versucht den Satz des Kirchenvaters Tertullian zu erklären: »Das Blut der Märtyrer ist der Same der Christen.«

2 Zu den Katakomben in Rom, den Grabstätten vieler Christen aus dieser frühen Zeit: → S. 181 ff.

3 Versucht eine Szene zu spielen, die sich auf dem Marktplatz der alten römischen Stadt Köln ereignet haben könnte. Vielleicht können eure Geschichts- und Lateinlehrer/innen bei dieser Aufgabe behilflich sein. Das Thema:
In der Mitte des 3. Jahrhunderts treffen sich zwei Freundinnen, die ca. 12 Jahre alt sind. Julia kommt aus einer römischen Soldatenfamilie, die die römischen Götter verehrt, Priska aus einer Familie, die gerade christlich geworden ist. Was haben sich die beiden zu erzählen und zu erklären? Worin verstehen sie sich, worin nicht? Was können sie sich zeigen?

4 Christen wurden zu fast allen Zeiten verfolgt. Im »Martyrologium«, d. h. dem amtlichen kirchlichen Buch der Märtyrer, sind zehntausende Namen festgehalten. Kennt ihr das ein oder andere Beispiel? Warum hält die Kirche die Erinnerung an diese Frauen und Männer (»Heilige«) bis heute wach?

Im Römischen Reich gab es mehrere **Christenverfolgungen.** Die erste wurde von Kaiser Nero (54–68 nC; → S. 148), die letzte und schlimmste von Kaiser Diokletian (284–305 nC) angezettelt. Zwischen den Zeiten der Verfolgung lagen für die Christen längere friedliche Phasen, in denen sie ruhig leben konnten. Allerdings gab es schon in dieser frühen Zeit nicht nur Licht, sondern auch Schatten. Viele Christen nahmen ihren Glauben ernst, andere gaben kein gutes Beispiel. Insgesamt erwies sich das Christentum als eine Energie, die die religiöse Vielfalt der alten Welt durchdrang, indem sie ihr den Glauben an den Einen Gott, Hoffnung auf die Auferstehung von den Toten, eine neue Vorstellung von der Würde des Menschen und gute Weisungen für das tägliche Leben brachte. So konnte das Christentum den mächtigen römischen Staat und seine Religion allmählich überwinden. Es war wie ein kleines Stück Hefe (»Sauerteig«, Mt 13, 33), das langsam einen großen Topf Mehl durchdringt.

an ihren Sinn zu ändern. Er sagte: »Gib mich nicht dem Spott der Menschen preis. Blicke auf deine Mutter und deine Brüder, blicke vor allem auf dein Kind, das nach deinem Tod nicht leben kann. Richte uns doch nicht zugrunde.« Sie aber blieb bei ihrem Entschluss. Kurz darauf kamen die beiden Frauen vor den römischen Prokonsul. Sie mussten auf einer öffentlichen Bühne stehen, wo viel Volk sie angaffte. Da erschien der Vater Perpetuas noch einmal, betrat auch selbst die Bühne und bat seine Tochter inständig sich ihres Kindes zu erbarmen. Selbst der Prokonsul wollte die junge Frau schonen und sagte ihr: »Schone die grauen Haare deines Vaters, nimm Rücksicht auf das Leben des Kindes, opfere für das Wohl der Kaiser!« Aber Perpetua beharrte darauf, dies als Christin nicht tun zu dürfen. Als der Vater versuchte sie von der Bühne zu ziehen, wurde er auf Befehl des Prokonsuls von der Bühne herabgestoßen und von Soldaten zusammengeschlagen.

In einem anderen Bericht erfahren wir, dass die Sklavin Felicitas im achten Monat schwanger war und im Gefängnis vorzeitig ihre Wehen bekam. Unter großen Schmerzen gebar sie ein Mädchen, das ihre Verwandten später aufzogen.

Da Perpetua und Felicitas sowie zwei junge Männer standhaft das Opfer für den Kaiser verweigerten, wurden sie zum Tod verurteilt. In der Arena des Amphitheaters warf man sie wilden Tieren vor, die sie lebensgefährlich verletzten. Im Sterben konnten sie sich noch gegenseitig trösten. Auf Verlangen des Volkes empfingen sie schließlich den Todesstoß mit dem Schwert. Einen solchen Tod bezeichneten die Christen damals als »Sieg«, für den die Märtyrer die »Krone des ewigen Lebens« erhalten.

Perpetua. Mosaik, Ravenna, 6. Jh.

5 Nie war die Zahl der Christen, die für ihren Glauben starben, so hoch wie im 20. Jahrhundert. In den letzten 100 Jahren sind mehr Christen wegen ihrer Überzeugung ermordet worden als in allen 19 Jahrhunderten vorher. Wie erklärt ihr euch diese Tatsache? Kennt ihr einzelne Namen?

Während der Verfolgungszeiten brauchten Christen unauffällige Geheimzeichen (→ S. 161), an denen sie sich erkennen konnten: Taube, Anker, Kreuz und Baum. Grabstein, Priscilla-Katakombe (→ S. 181 ff), Rom, 3. Jh.

4. Die Versuchung der Macht

Im Jahr 313 kam es zu einer entscheidenden Wende für das Christentum. Anlass dazu war ein Sieg, den der römische **Kaiser Konstantin** (306–337 nC) 312 vor den Toren Roms an der Milvischen Brücke über einen Konkurrenten erlangen konnte. Konstantin schrieb diesen Sieg dem Gott der Christen zu. Eine alte Legende erzählt, er habe vor der Schlacht im Traum das Zeichen des Kreuzes gesehen und dazu das Wort vernommen: »In diesem Zeichen wirst du siegen« (lat.: »In hoc signo vinces«). Die beiden griechischen Anfangsbuchstaben des Christusnamens Chi und Rho (X und P) habe er daraufhin auf die Schilde seiner Soldaten schreiben lassen und so Christus gleichsam zu seinem Schlachtengott gemacht. Tatsächlich wurde Konstantin nach diesem Sieg der erste christliche Kaiser. Er beendete die lange Phase der römischen Geschichte, in der die Kaiser dem Christentum gegenüber oft feindlich eingestellt waren.

Konstantins Entscheidung war lange vorbereitet. Schon seine Eltern hatten einige Sympathien für das Christentum. Er selbst verehrte den »Unbesiegbaren Sonnengott« (lat.: »Sol invictus«) als einzige Gottheit, den er später leicht mit dem Christengott gleichsetzen konnte, weil die Christen diesen doch das »Licht der Welt« nannten. Vor allem verfolgte er mit seinem Schritt politische Interessen. Er hatte erkannt, wie unheilvoll sich die brutalen Christenverfolgungen seines Vorgängers Diokletian auf das Reich ausgewirkt hatten. Sie hatten den Staat tief gespalten. Auf der einen Seite stand die verschlissene christenfeindliche Macht der Kaiser, auf der anderen Seite hatten viele Menschen längst das Christentum als eine fortschrittliche Bewegung akzeptiert. Hier war mehr religiöse Kraft und eine stärkere geistige Energie zu finden. Hier gab es die klügeren Köpfe und die überzeugenderen Persönlichkeiten. Als sich Konstantin auf die christliche Seite schlug, stellte er sich auf die Seite, der die Zukunft gehörte.

Konstantin erließ einige Gesetze, die sich für die Christen günstig auswirkten. Jedem war nun die Wahl der Religion, der er folgen wollte, freigestellt. So wurde auch die christliche Kirche endlich frei. Das war wie eine erfolgreiche Revolution, die die Christen jubelnd und dankbar begrüßten. Ihre kühnsten Hoffnungen waren übertroffen. Es schien ihnen, dass das Angesicht der Erde neu geworden sei und das Pfingstereignis (→ S. 151 f) sich endlich vollendet habe. Doch zeigte sich bald, dass dieser Triumph zwei Seiten hatte. Er schlug positiv und negativ zu Buche.

■ Auf der einen Seite gab es nun für die Christen **Rechte und Vergünstigungen**, an die sie früher nicht einmal zu denken gewagt hätten.

• Die Christen brauchten sich nicht mehr wegen ihres Glaubens zu fürchten und zu verstecken, sondern konnten nun in aller **Öffentlichkeit** leben. Sie durften jetzt überall Kirchen für ihren Gottesdienst und Schulen für die Erziehung ihrer Kinder bauen. Die Kirche konnte sich rasch ausbreiten und ihre Einrichtungen stärken.

Mit »**Konstantinischer Wende**« bezeichnet man die Änderung, die der römische Kaiser Konstantin für die Kirche einleitete. Er beendete die Verfolgung und Benachteiligung der Christen und gab der Kirche viele Rechte. Die Kirche wurde frei und zugleich wieder unfrei, da der Staat massiv in ihre Angelegenheiten eingriff. Sie wurde nicht mehr verfolgt und begann nun selber, andere zu verfolgen. Sie breitete sich rasch aus und verlor doch an Glaubwürdigkeit. Sie stand nicht mehr nur entschieden auf Seiten der Armen und Schwachen, sondern auch im Bund mit den Mächtigen und Reichen. Die Kirche hat an dieser doppelten Erbschaft Konstantins schwer zu tragen.

Münze aus dem Jahr 315: Konstantin. Auf dem Helm des Kaisers ist das Christuszeichen zu sehen.

Rückseite (unten): Die Feldstandarte des Kaisers mit dem krönenden Christuszeichen durchbohrt die Schlange, Symbol für den besiegten Gegner Maxentius. Der Text: Konstantin, die Hoffnung des Staates.

Konstantin mit der Vision des Kreuzes vor der Schlacht an der Milvischen Brücke, Frankreich, 9. Jh.

• Das **Eigentum**, das Christen während der Verfolgungszeiten weggenommen worden war, wurde ihnen vollständig erstattet. Dazu gehörten Friedhöfe und Versammlungsräume.

• Die **Bischöfe, Priester und Diakone** erhielten dieselben Rechte, wie sie die heidnischen Priester schon immer hatten. Sie brauchten keine Steuern zu zahlen und keinen Wehrdienst zu leisten. Damit gehörten sie anerkannten, einflussreichen und gut bezahlten Berufen an. Die Bischöfe waren den höchsten Staatsbeamten gleichgestellt und durften auf vielen Gebieten Entscheidungen treffen, z. B. bei Streitigkeiten um eine Erbschaft oder bei Prozessen vor Gericht.

• Der **Sonntag**, der Gedenktag der Auferweckung Jesu, wurde 321 gesetzlicher Feiertag. Die Kreuzesstrafe wurde abgeschafft, weil niemand mehr so sterben sollte, wie Christus gestorben war. Das Kreuz Christi (→ S. 190 f) hielt seinen Einzug in den Alltag.

• Konstantin sponserte bedeutende **Kirchenbauten** im Römischen Reich, so die Petrusbasilika in Rom, die über dem Friedhof errichtet wurde, auf dem der Erste der Apostel Jesu bestattet war. In Betlehem ließ er die Geburtskirche und über dem Grab Jesu in Jerusalem die Grabeskirche bauen. Er stiftete eine Basilika (→ S. 185 f) in der nach ihm benannten neuen Hauptstadt des Römischen Reiches, Konstantinopel, an deren Stelle später die »Hagia Sophia« (d. h. »Heilige Weisheit«) trat. Damit rückte er das Christentum an den wichtigsten Orten der damaligen Welt durch die großartigsten Bauwerke seiner Zeit unübersehbar in das Blickfeld der Menschen. Auch für seinen eigenen Nachruhm hat er damit gesorgt.

■ Auf der anderen Seite gab es erhebliche **Nachteile**. Sie wurden unter den Nachfolgern Konstantins noch deutlicher, vor allem seitdem das Christentum 381 unter Kaiser Theodosius (379–395) allein staatlich anerkannte Reichsreligion geworden war.

• Der römische Staat wollte die Kirche nicht nur als Bundesgenossin, er wollte auch über sie herrschen. Aus dem Schutz für die Kirche wurde allmählich eine unerträgliche **Bevormundung**. Die christlichen Kaiser glaubten immer noch wie ihre heidnischen Vorgänger, die Religion sei Dienerin des Staates. Sie mischten sich ständig in die inneren Angelegenheiten der Kirche ein. So verlor die Kirche rasch ihre Freiheit an denselben Staat, der ihr die Freiheit zum ersten Mal geschenkt hatte. Selbst auf den kirchlichen Konzilien (→ S. 208), wo strittige Glaubensfragen entschieden wurden, beanspruchten die Kaiser Mitsprache. Das erste ökumenische (»weltweit geltende«) **Konzil in Nizäa** in der heutigen Türkei wurde 325 nicht vom Papst, sondern von Konstantin einberufen. Unter der Regie des Kaisers lehnte es die Bischofsversammlung damals feierlich ab, die Göttlichkeit

Jesu in Zweifel zu ziehen, wie es der Priester Arius aus Alexandrien versucht hatte. In Nizäa formulierte sie ihr bis heute gültiges Bekenntnis zu Jesus mit den Worten: »Gott von Gott, Licht vom Licht, wahrer Gott vom wahren Gott«.

• Die Kirche, die selbst lange verfolgt worden war, ließ es zu, dass nun die **römische Religion benachteiligt** wurde. Die Tempel wurden 346 geschlossen, manche auch zerstört oder in christliche Kirchen umgewandelt. Die alten religiösen Zeremonien waren nun untersagt. Man drängte alle Bürger des Reiches dem »heidnischen Unglauben« zu entsagen und Christen zu werden. Nichtchristen wurden aus dem Staatsdienst entfernt, manche auch ermordet. Schließlich erklärte im Jahr 560 der Kaiser Justinian (527–565) alle Ungetauften für rechtlos und alle kirchlichen Gesetze der Konzilien für Reichsgesetze.

■ Verhängnisvoll wirkte sich die Wende für die **Juden** aus. Triumphierend wurde ihnen vorgehalten, dass der Sieg des Christentums der endgültige Beweis für die Niederlage des Judentums sei. Gott selbst habe jetzt deutlich gesprochen und sich für das Christentum entschieden. Das Judentum habe als eigene Religion seine Existenzberechtigung verloren. Die Lehrer der Kirche stellten das Judentum in ein immer schlechteres Licht und waren der Meinung, dass die wertvollen Schätze des Judentums allein in der Kirche zu finden seien. Sie schrieben den Juden die Schuld am Tod Jesu zu und nannten sie deshalb »Gottesmörder«, obwohl der römische Prokurator Pontius Pilatus das Todesurteil über Jesus gesprochen hatte. Seit Kaiser Theodosius (379–395) durften Juden kein staatliches Amt mehr übernehmen, nicht mehr als Verteidiger vor Gericht auftreten und keine neuen Gebäude errichten. Kriminelle Ausschreitungen gegen die Juden und ihre Synagogen häuften sich. Die Täter wurden meist kaum bestraft.

■ Zwei Seiten, wie es sie in der Entwicklung der Kirche gab, zeigten sich auch im **persönlichen Leben Konstantins**. Er handelte christlich und unchristlich zugleich. Obwohl er die Kirche förderte, wurde er lange kein Christ. Wahrscheinlich wollte er sein Leben nicht so ändern, wie es für Christen nötig ist. Erst auf dem Sterbebett empfing er die Taufe. Wie seine Vorgänger war er selbstherrlich und rücksichtslos. Seine Frau und seinen

Kaiser Theodosius, Silberschale, 388.

ältesten Sohn ließ er ermorden. Seine Mutter **Helena** war eine Schankwirtin, aus der eine erhabene Kaiserin wurde. Sie hat sich an vielen Orten des Reiches lebhaft für das Christentum eingesetzt. Eine alte Legende erzählt, dass sie in Jerusalem das verschollene Kreuz Christi gesucht und dabei drei Kreuze gefunden habe. Sie legte auf jedes Kreuz einen Kranken, einer von diesen wurde geheilt. So habe sie das wahre Kreuz Christi wieder entdeckt. Kleine Teile (»Partikel«) dieses Kreuzes sind von da aus in berühmte Kirchen überall in der Welt gelangt, wo sie noch heute verehrt werden.

Konstantin und Helena mit dem Kreuz, griechische Ikone, 11. Jh.

1 Denkt euch zwei Szenen aus. Die erste spielt zur Zeit des römischen Kaisers Decius (→ S. 155). Da kommt Markus, der zwölfjährige Sohn eines römischen Soldaten, zu seinen Eltern und erklärt ihnen, dass er Christ werden wolle, weil sein bester Freund auch Christ sei und so begeistert von seinem Glauben erzähle. Die zweite Szene spielt in der Zeit, in der die römischen Kaiser Christen waren. Da empfängt Antonius, der Sohn eines römischen Beamten, mit seiner ganzen Familie die Taufe, weil der Vater dann rascher befördert wird. Sprecht darüber, was in beiden Szenen gleich und verschieden ist.

2 Der französische Kardinal Suhard hat 1947 gesagt: »Die Kirche fürchtet Konstantin mehr als Nero« (→ S. 157). Was ist damit gemeint?

An **Hilarius** und **Martin** (→ S. 162) lässt sich ablesen, dass das Christentum schon früh nach Gallien, das heutige Frankreich, kam und dort großen Einfluss gewann. Beide zeigen, dass nicht alle Christen der Versuchung der Macht erlegen sind. Hilarius hat sich öffentlich gegen den Kaiser ausgesprochen, Martin durch seine legendäre Tat der Mantelteilung auf die Bedeutung der Armen und Schwachen hingewiesen.

Hilarius: Ein Bischof kritisiert Kaiser und Kirche

Nicht alle Christen waren mit der Entwicklung der Kirche einverstanden, die seit Konstantin begonnen hatte. Unter den Kritikern ragt Hilarius, Bischof der französischen Stadt Poitiers, heraus. Er wurde um 315 als Kind einer wohlhabenden römischen Familie in Poitiers geboren und erhielt eine ausgezeichnete Ausbildung in Philosophie (→ S. 227) und Rhetorik (»Kunst der Rede«). Aus Interesse las er oft das Alte und Neue Testament. Weil er zu der Überzeugung kam, das Christentum sei die wahre Religion, ließ er sich taufen. Er war verheiratet und hatte eine Tochter. Im Jahr 350 wurde der verheiratete Mann in seiner Vaterstadt vom Volk einstimmig zum Bischof gewählt. Als Bischof verzichtete er auf seinen ganzen Besitz, um frei für den Dienst an der Kirche zu sein. Über Glaubensfragen geriet er in heftigen Streit mit dem römischen Kaiser Constantius II. (337–361), der ihn als Störenfried ansah und sich weigerte mit ihm zu sprechen. Wegen seiner Ansichten musste er in die Verbannung nach Kleinasien gehen. Bei seiner Rückkehr wurde er vom Volk in Poitiers begeistert empfangen. Hilarius starb um 367 in Poitiers.

Ein mutiges Wort

Hilarius verfasste 360 in seinem Exil eine Streitschrift gegen den Kaiser. Darin nahm er kein Blatt vor den Mund. Aufs schärfste prangerte er die kaiserliche Politik an:

Die Zeit zum Schweigen ist vorbei. ... In unseren Tagen geht der Kampf gegen einen schlauen Verfolger, gegen einen schmeichelnden Feind: gegen Constantius, den Antichrist. Der bricht uns nicht das Rückgrat, sondern liebkost unseren Leib. Der schickt uns nicht in die Verbannung, die uns ewiges Leben brächte, sondern teilt Geld aus, aber zum Tod. Er wirft uns nicht in den Kerker zu ewiger Freiheit, sondern ehrt uns im Kaiserpalast zu Sklaverei. Er zerfleischt nicht die Rippen, sondern stiehlt sich die Herzen. Er schlägt uns nicht mit dem Schwert den Kopf ab, sondern mordet mit Gold die Seele. Er droht nicht mit offenem Scheiterhaufen, sondern zündet uns heimlich das Höllenfeuer an. Er stellt sich nicht zu ehrlichem Kampf auf Sieg und Niederlage, sondern er schmeichelt, um Herr zu bleiben. ...

Constantius! Ihr häuft das Gold des Staates auf Gottes Heiligtum; das Geld, das ihr den Heidentempeln abgenommen habt, das ihr mit Steuerschraube und Strafsätzen eingetrieben habt, werft ihr nun Gott vor die Füße.

Hilarius, »Gegen den Kaiser Constantius«

Fisch mit Kreuz, Relief der koptischen (ägyptischen) Christen, Oberägypten, 4. Jh.

Der Fisch war das Geheimzeichen der Christen, ein Christussymbol. Die Buchstaben des griechischen Wortes ichthys (= Fisch) bilden die Anfangsbuchstaben der griechischen Wörter Jesus Christus Gottes Sohn Erlöser (→ S. 157). Dieses Symbol wurde auch später von den Christen gebraucht. Hier ist es mit dem Kreuz verbunden, das erst nach den Zeiten der Verfolgung öffentlich gezeigt wurde (→ S. 190).

Martin von Tours: Offizier – Bischof – Vorbild

Als 316 in Ungarn in einer römischen Offiziersfamilie ein Junge geboren wurde, gaben ihm seine Eltern den Namen »Martin« (lat.: »kleiner Mars«). Sie zeigten damit, dass sie den römischen Kriegsgott Mars verehrten und den Jungen für die Soldatenlaufbahn bestimmt hatten. Martin wurde Offizier und kam nach Gallien, wo er das Christentum näher kennen lernte. Anlass für seine Taufe soll ein Erlebnis gewesen sein, von dem eine weithin bekannte Legende erzählt. Danach ritt er an einem eiskalten Winterabend mit seinen Kameraden nach Amiens. Am Stadttor streckte ihm ein armseliger Bettler, der in Lumpen gehüllt war, die Hände entgegen. Weil Martin kein Geld bei sich hatte, aber Mitleid mit dem Bettler empfand, zog er kurz entschlossen sein Schwert, zerschnitt seinen Mantel in zwei Teile und gab eins davon dem Bettler, ohne sich um den Spott seiner Kameraden zu kümmern, die den Offizier mit dem halben Mantel kräftig verlachten. In der Nacht erschien ihm Christus, der mit dem Mantelstück bekleidet war, und sagte: »Martin, der noch nicht Christ ist, hat mich bekleidet.« Daraufhin ließ sich Martin 334 in Amiens taufen. Bald stand er vor dem Problem, ob er als Christ noch den Beruf des Soldaten ausüben könne. Er entschied sich – anders als andere Christen – dagegen und gab seine Offizierskarriere auf. Um diesen Entschluss seinen Eltern mitzuteilen, ging er noch einmal in seine Heimat. Er konnte seine Mutter bewegen Christin zu werden, während sein Vater wohl zornig darüber war, dass er den Soldatenberuf aufgegeben hatte. Weil er in aller Ruhe darüber nachdenken wollte, was die Bestimmung seines Lebens sei, ging er auf eine einsame Insel bei Genua, aß nur Beeren, Kräuter und Früchte und lebte als strenger Asket. Nach einiger Zeit ging er in die Schule des Hilarius (→ S. 161) nach Poitiers, um die Theologie (→ S. 146) zu erlernen. Auch hier lebte er als ein genügsamer Einsiedler, der vielen Menschen half und guten Rat geben konnte. Darum wollte das Volk der nahegelegenen Stadt Tours ihn zum Bischof haben. Die Priester lehnten ihn eher ab, weil er ihnen für die Würde dieses Amtes zu ungepflegt und zu wenig vornehm zu sein schien. Auch er selbst wollte nicht Bischof werden. Eine Legende erzählt, dass er sich in einem Gänsestall verstecken wollte, bis ein anderer Bischof gefunden war. Doch die Gänse verrieten durch ihr Geschnatter denen, die ihn suchten, sein Versteck. Tatsächlich setzte sich das Volk durch. 371 wurde Martin in Tours zum Bischof geweiht. Er nahm sein Amt ohne jeden Prunk wahr, setzte sich für Recht und Gerechtigkeit ein, stand auf Seiten der Armen und Schwachen und wurde ein beliebter Seelsorger. Als er zum Sterben kam, legte er sich am Boden auf Asche, weil er meinte, das sei für den Christen ein richtiges Zeichen. Er starb in Tours am 11. November 397 und dort wurde er auch begraben. Sein Grab ist bis heute ein beliebtes Wallfahrtsziel. Dort wird sein Mantel (lat.: »cappa«) aufbewahrt. Den Ort nennt man deshalb »Kapelle«. Schon kurz nach Martins Tod breitete sich sein Ruhm in weiten Teilen Europas aus. Er wurde zum Patron der Bettler, Schneider und Wehrdienstverweigerer.

3 Welche Bräuche zu Ehren von Sankt (lat.: »heilig«) Martin sind in eurer Gegend lebendig? Wisst ihr ein Lied oder ein Gedicht, das von ihm handelt? Kennt ihr Taten, die seiner damaligen Tat vor Amiens heute entsprechen?

4 Vom heiligen Nikolaus, der in dieser Zeit lebte, wissen wir nicht viel. Er wurde um 270 in Patara geboren, wurde Bischof von Myra und starb dort am 6. Dezember um 340. Beide Orte liegen an der Mittelmeerküste im Südwesten der heutigen Türkei. Sein griechischer Name bedeutet »Sieg des Volkes« und erinnert wohl an das Ende der Christenverfolgung im Römischen Reich. Er soll am Konzil von Nizäa (→ S. 159) teilgenommen haben. Seine Gebeine wurden von Apuliern geraubt. Sie ruhen seit 1087 in Bari in Süditalien. Kennt ihr eine der vielen Nikolauslegenden? Welche Bräuche sind mit seinem Namen verbunden?

Martin und der Bettler, Buchmalerei, 14. Jh.

5. Alternatives Leben

Mönche (griech.: »Einsiedler«) sind Männer, die entsprechend den Ratschlägen Jesu freiwillig auf Ehe und Besitz verzichten, um ganz für Gott zu leben, Jesus nachzufolgen und für andere Menschen Zeichen zu setzen. Sie wohnen in einer Gemeinschaft Gleichgesinnter in einem **Kloster** und versprechen dem **Abt** (»Vater«), dem Vorsteher des Klosters, gehorsam zu sein. In der Christenheit gibt es viele Mönchsorden. Ihr Leben besteht aus Gebet und Arbeit. Sie bilden eine alternative Bewegung zum gängigen Leben in der Gesellschaft. Frauen, die in derselben Weise leben, heißen **Nonnen** oder **Schwestern.** Ihre Vorsteherin ist eine **Äbtissin.** Wer sich auf das Leben in einem Kloster vorbereitet, ist ein **Novize/**eine **Novizin** (lat.: »Neuling«).

■ Als **Jesus** einmal von einem jungen Mann gefragt wurde, was er tun solle, um das ewige Leben zu erlangen, erinnerte er diesen an die Zehn Gebote und an das Liebesgebot. Diese Forderungen bilden das Grundprogramm für alle Christen. Von der Erfüllung dieser Pflichten ist niemand ausgenommen. Dann fügte Jesus aber ein erstaunliches Wort an: »Wenn du vollkommen sein willst, geh, verkauf deinen Besitz und gib das Geld den Armen« (Mt 19, 21). Das war ein schockierender Rat, weil die Menschen an ihrem **Besitz** hängen und sich im Allgemeinen nicht freiwillig davon trennen. Auch der junge Mann konnte sich zu einem so radikalen Lebensweg nicht entschließen und ging traurig davon. Ein andermal empfahl Jesus denen, die etwas Besonderes tun wollten, freiwillig ehelos zu leben und auf Familie und Kinder zu verzichten (Mt 10, 37; 19, 11). Weil Jesus die **Ehe** hoch geschätzt hat, kam auch dieser Rat aus dem Mund Jesu unerwartet. Jesus wusste allzu gut, dass die Menschen von Natur aus danach streben als Mann und Frau miteinander zu leben und Kinder zu haben. Dieses Verlangen ist den Menschen von Gott selbst gegeben (Gen 2, 21–25). Auch unter seinen Aposteln waren verheiratete Männer. Jesus wollte aber mit seiner Empfehlung zeigen, dass der **freiwillige Verzicht auf gute Dinge** (Besitz, Ehe) ein Zeichen dafür sein kann, dass letztlich nur Gott reich und glücklich macht. Er wusste, dass solche Zeichen für Menschen hilfreich sein können. Jeder, der Besitz hat oder verheiratet ist, wird dadurch veranlasst, über das nachzudenken, was im Leben wirklich wichtig ist.

■ Dieses Aufsehen erregende Leben Jesu und seine Worte blieben nicht ohne Wirkung. Schon bald fanden sich Frauen und Männer, die seine Ratschläge ernst nahmen, alles weggaben, was sie hatten, und sich keinen Lebenspartner suchten. Sie lebten in freiwilliger Armut und Ehelosigkeit, um ganz für Gott frei zu werden. Sie wollten nur das haben, was unbedingt zum Leben nötig ist. So brauchten sie nicht dem Geld nachjagen und sich auch nicht, wie es für andere Menschen gut ist, ständig um ihre Familien sorgen. Sie lebten anders als die Mehrheit. Sie waren eine Alternative für die Welt.

Die Ersten, von denen wir Näheres wissen, gingen in **Ägypten** in die Wüste (→ S. 60), wo sie am ehesten ohne Besitz und Frau leben konnten. Als Einsiedler waren sie ganz auf sich gestellt und muteten sich ganz ungeheuerliche Dinge zu. Sie quälten ihren Leib, setzten sich jedem Wetter aus, hausten in Höhlen, ertrugen Hunger und Durst und suchten alle Lustgefühle in sich zu besiegen. Das war sicher nicht ein Leben, das für alle empfehlenswert war. Aber es war ein Leben, das im äußersten Gegensatz zu dem stand, was in der Regel getan und angestrebt wird. Es war ein aufwühlender Protest gegen ein Leben, in dem das Geld regiert und die Leute nur auf Vergnügungen aus sind. Und so erfüllte es auch seinen Zweck: es schockierte, rief Widerspruch hervor, machte nachdenklich. Es nahm dem Alltagsleben, das man für normal hielt, seine Selbstverständlichkeit. Da manche Einsiedler ihr selbstgewähltes hartes Leben nicht durchhielten, kam **Antonius der Große** (etwa 251–356) auf die Idee, die Einsiedler in seiner Nähe zu sammeln, so dass sie es in einer Gemeinschaft von Gleichgesinnten etwas einfacher hatten. Er gab ihnen noch keine feste Regel für das Zusammenleben. Die erste Klosterregel in Ägypten schrieb der Mönch **Pachomius** (gest. 345). Er baute auch ein Kloster, um die Einsiedler darin zu versammeln. So konnten die Gefahren für Leib und Seele, die das harte Einsiedlerleben mit sich brachte, verringert werden.

Paulus-Kloster am Roten Meer, gegründet im 5. Jh., eines der ältesten Klöster des christlichen Mönchtums.

■ Der wichtigste Mann für das europäische Mönchtum war **Benedikt von Nursia**. Er wurde 480 in der Nähe der kleinen Ortschaft Nursia geboren, die in den Abruzzen liegt. Seine Eltern, die zum römischen Landadel gehörten, ließen den Jungen in Rom studieren. Wir wissen nicht genau, ob er Rechtswissenschaften, Medizin oder Rhetorik erlernte. Doch er war von dem städtischen Treiben und von der Einstellung der Studenten enttäuscht. Alten und Jungen ging es vor allem um Wein, Sex und Geld. Darin konnte er kein sinnvolles Leben entdecken. Darum zog er sich rasch in die Einsamkeit zurück.

Drei Jahre lebte er bei Subiaco in einer tiefen Höhle und übte sich dort in strengster Askese (griech.: »Einschränkung«, »Enthaltsamkeit«). Er kleidete sich in ein struppiges Tierfell, so dass die Bauern ihn zuerst für ein Tier hielten. Ab und zu ließ man an einem Seil etwas Nahrung zu ihm herab. Einmal warf er sich nackt in ein Dornengestrüpp, um sein Verlangen nach einer Frau zu besiegen. Er kämpfte gegen sich selbst und gegen die Verlockungen der Welt, weil er glaubte nur so Gott finden zu können. Mit der Zeit kamen Bauern und Hirten zu ihm, um seinen Rat zu hören.

Eines Tages trafen Mönche eines nahen Klosters bei ihm ein und baten ihn, ihr Abt zu werden, da ihr alter Abt gestorben war. Er nahm das Angebot ungern an, willigte aber schließlich ein. Schon bald merkte er, dass seine Entscheidung falsch war. Die Mönche wehrten sich gegen die strenge Zucht, die er im Kloster einführen wollte. Sie mochten nicht mehrmals am Tag beten, sondern vergnügten sich lieber. Sie wollten nicht dauernd arbeiten, sondern zogen es vor nichts zu tun. Wenn sie einmal keine Lust am Klosterleben hatten, gingen sie einfach weg und kamen erst nach einiger Zeit wieder zurück, ohne dem Abt zu sagen, wo sie gewesen waren. Dieses Vagabundieren wollte Benedikt für die Mönche nicht zulassen. Weil er es ihnen streng untersagte, lehnten sie sich gegen ihn auf und suchten ihn zu vergiften. Damit hatten sie zwar keinen Erfolg, aber Benedikt kehrte schon nach einigen Monaten enttäuscht nach Subiaco in seine einsame Höhle zurück.

Das böse Erlebnis hatte ihm vor Augen geführt, wie heruntergekommen das Mönchtum damals war. Er sprach von »Mönchen, die Gott belügen« und begann intensiv über eine Erneuerung des mönchischen Lebens nachzudenken. Mit der Zeit stießen andere junge Männer zu ihm, die ebenso als Mönche leben wollten wie er. Allmählich entstanden zwölf kleine Häuser, die die Mönche eigenhändig erbaut hatten. So wurde aus dem Einsiedler Benedikt der Vorsteher eines Klosters.

Im Jahr 529, als Benedikt fast 50 Jahre alt war, zog er mit seinen Mönchen weg und gründete in Montecassino auf einem steilen Berg zwischen Rom und Neapel ein neues Kloster. Zu dieser Gemeinschaft gehörten bald über 100 Brüder, die in kleinen Häusern lebten. Für sie schuf er eine feste Regel, in der er den Mönchen vor-

Benedikt (lat.: der »Gepriesene«, der »Gesegnete«; 480–547) wurde zum Vater des abendländischen Mönchtums. Seine berühmte »Regel« ist das Gesetzbuch der Benediktiner und vieler anderer Orden geworden. Der Wahlspruch für die Mönche lautet: »Ora et labora« (lat.: »Bete und arbeite«). Über der Regel steht die Liebe. Die Mönche treffen wichtige Entscheidungen für ihr Kloster in freier Abstimmung. Die westliche Welt verdankt den Benediktinern hervorragende Leistungen in Theologie (→ S. 146), Wissenschaft, Kultur (→ S. 180), Landwirtschaft und Architektur.

Benedikt übergibt dem Abt Johannes die Regel seines Ordens. Die Frauengestalt hinter ihm könnte die göttliche Weisheit symbolisieren, Montecassino, 12. Jh.

1 Man hat Benedikt viele Ehrentitel gegeben, z. B. »der letzte Römer«, »der Begründer des Mittelalters«, »der Vater des Abendlandes«. Was ist damit jeweils gemeint?

2 Wie denkt ihr über die Regel: Bete und arbeite? Wie sieht ein Leben aus, das davon bestimmt ist? Was ist das für ein Leben, in dem beides keine Rolle spielt?

schrieb, mehrfach am Tag gemeinsam zu beten und regelmäßig zu arbeiten. Nichts durften sie dem Gottesdienst vorziehen. Dem Abt sollten sie Gehorsam leisten. Benedikts persönliches Vorbild, sein Sinn für Ordnung, sein ausgleichendes Wesen, seine Menschenkenntnis prägen diese Regel und haben die Erneuerung des Mönchtums bewirkt. Als Benedikt 547 von einem heftigen Fieber ergriffen wurde und sein Ende nahte, ließ er sich furchtlos ein Grab schaufeln. In seiner Todesstunde wollte er inmitten seiner Gemeinschaft sein. Da er nicht mehr allein gehen konnte, stützten ihn zwei Mönche. Aufrecht stehend und mit zum Himmel erhobenen Händen starb er.

Mit seinem Orden, dessen Mitglieder nach ihm »**Benediktiner**« heißen, hat Benedikt das Christentum um eine neue Lebensform bereichert, die bis heute aktuell geblieben ist. Der Orden war für die Kirche und für die Welt gleichermaßen bedeutsam. Benediktiner waren es, die an vielen Orten die Böden fruchtbar machten, Wälder rodeten, erstmals Kirchen, Klöster und landwirtschaftliche Gebäude errichteten, sich um die Bildung junger Leute bemühten und die kostbaren Handschriften der antiken Welt abschrieben und aufbewahrten. Gegenwärtig gibt es zahlreiche Benediktinerklöster in aller Welt, die oft geistliche und kulturelle Brennpunkte sind. Hier beten und arbeiten über 8000 Benediktiner. Zu erkennen sind sie an ihrem vornehmen schwarzen Gewand (»Habit«). Sie singen mehrmals am Tag Lieder und Psalmen (→ S. 84) nach alten Melodien, die wir nach Papst Gregor dem Großen (590–604), der das älteste Buch über Benedikt geschrieben hat, »Gregorianischen Choral« nennen.

Benedikt steht an einer Zeitenwende. Im gleichen Jahr 529, in dem er nach Montecassino zog, wurde die weltberühmte philosophische Akademie in Athen geschlossen, die jahrhundertelang wie keine andere Einrichtung der

Benedikt und Scholastika, Subiaco, 14. Jh.

Antike den Geist ihrer Zeit bestimmt hatte. Sein Kloster liegt an der Stelle eines alten Apollotempels. So wurden der Ort und der Zeitpunkt seiner Ordensgründung zum Zeichen dafür, dass die Antike (lat.: »Altertum«) vergangen ist und die christliche Geschichte Europas begonnen hat. Benedikts Weltabgeschiedenheit hat die Welt bereichert. Seine Mönche waren aber nie weltfremd. Christen verehren in Benedikt den Schutzpatron Europas.

■ Benedikt hatte eine Zwillingsschwester, **Scholastika** (lat.: »die in der Schule Lernende«) mit Namen. Die Geschwister waren sich zeitlebens zugetan. Scholastika interessierte sich für alles, was ihr bedeutender Bruder tat. Auch sie lebte in einem Kloster in Subiaco. Beide tauschten oft ihre religiösen Erfahrungen aus. Gemeinsam dachten sie über Gott und das Gebet nach und sprachen darüber bis in die Nacht hinein. Als Benedikt nach Montecassino zog, bat Scholastika ihren Bruder ihm folgen und nach seiner Regel leben zu dürfen. Dieser befürwortete ihren Plan und förderte ihn. Sie richtete sich am Fuß des Berges ein bescheidenes Kloster ein und wurde zur Äbtissin für ihre Klosterfrauen. Weil sie das Kloster mit Herzlichkeit und Umsicht leitete, kamen nicht wenige Frauen aus der Umgebung, die sich der neuen Gemeinschaft anschlossen. Alle Nonnen widmeten sich mit besonderer Sorge den Kranken und Armen der Umgebung. Scholastika wurde die Mutter all der Frauenklöster, die die Regel Benedikts einführten. Damit hat sie Maßstäbe für viele Jahrhunderte gesetzt. Auch heute leben in vielen Teilen der Welt an die 16 000 Benediktinerinnen in ihrem Geist.

Die Jüngeren im Kloster

In seiner Regel gibt Benedikt die Anweisungen für seine Mönche. Sie beginnt mit den berühmten Worten: »Höre, mein Sohn, auf die Lehren des Meisters.« Aber er hat auch gewusst, dass die Jüngeren nicht immer nur hören, sondern auch selbst gute Ideen einbringen wollen.

So oft es sich im Kloster um eine wichtige Angelegenheit handelt, soll der Abt die ganze Klostergemeinde zusammenrufen und selbst die Angelegenheit vortragen. Er soll den Rat der Brüder anhören, dann die Sache bei sich überlegen und das tun, was er für richtig hält. Dass zur Beratung alle gerufen werden, bestimmen wir deshalb, weil der Herr oft einem Jüngeren eingibt, was das Bessere ist.

aus der Regel des Benedikt, Nr 3.

3 Wo ist ein Benediktiner- oder Benediktinerinnenkloster in eurer Nähe? Könnt ihr dort einen Besuch verabreden und euch dabei erkundigen, was die Mönche/Nonnen heute tun, wovon sie leben, wie ihr Tagesablauf aussieht?

4 Versucht, einen Ordensmann oder eine Ordensfrau für ein Gespräch im Religionsunterricht zu gewinnen.

Benediktinerinnenabtei St. Hildegard, Eibingen bei Rüdesheim.

Die Begegnung der **Germanen** mit dem christlichen Glauben hat das Zeitalter geprägt, das »**Mittelalter**« heißt und etwa vom 5. bis zum 15. Jahrhundert dauert. Der Hauptschauplatz liegt nun nicht mehr wie in der Antike im Mittelmeerraum, sondern im heutigen Deutschland und Frankreich, in England und Irland, in Italien und Spanien. Beide – das Christentum und die germanische Welt – haben sich durch ihr Zusammentreffen verändert. Die Germanen übernahmen die Botschaft Jesu und das Erbe der Antike. Durch den gemeinsamen Glauben wurden die westgermanischen Stämme zum ersten Mal geeint, so dass sie jetzt zum Volk der Deutschen werden konnten. In das Christentum kam durch die Germanen frisches Blut. Nie vorher haben Christen so stark mit der Kraft ihres Herzens, mit der Innigkeit des Gefühls, mit der Lust der Fantasie geglaubt. Mit der Begegnung von Christentum und Germanentum beginnt eine neue Phase in der Geschichte **Europas.**

Der germanische Kriegsgott Odin mit Lanze, Felszeichnung, Schweden, 1. Jh.

6. Die neue Herausforderung

■ Zu einer erheblichen Herausforderung des Christentums wurden die **germanischen Völker**. In der Begegnung mit den Germanen trafen Christen auf eine junge Welt, der sich das Christentum mit seiner alten, römisch geprägten Kultur überlegen fühlte. Während sich das Römische Reich aber damals allmählich auf sein Ende hin bewegte, sollte den Germanen die Zukunft gehören.

Die Römer waren im Allgemeinen nüchterne Leute mit klarem Kopf, aber stolz auf ihre Leistungen. Sie hatten ein riesiges Vielvölkerreich begründet, Straßen und Wasserleitungen in aller Welt gebaut, gewaltige Bauten errichtet, das schlagkräftigste Heer aufgebaut, ihr Latein zur Weltsprache werden lassen und ein einheitliches Recht mit vielen Gesetzen für alle Reichsangehörigen entwickelt. Über allem stand der Kaiser, der (fast) alles bestimmen konnte. Dass die Römer für die Germanen so etwas wie Entwicklungshilfe geleistet haben, zeigen zahlreiche Wörter und Sachen, die die Germanen von ihnen übernommen haben: Schule, Fenster, Mauer, Turm, Portal, Wein, Küche, Marmor, Straße, Aquarium, Studium, Literatur, Jurist, Kaiser, Dom u.v.a.

Ob das Überlegenheitsgefühl der Römer über die Germanen in jeder Hinsicht berechtigt war, darüber lässt sich streiten. Denn auch die Germanen hatten eine beachtliche Kultur. Nur sah ihr Alltag in vielem anders aus und auch ihre Lebensart war nicht die gleiche. Ein großes Reich wie die Römer hatten sie nie errichtet. Sie lebten in kleinen Stammesverbänden, liebten ihre Freiheit und wollten keinen Herrscher, der über allen Germanen stand. Aber ihren Stammesherzögen waren die Männer treu ergeben. Ihre Handwerker konnten schönen Schmuck für die Frauen und gute Waffen für die Männer herstellen. Sie liebten ihre Familien, waren um ihre Kinder besorgt, sangen herrliche Lieder, feierten schöne Feste und hatten ein gutes Verhältnis zur Natur.

■ Ihre **Religion** war grundlegend anders als die alte römische Religion und das Christentum, in dem damals schon viel Römisches lebte. Wenn Christen ihren Glauben den Germanen bringen wollten, standen sie vor ganz anderen Problemen als zu den Zeiten, in denen Christen zum ersten Mal Juden, Griechen und Römern vom Evangelium Jesu erzählten.

Die bunte Religion der Germanen unterschied sich von Stamm zu Stamm. Aber viele von ihnen glaubten doch an eine namenlose Macht, die einst alles hervorgebracht hatte. Diese Macht gab der Erde ein Schicksalsgesetz und setzte die Götter und Göttinnen ein. Die Gottheiten waren von eher menschlicher Art und lebten in himmlischem Glück. Fehlerfrei waren sie nicht. Von den Göttern wurden die Menschen erschaffen, die wie die Götter der Macht des Schicksals unterworfen waren. Die Bösewichter, vor allem die Feiglinge, verfielen der finsteren Unterwelt, wo sie mit schrecklichen Torturen bestraft wurden und endlich zu Schatten verblassten. Die Guten, vor allem die Tapferen, sollten sich nach dem Tod im Kreis der Helden an erlesenen Köstlichkeiten erfreuen. Selbst Götter und Göttinnen konnten nach germanischer Vorstellung in der Unterwelt landen, wenn sie ihre Pflichten nicht erfüllten und ihre Eide brachen. Irgendwann – so dachte man – würden sie sogar gegeneinander kämpfen und ein furchtbares Ende finden, das »**Götterdämmerung**« genannt wurde.

Unter den Göttern war **Wotan-Odin** der größte. Der Himmelsvater wusste fast alles, war König und Heerführer im letzten Kampf, Erfinder der Dichtkunst und Seher seines eigenen Endes. **Loki**, sein böser Bruder, hatte drei schreckliche Kinder: **Hel**, das »Höllen«weib, einen gefährlichen Wolf und eine tückische Schlange. **Freya** (»Freitag«) war die Ur- und Erdmutter, die mit dem Himmelsgott vermählt war. **Baldur**, Odins und Freyas Sohn, war der schönste, edelste und beliebteste unter allen Göttern, weil ihn ein weithin strahlender Glanz umgab. Der riesenhafte **Thor**, mit anderem Namen auch **Donar** (→ S. 171), war der Donnergott (»Donnerstag«). Er beschützte die Erde und die Menschen. Wenn er zornig war, schüttelte er seinen roten Bart, von dem Blitz und Donner ausgehen, um die Welt in Schrecken zu setzen. Unter den vielen Göttinnen gab es **Saga**, die oft etwas sagte, **Fulle**, die Füllige, und **Sip** für die Sippe. Schrecklich waren die **Walküren**, die hoch zu Ross für Odin kämpften, Sieg und Niederlage brachten und die gefallenen Helden ins himmlische Reich geleiteten. Sie konnten auch mitleidsvolle Helferinnen sein.

Manche Stämme verehrten Pferde und Schlangen. Den Göttern baute man keine großartigen Tempel wie die Griechen und Römer. Man brachte ihnen lieber bei auffälligen Steinen oder in der freien Natur allerlei Opfer dar: Pferde und Rinder, Pflanzen und Blumen, auch Brot und Getränke, darunter bisweilen Mengen von Bier. Selten kam es auch vor, dass lebendige Menschen den Göttern geopfert wurden. Wahrscheinlich haben sie mitten im kalten Winter, am Tag der Sonnenwende, ein großes Jul-Fest (Jul: Rad, Sonne) gefeiert, an dem sie nachts bei ihren Häusern Lichter aufstellten, um die bösen Geister der Finsternis abzuschrecken. Ihre Kinder bekamen in dieser Nacht Geschenke und das Essen war besser als sonst im ganzen Jahr.

■ Unterhalb der Götterwelt gab es auf Erden auch **Hexen**, die nicht immer böse waren, und **Riesen**, vor denen man sich in Acht nehmen musste. Lieblicher waren da meist, wenn auch nicht immer harmlos, die kleinen **Nixen, Kobolde, Feen, Elfen** und **Zwerge**. Oft fühlten sich die Germanen auch in Wäldern oder Hainen dem Göttlichen nahe. Im Rauschen der Bäume, im Säuseln des Windes hörten sie überirdische Stimmen. Das Licht der Sonne und des Mondes leuchtete ihnen aus einer anderen Welt. Aus dem Lauf der Sterne konnten sie allerlei für sich selbst enträtseln. Wenn es etwas Wichtiges zu entscheiden gab, gingen sie zu den **Zauberern** oder **Wahrsagerinnen**, die mit allerlei Mittelchen zu helfen versprachen, wenn man ihnen etwas Gutes mitbrachte. Sie kannten wohl Kräuter, Wurzeln und Beeren, die Heilung verschafften, das Gefühl des Übersinnlichen auslösten, jemanden für die Liebe gefügig machten oder als tödliches Gift nützlich waren.

Alles in allem liebten die Germanen ihre Religion. Aber es gab da so manches, was ihnen fraglich erschien. Wenn Frauen und Männer darüber nachdachten, wussten sie oft nicht, woran sie sich halten sollten.

■ Im ersten Jahrtausend gab es verschiedenartige **Kontakte zwischen Christen und Germanen**. Die früheste Bekanntschaft mit dem Christentum konnten die Germanen in den **Grenzstädten zum Römischen Reich** an Rhein und Donau machen. Erste Kontakte entstanden auch da, wo Germanen als Soldaten in römischen Diensten standen und wo römische Legionen in Gebieten der Germanen stationiert waren. Unter den römischen Soldaten gab es schon manche Christen, die in ihrer fernen Heimat den Glauben angenommen hatten. Sie kamen mit der einheimischen Bevölkerung oft in Berührung. Manche Soldaten und Beamte sind für ihren Glauben getötet worden und werden bis heute als

Fränkischer Grabstein, 7. Jh., gefunden in Niederdollendorf am Rhein.

Die Vorderseite zeigt einen fränkischen Krieger, umgeben von einer mehrköpfigen Schlange. Auf seinem Weg ins Jenseits führt er Schwert und Lebensmittel bei sich. Auf der Rückseite ist Jesus im Strahlenkranz zu sehen. In seiner Hand trägt er eine Lanze, das germanische Königssymbol. Germanische und christliche Motive sind eng miteinander verbunden.

Die Germanen hatten seit dem 3. Jahrhundert erste Kontakte mit dem Christentum da, wo sie im Heer oder auf Wanderungen mit dem Römischen Reich in Berührung kamen. Seit dem 6. Jahrhundert waren es vor allem iro-schottische **Wanderprediger,** die das Christentum unter Schwaben, Bayern, Thüringern, Hessen, Sachsen und Friesen ausbreiteten.

Stadtpatrone verehrt, so Cassius und Florentius in Bonn, Gereon in Köln, Viktor in Xanten. Auch in Bayern, bei den Alemannen (Schwaben), in Trier und im Elsass gab es schon in der Verfolgungszeit Christen.

■ Die ostgermanischen Goten, Vandalen und Langobarden konnten während der **Völkerwanderung** vom 4. bis 6. Jahrhundert in weite Teile des Römischen Reichs eindringen. Meist haben sie zuerst als »Barbaren« Angst und Schrecken ausgelöst, sich aber allmählich an die römische Kultur (→ S. 180) angepasst und dieser auch neue Akzente verliehen. In ihren neuen Wohngebieten kamen sie auch mit dem Christentum in Berührung. Die meisten wurden im Lauf der Zeit Christen. Für die Goten übersetzte Ulfilas als erster die Bibel in eine germanische Sprache.

Aus der »Großen Chronik Frankreichs«, 14. Jh.: Taufe des Frankenkönigs Chlodwig durch den Bischof von Reims.

■ Im römischen Gallien, dem heutigen Frankreich, empfing im Jahr 496 der fränkische König **Chlodwig I.** (466–511) unter dem Einfluss seiner christlichen Frau **Chlothilde** in Reims die Taufe. Wie Konstantin hatte auch er in einer Schlacht, vor der er den Christengott um Hilfe angerufen hatte, den Sieg davongetragen. Auch er hatte politische Gründe für seinen Schritt. Durch die Annahme des Christentums konnte er Spannungen mit den ebenfalls christlichen Galliern in der Nachbarschaft abbauen. Dem Beispiel Chlodwigs folgte der ganze Stamm. 3000 seiner Mannen ließen sich am gleichen Tag taufen. Später erweiterte Chlodwig den Herrschaftsbereich der **Franken** und verlegte seine eigene Residenz 508 nach Paris. Er lebte nicht immer wie ein Christ und schreckte nicht vor Mord und Totschlag zurück. Die Taufe Chlodwigs war von europäischer Bedeutung, weil den Franken die Zukunft gehören sollte (→ S. 174). Es dauerte allerdings lange, bis das Christentum aus der Angelegenheit der germanischen Königstreue zur Sache des persönlichen Glaubens wurde.

■ Wichtige Erfolge bei den sesshaften Germanen in Hessen, Thüringen, Bayern, Schwaben und Sachsen konnten **Wandermönche** erzielen, die vor allem aus Irland, England, Schottland und Gallien kamen. Voll Tatkraft und ohne jede Gewaltanwendung setzten sie sich für die Sache Jesu ein. Unter großen Entbehrungen zogen sie durch die Lande und warben für seine Botschaft. Zuerst müssen sie den Leuten eigenartig vorgekommen sein, wenn sie ungerufen auf ihren Dorfplätzen erschienen. Ihr ruppiges Aussehen, ihr ausgemergelter Körper, ihre schmuddeligen Kleider und ihre fremde Sprache wirkten nicht gerade einladend. Meist hatten sie nur eine Bibel, ein Hostiengefäß, eine Reliquienkapsel und ein Kreuz bei sich. Wie die auf die vielen Göttinnen und Götter schimpften! Und was die alles gegen Sternenglaube und Wahrsagerei hatten! Selbst die süßen Elfen und Nixen bekamen ihr Fett ab. Trotzdem fanden diese herben Typen mit ihrer neuen Botschaft und mit ihrem ungewöhnlichen Leben Zuspruch. Wenn

1 Als sich 496 viele Franken mit ihrem König Chlodwig an einem Tag taufen ließen, war die Taufe nicht mehr die Entscheidung des Einzelnen, sondern Treuepflicht der ganzen Gefolgschaft. Wie ist das mit dem Taufauftrag Jesu (Mt 28, 19f; → S. 200) vereinbar?

alles stimmte, was sie sagten, brauchte man sich vor der Macht der Götter, vor der Willkür eines blinden Schicksals und vor dem Tod nicht mehr zu fürchten. Dann gab es einen guten Gott, der alle Germanen liebte. Diesem Allmächtigen drohte nie eine Götterdämmerung. Dessen Sohn Jesus Christus musste der tapferste Held sein, weil er selbst den unbesiegbaren Tod besiegt hatte. Er war sicher der beste Wohltäter der Menschheit, da er allen guten Menschen die Auferweckung zum ewigen Leben versprach.

Manche Zuhörer mögen auch heimlich bei sich gedacht haben, dass sie nicht gleich ihre ganze Religion aufgeben müssten, wenn sie den Wanderpredigern folgten. Es könne für sie nicht ein »Alles oder Nichts« geben, wie es die Mönche forderten. Denn das ein oder andere wollten sie ganz gerne behalten, zumal sie merkten, dass ihr Altes und das Neue der Prediger doch ganz gut zusammenpassten. Gab es nicht zwischen Elfen und Engeln ein bisschen Verwandtschaft? Konnten ihre alten Drachentöter nicht zu neuen Heiligen werden? Brauchte man nicht an den heiligen Orten, wo man bisher eine liebe Göttin verehrt hatte, nur den Namen auszutauschen und anstelle von Freya jetzt Maria sagen? War nicht die Hölle der Germanen viel schauriger und wirkungsvoller als die Hölle der Christen? Wer konnte schon gegen ein bisschen Aberglaube und Hexerei ernsthaft etwas haben? Aber die Feinde zu lieben – das war glatt unmöglich. Doch alles in allem mussten sie zugeben: Die Botschaft der Mönche war wirklich eine gute Botschaft.

■ Die aufregendste Gestalt bei der Bekehrung der Germanen war **Bonifatius**. Winfried – das ist sein ursprünglicher Name – wurde in Wessex in Südengland geboren. Er stammte aus einer angelsächsischen Adelsfamilie, wurde Mönch in einem Kloster der Benediktiner (→ S. 164 ff) und zeigte schon früh eine herausragende Begabung für die Wissenschaften Grammatik (Kunst des Schreibens) und Rhetorik (Kunst der Rede). Das beschauliche Leben eines weltabgeschiedenen Mönches genügte ihm auf die Dauer nicht. Für seinen Glauben wollte er auf seine Heimat verzichten. Im Jahr 715 entschloss er sich mit zwei Freunden auf die Wanderschaft zu gehen und den Germanen auf dem Festland das Evangelium zu bringen. Zuerst kam er zu den Friesen, hatte aber dort keinen Erfolg. Obwohl die Benediktinermönche von Nursling ihn sofort wieder nach England zurückholten und zu ihrem Abt machten, hielt er es dort nicht lange aus. Er wusste sich für andere Aufgaben berufen. 718 machte er sich auf den Weg nach Rom zum Grab des Petrus, um sich dort vom Papst Weisungen für seine Arbeit bei den Germanen geben zu lassen. Er wird dem Papst berichtet haben, dass die Wandermönche deshalb bei den Germanen keinen nachhaltigen Erfolg hatten, weil sie mehr oder weniger nur auf eigene Faust predigten, ihre Erfolge aber nicht durch eine dauerhafte Bindung an die gesamte Kirche absicherten. Wenn die Mönche nicht mehr da seien, fielen die gerade Getauften in ihr altes Leben zurück, ohne die Chance zu haben, von ihrem neuen Glauben mehr zu erfahren und ihn zu vertiefen. So sei in ihrem Alltag Christliches und Heidnisches bunt vermischt. Ohne eine Organisation des christlichen Lebens gehe die Sache auf Dauer nicht gut. Der Papst erkannte das Problem. Er sandte Winfried offiziell zu den Germanen und gab ihm den neuen Namen »Bonifatius« (lat.: »Wohltäter«), mit dem dieser sich fortan nur noch nannte. Bei einem zweiten Besuch in Rom wurde er 722 zum Bischof ohne festes Gebiet geweiht. Dabei legte er dem Papst den Treueid ab. Auf seiner Rückkehr ging Bonifatius zu Karl Martell, dem damals mächtigsten Mann der Franken, und ließ sich von ihm einen

2 Geht den Ursprüngen des Christentums in eurer Heimat nach. Wann gab es in eurer Stadt oder in eurer Gegend erste Boten des Christentums? Wie haben sie gewirkt? Wo und wie werden sie noch heute verehrt?

3 Kennt ihr deutsche Märchen, in denen die Religion der Germanen fortlebt?

4 Denkt euch eine Szene aus, in der christliche Wandermönche in ein Dorf der Germanen kommen und dort predigen wollen. Was sagen die Mönche? Wie reagieren die Dorfbewohner? Haben die Mönche am Ende Erfolg oder nicht? Was passiert nach ihrem Weggang?

Bonifatius (672/75–754) war Benediktinermönch und Erzbischof. Er hat große Teile Germaniens missioniert. So schuf er Voraussetzungen dafür, dass sich germanische Stämme vereinten und unter Karl dem Großen (→ S. 174 f) zu einem Reich wurden, weil sie nun einen gemeinsamen Glauben hatten. Darum gehört Bonifatius zu den großen Gestalten sowohl der Christenheit als auch der deutschen Geschichte. Er wird »der Apostel der Deutschen« genannt.

Schutzbrief für seine Arbeit geben. So war er kirchlich und politisch abgesichert. Bonifatius teilte das Land der bekehrten Stämme in größere Bistümer mit kleineren Pfarren ein und sorgte dafür, dass gute Pfarrer und Bischöfe nun auf Dauer als Vorsteher für ihre Gemeinden anwesend waren. Die Bischöfe sollten ständigen Kontakt untereinander und mit dem Papst in Rom halten.

In Hessen vollbrachte Bonifatius 723/24 seine wohl berühmteste Tat. In dem kleinen Ort Geismar stand eine heilige Eiche, die dem Germanengott Donar geweiht war. Donar gebot über Wind und Wetter, über Blitz und Donner. Mit seinem Hammer konnte er furchtbar zuschlagen. Die Germanen glaubten, dass die Kraft des Baumes und die Kraft des Gottes eng miteinander verbunden seien. Die Eiche war ihnen ein Zeichen göttlicher Macht. Bonifatius wusste, dass er mit seiner Botschaft nur Erfolg haben würde, wenn sich sein Christengott als der Stärkere erwies. Darum suchte er ein ungewöhnliches Gottesurteil. Er musste den Baum sozusagen außer Kraft setzen und dadurch die Ohnmacht des Gottes beweisen. Mutig machte sich Bonifatius daran, die ehrwürdige Eiche eigenhändig zu fällen, während alle Anwesenden in äußerster Spannung darauf warteten, dass der Donnergott den Frevel verhinderte. Aber ohne vom Blitz und Donner getroffen zu werden konnte Bonifatius seine Tat vollenden. Diesen Ausgang hatten die Leute von Geismar nicht erwartet. Aber nun hatten alle den sichtlichen Beweis, dass Donar von Christus besiegt war. Bonifatius war mit einem Schlag berühmt. Er baute aus dem Holz der Donareiche eine kleine Kirche zu Ehren des Petrus. Viele Frauen, Männer und Kinder ließen sich taufen.

In der Folgezeit ging er nach Thüringen, wo er ein Jahrzehnt 725–735 erfolgreich wirkte. Auch hier gründete er Benediktinerklöster und sorgte vor allem für gute Schulen. Im Jahr 732 zog er zum dritten Mal nach Rom, wo ihn der Papst zum Erzbischof ernannte und zum Vorsitzenden über alle deutschen Bischöfe einsetzte. Seinen bischöflichen Sitz nahm er seither in Mainz. Später hat er auch die Kirche im Land der Franken reformiert. Hier wollte er erreichen, dass deren Herrscher nicht mehr so gewalttätig gegen ihre Feinde vorgingen, sich nicht mehrere Frauen nahmen und nicht in die Rechte der Kirche eingriffen. Die Priester im Land sollten endlich die kirchlichen Gesetze befolgen, die ihnen vorschrieben, eine eigene Tracht zu tragen, ohne Frau zu leben, keine Waffen mit sich zu führen und nicht auf die Jagd zu gehen. Beim Volk musste er gegen heidnische Bräuche und abergläubische Praktiken vorgehen. Die Christen sollten nicht länger zu den Wahrsagern laufen, an die Kraft von Amuletten glauben, den Göttern und Göttinnen Opfer darbringen, auf Mensch und Tier Zauber oder Fluch herabrufen.

Oben: Bonifatius tauft einen Germanen.

Unten: Bonifatius wird in Friesland erschlagen. Fulda, um 1000.

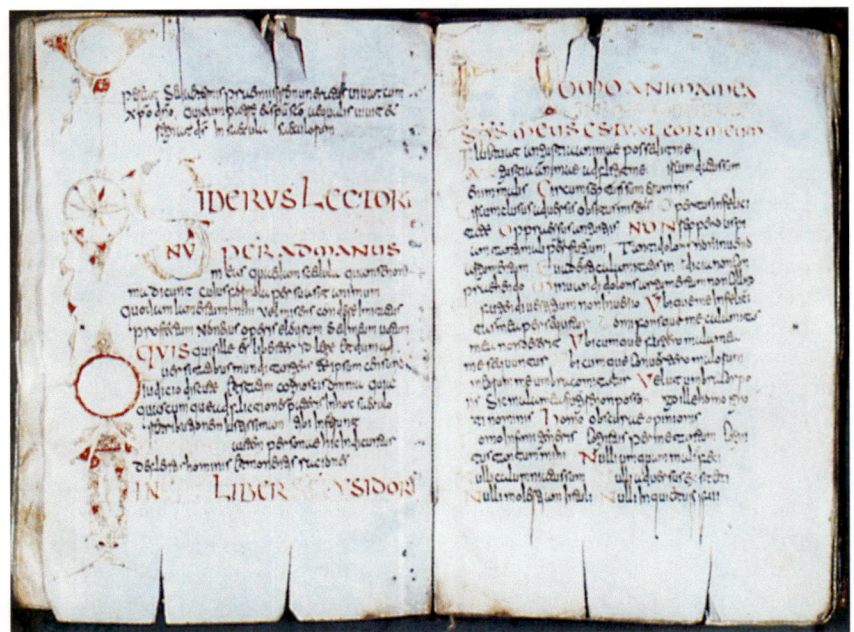

Der Ragyndrudis-Codex (8. Jh.), mit dem Bonifatius die Schwerthiebe bei seinem Tod aufzufangen suchte.

»LASST AB VOM KAMPF! TÖTET NICHT! VERGELTET NICHT BÖSES MIT BÖSEM! SEID STARK IN GOTT! HALTET ALLES AUS! DEN KÖRPER KÖNNEN SIE TÖTEN, DIE SEELE NICHT.«
Die letzten Worte des Bonifatius zu seinen Begleitern

Lioba, 15. Jh. Als Äbtissin hält sie einen Hirtenstab.

Am Ende seines Lebens – er war damals schon 80 Jahre alt – kehrte Bonifatius noch einmal zu den Friesen zurück, bei denen er zu Beginn seiner Missionstätigkeit nichts erreicht hatte. Während er am 5. Juni 754 bei Dokkum die Firmung spendete, wurde er von fanatischen Kerlen überrascht, die mit Lanzen und Beilen über ihn herfielen. Er und 52 seiner Gefährten wurden grausam erschlagen. Es nützte ihm nichts mehr, dass er im letzten Moment eine schwere Bibel über seinen Kopf hielt, um sich vor den Hieben zu schützen. Wie er es selbst gewünscht hatte, wurde er in seinem Lieblingskloster in Fulda begraben. An seinem Grab versammeln sich alljährlich die deutschen Bischöfe, um über wichtige Fragen der Kirche in Deutschland zu beraten. So setzen sie das Werk des Bonifatius fort.

■ Unter den Frauen, die Bonifatius bei seiner Arbeit unterstützten, ragt **Lioba** heraus, die mit ihm verwandt war. Ihr Name mit der Bedeutung »eine, die Liebe gibt« wurde ihr von der Mutter gegeben, weil ihr das Kind besonders lieb war. Auch später nannten die Leute sie gern so, weil sie den Namen zutreffend fanden. Lioba stammte aus einer vornehmen angelsächsischen Familie und wurde Benediktinerin in einem Kloster in England. Mit Bonifatius war sie zeitlebens befreundet. Sie schrieb ihm einmal: »Ich bin die einzige Tochter meiner Eltern und wenn ich dich als Bruder erhalten könnte, wäre ich sehr glücklich. Zu keinem anderen Menschen habe ich ein solches Zutrauen wie zu dir.« Als Bonifatius sie 732/35 zur Mitarbeit an der Christianisierung der Germanen nach Deutschland bat, folgte sie, ähnlich wie die Benediktinerin Walburga, seinem Ruf sofort. Bonifatius ernannte sie zur Äbtissin eines Nonnenklosters in Tauberbischofsheim bei Würzburg und gab ihr die Oberaufsicht über die von dort gegründeten Frauenklöster. Ein Dokument aus der damaligen Zeit bescheinigt ihr: »Lioba regierte ihr Kloster im Geist des Benedikt mit Bescheidenheit und Freundlichkeit und hielt ihre Nonnen zur Handarbeit und zum Studium

5 Könnt ihr in Erfahrung bringen, worüber die deutschen Bischöfe bei ihrem letzten Treffen in Fulda beraten haben?

6 Eine alte Legende erzählt, dass Liobas Mutter, als sie mit dem freudig erwarteten Kind schwanger war, einen Traum hatte, in dem sie eine Glocke zur Welt brachte, deren herrlicher Schall über die ganze Erde zu hören war. Wie kann man diesen Traum deuten?

Die Germanen hatten die Sitte, ihren Toten Gegenstände mit ins Grab zu geben. Diese Sitte behielten sie bei, als sie Christen wurden, wie das Kreuz beweist, das aus einem merowingischen Grab des 7. Jh. entstammt. Fundort: Schwetzingen, Mannheim.

Grabstein aus Moselkern/Cochem-Zell, um 700. In der oberen Figur kann man den gekreuzigten Jesus erkennen. Es wäre dies die früheste bekannte Darstellung Jesu am Kreuz nördlich der Alpen (→ S. 190 f).

an.« Sie konnte lachen und ernst sein. Im Alter war sie am Hof Karls des Großen als Lehrerin und Gesprächspartnerin gern gesehen. Seiner Gemahlin Hildegard wurde sie eine treue Freundin. Ehe Bonifatius zu seiner letzten Friesenreise aufbrach, traf er noch einmal mit Lioba zusammen und empfahl sie dem Schutz starker Freunde. Sie überlebte ihn lange. Nach ihrem Tod 782 wurde sie auf dem Petersberg bei Fulda begraben.

■ Die Germanen haben ihren **Glauben** an Christus ganz anders zum Ausdruck gebracht als die Juden, Griechen und Römer. In ihren Augen war Jesus ein Herzog, dessen Gefolgsleute die Apostel waren, die ihrem Herrn die Treue schworen und Gehorsam schuldig waren. Allerdings hielten sie es für die größte Treulosigkeit aller Zeiten, dass Judas Jesus verraten hatte und dass Petrus in der Nacht, als Jesus zum Tod verurteilt war, sich vor einer Magd dumm stellte und nicht zugab, ihn zu kennen (→ S. 108). Bei der Verhaftung Jesu im Ölgarten wären sie mutiger mit dem Schwert für ihn eingetreten. Zu ihren **Pflichten** zählten sie, heldenhaft für diesen Herzog zu kämpfen und zu sterben. Sie hatten den Eindruck, dass Christus, ihr Held, ihnen zuriefe: »Mir nach, ihr Helden all! Folgt meinem Ruf und Schalle!«

In späteren Zeiten haben sich die Deutschen, die aus den Germanen hervorgegangen sind, das Christentum zur **Herzenssache** gemacht. Sie verbanden es mit lebhaften Gefühlen, praktischem Sinn und frommer Phantasie. Ihre **Gebete** waren nicht mehr so großartig feierlich wie bei den Römern, sondern sie beteten viel persönlicher. Wie Verliebte konnten sie nun singen »Herzliebster Jesus« oder »Ich will dich lieben, meine Stärke«. Ihre Marienbilder zeigten nicht mehr, wie in der antiken Welt, eine strenge Herrscherin, sondern eine liebenswürdige Mutter, deren Lächeln das Herz erwärmt. Wenn sie vom Leiden Jesu hörten, litten sie selber mit. Sie wollten mit ihrem Jesus am Ölberg wachen, suchten nach Trost für ihn und verurteilten leidenschaftlich die eigenen Sünden, für die er den Tod auf sich genommen hatte. Dem Fest der Geburt Jesu gaben sie zum ersten Mal den geheimnisvollen Namen »**Weihnachten**« und den Tag, an dem Jesus von Judas verraten worden war, nannten sie nach ihrem Wort »Greinen« (d.h. Weinen) »**Gründonnerstag**«. Sie konnten auch lachen und ausgelassen sein. Bevor sie das vierzigtägige Fasten vor dem Osterfest anfingen, hatten sie einen Heidenspaß und hauten an »**Karneval**« (lat.: »Fleisch, leb wohl!«) noch einmal so richtig auf den Putz. Für den Auferstehungstag Christi übernahmen sie nicht die jüdische Bezeichnung »Pesach« (→ S. 56 f), die an den Auszug der Israeliten aus Ägypten erinnert, sondern führten das neue Wort »**Ostern**« (von altnordisch »austr«: »begießen«) ein, bei dem sie an das Wasser dachten, mit dem an diesem Tag die Taufe gespendet wurde. Die Feste der Christen wurden bei ihnen zu Familienfesten, die Herz und Gemüt erfreuten.

7. Fragwürdige Größe

Die wichtigste Gestalt seiner Zeit war **Karl der Große**. Als er noch König war, dehnte er die Herrschaft der Franken bis nach Spanien und Italien aus. Rom, die Papststadt, lag nun im fränkischen Einflussbereich. Aber Karl, der viele Siege erringen konnte, war nicht von Anfang an erfolgreich.

Es waren vor allem die **Sachsen** zwischen Elbe und Rhein, die sich gegen ihn und das Christentum sträubten. Die bescheidenen Erfolge, die christliche Wanderprediger früher einmal bei den Sachsen verzeichnen konnten, hatten kaum Bestand. Karl musste die Sachsen aber für sich gewinnen, weil er alle Germanenstämme im Kampf gegen die vordrängenden Slawen brauchte, die im Osten unruhig waren. Er konnte die Sachsen nach damaligen Vorstellungen nur in sein Reich einbinden, wenn sie auch seine Religion annahmen. Erst dann schien gesichert, dass man sich gegenseitig trauen konnte. Um sein Ziel zu erreichen, brauchte er an die drei Jahrzehnte. Im Jahr 772 zog er zum ersten Mal nach Sachsen. Damals zerstörte er die Irminsul, ein sächsisches Baumheiligtum, das als Weltensäule verehrt wurde. Im heutigen Paderborn gründete er kurz darauf die nach ihm benannte »Karlsburg«. Auf einem späteren Zug Karls ließen sich 776 einige Sachsen auf der »Karlsburg« taufen. Im Jahr 777 glaubte Karl seinem Ziel näher gekommen zu sein, da er auf einer Reichsversammlung in Paderborn erneut viele vornehme Sachsen für das Christentum gewinnen konnte. Karl traf dort auch Maßnahmen, um die Sachsen weiter zu missionieren. Doch er hatte wohl den Widerstand unterschätzt, der von Widukind (743–807), einem der sächsischen Herzöge, ausging. Dieser wollte die Freiheit seiner Gefolgsleute verteidigen und das Christentum nicht annehmen. Als Karl 778 in Spanien weilte, zerstörten die Sachsen unter der Führung Widukinds die Karlsburg. Alle Versuche zu einer weiteren Missionierung der Sachsen wollten sie verhindern. Darüber war Karl entsetzt. Nach erneuten blutigen Auseinandersetzungen zwischen Franken und Sachsen verhängte Karl 782 auf einem Gerichtstag in Verden an der Aller harte Strafen gegen die Aufständischen. Er nahm aus den vornehmen Familien Geiseln und ließ viele Sachsen in das Land der Franken deportieren. Dass Karl hier an einem einzigen Tag 4500(?) Sachsen hinrichten ließ, ist aber eine alte Legende. Wohl erließ Karl im selben Jahr Gesetze, in denen allen, die sich nicht taufen ließen, die Todesstrafe angedroht wurde. Die Verehrung der germanischen Götter und das Festhalten an alten Bräuchen wurde ebenso scharf unter Strafe gestellt. Es war, als hätten Karl und die Franken nie etwas von dem Rat Jesu gehört, keine Gewalt anzuwenden und auch noch die Feinde zu lieben (Mt 6, 38–44). Widukind selbst konnte damals noch einmal entkommen, musste sich aber nach weiteren Niederlagen ergeben. Jetzt erst zeigte sich Karl versöhnlich. Er reichte dem Gegner die Hand und als dieser zur Taufe bereit war, wurde er sogar dessen Taufpate. Damit war die Bekehrung aller Sachsen gesichert. Sie folgten dem Beispiel Widukinds und wurden Christen. In der Folgezeit erkannten die meisten Sachsen an, dass diese Entscheidung für sie gut war. Sie siedelten in ihrem Gebiet Klöster an und errichteten herrliche Dome z. B. in Paderborn, Osnabrück, Minden, Magdeburg, Halberstadt und Hildesheim. 100 Jahre später wurden sächsische Herrscher zu Kaisern des Reiches und erneuerten glanzvoll die Tradition Karls des Großen.

Kopie eines Bildes von Albrecht Dürer, um 1600. Karl der Große mit Kaiserkrone, Reichsapfel und Schwert.

1 In der damaligen Zeit liegen die Anfänge der romanischen Kunst: → S. 187.

2 Gibt es in eurer Umgebung Erinnerungen (Dome, Klöster, Kaiserpfalz, Bistumssitz o. Ä.) aus der Zeit Karls des Großen?

3 Versetzt euch in die Rolle des Papstes, der dem Frankenkönig Karl an Weihnachten 800 in der Peterskirche in Rom die Kaiserkrone aufgesetzt hat. Was würdet ihr dem neuen Kaiser in der Predigt sagen?

Karl der Große (768–814) aus dem Stamm der Franken hat das Werk des Bonifatius weiter geführt, indem er die noch nicht zu Christen gewordenen Germanenstämme »christianisierte« und so mit den bereits christlichen Stämmen zu einer religiösen und politischen Einheit brachte. Er steht als erster Kaiser im Westen des Römischen Reiches am **Anfang einer neuen Zeit.** Das mit ihm erneuerte abendländische Kaiserreich hatte Jahrhunderte Bestand. Auf seinem Leben liegen Licht und Schatten.

Von herausragender Bedeutung war die Tatsache, dass Papst Leo III. den Frankenkönig Karl an Weihnachten des Jahres **800 in Rom** in der Petrusbasilika feierlich zum **Kaiser** salbte und ihm die Kaiserkrone aufsetzte. Damit wollte er sich den machtvollen Franken als Bündnispartner gegen alle päpstlichen Feinde sichern. Zugleich erneuerte der Papst damit die alte Tradition der römischen Kaiser, die seit dem 4. Jahrhundert nicht mehr in Rom, sondern in Konstantinopel/Byzanz (→ S. 159) herrschten. In der Folgezeit gab es in dem einen Reich zwei Kaiser: einen im Westen (»Abendland«) und einen im Osten (»Morgenland«). Der neue Kaiser Karl konnte für den Papst ein Gegengewicht zu dem in Byzanz regierenden Kaiser werden, mit dem er sich nicht gerade gut vertrug.

Karl war der mächtigste Mann seiner Zeit, der sich für sein hohes Amt in besonderer Weise von Gott erwählt wusste. Das von ihm begründete Kaisertum war in den nächsten Jahrhunderten neben dem Papsttum die bestimmende Macht der abendländischen Geschichte. Für die Kirche hat Karl viel Gutes getan. Er hat die Bildung gefördert wie niemand vor ihm. In seiner Zeit haben die Mönche herrliche Bibelhandschriften (→ S. 34 f) angefertigt. Die Architekten konnten sich in Rom, Ravenna und Byzanz umsehen und von dort Ideen für ihre Bauten im Frankenland mitbringen (»Karolingische Renaissance«). Karl konnte mild, großzügig und gerecht sein.

Aber nicht alle seine Taten entsprachen christlichen Erwartungen. Immer wieder hat er sich in die Angelegenheiten der Kirche eingemischt. Wer Bischof wurde, bestimmte er. Selbst um die Predigten der Pfarrer in ihren Gemeinden kümmerte er sich. Er wandte Gewalt an, war gegen seine Feinde grausam und nahm sich viele Frauen, mit denen er noch mehr Kinder hatte. Da er seine vielen Töchter allzu sehr liebte und sie immer um sich haben wollte, verbot er ihnen zu heiraten.

Karls Gebeine ruhen in einem goldenen Schrein in seinem Dom zu Aachen. Von der Empore aus hat er – als ob er über dem Geschehen thronte – am Gottesdienst teilgenommen, der unter ihm in dem herrlichen Bau stattfand. Er war ein großer Christ mit großen Fehlern. Beides klingt an, wenn wir ihn »Karl den Großen« nennen.

Aus der »Großen Chronik Frankreichs«, 14. Jh.: Karl der Große nimmt 777 die Unterwerfung der Sachsen entgegen und wohnt ihrer Taufe bei.

8. Kein Ende mit Schrecken

Die Bibel erzählt auf ihren Schlussseiten von aufregenden Geschehnissen. Da war ein Seher mit Namen **Johannes** auf der griechischen Mittelmeerinsel **Patmos**, dem furchtbare und wunderbare Bilder von der Zukunft eingegeben wurden. Er sieht, dass Katastrophen ungeahnten Ausmaßes über die Menschheit kommen. Vier geheimnisvolle Reiter rasen durch die Welt, um ihr Mord, Krieg, Hunger und Zerstörung zu bringen. Die Schalen von Gottes Zorn ergießen sich über die Erde und können selbst die Gerechten mutlos machen. Teuflische Ungeheuer treiben ihr Unwesen. Am Ende der Zeit wird Gott die Schrecken beenden, in der neu errichteten Himmelsstadt Jerusalem alle Tränen trocknen und mitten unter den Erwählten und Geretteten leben. Dann wird kein Tod mehr sein.

Die tausendjährige Herrschaft

In den Unheilsschilderungen findet sich ein Abschnitt, der von einem geheimnisvollen Jahrtausend spricht. Da kommt ein Engel Gottes vom Himmel auf die Erde, überwältigt den mächtigen Teufel und macht ihn für 1000 Jahre unschädlich. Wenn sie abgelaufen sind, kommt der Teufel für kurze Zeit frei und kann noch einmal großes Unheil anrichten, bevor er selbst für immer entmachtet wird. Dann treten die Toten vor Gottes Thron, wo sie von Gott nach ihren Werken gerichtet werden.

Danach sah ich einen Engel vom Himmel herabsteigen, in seiner Hand trug er den Schlüssel zum Abgrund und eine schwere Kette. Er überwältigte den Drachen, die alte Schlange – das ist der Teufel oder der Satan – und fesselte ihn für tausend Jahre. Er warf ihn in den Abgrund, verschloss diesen und drückte ein Siegel darauf, damit der Drache die Völker nicht mehr verführen konnte, bis die tausend Jahre vollendet sind. Danach muss er für kurze Zeit freigelassen werden. ...
Wenn die tausend Jahre vollendet sind, wird der Satan aus seinem Gefängnis freigelassen werden. Er wird ausziehen, um die Völker in allen Himmelsrichtungen zu verführen und sie zusammenzuholen zu dem Kampf. ...
Am Ende fiel Feuer vom Himmel. Und der Teufel, der Verführer, wurde in den See von brennendem Schwefel geworfen. Tag und Nacht wird er gequält in alle Ewigkeit.

aus der Offenbarung des Johannes 20, 1–11

Niemand kennt den Termin

Als Jesus einmal vom Ende der Tage gesprochen hatte, fügte er an: Doch jenen Tag und jene Stunde kennt niemand, auch nicht die Engel im Himmel, nicht einmal der Sohn (er selbst), sondern nur der Vater.

aus dem Evangelium nach Markus 13, 32

Hans Memling (1433–1494), Johannes auf Patmos schaut Szenen aus der Offenbarung, 1475–79. Im Vordergrund sieht man die vier apokalyptischen Reiter (Offb 6), darüber den Stein, der vom Himmel ins Meer fällt (Offb 9, 1) sowie ganz oben die Frau und den Drachen (Offb 12). Im Regenbogen die 24 Ältesten vor Christus auf dem Thron, dem Lamm und dem Buch mit 7 Siegeln (Offb 4–5).

Albrecht Dürer (1471–1528), Die vier Reiter, Blatt 3 der Apokalypse (Offb 6), um 1500.

Oft haben sich Christen gefragt, was mit den geheimnisvollen Worten der **Apokalypse** gemeint sein könnte. Manche wussten nicht, dass die Bibel mit »tausend Jahren« nicht einen bestimmten Zeitraum meint, sondern eine lange Geschichte, deren Anfang und Ende nur Gott kennt. Wir sprechen so ähnlich, wenn wir sagen: »Da sucht einer tausend Ausreden« oder »Ich habe dir das tausendmal gesagt«. Auch bei »Tausendschön« und »Tausendsassa« denkt keiner an eine genaue Zahl. Die Leute aber, die die »tausend Jahre« der Bibel nicht bildhaft, sondern wörtlich nahmen, machten sich ans Rechnen und wollten den genauen Termin herausfinden, an dem alles geschehen sollte. Sie nahmen als den Ausgangspunkt ihres Zählens das Datum so, dass sie nach 1000 Jahren gerade an ihrer Gegenwart auskamen, weil sie glaubten, die angekündigten Schrecken seien jetzt mit den Händen zu greifen. Dann verbreitete sich Panik, aus der nichts Gutes kam. Die Leute verloren die Nerven und richteten vielfältigen Schaden an. Religiöse Hysteriker und Scharlatane fanden große Aufmerksamkeit. Den Schrecken vor der nahen Endzeit nennt man »apokalyptische Angst« oder »apokalyptisches Fieber«.

Eine solche Aufregung ist im Lauf der Geschichte oft vorgekommen.

Es gab sie auch **um das Jahr 1000**, obwohl sie zu anderen Zeiten eher intensiver war. Das mag daran gelegen haben, dass viele Menschen damals unsere Zeitrechnung noch nicht so genau kannten und kaum wussten, wann das Jahr 1000 bevorstand. Und wo man es wusste, da hatten beson-

Meister Giselbert, Das Jüngste Gericht, Westportal der Kathedrale in Autun (Burgund), um 1120.

1 Gibt es apokalyptische Ängste auch heute?
2 Erkundigt euch, weshalb Hitler und die Nationalsozialisten meinten, mit ihnen habe ein »tausendjähriges Reich« begonnen, das dann mit seinen zwölf Jahren von 1933–1945 immer noch viel zu lange dauerte.
3 Kennt ihr Gruppen, die die Leute mit ihrem Endzeitgerede verrückt machen und sich selbst schaden?
4 Wie stellt ihr euch das Ende der Zeit vor?
5 Zum Ende der Zeit: → S. 114.

nene Männer und Frauen rechtzeitig davor gewarnt, ein übles Feuer zu schüren.

Doch kamen immer wieder zu verschiedenen Zeiten religiös gefärbte Zahlenspiele und Datentricks auf, die ein Ende der Geschichte beweisen sollten. Für die Zeit nach der ersten Jahrtausendwende kann man unterschiedliche Beobachtungen machen, die mit einem tausendjährigen Reich mehr oder weniger zusammenhängen.

■ Man erwartete, dass als Gegenspieler Christi der **»Antichrist«** kommen werde, der alles zu vernichten sucht, was von Jesus Gutes bewirkt worden ist. Er ist der Böse schlechthin, dem für eine Zeit große Macht gegeben ist. Vor ihm muss man auf der Hut sein. Oft hat man politische und private Feinde oder missliebige Personen »Antichrist« genannt, um sie zu diffamieren und einen Grund zu haben gegen sie vorzugehen.

Richard Oelze (1900–1980), Erwartung, 1935–36.

■ Man hoffte auf ein neues Reich, wie es die Propheten der Juden und Nichtjuden, z. B. die römischen Sibyllen, vorhergesagt hatten. In diesem Zusammenhang wurde auch die baldige **Wiederkunft Christi**, des Messias, proklamiert. Wenn er kommt, endet die Zeit. Darauf müssen sich alle sofort vorbereiten. Mit dieser Ankündigung konnte man erhebliches Unheil anrichten, wenn die Leute z. B. nicht mehr arbeiten wollten, weil sie glaubten, es lohne sich nicht mehr. Andere machten große Schulden, weil sie hofften, sie nicht mehr bezahlen zu müssen, oder sie stürzten sich in die tollsten Vergnügungen, um zuletzt noch etwas zu erleben.

■ Manche Alte und manche Junge schienen den Verstand zu verlieren. **Wahrsager** meinten, nähere Einzelheiten vom Ende zu wissen. **Büßer** in haarigen Hemden und nagelbesetzten Gürteln zogen durch die Lande und kasteiten sich qualvoll, um für den Tag des Gerichts ihre Sündenschuld loszuwerden. Scharenweise traten ausgemergelte Gestalten auf, die sich selbst geißelten, um himmlische Verdienste zu erlangen. Abenteuerliche **Schwärmer** gaben dummes Zeug von sich, das aber gern gehört wurde. Wilde Weiber verkauften Amulette, die in der Stunde des Gerichts nützlich sein sollten. Man wollte schaurige Drachen oder vom Himmel fallende Sterne gesehen haben, die den Schrecken der Endzeit anzeigten. Jede Hungersnot und alle Kriege mussten dafür herhalten, dass nun bald das Reich der tausend Jahre oder der Jüngste Tag komme.

■ **Besonnene Christen** ließen sich durch solches Treiben nicht aus der Ruhe bringen. Päpste, Bischöfe und Pfarrer haben oft davor gewarnt. Sie alle wussten, dass kein Mensch weiß, wann unsere befristete Zeit zu Ende geht. Von unseriösen Rechenkunststückchen hielten sie nichts. Wenn sie sahen, was dabei herauskam, fühlten sie sich in ihrer Zurückhaltung bestätigt. Es genügte ihnen der Glaube, dass Gott allein das Ende der Geschichte kennt und festsetzt.

Das letzte Buch des Neuen Testaments, das etwa um 95 geschrieben wurde, heißt die **»Offenbarung des Johannes«**. Diese **»Apokalypse«** (griech.: »Enthüllung«, »Offenbarung«; → S. 71) wird Johannes, dem Jünger Jesu, zugeschrieben. Der Autor will den Christen in der Verfolgungszeit unter dem römischen Kaiser Domitian (81–96) Mut und Hoffnung machen, indem er ihnen ihre Zeit als Endzeit deutet, deren Schrecken unbeschreiblich sind, aber ein gutes Ende finden. Er schreibt in einer rätselhaften Sprache und in gewaltigen Bildern: In jenen Tagen werden zuerst Himmel und Erde erschüttert und danach wird eine neue Welt entstehen. Man würde die Apokalypse missverstehen, wenn man in ihr eine Art Live-Reportage über das Endes sähe. Sie kann nicht Einzelheiten voraussagen, sondern sie erinnert Christen für immer an ihren Glauben, dass Gott die Geschichte lenkt und zu einem guten Ende führt.

Drei Fragen zum Schluss des Kapitels

Ein alter Baumstamm bildet im Lauf der Zeit um seine Mitte viele Jahresringe. Forscher können genau sagen, aus welcher Zeit ein jeder Holzring stammt. So ähnlich ist es mit dem Christentum. Es hat in seiner Geschichte viel in sich wachsen lassen und aufgenommen, z. B.

- von den **Juden**: den Herrn Jesus Christus, Feste wie Ostern und Pfingsten, die Zehn Gebote sowie das Alte Testament (→ S. 32)
- von den **Griechen**: die Sprache des Neuen Testaments und die Kraft, Glauben und Denken zu verbinden (»Theologie« → S. 146)
- von den **Römern**: die Nüchternheit eines tüchtigen Volkes, die lateinische Kirchensprache und den lateinischen Kirchengesang, die Basilika (→ S. 185), das Kirchenrecht, den Amtssitz des Papstes
- von den **Byzantinern**: die Pracht des Kaiserhofs für den Gottesdienst, die Ikonen, die Bischofstracht mit Mitra (Mütze) und Hirtenstab, wie sie die kaiserlichen Beamten in Byzanz trugen
- von den **Germanen**: die Herzensfrömmigkeit, Religion als Sache des Gefühls und Gemüts, Christbaum, die Kathedralen (→ S. 187 ff)

Und jetzt die drei Fragen, die etwas schwierig sind:

(1) Ist die Sache Jesu in dieser Entwicklung erkennbar geblieben?
(2) Warum erscheint das Christentum so vielen als unmodern?
(3) Was gibt unsere Zeit dem Christentum mit auf den Weg in die Zukunft? Wo kann das heutige Christentum die Zukunft mitgestalten?

Marc Chagall (1887–1985), Engelsturz, 1947. Der stürzende Engel erinnert nicht nur an Luzifer (→ S. 243), sondern auch an schreckliche Erfahrungen unserer Zeit. Unten rechts Witebsk, die russische Heimatstadt des Malers, unten links ein Rabbi mit Thorarolle (→ S. 34, 46). Die Uhr ist ein Symbol der Zeit. Wie deutet ihr die anderen Einzelheiten des Bildes?

Kirchen, Künste, Katakomben

1. Überall Spuren

Wer durch unsere Welt kommt, wird auf Schritt und Tritt Spuren des Christentums entdecken. In allen Erdteilen gibt es Christen und Christinnen, überall findet man Kirchen, christliche Schulen, Kindergärten und Krankenstationen. Und wer in die Vergangenheit reist, stößt ganz oft auf Zeugnisse, die Christen geschaffen haben. Seit fast zwei Jahrtausenden ist der christliche Glaube nicht nur – wie viele heute meinen – Privatsache. Immer haben Frauen und Männer versucht auf die Welt einzuwirken und in aller Öffentlichkeit ihren Glauben zu bezeugen. Christen wollten immer mit ihren Ideen die Politik beeinflussen, aus ihrer Überzeugung heraus Bücher schreiben, ihrem Glauben in Bildern, Bauten und Klängen Ausdruck verleihen. Damit ist das Christentum zu einem Faktor der Kultur geworden.

»**Kultur**« – das ist ein schwieriges Wort. Dabei ist es eine Sache, mit der wir viel zu tun haben. Selbst wenn wir es wollten, könnten wir ohne unsere Kultur nicht leben. Aber was ist »Kultur«?

Am ehesten kann man verstehen, was »Kultur« ist, wenn man sie vergleicht mit dem, was wir »**Natur**« nennen. »Natur« ist die Welt, die uns vorgegeben ist: ihre Berge und Meere, ihre Tiere und Blumen, ihre Bodenschätze und ihre Atmosphäre. Auch wir Menschen sind ein Stück »Natur«, z. B. wenn unser Puls schlägt, wenn wir atmen, essen und verdauen, wenn Bakterien und Viren uns krank machen.

»Kultur« ist demgegenüber die Welt, wie sie von Menschen gemacht ist. Oft haben Menschen in die Natur eingegriffen und sie verwandelt. Das geschah, wenn sie aus unbebautem Boden fruchtbares Ackerland, aus einem wilden Gewächs eine schöne Blume oder ein nahrhaftes Getreide, aus Holz ein Rad, aus Lehm einen Ziegelstein machten. So mag die Kultur zuerst angefangen haben. In späteren Zeiten haben Menschen die Kultur immer weiter entwickelt. Wir zählen zur Kultur die großen Einrichtungen, die im Lauf der Zeit entstanden sind, z. B. den Staat, in dem wir leben, die Schule, in die wir gehen, die Rechtsordnung, die wir uns gegeben haben, die Musik, die die Komponisten geschaffen haben. Selbst die Sitten und Gebräuche, die uns weniger bedeutsam vorkommen, gehören zu unserer Kultur, z. B. die Art, wie wir mit Messer und Gabel essen, wie wir unsere Häuser bauen, wie wir Hochzeit feiern, Streitigkeiten regeln oder die Toten begraben. Auch das Kino, Fernsehen, Internet und Faxgerät sind kulturelle Einrichtungen.

Wir Menschen sind nicht nur ein Teil der Natur, sondern auch ein Teil unserer Kultur. Menschen haben die Kultur hervorgebracht. Richtiger müsste man sagen: Menschen haben verschiedene Kulturen hervorgebracht. Denn die Kultur war im Mittelalter anders als in der Gegenwart, und sie ist heute in der Türkei, in Ostasien, in Amerika oder Afrika anders als in Westeuropa.

Auf die jeweilige Kultur haben viele Faktoren eingewirkt. Da gibt es den Erfindungsreichtum der Menschen, das Wetter, die Beschaffenheit der Landschaft. Ein besonders wichtiger Faktor der Kultur ist überall in der Welt die **Religion.**

Wer sich zu den **Anfängen des Christentums** aufmacht, wird für die allererste Zeit noch keine eigenen christlichen Spuren in der Welt entdecken, weil die Christen zuerst noch ganz von der **Kultur** ihrer Umgebung geprägt waren. Sie unterschieden sich zwar durch ihren Glauben von ihren Zeitgenossen im Judentum und im Römischen Reich, aber sie bauten wie ihre Umgebung, sie kleideten sich wie die Menschen damals, schrieben wie diese. Erst allmählich entwickelten die Christen eine eigene Kultur, in der die Spuren ihres Glaubens erkennbar wurden.

1 Auch in diesem Kapitel machen wir eine Reise in die Vergangenheit. Lest dazu → S. 150.

2 Manche meinen, man sollte sich nur um sich selbst und seine eigene Welt kümmern. Andere halten dagegen, dass es nützlich und interessant ist, fremde Kulturen zu verstehen. Wem stimmt ihr zu?

3 Könnt ihr ein paar Beispiele christlicher Kultur in eurer Stadt, in unserem Land, in der weiten Welt nennen? (→ S. 44)

2. Unterirdische Hoffnungsorte – Die Katakomben

Wer heute nach **Rom** reist, kann dort auf abenteuerliche Weise weit in die Vergangenheit eintauchen. In einiger Entfernung vom Zentrum der Stadt kann er auf alten Stufen in die Erde herabsteigen, wo er Anlagen findet,

Callixtus-Katakombe. Die ältesten Teile stammen aus dem 2. Jh.

wie es sie sonst kaum noch auf der Welt gibt. Unter der Erde fallen sofort die vielen langen Gänge auf, so hoch, dass man gerade aufrecht in ihnen gehen kann, die aber gelegentlich so niedrig werden, dass man sich bücken muss. Die Besucher können nicht nebeneinander gehen, weil die Gänge sehr eng sind. Man muss schon Kerzen oder Taschenlampen in der Hand haben, um sich hier zurecht zu finden. Zuerst kann man in den spärlich erhellten Gängen kaum etwas erkennen. Aber wenn sich das Auge an die Dunkelheit gewöhnt hat, sieht es an den Wänden unzählige Nischen und Kammern, die zum Teil offen, zum Teil mit Marmorplatten verschlossen sind, auf denen sich Zeichen und Malereien befinden, deren Sinn man nicht sofort versteht. Gelegentlich stößt man auf größere Räume, in denen viele Personen Platz haben. Je länger man geht, umso tiefer steigt man herab. Man spürt, dass man kaum mehr zum Ausgang zurückfinden würde, wenn man sich hier verirrte oder die Beleuchtung aussetzte. Geheimnisvoll und unheimlich zugleich sind diese unterirdischen Anlagen, die wir »**Katakomben**« nennen.

In der Zeit des Römischen Reichs gab es ein Gesetz, das vorschrieb die Toten außerhalb der Stadtmauern zu begraben. Darum befanden sich die Katakomben an den Ausfallstraßen des damaligen Rom. Heute durchziehen sie mit ihren weitverzweigten Gängen den Untergrund der Millionenstadt Rom. Die bekanntesten liegen an der Via Appia. Insgesamt sind 60 Katakomben bekannt, die oft mehrere Stockwerke haben. In den ca. 170 km freigelegten Gängen hat man mehr als 750 000 Gräber gezählt. Da das Bauland in Rom teuer war, konnten die Christen die Friedhöfe nicht beliebig vergrößern. Sie waren gezwungen, immer tie-

Christus als Lehrer im Kreis der Apostel, Domitilla-Katakombe, Mitte 4. Jh.

fer zu graben und zu begraben. Die oberen Gräber sind daher die ältesten, die unten die jüngsten. Die Chance, auch in Zukunft noch weitere Katakomben zu entdecken, ist groß.

Früher machte man sich romantische Vorstellungen vom Zweck der Katakomben. Man meinte, hier hätten sich die Christen vor den Verfolgungen der römischen Kaiser versteckt, stets in weißen Gewändern gebetet und sich zum Gottesdienst versammelt. Die meisten von ihnen seien um ihres Glaubens willen getötet und hier bestattet worden. Wir wissen heute, dass diese Vorstellungen nicht zutreffen. Die Katakomben sind viel zu eng, um tausenden Menschen einen Daueraufenthalt zu ermöglichen. Die meisten Katakomben sind auch erst nach den Zeiten der Christenverfolgung entstanden. Richtig ist, dass die Christen in den Katakomben ihre Toten beerdigt haben. Sie wollten nicht auf den Friedhöfen der Nichtchristen beerdigt werden, sondern auch im Tod einander nahe sein und gemeinsam auf die Auferstehung der Toten warten. Unter den Bestatteten sind Freie und Sklaven, Patrizier (Adelige) und Arme, Priester und Laien. Auch einige Märtyrer (→ S. 155), also Frauen und Männer, die getötet wurden, weil sie Christen waren, haben in den Katakomben ihre letzte Ruhe gefunden. Ca. 50 Märtyrergräber sind heute bekannt. Viele Christen wollten in deren Nähe begraben werden, weil sie hofften, die Märtyrer würden für sie bei Gott eintreten. Selbst einige alte Papstgräber hat man in den Katakomben entdeckt. Hier wurden Tausende von Grabinschriften gefunden, die einen Einblick in das Leben und den Glauben der damaligen Christen gewähren. Ebenso interessant sind die vielen auf die Wände gemalten Bilder. Mitten in der Gräberwelt sind sie Zeichen der Hoffnung auf die Auferweckung von den Toten. Die Bilder zeigen z. B. die Totenerweckung des Lazarus, Jesus als den guten Hirten, die drei Könige, das Abendmahl oder Betende, die die Arme nach oben strecken (»Oranten«). Die Bilder wurden oft von einfachen Handwerkern angefertigt. Ihr Stil unterscheidet sich nicht von der Art, wie auch die Nichtchristen damals malten. Umso mehr sind sie deshalb von einmaliger Bedeutung, weil sie am Anfang der christlichen Bilderwelt stehen.

Katakomben (Wortbedeutung unklar) sind unterirdische Friedhöfe im Mittelmeergebiet aus dem 2.–6. Jahrhundert nC. Hier sind vor allem Christen bestattet. Die Nischen in den schmalen Gängen sind Wandgräber, die später vielfach von Räubern oder Forschern geöffnet wurden. Oft finden sich hier alte Inschriften, Symbole und Bilder, die für das Verständnis der frühen Christenheit aufschlussreich sind (→ S. 157).

Der gute Hirte, Callixtus-Katakombe, Mitte 3. Jh.

Hoffnung in den Katakomben

Für die Christen war von Anfang an der Glaube an die Auferweckung der Toten und das Ewige Leben kennzeichnend. Der folgende Text stammt aus der ältesten Schrift des Neuen Testaments (→ S. 137).

Brüder (und Schwestern), wir wollen euch über die Verstorbenen nicht in Unkenntnis lassen, damit ihr nicht trauert wie die anderen, die keine Hoffnung haben. Wenn Jesus – und das ist unser Glaube – gestorben und auferstanden ist, dann wird Gott durch Jesus auch die Verstorbenen zusammen mit ihm zur Herrlichkeit führen. … Tröstet einander mit diesen Worten.

aus dem 1. Brief des Paulus an die Thessalonicher 4, 13–14.18

1 In den Katakomben finden sich viele Bilder mit Szenen aus dem Ersten Testament. z. B. die Arche Noach, Daniel in der Löwengrube (→ S. 71 f) oder die Rettung des Jona aus dem Walfisch (→ S. 72). Könnt ihr euch erklären, warum diese Motive bei den Christen beliebt waren?

2 Zur frühen Geschichte des Christentums im Römischen Reich: → S. 153 ff.

1 Jesus und die blutflüssige Frau (Lk 8, 43–48), Marcellinus-Petrus-Katakombe, Mitte 3. Jh.

2 Auferweckung des Lazarus, Katakombe der Via Latina, Mitte 4. Jh.

3 Betende (Orante) mit Kind, 1. Hälfte 4. Jh.

4 Eucharistisches Mahl, Callixtus-Katakombe, 1. Hälfte 3. Jh.

5 Der Prophet Jona wird von den Matrosen über Bord geworfen, ein Fischungeheuer will ihn verschlingen. Marcellinus-Petrus-Katakombe, Mitte 3. Jh.

3. Die Erfindung der Kirche – Die Basilika

Die Kirche – als Bau (→ S. 194) – war nicht von Anfang an da. Auch die Kirche musste einmal »erfunden« werden. Für sie gab es keine direkten Vorgänger in der alten Welt.

■ Die Juden (→ S. 136) hatten ihre **Synagogen,** in denen es keine Gottesbilder gab und wo sie Gott keine blutigen oder unblutigen Opfer darbrachten. Hier versammelten sie sich mit ihren Rabbinen, hörten ihre heiligen Texte und beteten. Daran konnten die Christen zwar anknüpfen, aber sie feierten die Gottesdienste (Taufe, Abendmahl) anders als die Juden.

■ Die Römer und Griechen bauten für ihre Götter **Tempel.** In den Tempeln standen die Statuen der Götter und Göttinnen (→ S. 144, 154 f). Hier war nur für die Priester Platz, die im Tempel auf dem Altar Tiere opferten. Das Volk nahm am Gottesdienst im Freien vor dem Tempel teil. Daran konnten die Christen nicht anknüpfen. Für ihre Zwecke war der Tempel ungeeignet, weil sie sich von Gott kein Bild machen durften. Zudem brauchten sie für ihre Gemeinschaft Räume, in denen sie sich versammeln, das Wort Gottes hören und gemeinsam das Abendmahl feiern konnten.

Rundtempel in Rom, 1. Jh. vC–1. Jh. nC

■ So mussten die Christen für ihre Bedürfnisse neue Ideen entwickeln. Dies ist ihnen auf bewundernswerte Weise gelungen. Sie haben damals als Raum und Bauwerk für ihren Gottesdienst die Kirche erfunden.

Der Weg dahin nahm einige Zeit in Anspruch. Von den Anfängen an bis zum Beginn des 4. Jahrhunderts versammelten sich die Christen meist in kleinen Gruppen in Häusern **(»Hauskirchen«),** die sie nicht eigens für ihre Versammlungen umbauten und die unauffällig irgendwo in einer Stadt mitten zwischen anderen Häusern standen. In ihnen gab es keine Kostbarkeiten und keine Kunstwerke. Dazu fehlte meistens das Geld. Hinter verschlossenen Türen feierten die Christen ihren Gottesdienst. Weil der römische Kaiser Diokletian (→ S. 157) im Jahr 304 diese christlichen Hauskirchen aufzuspüren und abzureißen befahl, sind uns nur wenige Beispiele erhalten.

Basilika des Konstantin, Anfang 4. Jh.

■ Die Situation änderte sich für die Christen mit einem Schlag, als Kaiser Konstantin im Jahr 313 mit der Verfolgung der Christen Schluss machte (→ S. 158) und ihnen alle Rechte einer Religion im Römischen Reich gewährte. Jetzt erst war es ihnen möglich, in das Licht der Öffentlichkeit zu treten. Nun konnten sie daran gehen, neue Bauten für ihre Gemeinschaft zu errichten. Zuerst bauten sie so, wie im Römischen Reich die Bauten, die man »**Basilika**« nennt, gebaut wurden. Basiliken konnten kaiserliche Audienzpaläste, städtische Markthallen oder öffentliche Gerichtssäle sein. Sie übernahmen auch einzelne Elemente der damaligen Baukunst, z. B. Säulen und Fenster, Türen und Nischen, Dachform und Apsis. Aus diesen Elementen schufen sie ein Bauwerk, dem sie einen ganz neuen Sinn gaben. Mit ihrer Basilika erfanden sie die »Kirche«.

1 Könnt ihr das Modell einer Basilika basteln? Bittet euren Kunstlehrer um Hilfe.
2 Könnt ihr in einer Kirche in eurer Nähe Elemente der alten Basilika entdecken? Was ist auch anders geworden?

Die **Basilika** ist ein Versammlungs- und Gottesdienstraum der Christen, der auf römische Vorbilder zurückgeht. Der **Name** »Basilika« hat mit dem griechischen Wort »König« zu tun und kann mit »Königshalle« übersetzt werden. Die Christen haben damals daran gedacht, dass für ihren Gott ein königliches Gebäude gerade recht sei.

Elemente der Basilika

Die Basilika hatte vor allem zwei Aufgaben. Hier sollten sich die Christen (1) **versammeln** können und hier sollten sie (2) ihren **Gottesdienst (»Liturgie«) feiern.** Dieser einfachen Bestimmung entsprechen alle Elemente der Basilika.

■ Das **Äußere** bestand meist nur aus schlichtem Mauerwerk in Ziegelstein, ohne Turm, ohne Kuppel, ohne Figurenschmuck. Niemand kam noch auf die Idee, einen Prachtbau hoch über die Dächer der Stadt herausragen zu lassen. Erst später hat man den alten Gebäuden auch Kuppeln und Glockentürme hinzugefügt.

■ Eine Basilika ist vorrangig ein **Innenraum,** der vielen Menschen Platz bietet. Dicke Mauern und ein Vorhof sollen vor dem Lärm der Straße schützen. Ihre einfache Grundform, die an einen Saal erinnert, ist ein langgestrecktes Rechteck, das je nach Platzbedarf aus drei oder fünf »**Schiffen**« besteht.

Basilika Santa Sabina, Rom, Mitte 5. Jh. Blick auf die Apsis und das Langhaus.

Das Hauptschiff der Basilika von Sant' Apollinare in Classe bei Ravenna mit den prachtvollen Marmorsäulen aus Konstantinopel. Die Kirche wurde im Jahre 549 geweiht.

■ An der Stirnseite befindet sich eine halbrunde Nische, die »**Apsis**«, an deren Wand in der Mitte der Bischofsstuhl (»**Kathedra**«) steht, auf dem nur der Bischof (griech.: »Aufseher«, »Vorsteher«) sitzen durfte. Für die feierliche Verlesung der Bibel gibt es ein eigenes Pult (»**Ambo**«), von wo aus geschulte junge Leser (»Lektoren«) die Bibeltexte vortragen. Nach der Lesung mussten ursprünglich alle Nichtgetauften den Raum verlassen. Keiner von den »Uneingeweihten« durfte zurückbleiben.

■ Der **Altar** war meist ein Steintisch auf der Hauptachse des Gebäudes zwischen Mittelschiff und Kathedra. Auf ihn ist der ganze Grundriss der Basilika ausgerichtet. Hier wurde das Dank- und Lobgebet gesprochen. Hier wurde mit den »Eingeweihten« die Eucharistie (griech.: »Danksagung«, → S. 201 f) gefeiert. Eingeweiht waren die Getauften, die in die Gemeinde der Christen aufgenommen waren.

■ Für die Spendung der Taufe gab es an der Rückseite der Basilika oft einen Vorraum (»Atrium«), in dessen Mitte ein **Brunnen** aus Tiermäulern Wasser als Zeichen des Lebens verströmte. Brunnen und Altar sind zwei Brennpunkte der Basilika, weil Taufe und Eucharistie Brennpunkte des christlichen Lebens sind.

■ In den größeren Basiliken finden wir herrliche **Mosaiken,** die die Apsis und die Seitenwände schmücken. Auf ihnen sind Jesus, Maria, Petrus, Paulus und die anderen Apostel, Szenen aus der Bibel sowie Märtyrer des Glaubens dargestellt. Viele dieser Mosaiken gehören auch heute zu den Highlights der Weltkunst.

Mit der altchristlichen Basilika, die seit dem 4. Jahrhundert überall im Römischen Reich gebaut wurde, gelang den christlichen Baumeistern ein genialer Wurf in der Geschichte der Architektur. Sie ist zum **Vorbild fast aller Kirchen** der Christenheit geworden. Man kann ihre Grundform und ihre Grundideen in den großen Domen und Kathedralen, in den Abteien und selbst in kleinsten Dorfkirchen erkennen. Die Idee dieses Bautyps mutet uns heute in ihrer klaren Einfachheit ganz selbstverständlich an.

Ein feierliches Lied

Die Christen brachten ihren Glauben nicht nur im Bau der Basilika, sondern auch in herrlichen Texten des Gottesdienstes zum Ausdruck. Er war kein bisschen langweilig, weil seine Grundformen aus dem Lebensgefühl der damaligen Christen erwuchsen. Manche Texte lassen ahnen, wie groß die Begeisterung für den neuen Glauben gewesen sein muss, so z. B. das »Exsultet« (d. h. »Frohlocket«), das noch heute im Gottesdienst der Osternacht gesungen wird.

Frohlocket, ihr Chöre der Engel, frohlocket, ihr himmlischen Scharen, lasset die Posaune erschallen, preiset den Sieger, den erhabenen König! Lobsinge, du Erde, überstrahlt vom Glanz aus der Höhe! Licht des großen Königs umleuchtet dich. Siehe, geschwunden ist überall das Dunkel. Auch du freue dich, Mutter Kirche, umkleidet vom Licht und herrlichem Glanze! Erklinge laut, heilige Halle (Basilika), töne von des Volkes mächtigem Jubel.

aus dem Gotteslob der Osternacht

Die Weisen aus dem Morgenland in persischer Kleidung kommen zu Jesus (Mt 2, 1–12), der hier wie ein byzantinischer Kaiser auf dem Thron sitzt. Mosaik aus der römischen Basilika Santa Maria Maggiore, nach 430.

4. Die erste christliche Kunst Europas – Die Romanik

Ihre erste große Erfolgsgeschichte (→ S. 136 ff) hatte die Kirche im Mittelmeergebiet des Römischen Reiches. Im Lauf der Zeit erweiterte sie ihr Wirkungsfeld. Als sie im frühen **Mittelalter** auch den germanischen Völkern ihre biblische Botschaft und damit die römisch-griechische Kultur brachte, entstand in Europa eine neue Kultur, in der sich die **»romanische Kunst«** entwickelt hat. Der einheitliche Stil dieser Epoche war vor allem das Werk der Mönche. Hervorzuheben sind hier die Benediktiner (→ S. 165) und Zisterzienser, die in weiten Teilen Europas beteten und arbeiteten. Das Christentum war damals der einzige Bauherr.

Deutschland ist ein Zentrum der romanischen Kunst. Bedeutende romanische Kirchen gibt es in Hildesheim, Aachen, Trier, Mainz, Bamberg, Limburg, Speyer, Worms, Münster, Köln und Schwarz-Rheindorf bei Bonn. Zu den herausragenden Beispielen dieser Kunst gehört die Abteikirche zu Maria Laach in der Eifel. Viele romanische Kirchen sind von Kaisern und Königen gestiftet worden. Von daher erklärt sich ihre Pracht und Größe.

Elemente der Romanik

Der romanische **Kirchenbau** knüpft an der Grundform der antiken Basilika an, entwickelt sie aber in wichtigen Punkten weiter. Zu diesen Änderungen zählen folgende:

■ In den Bau der Basilika wird ein **Querhaus** eingefügt, so dass die Kirche den **Grundriss eines Kreuzes** erhält. Damit liefert das wichtigste Zeichen der Christenheit die Anregung zu einer neuen architektonischen Gestalt.

■ Fast immer sind die Kirchen nach Jerusalem in den **Osten** gerichtet, weil sich hier die biblischen Ereignisse zum Heil der Menschen abspielten. Zudem beginnt die Sonne im Osten ihren Lauf. Sie ist ein Symbol für die Auferstehung Christi, weil sie aus dem Dunkel der Nacht zu neuem Leben aufersteht. Darum schaut die Kirche erwartungsvoll in diese Richtung. Vom Orient her findet sie ihre »Orientierung«. Die gegenüberliegende **Westseite,** wo die Sonne untergeht, erinnert an Sünde und Tod. Hier steht oft der Erzengel Michael, der mit seinem Schwert die Dämonen abwehren soll, die aus dem Dunkel kommen.

■ Ein **Turm** oder auch mehrere **Türme** werden in den Bau einbezogen. Sie sollten auf symbolische Weise Finger zum Himmel und Wegweiser nach oben sein. In den Städten überragen die Kirchen mit ihren Türmen die umliegenden Häuser und machen klar, was in der Stadt am wichtigsten ist.

■ Das **Äußere** der Kirche erhält durch starke Mauern und kraftvolle Bögen erheblich größeres Gewicht. Viele Ornamente schmücken die Türme, Fenster und Tore. Auffällig sind die vielen Dämonen und Engel, Monster und Tiere. Dabei hat jede Figur ihren Sinn. So ist die nächtliche Fledermaus ein Symbol der Sünde und Versuchung, der hochfliegende Adler ein Symbol der Auferstehung. Die steinernen Teufel lassen an die Macht des Bösen denken, erinnern aber auch daran, dass der Teufel (→ S. 242) zu unserer Alltagswelt gehört.

■ Oft liegt in der nahen Umgebung ein **»Kirchhof«,** weil die Christen im Schatten der Kirche bestattet sein wollten.

■ Den Eingang bildet oft ein mächtiges Portal, über das sich ein Bogen spannt, in dessen Feld (**»Tympanon«**) steinerne Figuren angebracht werden (→ S. 177). Wer beim Betreten der Kirche aufschaut, sieht das **Jüngste Gericht,** das ihn daran erinnert, was die Bösen und die Guten am Ende der Tage zu erwarten haben: Hölle und Himmel.

»Romanik« nennt man das Zeitalter der frühesten Kunst des christlichen Abendlandes. Ihre ältesten Formen beginnen im 8. Jahrhundert, ihre Blütezeit liegt zwischen ca.1080 und 1200. Sie baut auf der römischen Tradition auf und übernimmt manche Einzelheiten aus der römischen Kunst, z. B. Rundbogen, Gewölbe und Säule. Aber ganz zutreffend ist die Bezeichnung nicht, weil diese Kunst nicht in den romanischen Ländern entstanden ist und andere Völker eigene Beiträge zu dieser Kunst geleistet haben. Zeugnisse der romanischen Kunst finden wir in Deutschland und Frankreich, in England und Spanien, in Italien und auf dem Balkan, in Tschechien und Polen.

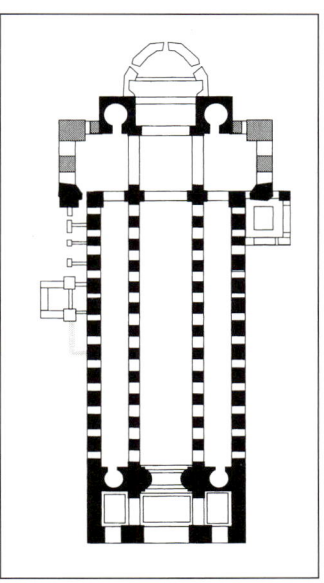

Speyer, *Dom*, *Grundriss* (→ S. 188 f).

1 Könnt ihr im Kunstunterricht weitere Zeugnisse der Romanik sehen und im Geschichtsunterricht Näheres über diese Zeit erfahren?

2 Welche romanische Kirche liegt in eurer Nähe? Ist euch ein Besuch dahin möglich?

■ Im **Inneren** bewirkt das Licht, das durch die eher kleinen Fenster strömt, eine geheimnisvolle Dämmerung. Schaut man nach vorn, sieht man die **Apsis,** die in manchen Kirchen zu einem mächtigen halbrunden Anbau wird.

■ Zwischen Apsis und Langhaus ist ein quadratischer oder rechteckiger Raum (»**Chor**«) eingeschoben, der für die Priester reserviert ist. Dadurch wird der Abstand zwischen Priestern und Laien größer. Hier wird etwas von der Rangfolge der Personen sichtbar, wie sie im Mittelalter gilt. An erster Stelle steht der Bischof mit seinen Priestern, an zweiter Stelle das gläubige Volk.

■ Den schweren Kirchenraum selbst tragen nun nicht mehr leichte Säulen, sondern starke **Pfeiler,** die sich wie Bäume wuchtig in die Höhe strecken. Sie enden oft in kunstvollen **Kapitellen,** auf denen biblische Szenen oder Pflanzenornamente angebracht sind. Zwischen den Säulen sehen wir den **Rundbogen,** der in der römischen Kunst zu Hause ist und zum bekanntesten Kennzeichen der Romanik geworden ist. Er findet sich auch an den Fenstern und Türen und ist so ein Element, das im Bau immer wiederkehrt.

■ Wer den Blick nach oben richtet, sieht ein **steinernes Gewölbe,** das dem Kirchenraum eine besondere Wirkung verleiht. Nun sind die wichtigsten Teile der Kirche – Boden, Wände, Tore, Säulen und Decke – aus demselben Material, aus Stein, der wegen seiner Beständigkeit und Härte an die Ewigkeit

und Unvergänglichkeit erinnert.

■ Unter dem Chor befindet sich oft ein Raum (»Krypta«), in dem Heilige begraben sind oder Reliquien (Knochenreste) von Märtyrern aufbewahrt werden. Durch die Krypta ist der Bau so mit der Erde und dem Tod verbunden, wie er durch die Türme zum Himmel und zum Leben weist. Darum versteht sich die romanische Kirche als ein sichtbares Zeichen des Universums.

Die romanischen Kirchen sind monumentaler als die Kirchen aller anderen Zeiten. Durch die Wucht ihrer Türme und Mauern erhalten sie oft den Charakter einer starken **Burg** oder einer wehrhaften **Festung.** Voller Ernst ruhen sie in sich selbst und führen den Betrachter in die zeitlose Sphäre Gottes. Sie schenken dem Beter das Gefühl von Schutz und Geborgenheit. »Ein feste Burg ist unser Gott« (Martin Luther, nach Ps 46).

Neben dem Kirchenbau hat die Romanik auch viele **andere Kunstwerke** hervorgebracht, die alle im Dienst des Glaubens stehen: Buch-, Glas- und Wandmalerei, Skulpturen, Goldschmiede- und Emailarbeit, Bronzegüsse und Elfenbeinschnitzereien.

Der romanische Dom zu Speyer (1027–1061).

Linke Seite, unten: Die Krypta.

Oben: Blick in das Langhaus.

Unten: Tierreliefs und Ornamente, unvollendet.

Kreuz-Bilder – von der Antike bis zur Romanik

■ In den ersten drei Jahrhunderten gab es noch keine **Kreuzesdarstellungen,** weil die Christen es damals nicht wagten, sich öffentlich zum Kreuz zu bekennen. Zu sehr war das Kreuz im Römischen Reich ein Zeichen der Schande. Sich zu einem Gekreuzigten zu bekennen, galt damals für viele als ein Zeichen des Irrsinns. Erst als der römische Kaiser Konstantin (→ S. 158 ff) die Kreuzesstrafe im Römischen Reich abschaffte, weil niemand mehr so sterben sollte, wie Jesus gestorben war, begannen Christen allmählich das Kreuz auf Kirchenwänden, Türen und Sarkophagen darzustellen und öffentlich zu zeigen.

■ Seitdem gibt es kaum ein Zeichen in der ganzen Welt, das so oft und so vielfältig dargestellt worden ist wie das Kreuz Christi. Es ist zum wichtigsten **Zeichen der Christen** geworden. Wir finden es in allen Kirchen, auf Friedhöfen, in den Wohnungen der Christen und an vielen Wegen. In manchen Klassenzimmern hängt auch heute ein Kreuz. Viele Mädchen und Jungen tragen ein Kreuz als Schmuck an einer Kette oder an einem Band. Wenn Christen beten, beginnen sie oft mit dem Zeichen des Kreuzes. Manche Sportler bekreuzigen sich vor einem wichtigen Wettkampf.

Spottkreuz aus einer Kaserne römischer Legionäre, 3. Jh. Der gekreuzigte Jesus wird als Esel dargestellt. Die griechische Inschrift: »Alexamenos betet seinen Gott an.«

Detail eines römischen Sarges, um 350. Dargestellt ist in der Art eines römischen Feldzeichens das Kreuz mit einem Lorbeerkranz, in dem sich die griechischen Buchstaben »Chi« und »Rho«, die Anfangsbuchstaben des Wortes »Christus«, befinden. Neben dem Kreuz sitzen in der Haltung besiegter Barbaren Soldaten, die das Grab Jesu bewachen. Auf den Kreuzarmen sieht man zwei Tauben, die Symbole der menschlichen Seele sind.

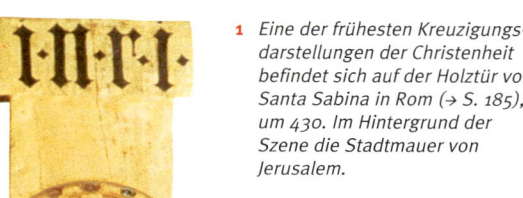

1 Eine der frühesten Kreuzigungs-
darstellungen der Christenheit
befindet sich auf der Holztür von
Santa Sabina in Rom (→ S. 185),
um 430. Im Hintergrund der
Szene die Stadtmauer von
Jerusalem.

2 Deckengewölbe im Grabmal der
Galla Placidia in Ravenna, entstanden nach 422. Das Kreuz
am sternenreichen Himmel steht
im Zentrum des Kosmos. Das
Schandmal ist zum Triumph-
zeichen geworden.

3 Gero-Kreuz, benannt nach Erzbischof Gero, Kölner Dom, um
975. Es gehört zu den frühesten
vollplastisch ausgeführten
Kreuzigungen.

4 Romanisches Kreuz, Buchmalerei,
Lüttich, um 1160.

○ Sucht weitere Kreuzesdarstellungen in anderen Büchern und auf
Postkarten. Auch in diesem Buch
findet ihr manches Beispiel, z. B.
S. 161, 173.

1. Ich und Wir

Alle Mädchen und Jungen stellen sich die Frage: Wer bin ich? Die Antwort ist nicht einfach, weil wir selbst nicht einfach sind. Das, was wir »Ich« nennen, besteht aus vielen Eigenschaften und es ist doch mehr als alle Einzelheiten zusammen.

Sieben Seelen

Ich will euch erzählen
von meinen sieben Seelen.
Die erste ist fleißig,
die zweite ist faul,
die dritte will reden,
die vierte hält's Maul,
die fünfte ist feige,
die sechste hat Mut,
die siebte mahnt sie:
Nun vertragt euch mal gut!
Meine sieben Seelen
sind so verschieden
wie du und ich.
Und doch ergeben sie
zusammen:
mich.

Roswitha Fröhlich (geb. 1924)

Keith Haring (1958–1990), Ohne Titel, 1982.

Keiner kann sich selbst richtig verstehen, wenn er nur sich selbst betrachtet. Es gibt kein »**Ich**« ohne ein »**Wir**«. Ohne andere Menschen würden wir nicht leben. Ohne andere Menschen könnten wir nicht erwachsen werden. Kinder sind auf ihre Eltern angewiesen. Niemand lernt sprechen, wenn keiner mit ihm spricht. Niemand kann für sich allein glücklich werden. Jeder braucht andere Menschen. Für jeden hängt viel davon ab, in welcher Gemeinschaft, in welchen Gemeinschaften er lebt. Wer nicht gemeinsam mit anderen lebt, ist meistens einsam.

Wen du brauchst

Einen zum Küssen und Augenzubinden,
einen zum lustige Streiche-Erfinden.
Einen zum Regenbogen-suchen-Gehn
und einen zum Fest-auf-dem-Boden-Stehn.
Einen zum Brüllen, zum Leisesein einen,
einen zum Lachen und einen zum Weinen.
Auf jeden Fall einen, der dich mag,
heute und morgen und jeden Tag.

Regina Schwarz (geb. 1951)

Keith Haring (1958–1990),
Entwurf für eine Skulptur in
einem Kinderkrankenhaus, 1987.

Wenn einer sagt

Wenn einer sagt: »Ich mag dich, du; ich find dich ehrlich gut!«,
dann krieg ich eine Gänsehaut und auch ein bisschen Mut.

Wenn einer sagt: »Ich brauch dich, du; ich schaff es nicht allein«,
dann kribbelt es in meinem Bauch, ich fühl mich nicht mehr klein.

Wenn einer sagt: »Komm, geh mit mir; zusammen sind wir was!«,
dann werd ich rot, weil ich mich freu. Dann macht das Leben Spaß.

Andreas Ebert

■ Es gibt **Gemeinschaften, in die wir hineingeboren werden,** z. B. die Familie, das Volk, die Menschheit. Aus diesen Gemeinschaften kann man nicht austreten.

■ Darüber hinaus gehören wir **Gruppen** an, die die Eltern oder **die wir selbst für uns ausgesucht haben,** z. B. die Schule, ein Freundeskreis oder ein Verein. Zu einem **Verein** schließen sich Menschen freiwillig zusammen, weil sie dort bestimmte Interessen vertreten und bestimmte Aufgaben wahrnehmen können. Wenn man nicht mehr Mitglied sein will, kann man aus dem Verein austreten.

Unten: Pablo Picasso (1881–1973), Der Tanz der Freundschaft, 1959.

1 Was sagt euch das Wort: »*Ein Mensch ist kein Mensch*«?
2 Überlegt, in welchen Gemeinschaften oder Gruppen ihr lebt. Was geben sie euch? Was fordern und erwarten sie von euch? Was fördert und (zer)stört eine Gemeinschaft oder Gruppe? Wie erginge es euch, wenn ihr immer nur allein wäret?
3 Was haltet ihr von Menschen, die sich in keine Gemeinschaft einfügen?
4 Wer kennt das Leben und die seltsamen Abenteuer des Robinson Crusoe, eines Seemanns aus New York, welcher 28 Jahre auf einer unbewohnten Insel lebte, wohin er nach einem Schiffbruch, bei dem die ganze Besatzung außer ihm selbst ums Leben kam, verschlagen wurde (Roman von Daniel Defoe)? Welche Erfahrungen mit der Einsamkeit konnte er machen?
5 Warum gibt es zwischen den Mitgliedern einer Gemeinschaft oft so heftige und bittere Auseinandersetzungen und Kämpfe? Niemand hat bis heute gezeigt, wie man diese endgültig beseitigen könnte. Aber habt ihr vielleicht ein paar Ideen dazu? Könntet ihr ein paar Regeln für den Fall aufstellen, dass Streit zwischen Eltern und Kindern, zwischen Freundinnen oder Freunden auszubrechen droht?

Eine einzigartige Gemeinschaft

2. Weltweite Kirche

Auch Christ ist man nicht für sich allein. Solange es Christen gibt, leben sie nicht still für sich hin, sondern in aller Öffentlichkeit in einer Gemeinschaft. Jesus (→ S. 94 ff) hat dies von Anfang an nicht anders gewollt. Die Gemeinschaft, in der die Christen leben, heißt »Kirche«. Für viele Menschen sind Christen heute nur diejenigen, »die in die Kirche gehen«. Die Kirche ist zur bekanntesten Erscheinung des Christentums überall in der Welt geworden. Die Kirche ist eine Gemeinschaft, die keinen Vergleich zu scheuen braucht. Unvergleichlich ist schon ihre Größe, obwohl es darauf letztlich nicht ankommt. Sie ist universal, d. h. sie ist weltweit verbreitet. Insgesamt gibt es um das Jahr 2012 ca. 7 Milliarden Menschen auf der Welt, davon sind ca. **2,1 Milliarden Christen,** das sind 30 Prozent der Weltbevölkerung. Davon sind ca. **1,25 Milliarden Katholiken** (→ S. 218 f). Wenn man über die ungeheuerliche Zahl einen Moment nachdenkt, kann einem ganz schwindelig werden. Eine Milliarde – das ist eine Eins mit neun Nullen: 1 000 000 000. Das sind tausend mal eine Million Menschen. Und noch schwindeliger wird einem bei der Vorstellung, dass diese Zahl nur die gegenwärtig lebenden Christen angibt. Wie viele Christen es früher schon gab, weiß niemand. Manche nennen die Christenheit eine »Super-Gemeinschaft« oder eine »Mega-Familie«. Noch erstaunlicher werden diese Zahlen, wenn man sich klar macht, dass jeder Christ anders ist. Keiner gleicht dem anderen aufs Haar. Jeder lebt sein Christsein auf seine eigene Weise, der eine besser, der andere schlechter.

Die Christenheit ist heute wie ein **Volk aus vielen Völkern**. Wohin man auch kommt – in Europa, in Amerika, Afrika, Asien und Australien stößt man auf Frauen und Männer, Mädchen und Jungen, die Christen sind. Man trifft sie in einsamen Dörfern und lauten Städten, in den elenden Slums am Rand einer Megastadt und in eleganten Häusern im Zentrum, auf Inseln, im Gebirge und in den Weiten der Wüste. Unter den Christen gibt es weltbekannte Politiker, gescheite Nobelpreisträger, umjubelte Stars, erfolgreiche Sportler, originelle Künstler. Die meisten Christen sind unbekannt, nicht wenige haben nie eine Schule besucht und sind Analphabeten. Alle machen ihre eigenen Erfahrungen mit dem Christentum. Überall gibt es Leute, die in der Kirche ihre Mutter sehen. Für viele ist die Kirche das wichtigste Zeichen der Hoffnung in ihrem Leben. Ohne die Kirche würden sich viele Menschen ärmer fühlen.

Die **Universalität und Vielfalt** der Kirche war nie so wichtig wie heute, wo die vielen Nationen der Welt allmählich zu lernen beginnen sich besser zu verstehen, nicht mehr Krieg gegeneinander zu führen, sich nicht gegenseitig auszubeuten und die Natur nicht zu zerstören. Nur wenn alle Nationen

---

Das Wort »**Kirche**« leitet sich von dem griechischen Wort »kyriaké« ab und bedeutet »dem Herrn (Jesus Christus) zugehörig«. Es wird in dreifachem Sinn gebraucht.

■ Das Wort bezeichnet die **ganze Gemeinschaft** der Christenheit, wenn man z. B. sagt »Die Kirche glaubt…«, »Die Kirche setzt sich dafür ein,… «.

■ Das Wort bezieht sich auch auf einen **Teil** der Gesamtkirche oder auf eine **einzelne Gemeinde**, die sich in einem Ort oder Land zum Gebet und Gottesdienst versammelt, also z. B. »die Kirchengemeinde St. Nikolaus in N.« oder »die Kirche in Deutschland« (→ S. 172).

■ Mit »Kirche« wird auch der **Raum** und der **Bau** bezeichnet, in dem die Gläubigen zusammenkommen. Dieser Wortsinn liegt vor, wenn wir sagen »Wir betreten eine Kirche…«, »Die Kirche hat schöne Fenster…«.

1 Erklärt die Sätze: »In der Kirche/ Christenheit gibt es keine Ausländer« und »*Ein* Christ ist *kein* Christ«.
2 Der Geburtstag der Kirche ist Pfingsten: → S. 151 f.
3 Über die katholische und evangelische Kirche: → S. 216 ff.
4 Besorgt euch eine Landkarte, auf der ihr seht, wo die Christenheit stark, wo sie weniger stark und wo sie kaum verbreitet ist.
5 Warum wäre die Welt ohne die Gemeinschaft der Christen ärmer?
6 Es gibt viele Bildworte für die Kirche, z. B. Salz der Erde – Licht der Welt – Sauerteig der Gesellschaft – geschmückte Braut – Mutter – altes Weib mit Runzeln – Arche – Leib mit vielen Gliedern – die Jesus-GmbH – Gesellschaft der guten Hoffnung – Museum. Beschäftigt euch mit einem dieser Bildworte etwas genauer. Wie könnt ihr sie ergänzen? Zeichnet oder malt ein paar Bildworte und macht eine kleine Ausstellung zum Thema »Bilder der Kirche«.

an diesen weltweiten Aufgaben mitwirken, wird die Menschheit überleben. In diesem lebensnotwendigen Prozess kann die Christenheit mit ihrem guten Programm und mit ihren vielen Menschen einen starken Einfluss ausüben, da sie an so vielen verschiedenen Orten vertreten ist.

Die große Weite der Kirche erfüllt die meisten Christen mit Stolz und Dankbarkeit. Dabei ist die Kirche nicht ein lockerer Verein, der nur begrenzte Ziele (Sport, Musik o. Ä.) verfolgt und nur wenig von seinen Leuten fordert. Mit einem Mitgliedsbeitrag und gelegentlichen Aktivitäten ist es nicht getan. Die Kirche ist eine Gemeinschaft für das Leben. Sie wird durch einen gemeinsamen Glauben und eine gemeinsame Lebenspraxis zusammengehalten. Sie schenkt allen viel, aber sie stellt auch hohe Ansprüche an jeden einzelnen Christen. Auch darin ist sie einzigartig.

Die **Aufgaben** der Kirche sind wie die **Visionen** einer besseren Welt. Leider erfüllen die Christen die Aufgaben, die sie eigentlich wahrnehmen sollten, oft nicht. Täten sie es, sähe es in der Welt besser aus. Allerdings wäre es auch falsch zu behaupten, dass Christen nichts bewirkten. Wo sie ihre Sache ernst nehmen, verändern sie auch heute schon ihre Umwelt. Aber erst wenn noch viel mehr Christen mit ganzem Herzen bei ihrer Sache sind und ihr Programm in die Tat umsetzen, wird die ganze Welt anders werden.

Linke Seite:
New York: Das Wirtschaftszentrum in der Wall Street mit der Trinitiy Church (Dreifaltigkeitskirche).

Die **Kirche** hat mehrere **Aufgaben:**

■ Sie soll die **frohe Botschaft von Jesus Christus** (→ S. 99) verkünden, damit die Erinnerung an sein Leben und seine Lehre, an sein Kreuz und an seine Auferweckung nicht verloren geht.

■ Sie soll alle Christen auf ihrem **Lebensweg** begleiten und ihnen ihre guten Dienste von der Geburt bis zum Tod zukommen lassen, damit sie in ihrem Leben einen Sinn erkennen. Sie soll dies tun, indem sie mit den Menschen lebt, lacht und weint, feiert, sie tröstet und aufrichtet, ihnen die Vergebung der Schuld zuspricht und unter ihnen Versöhnung schafft.

■ Sie soll darauf drängen, dass in **unserer Welt** nicht Geld und Gewalt, Hass und Neid, Umweltzerstörung und Krieg, Brutalität und Egoismus regieren. Dem Bösen in der Welt muss sie Widerstand leisten. Überall soll sie für Gerechtigkeit, Frieden und Bewahrung der Schöpfung kämpfen.

■ Sie soll sich dafür einsetzen, dass der **Glaube** an Gott bewahrt, die **Hoffnung** auf Ewiges Leben gestärkt und die **Liebe** zu Gott und den Menschen gelebt wird.

3. Eine ganz normale Gemeinde

Man versteht die Kirche nicht, wenn man nur ihre erstaunliche Größe und ihre weltweiten Aufgaben betrachtet. Da könnte man als einzelner Christ leicht den Eindruck gewinnen, nicht viel machen zu können. Darum ist es auch notwendig ihr **Leben im Alltag** zu kennen. Sie lebt auch in der Nähe. Erst der Blick auf eine ganz normale Gemeinde mit ihren Stärken und Schwächen, mit ihren Chancen und Sorgen zeigt uns, was die Kirche ist.

Es ist mit einer Gemeinde wie mit einer Familie oder einem Freundeskreis. **Keine ist genau so wie die andere.** Jede hat ein eigenes Profil. Man kann sie nicht richtig verstehen, wenn man sie nur von außen betrachtet. Je mehr man einen Blick in sie hineintut, umso vertrauter wird man mit ihr.

PROJEKT

Vorschlag für ein **Projekt: »Wie eine christliche Gemeinde heute lebt«**

Wahrscheinlich kennen einige von euch eine Pfarrgemeinde. Sie gehen dort in den Gottesdienst, sind vielleicht Messdienerin oder Messdiener und gehören einer Gruppe an, die in den Ferien schöne Ausflüge macht. Andere haben diese Erfahrungen nicht. Bisher hatten sie keine Gelegenheit eine Gemeinde kennen zu lernen. Oder eine gewisse Scheu oder Abneigung hält sie davon ab in die Kirche zu gehen.

Alle Kirchen-Nahen und Kirchen-Fernen sind jetzt eingeladen an diesem Projekt teilzunehmen. Erstellt dazu eine kleine **Zeitung,** in deren Titel der Name einer Gemeinde genannt wird, also z. B. »Die Gemeinde St. Martin in B.« oder »Die Pfarrei Frieden Christi in K.«. In diese Zeitung sollt ihr Interviews mit Pfarrangehörigen, eigene Berichte, Statements anderer Personen, Texte aus Büchern, Fotos, Bilder, einen Lageplan, Statistiken und Karikaturen aufnehmen. Oder macht aus dem Material eine kleine **Ausstellung.**

Alles kommt darauf an, dass ihr das Projekt sorgfältig vorbereitet. Bevor ihr ausschwärmt, solltet ihr genau überlegen, wie ihr vorgehen könnt. Ein Plan ist unerlässlich. Darin sollten die wichtigsten Aufgaben genannt sein. Nach Möglichkeit soll jeder das tun, was ihm besonders liegt. Aber auch die Aufgaben, die weniger reizvoll sind, müssen erledigt werden. Vielleicht verlost ihr sie untereinander. Entwerft Fragebögen, geht auf Suche nach Gesprächspartnern, stellt Kontakte zur Gemeinde her, macht Ortstermine ab, sucht Informationen und Bilder in Zeitungen, Büchern, Archiven, Bibliotheken und dem Pfarrblatt. Die Ergebnisse eurer Arbeit könnt ihr notieren, fotografieren und/oder mit einem Recorder aufnehmen.

Dazu ein paar **Anregungen:**

- Erkundung der Kirche: Lage, Name, Größe, Alter, Geschichte
- Das Äußere: Turm, Uhr, Portale und Türen, Mauern, Dach, Hahn, Figuren, Umgebung
- Das Innere: Grundriss, Altar, Apsis, Ambo, Kirchenschiffe, Tabernakel, ewiges Licht, Fenster, Bilder, Heiligenfiguren, Taufbecken, Beichtstuhl, Orgel, Weihwasserbecken, Inschriften, Gräber
- Besuch eines Gottesdienstes: Art und Aufbau der Feier, verantwortliche Personen, Dauer, Zahl und Alter der Teilnehmer, Gebete, Lesungen, Musik, Instrumente
- Andere kirchliche Gebäude: Pfarrhaus und Pfarrheim, Kindergarten, Schule, Jugendheim, Krankenhaus, Altersheim, Bücherei, Friedhofskapelle
- Kirchliche Aktivitäten: Kinderkreise, Bibelabende, Sommerfest, Bazar zugunsten der Dritten Welt, Wallfahrten

○ Eine Aufgabe für Rätselfreunde: Fügt jedem Buchstaben des Alphabets (außer X und Y) eine kirchliche Sache, ein kirchliches Amt, eine kirchliche Person o. Ä. zu, z. B.

A = Altar,
B = Bibel
C = Chor
D = Diakon
…
Z = Zölibat

Wenn ihr jetzt noch nicht sehr erfolgreich seid, könnt ihr die Reihe auch später ergänzen und abwarten, bis das Kapitel weiter bearbeitet ist.

Pfarre St. Nikolaus
Information – Information – Information

Werktagsmesse Mo–Mi–Fr 8.15 Uhr
Öffnungszeiten des Pfarrbüros Mo–Fr 9.30–12 Uhr

Samstag 18 Uhr	Vorabendmesse
Sonntag 10 Uhr	Familienmesse unter Mitwirkung der "Kleinen Kirchenmäuse"
ab 9.30–13 Uhr	Verkauf von Eine-Welt-Waren im Pfarrheim (Frau Mechtild Wittenbrink)
15 Uhr	Taufe: Maria Dörnenburg, Heinrichstr. 96 Lukas Kleinjohann, Markt 17
Montag 20 Uhr	Treffen der Lektor(inn)en und Kommunionhelfer(innen) mit Kaplan Klaus Müller im Jugendheim
Dienstag 15 Uhr	Jesus von Nazaret für junge Leute IV – Bibelkurs mit Pastoralreferentin Silke Meier
20 Uhr	Probe des Kirchenchores St. Cäcilia mit dem Männergesangverein Concordia in der Pfarrkirche
20 Uhr	Sitzung des Kirchenvorstandes: Beschlussfassung zur Instandsetzung des Kirchturms
Mittwoch 15 Uhr	Treffen der Ministrant(inn)en Gruppe A und B mit Kaplan Müller im Jugendheim zur Vorbereitung der Weihnachtsgottesdienste
20 Uhr	Themenabend: Nikolaus von Myra – Der Mann hinter dem Weihnachtsmann. Referent: Monsignore Roman Mense
17–21 Uhr	Pfarrbibliothek – Ausleihe (Frau Claudia Krülls-Atlas)
Donnerstag 15 Uhr	Kinderchor "Kleine Kirchenmäuse" und
17 Uhr	Jugendchor "Songs today" mit Organist Udo Drews
Freitag 20 Uhr	Sitzung des Pfarrgemeinderats
	TOP 1: Vorbereitung des Firmgottesdienstes
	TOP 2: Organisation des Zeltlagers für 10–14-Jährige in den nächsten Sommerferien
	TOP 3: Neues aus unserer brasilianischen Partnergemeinde in Belo Horizonte
	TOP 4: Verschiedenes

- Kirchliche Gruppen: Caritas, Jugendgruppen, Mütterverein, Seniorenclub
- Gespräch mit dem Pfarrer/Kaplan: Eigenart und Stil der Gemeinde; Offenheit für das Wort Gottes, Bereitschaft zur Mitarbeit; die Zahl der aktiven und nicht aktiven Gemeindemitglieder, das Alter der Leute, Themen, die gut ankommen und die nicht interessieren, ehrenamtliche Tätigkeiten, Stärken und Schwächen der Gemeinde
- Treffen mit den haupt- und nebenamtlichen Mitarbeiterinnen und Mitarbeitern: Diakon, Pastoralassistentin, Pfarrhelferin, Organist, Küster, Krankenschwester, Altenpfleger, Pfarrsekretärin
- Interview mit einem Mitglied des Kirchenvorstandes: das Vermögen der Pfarrei, die Herkunft des Geldes, die Ausgaben, die finanzielle Lage, die anstehenden Projekte
- Besuch beim Pfarrgemeinderat: Wie wird man Mitglied? Welche Aufgaben und Rechte hat der PGR? Wie läuft eine Sitzung ab? Was gelingt, was nicht?
- Anfrage bei jemandem, der vor kurzer Zeit als Erwachsener getauft wurde: Gründe für seine Entscheidung
- Anfrage bei einem, der vor kurzer Zeit aus der Kirche ausgetreten ist: Gründe für seine Entscheidung
- Welche Rolle spielen Jungen und Mädchen in der Gemeinde?
- Gibt es ein Kloster, gibt es Ordensleute in der Gemeinde? Was ist deren Aufgabe?
- Gibt es Kontakte zu Randgruppen: Drogenabhängige, Asylanten, Wohnsitzlose?
- Wie ist das Verhältnis zur evangelischen Nachbarkirche, zu anderen christlichen Kirchen, zur Ökumene?
- Gibt es Verbindungen zu Muslimen, Juden, Vertretern anderer Religionen, Nichtreligiösen?
- Wenn ihr das alles gemacht habt, dürft ihr die wichtigsten Fragen nicht vergessen: Warum geschieht das alles? Wo ist die Quelle, aus der alle Aktivitäten entspringen? Was gibt den Leuten die Freude und die Kraft für ihr Tun? Welche Rolle spielt ihr Glaube dabei?

Möglicherweise interessiert sich die Presse, der Pfarrer oder auch der Bischof für eure Arbeit. Dann solltet ihr ihnen das Ergebnis eurer Arbeit zukommen lassen. Auf ein gutes Gelingen!

Eine einzigartige Gemeinschaft

4. Geheimnisvolle Zeichen

Unvergleichlich ist die Größe der Kirche, ungewöhnlicher die Vielfalt ihrer einzelnen Gemeinden. Am erstaunlichsten sind die Mittel, die der Kirche überlassen sind. Sie hat einen Schatz von Zeichen, die sie als wunderbare Gaben verteilen kann. Diese Zeichen heißen **»Sakramente«.**

Es ist gar nicht so einfach zu sagen, was ein Sakrament ist. Viele schrecken schon zurück, wenn sie nur das Wort hören. »Sakrament« – das scheint etwas zu sein, das im Leben nicht vorkommt. Richtig ist in der Tat, dass ein Sakrament nicht eine alltägliche Sache ist, obwohl es im Alltag Dinge gibt, die Sakramenten ähnlich sind.

Um zu verstehen, was ein Sakrament ist, müssen wir darüber nachdenken, was ein **»Zeichen«** ist. Dabei werden wir schnell darauf kommen, dass »Zeichen« nicht gleich »Zeichen« ist, dass es also mehrere Arten von Zeichen gibt. Allen Zeichen gemeinsam ist, dass sie auf etwas hinweisen (»zeigen«), das man manchmal nicht von selbst sieht und manchmal überhaupt nicht direkt sehen oder wahrnehmen kann.

■ Es gibt die vielen **einfachen Zeichen,** die Menschen gemacht haben: ein Stoppschild auf der Straße, eine Zahl auf der Haustür, eine Wertangabe auf einem Geldschein, das Logo für einen Markenartikel. Das Menü eines Computers enthält kleine Bilder (»Icons«), die verschiedene Arbeitsmöglichkeiten anzeigen. Alle diese Zeichen vermitteln Informationen oder geben Hinweise. Sie sind praktisch und helfen den Menschen sich im Alltag zurecht zu finden. Manchmal werden solche Zeichen auch »Symbole« genannt. Sakramente sind sie nicht.

■ Es gibt die **symbolhaften Zeichen (»Symbole«),** die nicht von Menschen gemacht worden sind: Die Rose, eine ganz normale Pflanze, ist ein Symbol der Liebe. Ein Fluss kann zu einem Symbol der dahinfließenden Zeit, eine Taube zu einem Symbol des Friedens werden. Der Himmel, eine Erscheinung der Natur, ist ein Symbol Gottes (→ S. 82 f). Sakramente sind zwar Symbole, aber sie können mehr als nur etwas zeigen oder bezeichnen.

■ **Zeichenhandlungen** bewirken etwas und verändern im Kleinen oder Großen unser Leben: das Streicheln der Mutter, wenn ein Kind Kummer und Schmerz hat; der Ring, den der Liebende seiner Geliebten schenkt; das Jawort bei einer Trauung; die Friedenspfeife, die Feinde zur Versöhnung rauchen; der Kuss, den sich Freundinnen zum Abschied geben; der Brief, den sich Freunde schreiben. Im Allgemeinen wissen wir sofort, was diese Symbolhandlungen »zusammenbringen«, was sie sagen, was sie bewirken und was sie ändern. Sie sind für uns oft »Lebens-Zeichen«. Sakramente sind Zeichen dieser dritten Art. Sakramente sind Lebens-Zeichen.

Was die Sakramente zusammenfügt, das ist ganz einzigartig. Sie verbinden nicht nur einen Ring mit der Liebe oder eine Pfeife mit Versöhnung, also Dinge, die wir in unserer Welt vorfinden. Sakramente haben eine viel größere Reichweite.

Das lateinische **Wort »Sakrament«** bedeutet ursprünglich **»Fahneneid«,** mit dem der Soldat in ähnlicher Weise in das Militär aufgenommen wurde wie der Christ durch die Taufe in die Kirche. Mit »Sakrament« wurde in der frühen Kirche auch das griechische Wort **»Mysterium«** übersetzt, das **»Geheimnis«** bedeutet. Es bezeichnet nicht etwas völlig Unverständliches, sondern göttliches Handeln im Leben der Menschen.

Das griechische Wort **»Symbol«** bedeutet »das Zusammengefügte«, »das Zusammengebrachte«, »das Verbindende«. Symbole bringen etwas zusammen, was nicht von selbst zusammengehört. Sie geben einer einzelnen Sache einen bestimmten Sinn.

ISBN 3-491-79524-9
9 783491 795242

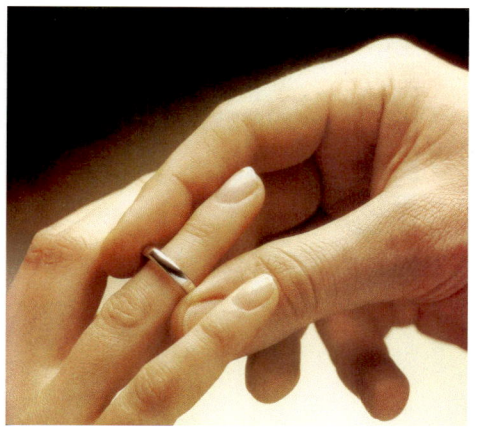

Die **Sakramente** sind geheimnisvolle **Lebens-Zeichen(»Symbolhandlungen«).** Sie gehen auf Jesus Christus zurück und bringen die Menschen mit Gott in Verbindung. In der katholischen Kirche gibt es **sieben** Sakramente, die an wichtigen Lebensstationen gespendet werden: (1) Taufe, (2) Firmung, (3) Abendmahl (Eucharistie), (4) Buße, (5) Krankensalbung, (6) Ehe und (7) Priesterweihe.

1 Jungen und Mädchen brauchen viele Symbole in ihrem Alltag: bestimmte Kleider, Hosen und Schuhe, Glücksbringer, Anhänger, Bilder, Sportartikel, Geräte usw. Warum sind diese Symbole für euch wichtig? Was bringen sie zusammen? Was bezeichnen sie?

2 Welche Dinge haben nach eurer Meinung für Erwachsene einen symbolischen Wert?

3 Weil Symbole auf etwas hinweisen, das man nicht sehen kann, kommt keine Religion ohne Symbole aus. Überlegt, wofür das Licht, die Dunkelheit, das Kreuz, das Wasser, die Wüste (→ S. 60), die Wolke, das Schwert, der Fisch (→ S. 161) Symbol sein können.

4 In allen Religionen sind Symbol-Handlungen wichtig:
• im Pesachmahl der Juden wird die Befreiung aus Ägypten lebendig (→ S. 56 f)
• der Gang um die Kaaba in Mekka (→ S. 263) lässt die Muslime die Einzigkeit Gottes erfahren. Wiederholt, was dazu gesagt worden ist.

5 Auch Farben haben symbolische Bedeutung. Was wisst ihr über das Rot, das Grün, das Blau, usw.?

Sakramente verbinden

• Leute von heute mit Jesus von Nazaret
• unsere bedrohte Erde mit einer neuen Welt
• die vergängliche Zeit mit der Ewigkeit
• die Menschen mit Gott.

Alltägliche Dinge wie Wasser, Brot und das menschliche Wort bekommen im Sakrament einen ganz und gar nicht alltäglichen Sinn. Sie werden zum Wasser des Lebens, zum unvergänglichen Brot, zum Wort Gottes.

Vielleicht ahnt man, was ein Sakrament kann, wenn man ein paar **Vergleiche** betrachtet, obwohl auch sie – wie alle Vergleiche – ein bisschen hinken. Mit einem Sakrament wäre es dann vergleichsweise wie mit

• einer Zeitmaschine, die Vergangenheit, Gegenwart und Zukunft zusammenbringt

• einer Schaltstelle, durch die der Strom eines Energiezentrums in unser Haus fließt

• dem Flugzeug einer Luftbrücke, das Lebensmittel und Medizin in eine Krisenregion bringt

• einer Brücke, die zwei Ufer verbindet

• einer Erbschaft, die einen Armen aus tiefer Not befreit.

Jeder nachdenkliche Mensch wird sich fragen, woher Sakramente diese ungewöhnliche Kraft haben. Sie ist nicht Einbildung. Sie ist erst recht nicht Zauberei, nicht Hexenwerk und nicht Magie. Sie wirkt auch nicht automatisch, sondern nur, wenn Menschen sich auf ihre Wirkung einlassen und sie innerlich bejahen. Aber ihre Kraft ist nicht Menschenwerk. Sie kommt von **Jesus Christus**. Weil er selbst ungewöhnlich war, können auch die Sakramente seiner Kirche ungewöhnlich sein. In ihm haben sich Gott und Mensch selber berührt, sie bilden in ihm eine Einheit. Er selbst umspannt Zeit und Ewigkeit. Wegen dieser einzigartigen Verknüpfung nennen ihn die gescheiten Theologen (→ S. 146) auch das »**Ursakrament**«. Das heißt nichts anderes als das: In ihm ist die Verbindung von Himmel und Erde gegeben. Alle Sakramente haben durch ihn ihre Kraft. Sie sind die Energien, die von ihm zu den Menschen führen. Was damals geschah, als Jesus das Abendmahl feierte, als er gekreuzigt wurde und von den Toten auferstand, das wird durch die Sakramente gegenwärtig. Ihre Gabe ist zugleich eine **Verpflichtung.** Jeder, der ein Sakrament empfängt, soll so handeln, wie Jesus gehandelt hat.

Sakramente haben auch eine kämpferische Seite, wie Jesus ein kämpferischer Typ war. Sie sind **Protest-Zeichen** in einer Welt, in der das Böse (→ S. 232 ff) regiert. Sie geben den Christen die Kraft, gegen Hunger und Einsamkeit, gegen Unfrieden und Ungerechtigkeit, gegen sinnloses Leben, Leiden und Sterben, gegen ein Leben ohne Gott anzugehen, ohne in diesem Kampf aufzugeben.

5. An den Stationen des Lebens

Die Kirche begleitet die Menschen an den wichtigen Stationen ihres Lebens. Wenn ein Mensch geboren wird, wenn er heranwächst, wenn er feiert, wenn er schuldig oder krank wird, wenn er heiratet oder sich als Priester zum besonderen Dienst für Christen zur Verfügung stellt, wenn er zum Sterben kommt und begraben wird – immer ist die Kirche dabei. Ihre Sakramente verbinden all diese Ereignisse mit Gott. Sie bürgen dafür, dass das Leben nicht ein vergänglicher Zufall, sondern ein Geschenk Gottes ist.

> Durch die **Taufe** wird ein Mensch in die Gemeinschaft der Christen hineingeboren. Sie bezeichnet den Anfang seines Christseins.

1 Die Taufe

Niemand wird als Christ geboren. Christ ist man nicht automatisch. Damit man Christ wird, muss etwas geschehen. Wir nennen das Ereignis, durch das einer Christ wird, die Taufe. In christlichen Familien werden in der Regel die Babys kurz nach der Geburt getauft. Es war früher und ist auch heute nicht selten, dass Erwachsene die Taufe empfangen, wenn sie Christen werden wollen. Vielleicht wird die Erwachsenentaufe in Zukunft häufiger oder sogar zum Normalfall.

Der Auftrag Jesu

Nach Auskunft des Matthäusevangeliums hat Jesus selbst nach seiner Auferstehung (→ S. 113) seinen Jüngern (→ S. 121) mit seinen letzten Worten den Auftrag zum Taufen gegeben, als er sagte:

Darum geht zu allen Völkern und macht alle Menschen zu meinen Jüngern; tauft sie auf den Namen des Vaters und des Sohnes und des Heiligen Geistes und lehrt sie alles zu befolgen, was ich euch geboten habe. Seid gewiss: Ich bin bei euch alle Tage bis zum Ende der Welt.

aus dem Evangelium des Matthäus 28, 19f.

Die Taufe wird heute in der Regel festlich begangen. Wer die Sprache der Symbole versteht, wird die Bedeutung der Taufe leicht erkennen. Sie sagt nicht mehr und nicht weniger als das: Hier findet gleichsam eine zweite Geburt (»Wiedergeburt«) statt. Ein Kind, das durch die erste Geburt in die Menschheit gekommen ist, wird nun durch die zweite Geburt in die Kirche aufgenommen. So markiert die Taufe für den Christen ein unvergleichlich wichtiges Lebensdatum.

Bei einer Kindertaufe versammeln sich in der Regel die Eltern, die Paten sowie Verwandte und Freunde der Familie an einem Taufbecken in der Kirche. Der Priester oder der Diakon, der die Handlung vollzieht, weist zuerst auf die Bedeutung der Taufe hin und fragt dann, welchen Namen das Kind erhalten soll. Er fordert alle auf, dem Bösen und dem Teufel zu widersagen und den Glauben zu bekennen. Der Höhepunkt liegt dann vor, wenn der Priester dem Kind das Taufwasser über die Stirn gießt und dabei die Worte spricht: »Ich taufe dich im Namen des Vaters und des Sohnes und des Heiligen Geistes.« Danach salbt er die Stirn des Kindes mit geweihtem Öl (»Chrisam«), wie Könige früher für ihr Amt gesalbt wurden. Er legt dem

1 Diejenigen Mädchen und Jungen, die getauft sind, sollten sich von ihren Eltern und Taufpaten erzählen lassen, wie es bei ihrer Taufe war. Wollt ihr davon in der Klasse berichten?

2 Denkt über die Bedeutung des Wassers nach. Welche Rolle spielt es im Leben der Menschen? Wofür kann es Symbol sein?

3 Hat euer Name für euch eine Bedeutung?

4 Ihr könnt den Pfarrer einer Gemeinde bitten, euch an einer Tauffeier teilnehmen zu lassen. Beschreibt genau, was ihr seht und deutet die einzelnen Worte und Zeichen: Gebet und Bekenntnis, Widerruf und Versprechen, Wasser, Chrisam, weißes Kleid und Kerzenlicht.

5 Was sollte durch die Taufe im Leben eines Menschen anders werden?

6 Ein frühes Zeugnis für die Geist-
sendung: → S. 152, für die Firmung:
Apg 8, 14–17.
7 Die Firmung ist lange nicht so
bekannt und beliebt wie die Taufe.
Woran kann das liegen?

Kind ein weißes Taufkleid an, um so zu zeigen, dass für das Kind ein neues Leben beginnt, in dem es das Dunkel des Bösen überwinden kann. Nun entzünden die Eltern und die Paten eine Kerze am Licht der Osterkerze, die in der Osternacht festlich geweiht worden ist. Dadurch wird deutlich, dass die Taufe die Verbindung zur Auferstehung Jesu herstellt. Wie Jesus vom Tod zur Auferstehung gelangt ist, so ist auch das Kind nun auferstanden und in den Lebensraum Gottes gekommen. Es erhält die Kraft in seinem Leben die Aufgaben zu übernehmen, die Christen in der Welt haben (→ S. 195). Zum Abschluss danken alle voll Freude für das Geschehen.

2 Die Firmung

Die Firmung (lat.: »Stärkung«) stärkt die Christen für ihr Leben. Sie setzt voraus, dass das Christenleben wachsen und reifen muss. Während die Taufe heute zumeist kleinen Kindern gespendet wird, ist die Firmung mit dem Eintritt in das Erwachsenenleben verbunden, fällt also in die Zeit, in der die jungen Christen allmählich die Verantwortung für das eigene Leben in der Welt und in der Kirche übernehmen können. So kann die Firmung zur »Vollendung der Taufe« werden. In diesem Sakrament erhalten die Mädchen und Jungen die Kraft des Geistes Gottes, indem der Bischof oder der Priester ihnen die Hand auflegt und ihre Stirn mit Chrisam salbt. Dabei spricht er die Worte: »Sei besiegelt durch die Gabe Gottes, den Heiligen Geist.« Der Bischof leitet die jungen Leute dazu an, ihr Leben im Geist Jesu zu führen und von nun an endgültig zu wissen, wes Geistes Kind sie sind. Sie sollen nun mit eigenem Mund für den Glauben eintreten, den andere für sie bei ihrer Taufe bekannt haben. Deshalb heißt die Firmung auch das »Sakrament der Mündigkeit«.

3 Die Eucharistie

Damit wir leben können, müssen wir essen und trinken. Wir brauchen unser tägliches Brot oder unseren täglichen Reis oder andere tägliche Speisen. Wir brauchen Wasser, Milch, Wein und andere Getränke. Nicht ohne Grund nennen wir das, was wir essen und trinken »Lebens-Mittel«. Wer nicht genug zu essen und zu trinken hat, wird rasch hinfällig und muss am Ende qualvoll sterben. Es ist unfasslich, dass heute immer noch viele Menschen verhungern (→ S. 22), obwohl die Nahrungsmittel der Erde für alle ausreichen.

Essen und Trinken ist aber mehr als nur Nahrungsaufnahme. Es dient nicht allein dem Erhalt des Lebens, sondern gehört zu den Freuden des Lebens. Hungrige Kinder freuen sich auf das, was die Mutter ihnen zubereitet hat. Kommt ihre Lieblingsspeise auf den Tisch, breitet sich gute Laune aus. Wenn eine Familie oder ein Freundeskreis am Esstisch zusammensitzt, entsteht das Gefühl der Zusammengehörigkeit. Das kann man an jedem Tag, vor allem aber an Festtagen (Geburtstag, Weihnachten) erleben, wo etwas Besonderes auf den Tisch kommt. Wir laden gern andere Menschen zum Essen und Trinken ein und freuen uns, wenn wir von anderen eingeladen werden. Essen schafft Stimmung. Essen schafft Gemeinschaft.

Schon seit den frühesten Zeiten feiern Christen die **Eucharistie** (griech.: »Danksagung«). Sie versammeln sich dabei um einen Tisch (»Altar«) und danken Gott. Wenn der Priester die Abendmahlsworte Jesu über Brot und Wein wiederholt hat, essen und trinken sie die heiligen Speisen – das ist der Leib und das Blut Jesu Christi – und bringen diese Gaben und in ihnen sich selbst Gott dar. So wird das Mahl zu einem Opfer, mit dem Christen Gott loben und ihm für die Gaben seiner Schöpfung danken.
Die Eucharistie ist Höhepunkt und Mitte des christlichen Glaubens. Wie in keinem anderen Sakrament erfahren sich hier Christen als eine neue Gemeinschaft.

Eine einzigartige Gemeinschaft

Brot und Wein und ein Mahl, das Gemeinschaft erleben lässt, sind Dinge des täglichen Lebens. Sie sind als »Lebens-Mittel« in besonderer Weise geeignet über sich selbst hinauszuweisen auf ein Leben, das nicht vergänglich ist. In der **Eucharistie,** dem wichtigsten Sakrament neben der Taufe, werden sie zu »Lebens-Zeichen« (»Symbolhandlungen«) für die Welt Gottes.

Das Sakrament geht auf das **Abendmahl** zurück, das Jesus kurz vor seinem Tod und seiner Auferstehung mit seinen Jüngern gefeiert hat (→ S. 107). Damals sagte er im Rahmen des jüdischen Pesachfestes (→ S. 56 f) seinem Vater Dank und sprach über das Brot und den Wein die Worte: »Das ist mein Leib, der für euch hingegeben wird; das ist mein Blut, das für euch vergossen wird.« Dazu gab er seinen Jüngern den Auftrag: »Tut dies zu meinem Andenken.« Zugleich deutete er das Mahl als ein Symbol des anbrechenden Reiches Gottes (→ S. 104) und als einen Hinweis auf das zukünftige Mahl der himmlischen Herrlichkeit. Damit machte er es zu einem Zeichen der Hoffnung auf das ewige Leben. Wer als Christ an der Eucharistiefeier teilnimmt, feiert ein Geheimnis (»Mysterium« → S. 198) des Glaubens. Es ist so, als könne er sich aus seiner Gegenwart entfernen, Raum und Zeit überspringen und wie in einem geheimnisvollen Schauspiel erleben, was mit Jesus einmal geschah. Er ist gleichsam

beim letzten Abendmahl Jesu dabei und empfängt wie von ihm selbst die heiligen Gaben. Unter den Gestalten von Brot und Wein kommt Jesus Christus zu ihm. Er wird in den Tod und die Auferstehung Jesu einbezogen. Die **äußere Form der Feier** hat sich im Lauf der Zeit öfter geändert. In der katholischen Kirche wird das Abendmahl in einem Gottesdienst gefeiert, der früher oft »Messe« (lat.: »Sendung« der Gläubigen in die Welt), heute meist »Eucharistiefeier« genannt wird. Jeden Tag versammeln sich Christen überall auf der Welt zu dieser Feier. Hier beten sie zu Gott, hören Texte der Bibel und halten miteinander Mahl. Hier denken sie über ihr Leben nach und holen sich Kraft für ein Leben nach den Weisungen Jesu. So erfüllen sie den Auftrag Jesu Christi.

Christen haben im Lauf der Geschichte öfters darüber gestritten, wie sie das Abendmahl und wie sie die Worte vom Leib und Blut Jesu verstehen sollten. Daraus ist eine Spaltung unter ihnen entstanden, die bis heute andauert. Die einen verstehen die Worte Jesu eher **symbolisch:** Brot und Wein weisen auf den Leib und das Blut Jesu hin. Die anderen, unter ihnen entschieden die katholische Kirche und auch Martin Luther (→ S. 42 f, 217), geben den Jesusworten einen **realen** Sinn: Unter den Gestalten von Brot und Wein empfangen die Christen wirklich den Leib und das Blut Jesu Christi. Die Unterschiede im Verständnis der Eucharistie sind bis heute nicht ganz ausgeräumt. Sie belasten das Verhältnis zwischen den Kirchen (→ S. 220 f). Deshalb gibt es unter ihnen noch keine Gemeinschaft des Abendmahls. Christen können nur hoffen, dass dieser alte Streit in absehbarer Zeit überwunden wird und die Kirchen gemeinsam an dem Mahl Jesu teilnehmen.

8 Sich zu einem Mahl zusammensetzen, miteinander essen und trinken – was bedeutet das? Erklärt den Satz: »Essen und Trinken hält Leib und Seele zusammen.«

9 In der Eucharistie werden durch die Worte des Priesters die Gaben von Brot und Wein verwandelt. Kennt ihr Beispiele aus dem täglichen Leben, wo Worte etwas verändern?

10 Wer etwas von der biblischen Grundlegung der Eucharistie wissen will, kann folgende Texte lesen: Lk 22, 14–23 (Abendmahl) und Lk 24, 1–35 (Emmausjünger). Warum sind die Verse Lk 24, 30–32 besonders wichtig?

11 Können diejenigen von euch, die in ihrer Gemeinde auf die Erstkommunion vorbereitet wurden, etwas davon erzählen?

12 Wer weiß etwas darüber, wie die katholische Kirche an jedem Tag, besonders an Sonn- und Feiertagen, die Eucharistie feiert? Vielleicht findet ihr einen Priester, der euch einmal eine Einführung gibt.

Eine einzigartige Gemeinschaft

Wer seine Schuld einsieht und
bekennt, wem sie leid tut, wer
angerichteten Schaden gut machen will, Gott um Vergebung
bittet und den Vorsatz fasst,
nicht mehr zu sündigen, dem
vergibt Gott im Sakrament der
Buße durch den Mund eines
Priesters die Sünden.

4 Die Buße

Niemand kann die Augen vor der Tatsache verschließen, dass es Böses in
der Welt gibt. Jeden Tag hören wir von Mord und Totschlag, von Hass und
Gier, von Ungerechtigkeit und Gefährdung der Umwelt. Täglich erleben
wir, wie Mädchen und Jungen andere schikanieren, stehlen und lügen, sich
selbst kaputt machen. Oft finden die Menschen nichts dabei. Wenn aber
jemand über das Böse, das er getan hat, nachzudenken beginnt, wird er
sich schämen und fragen, was er tun soll. Es kann sein, dass er seine Schuld
als bedrückende Last empfindet und einen Weg sucht, wie er »entlastet«
und »entschuldigt« wird. Dieser Weg ist oft schwer und bitter, weil im
Inneren des Menschen Kräfte sind, die ihn zum Bösen drängen, z. B.
Habsucht, Neid oder Eifersucht. Christen glauben, dass alle Schuld auch
gegen Gott gerichtet ist. Sie bedeutet einen Verstoß gegen seinen Willen,
eine Übertretung seiner Gebote, eine Lieblosigkeit gegenüber seiner Liebe.
Sie nennen Schuld vor Gott »Sünde«.

Jesus hat die Menschen immer
wieder aufgefordert ihre
Schuld einzusehen und auf
einen guten Weg zurückzu-
kehren. Denjenigen, die dazu
ernsthaft bereit waren, hat er
die Vergebung ihrer Schuld
durch Gott zugesagt. In seinen
schönsten Gleichnissen (→ S.
104 f) hat er davon gesprochen.
Wer sich wie der verlorene
Sohn nach langen Irrwegen
nach Hause aufmacht, wird
dort einen gütigen Vater finden, der ihn ohne Vorwurf
wieder in die Familie aufnimmt. Die Möglichkeit zu
einem Neubeginn ist Christen nie versperrt. Wann immer sie Gott ernsthaft
um Vergebung bitten, dürfen sie hoffen, von ihm gehört zu werden.

Es gibt ein eigenes Sakrament der Buße, das in der katholischen Kirche
auch »Beichte« (von althochdeutsch: »Bekenntnis«) genannt wird. Es kann
auf verschiedene Weise empfangen werden: in einer Kirche, auf dem
Krankenbett, in einem persönlichen Gespräch mit einem Priester. Häufig
ist es so, dass der Bußwillige in einer Kirche einen Beichtstuhl betritt, wo er
einem Priester seine Sünden sagt und Gott um Vergebung bittet.

Viele Christen haben gemischte Gefühle, wenn sie dieses Sakrament empfangen. Dazu trägt manchmal der äußere Rahmen bei. Wenn der Beichtstuhl dunkel und der darin sitzende Priester kaum erkennbar ist, kann der
Eindruck des Unheimlichen entstehen. Schlimmer aber ist das, was im
Inneren der Christen selbst vor sich geht. Die meisten Menschen sehen sich
als gut und perfekt an. Wer hielte sich nicht für o.k.? Wer schiebt nicht gern
alle Schuld auf andere? Wer aber das Sakrament der Buße empfangen will,
muss sich selbst kritisieren, darf sich nicht selbst beschönigen, muss seine
dunklen Seiten offen legen, darf seine Schuld nicht verdrängen. Er muss
gleichsam zum Richter über sich selbst werden. Einem solchen Prozess
geht fast jeder lieber aus dem Weg. Aber ohne den Versuch der richtigen
Selbsteinschätzung hat das Sakrament keinen Sinn.

13 Könnt ihr Beispiele suchen, in
denen Menschen schuldig oder
mitschuldig werden? Warum fällt
es uns meist schwer, unsere Schuld
oder Mitschuld einzugestehen?
Zum Bösen in der Welt: → S. 232 f.

14 Wie reagiert ihr gegenüber Mädchen und Jungen, die euch
schlecht behandeln oder die euch
etwas angetan haben? Wie reagieren andere, die ihr schlecht behandelt habt?

15 Habt ihr einmal erlebt, wie wohltu-
end Vergebung und Versöhnung
sind?

16 Wenn ihr wissen wollt, wie Jesus
mit schuldig gewordenen Menschen umgegangen ist und unter
welchen Bedingungen er Vergebung durch Gott verheißen hat,
könnt ihr folgende Texte lesen: Mt
6, 12; 7, 1; 18, 21 f; Lk 15, 11–32.

Wer allerdings einmal diesen Weg gegangen ist, wird ihn am Ende als einen guten Weg empfinden. Es wird sich die Freude einstellen, die immer dann aufkommt, wenn ein guter Anfang möglich ist. Die Buße ermöglicht den Start in ein neues Leben. Sie befreit die Christen von drückender Altlast und lässt sie wieder aufrecht gehen. Und wenn sie auch ahnen, dass sie immer wieder schwach werden und sich immer aufs Neue in Schuld verstricken, dürfen sie doch hoffen, immer wieder aufgerichtet zu werden, wenn sie nur wollen. Ihr Glaube sagt ihnen: Gottes Liebe ist grenzenlos. Sie besiegt am Ende jede Schuld. So ist gerade das Sakrament der Buße für Christen zwar schwer, aber letztlich ein Anlass zur Freude und Dankbarkeit.

5 Die Krankensalbung

Alle Menschen werden irgendwann einmal krank. Manchmal geht die Krankheit rasch vorüber, manchmal bedroht sie das Leben. Viele Krankheiten verursachen nicht nur äußere Schmerzen, sondern stellen den Menschen auch vor innere Probleme. Er erfährt die Grenzen seiner Leistungsfähigkeit, wird in seiner Freiheit eingeschränkt, erlebt das Gefühl der Ohnmacht. Krankheiten bringen oft Sorgen, Angst und Verzweiflung mit sich. Vielfach reißen sie den Menschen aus dem normalen Leben und zwingen ihn zur Untätigkeit. Manchmal sind Krankheiten Vorboten des Todes. Sie können den Glauben an Gott stärken oder in Frage stellen.

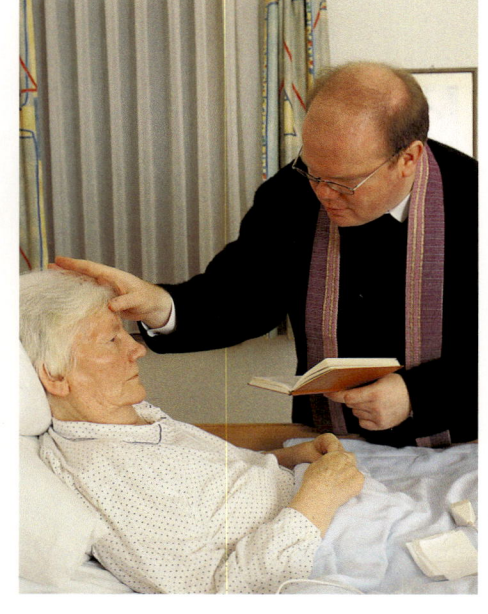

Kranke machen Erfahrungen, die Gesunde nicht so leicht machen. In ihnen können Kräfte entstehen, die sie vorher nicht gekannt haben. Sie lernen Geduld, denken über sich selbst nach, wissen den Wert des Lebens und der Gesundheit mehr zu schätzen als früher, fragen nach dem Sinn ihres Daseins.

Jesus hat in seinem Leben oft Kranke geheilt (→ S. 106). Durch ihn wurden Blinde sehend, Stumme sprechend und Lahme gehend. Seinen Jüngern hat er den Auftrag gegeben: »Heilt Kranke!« (Mt 10, 8; Mk 16, 18). Wo Christen diese Fähigkeit nicht haben, sollen sie sich wenigstens intensiv um Kranke kümmern und für sie sorgen. Kranke zu besuchen ist für Christen eine gute Tat.

Es gibt ein Sakrament der Krankensalbung, das jenen gespendet wird, deren Gesundheit bedroht ist. Ein Priester salbt die Stirn und die Hände des Kranken mit geweihtem Olivenöl und spricht dabei die Worte: »Durch diese heilige Salbung helfe dir der Herr in seinem reichen Erbarmen, er stehe dir bei mit der Kraft des Heiligen Geistes. Der Herr, der dich von Sünden befreit, rette dich, in seiner Gnade richte er dich auf.« Die Krankensalbung soll bei ernsthaften Krankheiten gespendet werden. Aber sie ist nicht das Sakrament im Angesicht des Todes. Wenn der Tod nahe bevorsteht, soll der Kranke, sofern er dazu noch in der Lage ist, das Sakrament der Buße und vor allem die Eucharistie empfangen. Sie soll dem Sterbenden als »Wegzehrung« für den letzten Weg Hoffnung und Mut machen.

6 Die Ehe

Gott hat die Menschen als Frauen und Männer geschaffen und ihnen die gleiche Würde gegeben. Sie sollen sich lieben, mit Leib und Seele füreinander da sein, sich gegenseitig ergänzen, erfreuen und helfen. Mit ihrer Sexualität ist die Fähigkeit verbunden, Kindern das Leben zu schenken und damit Anteil an Gottes Schöpfungswerk zu haben. Die Kirche wünscht,

17 Wie war euch zumute, als ihr einmal ernsthaft krank wart?
18 Kennt ihr Beispiele aus der Bibel, die von Kranken und von Heilungen berichten?
19 Vielleicht ist einer unter euch, der schon einmal eine Krankensalbung miterlebt hat. Was kann er erzählen?

20 Es ist ergreifend an einer christlichen Eheschließung teilzunehmen. Wer hatte einmal die Möglichkeit und kann davon erzählen? Welche religiösen Riten und welche weltlichen Bräuche gibt es zur Hochzeit?

21 Wichtige Stellen der Bibel: Gen 2, 24; Mk 10, 2–9; Eph 5, 25.

22 Über konfessionsverschiedene Ehen: → S. 222 f.

dass Männer und Frauen, die dauernd zusammen leben wollen, eine Ehe schließen und zusammen mit ihren Kindern eine Familie bilden. Sie ist davon überzeugt, dass Ehe und Familie zu den kostbarsten Gütern der Menschheit gehören. Darum tritt sie gerade heute, wo diese Auffassung vielfach nicht geteilt wird, für die Ehe und Familie ein.

Für katholische Christen ist die Ehe ein Sakrament. Die Brautleute sollen sich darauf ernsthaft vorbereiten und prüfen, ob sie auf Dauer zueinander passen. Verliebt sein allein, so schön es auch sein mag, genügt nicht. Auch die Vernunft muss zu Rate gezogen werden. Die Einstellung zum Leben sollte bei beiden nicht zu verschieden sein. Auch Probleme des Berufs und Fragen des Glaubens müssen bedacht werden. Wer leichtsinnig eine Ehe

eingeht, dessen Ehe kann schnell scheitern. Wenn jemand zur Ehe gedrängt wird oder nicht frei für eine verantwortliche Entscheidung ist, kann er nicht kirchlich heiraten.

Bräutigam und Braut spenden sich das Sakrament dadurch, dass sie sich vor einem Priester in Anwesenheit von Trauzeugen das Jawort für eine dauernde Lebensgemeinschaft geben. Ihr Vermählungsspruch lautet: »Ich nehme dich an als meine Frau / als meinen Mann und verspreche dir die Treue in guten und in bösen Tagen, in Gesundheit und Krankheit. Ich will dich lieben, achten und ehren, solange ich lebe.« Dann stecken sie sich gegenseitig einen Ring an und sprechen dabei: »Trag diesen Ring als Zeichen der Liebe und Treue.« Wenn der Priester ihnen danach die Stola (Schal) um die ineinander gelegten Hände legt, sagt er: »Was Gott verbunden hat, darf der Mensch nicht trennen.«

Das Sakrament soll Mann und Frau helfen, dass ihre Liebe Bestand hat und dass ihre Kinder in einer guten Atmosphäre aufwachsen können. Wenn die Ehe christlich gelebt wird, ist sie eine Art Kirche im Kleinen (»Hauskirche«). Sie trägt dazu bei, dass die Kirche im Großen wächst und lebendig bleibt.

> Mit dem Sakrament der **Ehe** binden sich die Eheleute vor Gott und den Menschen aneinander. Sie werden zu einer Lebensgemeinschaft, in der sie sich gegenseitige Liebe und Treue versprochen haben. Solange der andere Partner lebt, dürfen sie keine andere Ehe eingehen. Sie sollen die Kinder, die aus dieser Ehe stammen, gern annehmen, gut für sie sorgen und sie in christlichem Geist erziehen.

Die Vorstellungen, die die Kirche von einer christlichen Ehe hat, werden im alltäglichen Leben heute oft nicht geteilt. Auch Christen haben ihre Schwierigkeiten damit. Nicht selten stellen Eheleute fest, dass sie nicht zusammen passen, nicht selten leben sie im Dauerstreit miteinander. Nicht selten erziehen Mütter oder Väter ihre Kinder allein, nicht selten sind Ehen zerbrochen und die Eheleute geschieden. Damit sind oft für alle Beteiligten, vor allem für die Kinder, schwere Probleme verbunden. In Deutschland werden ca. 100 000 Kinder jährlich von der Scheidung der Eltern betroffen. Der Verlust eines geordneten Familienlebens führt bei ihnen oft zu seelischen Belastungen (→ S. 21). Niemand hat das Recht über Geschiedene schlecht zu reden, weil niemand die Gründe kennt und beurteilen kann, die zur Trennung geführt haben.

7 Die Priesterweihe

Im Sakrament der **Weihe** werden Männer für besondere Dienste in der Kirche bestimmt (→ S. 89). Sie erhalten dabei ein Amt, das es in dreifacher Abstufung gibt.

■ Der **Diakon** soll dem Priester bei seinen Aufgaben in der Gemeinde helfen. Er erhält bei der Weihe das Evangelium, das er den Menschen erklären soll. Zu seinen Aufgaben gehört es zu predigen, die Kommunion auszuteilen, bei Eheschließungen anwesend zu sein, Andachten zu halten u. a. Er kann verheiratet sein. In Deutschland sind etwa 2100 Diakone eingesetzt, davon ca. 800 im Hauptberuf und 1300 mit einem Zivilberuf. Weltweit gibt es über 24 400 Diakone.

■ Der **Priester** hat die dreifache Aufgabe, (1) das Wort Gottes zu verkünden, (2) die Sakramente zu spenden, vor allem der Eucharistiefeier in der Gemeinde vorzustehen und (3) die ihm anvertraute Gemeinde zu leiten. Er steht dabei nicht über der Gemeinde, sondern soll ihr dienen. Bei der Priesterweihe werfen sich die Kandidaten auf den Boden. Der Bischof legt ihnen anschließend die Hand auf und erfleht die Gaben Gottes auf sie herab. Jedem wird ein Kelch überreicht. Die Priester sollen ehelos leben (»Zölibat«), um so Jesus nachzufolgen und ganz für ihre kirchlichen Aufgaben frei zu sein. In der Regel werden die jungen Priester zuerst Kapläne oder Vikare. Sie helfen einem Pfarrer/Pastor, der selbständig eine Gemeinde/Pfarrei leitet. Die Priester einer Diözese sind ihrem Bischof zum Gehorsam verpflichtet. In Deutschland tun zur Zeit etwa 18 000 Priester ihren Dienst, davon sind ca. 2500 Ordensleute. Weltweit gibt es über 400 000 Priester.

■ Der **Bischof,** der die drei priesterlichen Aufgaben in besonderer Verantwortung wahrzunehmen hat, erhält überdies die Vollmacht, Männern die Priesterweihe zu erteilen. Seine Weihe nehmen andere Bischöfe vor. In einem feierlichen Gottesdienst wird ihm das Evangelienbuch auf das Haupt gelegt. Als Zeichen für seine hohe Aufgabe erhält er einen Ring, die Mitra (Kopfbedeckung) und einen Hirtenstab. Der Bischof leitet in der Regel einen größeren kirchlichen Bezirk, der »Diözese« oder »Bistum« heißt. Er bestimmt, wo und wie seine Priester eingesetzt werden oder wo eine neue Pfarrgemeinde errichtet werden soll. Den Religionslehrern erteilt

er die Vollmacht für ihren Unterricht (»Missio«, lat.: »Sendung«). Er führt, wenn es nötig ist, Verhandlungen mit dem Staat. Viele wichtige Geschäfte übernimmt stellvertretend für ihn sein Generalvikar. In der Bundesrepublik Deutschland gibt es 27 (Erz-) Bistümer, in denen neben dem Diözesanbischof meist auch mehrere Weihbischöfe tätig sind.

Etwa 4 420 Bischöfe überall in der Welt tragen für die ganze Kirche Verantwortung. Darum halten sie untereinander und mit dem Papst in Rom Kontakt. Durch sie sind alle Teile der großen Weltkirche miteinander vernetzt.

23 Zu Jesus und seinen Aposteln und Jüngern: → S. 121 ff.

24 Bittet einen Priester aus eurer Stadt in den Religionsunterricht zu kommen. Er soll euch von seinen Aufgaben, von seinen Problemen und von seinem Lebensweg erzählen.

25 Wenn die Frauen auch keine Weihe erhalten, so sind viele Frauen doch intensiv im Dienst der Kirche tätig. Weltweit gibt es an die 820 000 Ordensschwestern (→ S. 165 f), die für das Leben der Kirche unverzichtbar sind. Wisst ihr, welche Tätigkeiten sie ausüben? Wer kennt eine Schwester und kann sie einmal über ihre Berufung, ihren Lebensweg und ihre Arbeit befragen?

26 Welche Aufgaben können Frauen in den Gemeinden wahrnehmen?

27 Wie erklärt ihr euch, dass Pfarrer am Ende des Jahrhunderts in der Beliebtheitsliste aller Berufe nach den Ärzten (75%) den zweiten Platz (40%) einnehmen? Warum werden Pfarrer und Bischöfe so häufig kritisiert?

28 Zu welchem Bistum gehört der Ort eurer Schule? Wie heißt der Bischof? Was habt ihr von ihm gehört? Könnt ihr eure Bistumskirche einmal gemeinsam besuchen?

6. Das höchste Amt

Als Nachfolger des Apostels Petrus (→ S. 123) ist der **Papst** der Bischof von Rom. Er ist der oberste Priester, Gesetzgeber und Lehrer der Kirche. Seine feierlichen Entscheidungen in Fragen des Glaubens und Handelns gelten für alle katholischen Christen. Mit seinem hohen Amt repräsentiert er die ganze katholische Kirche.

In jeder Gemeinschaft müssen Entscheidungen getroffen werden. Dazu sind Leute in führenden Positionen nötig. In einem Verein gibt es einen Vorstand, in einer Schule eine Direktorin, in der Bundesrepublik einen Bundeskanzler.

Auch in der Kirche sind Führungsaufgaben wahrzunehmen. Für die verschiedenen Ebenen gibt es verschiedene Leitungsaufgaben. Der Pfarrer steht seiner Gemeinde, der Abt seinem Kloster (→ S. 163) und der Bischof seiner Diözese vor.

■ Das Oberhaupt der gesamten katholischen Kirche ist der **Papst.** Er hat in dieser Kirche das höchste Amt inne. Sein Amtssitz ist der Vatikan, ein Stadtteil von Rom. Dort sind wichtige päpstliche Behörden ansässig, die sozusagen für die Außen-, Rechts- und Innenpolitik der Kirche zuständig sind. Fast alle Staaten der Welt haben dort ihre diplomatischen Vertreter. Die Petersbasilika in Rom (→ S. 185) ist die Kirche des Papstes. Dorthin kommen regelmäßig viele Katholiken aus aller Welt, um den Papst zu sehen und zu hören.

■ Die **Kardinäle,** die der Papst sich selbst auswählt, sind seine engsten Berater. Sie sind meist Bischöfe und nehmen die wichtigsten Führungsaufgaben in der Weltkirche wahr. Oft leiten sie päpstliche Behörden in Rom, oft stehen sie an der Spitze großer Diözesen überall in der Welt. Auch in Deutschland nehmen mehrere Kardinäle ihr hohes Amt wahr. Den Kardinälen unter 80 Jahren steht das Recht zu, den Papst zu wählen. Heute gibt es weltweit über 150 Kardinäle.

Arnolfo di Cambio (1240/45–1302/10), Petrus. Der Sitz (Cathedra) stammt aus der römischen Antike.

1 Was wisst ihr über den derzeitigen Papst? Was hat er in letzter Zeit getan? Lasst euch von der letzten Papstwahl erzählen.
2 Warum kritisieren Christen gelegentlich den Papst?
3 Kennt ihr einen Kardinal, der in Deutschland einem Bistum vorsteht? Was habt ihr von ihm gehört?

Basilika St. Peter, Rom (Vatikan).

■ Die **Papstwahl** ist immer eine aufregende Sache. Nicht nur Christen fragen sich nach dem Tod eines Papstes, wer sein Nachfolger wird. Die ganze Welt schaut in diesen Tagen nach Rom. Die Kardinäle versammeln sich alsbald nach dem Tod des Papstes zu einem Konklave (lat.: »verschließbarer Raum«). Während der Papstwahl dürfen sie keinen Kontakt mit der Außenwelt haben. Sie müssen abgeschieden im Vatikan wohnen. In geheimer Wahl geben sie ihren Stimmzettel ab. Solange für keinen Kandidaten die erforderliche Mehrheit erreicht ist, werden die Stimmzettel so verbrannt, dass sie aus einem öffentlich sichtbaren Kamin einen dunklen Rauch abgeben. Erst wenn ein Kandidat zum Papst gewählt ist, steigt weißer Rauch auf. So erfährt alle Welt, dass es einen neuen Papst gibt. Einer der Kardinäle betritt alsbald den Balkon der Petersbasilika und verkündet der Stadt Rom und aller Welt: »Habemus Papam« (lat.: »Wir haben einen Papst«). Er nennt den Namen des Gewählten und stellt ihn persönlich vor. Der neue Papst, bekleidet mit neuen weißen Gewändern, segnet die ganze Welt und hält eine erste kurze Ansprache. Ein paar Tage später wird er in überaus feierlicher Weise in sein Amt eingeführt.

Der Papst kann für die Weltkirche ein **Konzil** (lat.: »Versammlung«), Bischöfe für ihre Diözesen eine **Synode** (griech.: »Zusammenkunft«) einberufen. Diese Gremien beraten, streiten und entscheiden über kirchliche Fragen. Oft gehen von ihnen Anregungen für eine Reform des kirchlichen Lebens aus. Das **Zweite Vatikanische Konzil**, das 1962–65 in Rom stattfand, war das letzte allgemeine Konzil der katholischen Kirche. Es hat wichtige Neuerungen gebracht, z. B. eine Erneuerung des Gottesdienstes, ein tieferes Verständnis der Bibel (→ S. 45), ein besseres Verhältnis der Kirche zu den nichtchristlichen Religionen (→ S. 269), vor allem zum Judentum. Die letzte Synode der deutschen Bistümer fand zwischen 1972 und 1975 in Würzburg statt.

Eröffnung des 2. Vatikanischen Konzils am 11. Oktober 1962 in der Petersbasilika, Rom.
Zum Apostelkonzil: → S. 140; zum ersten ökumenischen Konzil in Nizäa: → S. 159.

7. Feste und Feiern

Alle Menschen feiern gern. Feste machen unser Leben schön. Feste schenken Freude. Sie bewirken, dass die Zeit für uns nicht gleichförmig verläuft, sondern Abwechslung mit sich bringt. Feste unterbrechen den Alltag und zeigen auf gute Weise, dass das Leben nicht nur aus Arbeit besteht.

Zum Feiern gibt es viele Anlässe: Geburts- und Hochzeitstag, ein gutes Zeugnis, ein sportlicher Erfolg oder ein bestandenes Examen, eine überstandene Krankheit oder ein Wiedersehen mit Freundinnen und Freunden. Feste feiert man in der Regel nicht für sich allein. Feste sind Ereignisse in einer Gemeinschaft.

Christen haben viel Grund zum Feiern. Sie glauben, dass Gott die Welt gut geschaffen hat und vertrauen auf die Frohe Botschaft Jesu. Darum gibt es bei ihnen so viele Feste. Man kann die Christenheit geradezu als eine **Festgemeinschaft** bezeichnen. Im Verlauf eines Jahres reiht sich ein Fest an das andere. Überall auf der Welt, wo es Christen gibt, werden die christlichen Feste gefeiert.

Das Jahr, so wie es die Kirche begeht, heißt **Kirchenjahr.** Es beginnt mit dem ersten Adventssonntag und endet mit dem Samstag der letzten Woche. Christen genügt es nicht festzustellen, dass ein Jahr 365 Tage, 52 Wochen und 12 Monate hat. Das alles sind Zahlen, die ein wenig Ordnung in die gleichförmige Zeit bringen, die ohne Anfang und ohne Ende dahinzuströmen scheint. Das Kirchenjahr will die Zeit aus dem Glauben deuten. Es sagt den Christen, dass die Zeit nicht ins Leere läuft, dass sie nicht ohne Sinn dahintreibt, sondern dass es im Rhythmus der Zeit Stationen des Heils und der Rettung gibt. Das Kirchenjahr erinnert die Christen an die Ereignisse des **Lebens Jesu** (»Herrenjahr«) und macht sie so zu seinen Zeitgenossen. Einige Daten des Kirchenjahres:

- Advent: die Erwartung des Kommens Jesu
- Weihnachten: Geburt
- Fastenzeit: Vorbereitung auf Ostern
- Gründonnerstag: Abendmahl
- Karfreitag: Kreuzigung und Tod
- Karsamstag: Grabesruhe
- Ostern: Auferstehung
- Himmelfahrt: Rückkehr zum Vater
- Pfingsten: Sendung des Geistes
- der letzte Sonntag im Jahreskreis: Fest seines Königtums und die Erwartung seiner Wiederkehr am Jüngsten Tag

Das Kirchenjahr hat manche **Besonderheiten:**

■ Jeder **Sonntag** ist ein Fest. Den Sonntag feiert die Christenheit als Tag der Auferstehung Jesu Christi. Er heißt auch der »Tag des Herrn« oder »der erste Tag der Woche«, obwohl unsere Wochentagszählung im bürgerlichen Leben mit dem Montag beginnt. Die Gemeinde versammelt sich am Sonntag zur Feier der Eucharistie (→ S. 201 f).

■ Weihnachten und Ostern bilden die beiden Höhepunkte des Kirchenjahres. Um sie gruppieren sich wie um zwei Kreise (**»Festkreise«**) viele andere Feste.

Das höchste Fest des Kirchenjahres ist **Ostern,** die Feier der Auferstehung Jesu Christi. Das Osterfest wird vom Aschermittwoch an durch eine vierzigtägige Fastenzeit eingeleitet, in der sich die Christen durch Werke der Buße auf Ostern vorbereiten sollen. Auf Ostern folgt der Weiße Sonntag, an dem Mädchen und Jungen häufig zur Erstkommunion gehen. Vierzig Tage nach Ostern ist das Fest »Christi Himmelfahrt«, zehn Tage später Pfingsten (→ S. 151 f), der Abschluss dieses Festkreises. Es folgen viele Sonntage im Jahreskreis, die meist keinen speziellen Festcharakter haben.

Das Datum des Osterfestes wird für jedes Jahr neu berechnet. Es liegt nach alter Überlieferung immer am ersten Sonntag nach dem Frühlingsvollmond, also frühestens am 22. März, spätestens am 25. April. Danach richten sich die anderen Termine dieses Festkreises.

Im Mittelpunkt des anderen Festkreises steht **Weihnachten,** der Tag der Geburt des Herrn (→ S. 102 f). Hier gibt es feste Termine. Weihnachten wird immer am 25. Dezember gefeiert. Der vorausgehende Tag ist der »Heilige Abend«. Etwa vier Wochen vor Weihnachten beginnt die Adventszeit, die der Vorbereitung auf das Weihnachtsfest dienen soll. Zweiter Höhepunkt dieses Festkreises ist der 6. Januar, das Fest der Erscheinung des Herrn (Drei Könige). Die Weihnachtszeit endet mit dem darauf folgenden Sonntag, dem Tag der Taufe Jesu. Die folgenden Wochen bis zur Fastenzeit, deren Zahl sich nach dem Ostertermin richtet, werden als Zeit im Jahreskreis gezählt.

■ In beiden Festkreisen liegen die **Gedenktage der Heiligen.** In der Regel wird der Todestag eines Heiligen gefeiert. So findet z. B. das Fest des Martin (→ S. 162) am 11. November, das der Elisabeth (→ S. 213 ff) am 19. November statt. Diese Feste sind in der Tafel nicht eingezeichnet.

1 Wie erlebt ihr das Jahr? Welche Feste feiert ihr? Wie ist es für euch gegliedert?

2 »Feste feiern« und »feste feiern« – was macht das für einen Unterschied?

3 Wenn ihr das Kirchenjahr mit dem bürgerlichen Jahr vergleicht: Wo gibt es Gemeinsamkeiten? Wo sind Unterschiede? Welche kirchlichen Feste werden auch von Nichtchristen gefeiert, welche nicht?

4 Schaut euch die Tafel zum Kirchenjahr an und versucht folgende Einzelheiten zu deuten: die Mitte, die beiden Festkreise, die verschiedenen Farben.

5 Ein feierlicher Gesang in der Osternacht: → S. 186.

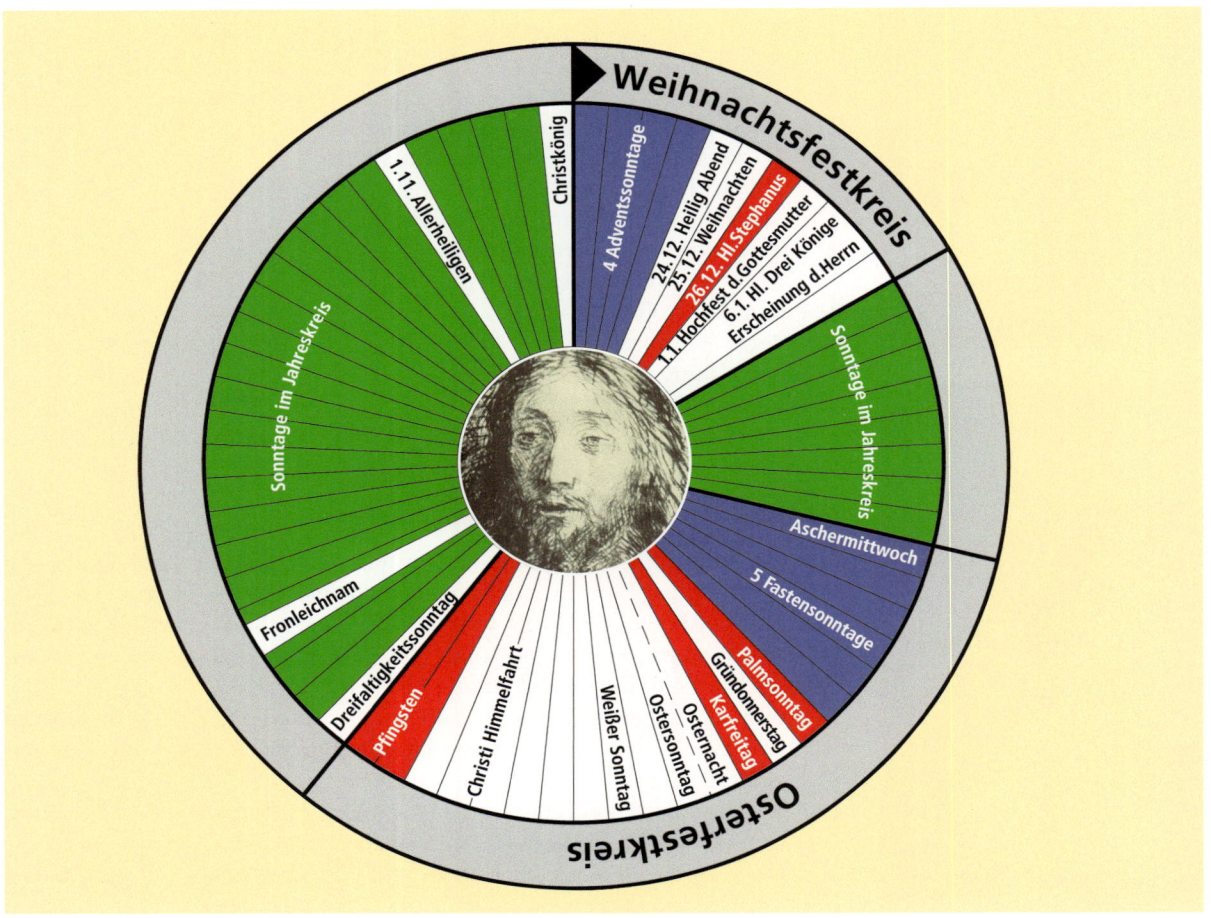

8. Solidarität mit anderen

Christen leben nicht für sich allein. Immer müssen sie auch für andere da sein. Wer »Solidarität« mit anderen übt, zeigt, dass er sich mit ihnen verbunden weiß. Jede Ichsucht, die nur an sich selbst denken lässt, ist ihnen untersagt. Nur wenn Christen auch andere Menschen, vor allem Arme, Einsame und Unglückliche, nicht aus dem Blick verlieren, entsprechen sie den Weisungen Jesu, der gesagt hat: »Du sollst deinen Nächsten lieben wie dich selbst.«

Wer ist mein Nächster?

Jesus wurde einmal von einem jüdischen Gesetzeslehrer gefragt, wer denn der Nächste sei, den er lieben solle wie sich selbst. In einem seiner berühmtesten Gleichnisse (→ S. 104) hat Jesus die Frage klar und anschaulich beantwortet.

Ein Mann ging von Jerusalem nach Jericho hinab und wurde von Räubern überfallen. Sie plünderten ihn aus und schlugen ihn nieder; dann gingen sie weg und ließen ihn halbtot liegen. Zufällig kam ein Priester[1] denselben Weg herab; er sah ihn und ging weiter. Auch ein Levit[2] kam zu der Stelle; er sah ihn und ging weiter. Dann kam ein Mann aus Samarien[3], der auf der Reise war. Als er ihn sah, hatte er Mitleid, ging zu ihm hin, goss Öl und Wein auf seine Wunden und verband sie. Dann hob er ihn auf sein Reittier, brachte ihn zu einer Herberge und sorgte für ihn. Am andern Morgen holte er zwei Denare[4] hervor, gab sie dem Wirt und sagte: Sorge für ihn, und wenn du mehr für ihn brauchst, werde ich es dir bezahlen, wenn ich wiederkomme.

aus dem Evangelium nach Lukas 10, 30–35

1 Der jüdische Priester hatte die Sorge unrein zu werden, wenn er mit dem Blut des Ausgeplünderten in Berührung kam. Unrein durfte er sein Amt nicht ausüben.

2 Ein Levit hatte bei den Juden ein religiöses Amt, das unter dem des Priesters stand. Auch für ihn galt das Reinheitsgebot.

3 Zu Samaria: → S. 98. Die Leute aus Samaria waren bei den Juden unbeliebt.

4 Ein Denar (→ S. 125) ist eine römische Münze, deren Wert etwa einem Tageslohn entsprach.

Paula Modersohn-Becker (1876–1907), *Der barmherzige Samariter*, 1907.

Der Nächste kann ein Bruder und eine Schwester sein. Er kann im Klassenzimmer sitzen oder in der Nachbarschaft wohnen. Arbeitslose und Notleidende sind ebenso Nächste wie ausländische Familien, traurige Kinder oder einsame Alte. Zu den Nächsten können auch die Fernsten werden, die weit weg in anderen Ländern leben. Kinder (→ S. 21 ff), die irgendwo in der Welt hungern oder krank sind, die bei einer Überschwemmung oder durch einen Krieg alles verloren haben, sind unsere Nächsten. Jeder wird zum Nächsten, wenn wir ihm helfen können.

Wir können nicht jedem helfen, der Hilfe braucht. Es steht nicht in unserer Macht, alles Leid der Welt zu beseitigen. Aber Christen sollen für andere da sein, so weit es ihnen möglich ist. Auch Mädchen und Jungen haben schon die Chance für andere etwas zu tun, denen es es nicht so gut geht wie ihnen selbst.

PROJEKT

Schon seit vielen Jahren führen Schülerinnen und Schüler eines Gymnasiums in B. kurz vor Weihnachten ein **Projekt für Kinder in der Dritten Welt** durch. Auch viele Lehrer der Schule beteiligen sich daran. Sie führen in der Adventszeit auf dem Weihnachtsmarkt und auf den Geschäftsstraßen eine Sammlung durch. Wenn sie von den Leuten beim Sammeln gelegentlich etwas misstrauisch gefragt werden, wofür das Geld bestimmt ist, das sie haben wollen, können sie eine genaue Antwort geben. Sie haben sich gut über die Empfänger informiert. Sie können sich auch ausweisen, weil die Büchsensammlung von der Stadt offiziell genehmigt worden ist.

Andere Schüler bieten auf einem **Bazar** in der Aula oder auf einem **Flohmarkt** eigene Arbeiten zum Verkauf an. Hier kann man Gebasteltes, Bilder, Textilien, Weihnachtskarten, Kalender, Krippenfiguren, Kerzen, Schmuck für den Christbaum, Marmelade, Honig und selbstgebackene Plätzchen und Christstollen erstehen. Alle Eltern, Lehrer und Schüler sind eingeladen. Zugleich werden alte Bücher, Kassetten, CDs und Spiele angeboten. Eine Cafeteria bringt durch den Verkauf von Kuchen und Getränken zusätzliche Einnahmen. Manche Schüler sammeln durch das ganze Jahr Briefmarken, die dann verkauft werden.

Im Lauf der Jahre konnten mehr als 50 000 € für Kinder in Asien, Afrika und Lateinamerika gesammelt werden. Viele Briefe und Fotos, die von den Empfängern aus den fernen Ländern kamen, zeigen den Schülern, dass ihr Bemühen nicht umsonst war.

Gute Adressen

Manche Christen wollen etwas gegen Hunger und Elend, Krankheit und Armut in der Welt tun, haben aber selbst keine Ansprechpartner in den fernen Ländern. Sie können ihre Spende an folgende Hilfswerke geben:

Misereor (lat.: »Ich habe Mitleid«)	Mozartstraße 9, 52064 Aachen. Das bischöfliche Hilfswerk verteilt vor allem die Fastenspenden der deutschen Katholiken
Adveniat (lat.: »Dein Reich komme«)	Porscheplatz 7, 45127 Essen Das Hilfswerk verteilt die Gelder, die die deutschen Katholiken in der Adventszeit spenden, in Lateinamerika
Missio (lat.: »Sendung«)	Goethestraße 43, 52064 Aachen Katholisches Hilfswerk für die Verbreitung des Christentums (»Mission«)
Päpstliches Missionswerk der Kinder	Stephanstraße 35, 52064 Aachen Hilfswerk »Kinder helfen Kindern«
Deutscher Caritas-Verband (das lateinische Wort »Caritas« heißt »Nächstenliebe«)	Karlstraße 40, 79104 Freiburg i. Br. Katholisches Hilfswerk gegen Not in Deutschland und in aller Welt
Renovabis (lat.: »Du wirst erneuern«)	Domberg 27, 85354 Freising Solidaritätsaktion der deutschen Katholiken mit den Menschen in Mittel- und Osteuropa
Deutsches Aussätzigen-Hilfswerk (→ S. 133–135)	Marianhillstr. 1c, 97074 Würzburg
Brot für die Welt	Stafflenbergstraße 76, 70184 Stuttgart Evangelisches Hilfswerk
Welthungerhilfe	Adenauerallee 134, 53113 Bonn Nichtkirchliches Hilfswerk

1 Schreibt an eine dieser Adressen und bittet um Auskunft, wohin die Spenden gehen, wozu das Geld eingesetzt wird und was nicht getan werden kann, weil weitere Gelder fehlen.

2 Es gibt ein Sprichwort: »Gib dem Hungernden einen Fisch und er hat für einen ganzen Tag zu essen. Gib ihm ein Boot und ein Netz und er hat täglich zu essen.« Was ist damit gemeint?

9. Das Beispiel einer Frau

Die Christenheit hat viele Frauen und Männer hervorgebracht, deren Leben Aufsehen erregt hat. Oft machen sie auf ganz erstaunliche Weise deutlich, wie einzigartig das Christentum ist. Zu diesen unvergessenen Gestalten der Christenheit gehört Elisabeth von Thüringen, eine junge Frau, die nur 24 Jahre alt wurde, deren kurzes Leben aber zu einem Beispiel für alle Welt geworden ist.

Ihre Herkunft war ungewöhnlich. 1207 kam sie als die Tochter des ungarischen Königs auf der Burg Sáros-Patak nahe dem heutigen Pressburg an der Donau zur Welt. Nach damaligem Brauch wurde sie als vierjähriges Kind mit dem elfjährigen Ludwig, dem Sohn des Landgrafen Hermann von Thüringen, verlobt. Darum musste sie schon in jungen Jahren ihre Heimat verlassen. Sie kam auf die Wartburg, eine bis heute gut erhaltene Burg aus dem Mittelalter nahe bei Eisenach.

Die Wartburg oberhalb von Eisenach, Thüringen.

Elisabeth muss ein schönes und zugleich temperamentvolles Mädchen gewesen sein. Sie hatte eine zierliche Gestalt, dunkle Augen und ein schmales Gesicht. Mit ihrem Übermut und ihrer Heiterkeit gewann sie leicht die Herzen der Hofgesellschaft. Sie spielte gern, konnte hervorragend tanzen und war sattelfest beim Reiten. Bei ihren Freundinnen war sie überaus beliebt.

Am Hof wurden Mädchen und Jungen vom siebten Lebensjahr an getrennt erzogen. Die Jungen lernten mit Waffen und Tieren, vor allem mit Pferden, Falken und Hunden umzugehen, während die Mädchen in Handarbeiten unterwiesen wurden. Meistens konnten sie besser lesen und schreiben als die Jungen. Vor allem wurde damals auf gute Manieren, Ordnung und Selbstbeherrschung Wert gelegt. Dies wird ihrem ungarischen Temperament nicht immer gut gefallen haben.

Schon früh bemerkte man an ihr zwei Eigenschaften, die für eine Königstochter nicht gerade selbstverständlich waren. Sie zeigte tiefe Gläubigkeit und ausgeprägten Sinn für Gerechtigkeit. Gott und die Armen – das waren zwei wichtige Pole im Leben der jungen Frau. Sie bestimmten die Richtung ihres ganzen Lebens. In ihrer Umgebung wollte man nicht verstehen, dass die zukünftige Landesherrin ohne persönlichen Schmuck in den Gottesdienst ging und so bescheidene Kleider trug, dass man sie mit einer Dienstmagd oder Nonne verwechseln konnte. Bei Tisch nahm sie nur solche Speisen zu sich, bei denen sie sicher war, dass sie nicht von armen Pächtern erpresst waren. Einmal warf sie im Gottesdienst ihre goldene Krone zu Boden, weil sie sich damit vor dem dornengekrönten Jesus schämte. Sie setzte sich über alle Standesunterschiede hinweg und aß mit ihren Mägden am selben Tisch aus denselben Schüsseln. Vor allem linderte sie die Not der Armen, so weit es ihr möglich war. Über all diese Taten rümpften die Hofleute ihre Nasen. Nur Ludwig, ihr zukünftiger Ehemann, hielt zu ihr. Sie erreichte bei ihm, dass die kostspieligen Feste und Turniere bei Hof eingeschränkt wurden und dass die untergebenen Bauern nicht mehr so viele

Abgaben zu entrichten hatten. So kam es, dass ihre Beliebtheit bei Hof allmählich abnahm, während sie beim Volk wuchs.

Schon früh musste Elisabeth harte Schicksalsschläge hinnehmen. 1213 wurde ihre Mutter wegen Habgier von aufgebrachten Untertanen in Ungarn umgebracht. 1215 starb der alte Landgraf Hermann, der nie vergessen hatte, dass sie in einem fremden Land lebte, und ihr immer seinen väterlichen Schutz gewährte. Im Lauf der Zeit wurde Elisabeth immer ernster. Mehr und mehr litt sie darunter, dass sie auf der Burg ein Luxusleben führte, während bei den Leuten auf dem Land furchtbare Armut herrschte. Am Hof hatte man viel Überflüssiges, außerhalb des Hofes fehlte es am Nötigsten zum Leben. Immer stärker wurde ihr bewusst, dass diese Gegensätze mit den Weisungen Jesu unvereinbar waren.

Im Jahr 1221 heirateten der 21jährige Ludwig und Elisabeth, die damals gerade 14 Jahre alt war. Die Ehe der beiden wurde sehr glücklich. Sie hatten drei Kinder, die die Namen Hermann, Sophia und Gertrud erhielten. Wenn Elisabeth konnte, begleitete sie als gute Reiterin ihren Mann auf seinen Reisen durch das Land. Wenn sie zu Hause bleiben musste, stürmte sie ihm bei seiner Heimkehr entgegen und überschüttete ihn mit Küssen.

Ludwig gestattete ihr ungewöhnliche Wohltaten. Am Fuß der Wartburg wurden in einem Hospital täglich 900 Arme versorgt. Damit diese nicht immer abhängig blieben, bot sie ihnen tatkräftig Hilfe zur Selbsthilfe an. Sie sollten allmählich lernen auf dem Feld zu arbeiten oder ein Handwerk auszuüben. Elisabeth selbst pflegte Aussätzige (→ S. 133 ff) und sorgte für Waisenkinder. Während einer Hungersnot 1225 gab sie so viel ab, dass auf der Wartburg selbst nicht mehr genug zu essen war und Ludwig ihrer Wohltätigkeit Grenzen setzen musste. 1227 schloss sich Ludwig einem Kreuzzug des deutschen Kaisers Friedrichs II. (1220–1250) gegen die Muslime (→ S. 244, 268) an. Noch bevor Ludwig in Süditalien zu Schiff ging, starb er an einer Seuche. Die Nachricht von seinem Tod konnte Elisabeth nicht fassen. Mit zwanzig Jahren war sie Witwe und fühlte sich auf einmal ganz einsam, weil ihr strenges Leben am Hof ihr nur wenige Freunde gelassen hatte.

Als Ludwigs jüngerer Bruder Heinrich die Herrschaft übernahm, begann für sie eine schlimme Zeit. Er stellte sie vor die Wahl ihren bisherigen Lebensstil aufzugeben oder auf ihr Hab und Gut zu verzichten. Weil sie ihrer Überzeugung nicht untreu werden wollte, wurden ihr alle Güter entzogen. Mitten im Winter musste sie mit ihren Kindern die Wartburg verlassen. Niemand nahm sie auf, da Heinrich jedem schwere Strafen angedroht hatte, der ihr Unterkunft gewährte. Nur schwer fand sie ein armseliges Notquartier bei den Franziskanern, den armen Brüdern des Franz von

Kölner Meister, Elisabeth kleidet und speist die Armen (zum Verständnis: → Mt 25, 35 ff), um 1380.

Assisi (→ S. 41 f), der auch seinen ganzen Besitz aufgegeben hatte, um Jesus nachzufolgen. Noch einmal wurde ihr eine unerhörte Lebenschance geboten, als ihr Onkel Egbert, Bischof zu Bamberg, von ihrem Elend erfuhr. Er versuchte, die tüchtige und angesehene Frau zu einer zweiten Ehe zu bewegen. Sie sollte die Frau des Kaisers Friedrich II. werden, der damals der mächtigste Mann der Welt war. Aber Elisabeth lehnte das ungewöhnliche Angebot ab. Sie wollte auf ihrem einmal eingeschlagenen Lebensweg bleiben.

Elisabeth ging nun nach Marburg, wo sie sich um die Ärmsten der Armen kümmerte. Am Karfreitag 1228 entschied sie sich, die radikalen Ratschläge Jesu zu Armut, Ehelosigkeit und Gehorsam zu befolgen (→ S. 163). Sie ließ sich alle Haare abschneiden und kleidete sich nur noch mit einem geflickten Rock, der mit einem Strick gegürtet war. Niemand konnte in diesem armseligen Dress die Königstochter erkennen. Als es ihr gelang, einen Teil ihrer Erbschaft zurückzuerhalten, gründete sie mit dem Geld ein Franziskus-Krankenhaus, in dem sie eigenhändig die Kranken pflegte. Sie trennte sich sogar von ihren Kindern, weil sie ihnen ein so strenges Leben nicht zumuten wollte. Bis zu ihrem Tod lebte sie in einem engen Zimmer, bewahrte aber immer ihren heiteren Sinn. Sie starb am 17. November 1231 im Alter von 24 Jahren. Mit ihrem Leben hat sie gezeigt, welche Maßstäbe für Christen gelten. Schon kurz nach ihrem Tod breitete sich ihr Ruhm im ganzen Land aus. Heute wird sie zu den großen Gestalten der Christenheit gezählt. Sie ist die Patronin der Bäcker, Bettler, Witwen und Waisenkinder. Ihr Fest wird am 19. November gefeiert.

»Ich habe immer gesagt, dass wir die Menschen fröhlich machen müssen.«
Elisabeth von Thüringen

Die Rosenlegende

Von Elisabeth werden viele Legenden erzählt. Sie sind in einem tieferen Sinn wahr, weil sie ein zutreffendes Licht auf Elisabeth und ihre Taten werfen.

Einst ging Elisabeth zu den Armen. In ihrem Korb lag Brot, das sie ihnen bringen wollte. Darüber lag ein Tuch, so dass man das Brot nicht sehen konnte. Als ihr Schwager, der ihr nicht gewogen war, sie sah, fragte er: »Was trägst du in deinem Korb?« Sie antwortete bescheiden: »Rosen, mein Herr!« Ungläubig schaute der Mann in den Korb und fand darin tatsächlich lauter frische Rosen. Da ging er nachdenklich weg. Elisabeth aber konnte den Armen die »Rosen« bringen.

Frei nacherzählt

Eine einzigartige Gemeinschaft

1. Katholisch – Evangelisch

Was haltet ihr von solchen Äußerungen?

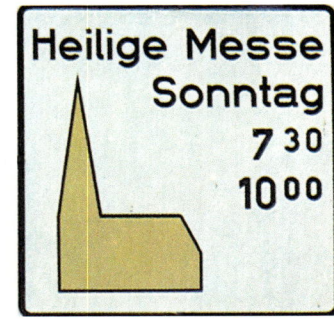

- Es gibt eigentlich keine Unterschiede zwischen Katholiken und Protestanten. Beide glauben doch an denselben Gott.
- Katholiken sind im Allgemeinen etwas altmodischer, strenger und frömmer als evangelische Christen.
- Die evangelischen Kirchen sind nicht so schön wie die katholischen. Sie haben nicht so bunte Fenster und kaum Bilder.
- Die evangelischen Christen haben bessere Lieder als die Katholiken. In ihren Gemeinden wird auch kräftiger gesungen. Berühmt sind ihre Posaunenchöre.
- Die Evangelischen gehen sonntags noch seltener in die Kirche als die Katholischen.
- Die Anzüge der Geistlichen gleichen sich und sehen doch anders aus. Der katholische Pfarrer hat, wenn er nicht in Zivil geht, oft einen weißen Stehkragen auf schwarzem Anzug. Der evangelische Pastor hat zwei weiße Beffchen, auch auf Schwarz.
- Ohne die evangelischen Christen hätte es 1989 die Vereinigung der beiden Teile Deutschlands nicht gegeben. Sie haben damals in Leipzig und Dresden ihre Kirchen für den Widerstand gegen die Kommunisten zur Verfügung gestellt. Ähnlich erfolgreich waren damals die Katholiken in Polen.
- Die Katholiken wählen eher die CDU, die Evangelischen eher die SPD und die Grünen.
- Im Himmel gibt es keine Katholiken und Protestanten mehr. Da fallen diese Unterschiede weg.

Dass katholische und evangelische Christen **unterschiedliche Wege** gehen, zeigt sich an vielen Tatsachen:

- In unseren Städten gibt es evangelische und katholische **Gemeinden** bzw. **Kirchen.** Eine Martin-Luther-Kirche ist evangelisch, eine Jesuitenkirche katholisch, bei einer Christus- oder Marienkirche weiß man es nicht von vorneherein. Die Namen können auf beiden Seiten vorkommen.
- In vielen **Ehen** gehören die Eltern verschiedenen Kirchen an. Da ist der Vater evangelisch und die Mutter katholisch – oder umgekehrt.
- Wichtige religiöse Feste für Mädchen und Jungen sind verschieden. Für Katholiken ist es die **Erstkommunion,** die sie mit etwa 9 Jahren empfangen, für Evangelische ist es die **Konfirmation,** die sie etwa mit 14 Jahren erhalten.
- In den **Schulen** gibt es evangelischen und katholischen Religionsunterricht (→ S. 4 f).
- Wer gelegentlich die Übertragung eines Gottesdienstes oder das »Wort zum Sonntag« im **Fernsehen** mitbekommt, wird einmal einen katholischen Pfarrer, ein andermal eine evangelische Pfarrerin auf dem Bildschirm sehen.

1 Überlegt mit eurem Religionslehrer, ob ihr das Thema dieses Kapitels zusammen mit den Schülern bearbeiten könnt, die am evangelischen Religionsunterricht teilnehmen (→ S. 4). Beide Kirchen befürworten, dass zeitweise ein gemeinsamer Unterricht stattfindet.
Zur Vorbereitung können beide Gruppen folgenden Fragebogen ausfüllen:
- Welche Unterschiede zwischen der katholischen und evangelischen Kirche kennst du (mit »!« bezeichnen) oder meinst du zu kennen (mit »?« bezeichnen)?
- Von welchen persönlichen Erfahrungen mit Angehörigen der anderen Kirche kannst du kurz berichten?
- Wie schätzt du das Verhältnis von katholischen und evangelischen Schülerinnen und Schülern in deiner Klasse ein? Gib eine der sechs Schulnoten.
- Wie könnte der gemeinsame Unterricht aussehen? Hast du Wünsche? Hast du Vorschläge?

2 Wo seid ihr einmal auf den Unterschied von »evangelisch« und »katholisch« gestoßen?

3 Vielen Christen ist die Trennung zwischen »evangelisch« und »katholisch« wichtig, anderen sagt und bedeutet sie nicht viel. Wie geht es euch selbst?

4 Gibt es in eurer Familie, Schule, Gemeinde oder Stadt konfessionelle Spannungen?

5 Schreibt aus dem örtlichen Telefonbuch die Namen aller evangelischen und katholischen Kirchen heraus und denkt über den Befund (Namen, Zahl, Lage usw.) nach. Stichwort im Telefonbuch: »Kirchen«.

6 Was ist der Unterschied zwischen »Religion« und »Konfession«? Erklärt das an Begriffen wie islamisch, katholisch, jüdisch, protestantisch, buddhistisch, evangelisch, christlich.

7 Viele Briefmarken zeigen evangelische, katholische und ökumenische Motive. Können die Briefmarkensammler unter euch ein paar Exemplare mitbringen und erklären?

Lucas Cranach d. Ä. (1472–1553), Luther predigt von der Kanzel der Stadtkirche in Wittenberg, 1547. Links Luthers Frau Katharina von Bora mit Kind. Im Hintergrund ein Selbstportrait des Malers (mit langem Bart).

Viele Menschen können nicht verstehen, warum Christen untereinander nicht einig sind. Auch Christen fragen sich oft: Wieso leben wir in verschiedenen Kirchen? Warum gibt es so viele Unterschiede zwischen Katholiken und Evangelischen, die ein normaler Mensch gar nicht begreift? Sollten sich die Kirchen nicht zusammenschließen und gemeinsam in demselben Glauben handeln? Sind die Unterschiede überhaupt wichtig? Würde das Christentum nicht in der Welt mehr Ansehen haben, wenn die Kirchen den Menschen das Evangelium von Jesus Christus nicht getrennt, sondern gemeinsam verkündeten?

Diese **Fragen** klingen so einfach, aber sie sind schwer zu beantworten. Denjenigen, die es mit ihrem Christentum ernst nehmen, sind sie eine schwere Last. Auf jeden Fall deuten die Fragen an, dass mit der Christenheit etwas nicht in Ordnung ist.

Viele Ereignisse haben in der **Vergangenheit** dazu geführt, dass aus der einen Kirche des Anfangs verschiedene Kirchen der Gegenwart wurden. Oft waren Fragen nach dem rechten Glauben der Auslöser für die Trennung. Die Verantwortlichen der Kirche waren davon überzeugt eine Verfälschung der christlichen Lehre nicht zulassen zu dürfen und den richtigen Glauben verteidigen zu müssen. Aber auch Missverständnisse, Rechthaberei und Machtfragen waren oft im Spiel. Letztlich führten Streitigkeiten unter den Christen zu einer Spaltung der Christenheit. Als dann unterschiedliche Kirchen entstanden waren, sprachen sie sich gegenseitig die Existenzberechtigung ab, entwickelten sich auseinander und gingen sich aus dem Weg.

Im Lauf der 2000 Jahre (→ S. 150 ff), die das Christentum bis heute besteht, gab es mehrere solcher Brüche. Schon im Altertum fing es damit an. Eine ganz große Trennung der Christenheit entstand im 11. Jahrhundert, als sich die Ostkirche (»Orthodoxe Kirche«) und die Westkirche im Abendland nicht mehr miteinander vertrugen. Damals zerbrach die eine Christenheit gleichsam in zwei Teile. Ein zweiter tiefer Bruch vollzog sich im 16. Jahrhundert in der Westkirche zuerst in Deutschland, später auch in anderen Ländern, als Martin Luther (1483–1546) eine Reformbewegung in der Kirche in Gang brachte. Dabei geriet er mit dem Papst und der römischen Kirche in einen bitteren Streit, an dessen Ende sich die evangelische und die katholische Kirche als zwei feindliche Konfessionen gegenüberstanden.

Eine bunte Vielfalt

Andere Reformatoren dieser Zeit waren Johannes Calvin (1509–1564) und Huldrych Zwingli (1484–1531). Auch auf sie gehen christliche Kirchen (»Konfessionen«) zurück. Nach bitteren Auseinandersetzungen haben die christlichen Kirchen heute ihre frühere Feindschaft weitgehend beendet. In der »Ökumenischen Bewegung« suchen sie sich besser zu verstehen und einander näher zu kommen.

Zahlen

■ In Deutschland gibt es zur Zeit (um das Jahr 2012) ca. 82 Millionen Menschen. Davon sind ca. **24,8 Millionen katholisch** und ca. **24,2 Millionen evangelisch**. Das bedeutet, dass von 100 Einwohnern etwa 30 katholisch und 30 evangelisch sind. Etwa zwei von drei Bürgern dieses Landes gehören einer der beiden Kirchen an. Dabei gibt es erhebliche Unterschiede in den einzelnen Bundesländern. In den östlichen Bundesländern liegt der Anteil der evangelischen Christen niedriger, der der Katholiken sogar viel niedriger als in den westlichen Bundesländern.

■ Zum letzten Drittel der Bevölkerung gehören, vor allem die orthodoxen Kirchen mit schätzungsweise 1,2 Milloinen Christen und andere Konfessionen mit etw 550 000 Mitgliedern. Hinzu kommen Angehörige anderer Religionen, so etwa 4,3 Millionen Muslime (ca. 5,2 Prozent) und 130 000 (etwa 0,2 Prozent) Juden. Es gibt ca. 80 000 Hindus und ca. 100 000–250 000 Buddhisten. Neueren Religionen und Esoterikgruppen werden etwa 1 Million Anhänger zugeschrieben. Der Rest der Bevölkerung (ca. 31,4 Prozent) ist religionslos oder es gibt von ihm keine Angaben.

8 Die Statistik zählt alle Christen gleich, egal ob sie sich ihrer Kirche verbunden fühlen oder nicht. Doppeltes Kennzeichen für den statistischen Christen: (1) getauft und (2) nicht aus der Kirche ausgetreten. Welche unterschiedlichen Gruppen werden bei den Zahlen über einen Kamm geschoren? Was bedeutet das für die Bewertung der Zahlen?

9 Wie viele evangelische und katholische Christen gibt es in eurer Klasse, in eurer Schule, in eurer Stadt?

10 Denkt über folgende Begriffe nach: konfessionsverschieden, konfessionsverbindend.

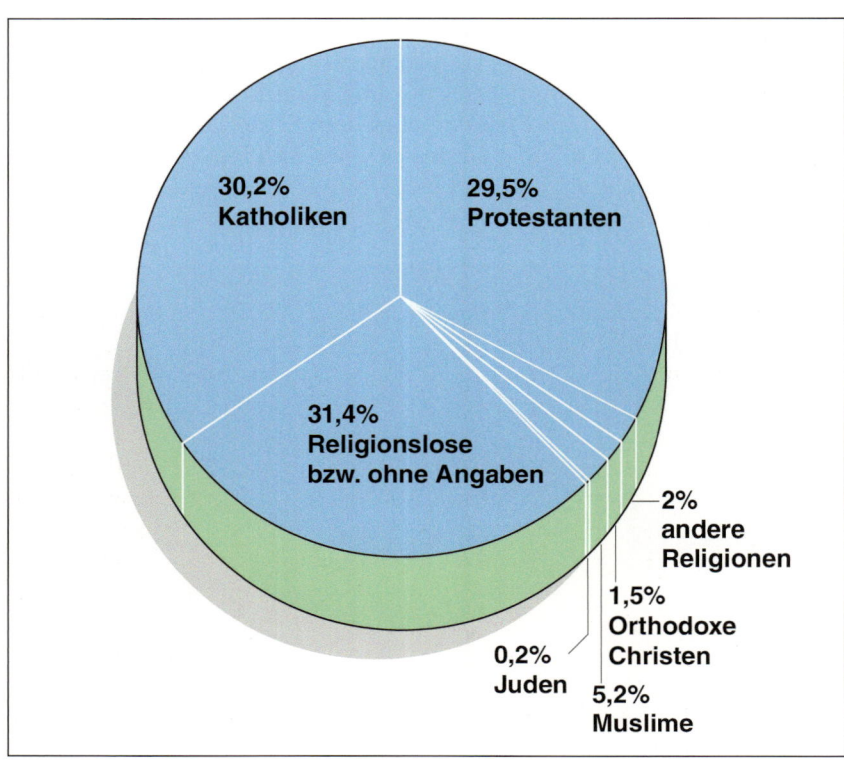

30,2% Katholiken

29,5% Protestanten

31,4% Religionslose bzw. ohne Angaben

2% andere Religionen

1,5% Orthodoxe Christen

0,2% Juden

5,2% Muslime

Begriffe, die jeder verstehen sollte

■ Das Wort »**evangelisch**« leitet sich ab von Evangelium (griech.: »Frohe Botschaft«, »Gute Nachricht«; → S. 100) und bedeutet: »dem Evangelium entsprechend«, »evangeliums-gemäß«. Die evangelischen Christen nennen sich so, weil sie ihren Glauben vor allem auf das Evangelium Jesu Christi stützen.

■ Das Wort »**katholisch**« (griech.: »allumfassend«, »ganz«) bezeichnet die Kirche (→ S. 194), die allumfassend (»universal«) ist. Sie soll das ganze Evangelium der ganzen Welt verkünden. Sie ist für alle Menschen zu allen Zeiten da. Nach der Reformation wurde der Ausdruck zur Bezeichnung der mit dem Papst in Rom (→ S. 207) verbundenen Kirche, die deshalb auch »römisch-katholisch« heisst.

■ Das Wort »**Konfession**« (lat.: »Bekenntnis«) bezeichnet eine christliche Gemeinschaft in der Christenheit, deren Mitglieder sich zu einem gemeinsamen Glauben und Handeln bekennen, z. B. die evangelische, reformierte oder katholische Kirche. Durch ihr Bekenntnis setzen sie sich von anderen Konfessionen ab.

■ Die »**Lutherische Kirche**« ist die Kirche der Reformation, die auf Martin Luther (1483–1546; → S. 42 f) zurückgeht.

■ Das Wort »**orthodox**« (griech.: »rechtgläubig«, »der richtigen Lehre verpflichtet«) bezeichnet die Kirche im Osten (»Orthodoxie«), die sich 1054 von der Kirche im Westen getrennt hat. Seitdem sind hier verschiedene Richtungen entstanden, z. B. die »griechisch-orthodoxe« oder die »russisch-orthodoxe« Kirche. Sie sind heute in Russland, Griechenland, auf dem Balkan und in anderen Ländern Osteuropas vertreten. Die Orthodoxen haben wie die Katholiken sieben Sakramente (→ S. 199 ff) und das Priester- und Bischofsamt (→ S. 206). Den Papst erkennen sie nicht als obersten Lehrer und Gesetzgeber der Kirche an (→ S. 207). In ihrem Gottesdienst erklingen ehrwürdige alte Melodien. In den Kirchen und Häusern werden religiöse Bilder (»Ikonen«) verehrt.

■ Das Wort »**Ökumene**« (griech.: »die bewohnte Erde«): bezeichnet (1) die Zusammenarbeit aller Kirchen, also der katholischen Kirche, der orthodoxen Kirchen und der Kirchen der Reformation. (2) Katholiken bezeichnen auch die Konzilien (→ S. 208), die für die ganze Kirche gelten, als »ökumenisch«.

■ »**Protestanten**« sind evangelische Christen, die ihren Namen von einem Ereignis aus der Reformationszeit herleiten. Als sie auf dem Reichstag zu Speyer 1529 überstimmt wurden, »protestierten« sie gegen den Beschluss, weil sie der Auffassung waren, in religiösen Dingen dürfe man eine Minderheit nicht überstimmen.

■ Die »**Reformation**« (lat.: »Erneuerung«, »Umgestaltung«) ist eine religiöse Erneuerungsbewegung. Im späten Mittelalter gab es in der Kirche viele Missstände, z. B. Aberglaube, abwegige Frömmigkeit, Geldgier, Ämterkauf. Darüber empörte sich Martin Luther (1483–1546) und mit ihm viele andere Christen. Sie wollten die Kirche im Geist des Evangeliums erneuern. Andere Christen wehrten sich gegen die Reformation, weil sie fürchteten, die »Erneuerung« führe zur Zerstörung der alten Kirche. So entstanden verschiedene Kirchen oder Konfessionen. Die Einheit der Christen im Abendland ging verloren.

■ Die »**Reformierte Kirche**« ist eine Kirche der Reformation, die auf Johannes Calvin (1509–1564) und Huldrych Zwingli (1484–1531) zurückgeht. Die Kirchen sind meist schmucklos, die Gottesdienste einfach. In der Gemeindeordnung gibt es demokratische Elemente.

Huldrych Zwingli, Gemälde von H. Asper.

Johannes Calvin, Gemälde eines Unbekannten.

2. Getrennt und verbunden

PROJEKT

Um Gemeinsames und Trennendes besser kennen zu lernen, bietet sich ein **Projekt** an, das ihr gemeinsam mit den Schülern erarbeiten könnt, die am evangelischen Religionsunterricht teilnehmen. Einige Anregungen zur Vorbereitung und Durchführung könnt ihr dem Projekt zum Thema »Kirche« (→ S. 196 f) entnehmen. Auch zu diesem Gemeinschaftsprojekt könnt ihr Zeichnungen anfertigen, eine kleine Zeitung erstellen, eine Ausstellung planen, einen Gottesdienst vorbereiten usw. Mögliche Aufgaben:

- Wie sieht eine evangelische, wie ein katholische Kirche außen und innen aus? Welche Gemeinsamkeiten, welche Unterschiede findet ihr? Welche Erklärungen habt ihr dafür?
- Wie feiert eine evangelische, wie eine katholische Kirche den Gottesdienst?
- Welche besonderen Probleme haben die evangelischen, welche die katholischen Gemeinden heute?
- Welche gemeinsamen Aktivitäten gibt es zwischen den evangelischen und katholischen Gemeinden? Was bedeutet ihnen die Ökumene?
- Wie könntet ihr einen ökumenischen Gottesdienst für eine Klassenstufe vorbereiten? Mögliche Leitgedanken: »Christen wirken in der Stadt« oder »Menschen helfen anderen Menschen« oder »Schritte zur Bewahrung der Schöpfung« oder »Gott will Gerechtigkeit für alle« oder … oder … Was sollte in einem solchen Gottesdienst gebetet und gesungen, gelesen und getan werden?

Ihr könnt auch versuchen, einen evangelischen Pastor und einen katholischen Pfarrer sowie aktive Mitglieder beider Gemeinden in den Unterricht zu bitten. Vorher solltet ihr eine Liste mit Fragen erstellen.

1 Eine nicht leichte Aufgabe: Wer die evangelische Lehre besser verstehen will, sollte sich mit der Lehre des Paulus näher befassen: → S. 146 f. Luther und die anderen Reformatoren haben sich davon anregen lassen.

2 Könnt ihr euch vorstellen, warum es für katholische und evangelische Christen schwer sein kann, wenn sie in einer Stadt oder in einer Gegend eine Minderheit bilden?

◼ Katholiken und Protestanten sind Christen. Darum haben sie viele **Gemeinsamkeiten**, z. B.

- die **Bibel** (→ S. 30 ff)
- die **Grundlagen des Glaubens,** die im **Apostolischen Glaubensbekenntnis** genannt sind. Es gibt nur einen Unterschied. Die Katholiken sagen gegen Ende des Textes: »Ich glaube an die eine, heilige, katholische und apostolische Kirche«. Die Protestanten sagen nicht »katholische Kirche«, sondern »christliche« oder »allgemeine Kirche«.
- die wichtigsten christlichen **Gebote und Weisungen,** so das Gebot der Gottes- und Nächstenliebe und die Zehn Gebote.
- die Lehre von der **Rechtfertigung** des Menschen aus dem Glauben, wie sie schon Paulus (→ S. 147) entwickelt hat. Danach kommt es nicht auf die Leistungen der Menschen an. Es ist Gott allein, der den Menschen gerecht macht, d. h. von seiner Schuld befreit.
- der Einsatz für **Gerechtigkeit, Frieden und Bewahrung der Schöpfung**
- die großen **Feste im Kirchenjahr** (→ S. 209 f), z. B. Weihnachten, Ostern und Pfingsten
- zwei **Sakramente** (→ S. 199): die Taufe und das Abendmahl
- viele **Gebete,** darunter das »Vaterunser« (→ S. 87) und die Psalmen (→ S. 84)
- viele **Lieder** im Gottesdienst, z. B. »Wie schön leucht' uns der Morgenstern«, »Es ist ein Ros entsprungen«, »O Haupt voll Blut und Wunden«, »Christ ist erstanden«, »Lobe den Herrn, den mächtigen König der Ehren«, »Nun danket all und bringet Ehr«.

Das Wort »**Diaspora**« (griech.: »Zerstreuung«) bezeichnet eine Gegend, in der katholische oder evangelische Christen eine Minderheit bilden. Sie leben dort »verstreut« zwischen Menschen, die anders oder gar nicht glauben. In Deutschland ist z. B. Mecklenburg oder Hamburg für Katholiken, Bayern oder das Eichsfeld für Protestanten Diaspora. Für Christen gibt es in der Diaspora viele Schwierigkeiten, weil es dort nur wenige Kirchen gibt, selten Gottesdienste stattfinden und das Christentum als Gemeinschaft kaum erfahrbar wird. Heute helfen sich die Kirchen oft gegenseitig, indem sie der Minderheit Kirchenräume zur Verfügung stellen und sie zu ihren Veranstaltungen einladen.

■ Protestanten und Katholiken sind sich nicht in allem einig. Es gibt **Trennendes** zwischen ihnen, z. B.:

• Evangelische Christen setzen für das Christenleben manche Akzente anders als die Katholiken. Sie schreiben dem **Glauben** eine größere Bedeutung zu als dem Tun des Menschen. Sie setzen allein auf die **Bibel** und nicht auf das kirchliche Lehramt. Sie stützen sich allein auf **Jesus Christus** und nicht auf die Heiligen.

• Protestanten lehnen eine Verehrung **Marias,** der Mutter Jesu (→ S. 116 f), nicht ab. Aber sie meinen, dass Katholiken in der Verehrung Mariens gelegentlich zu weit gehen, wenn sie z. B. an die leibliche Aufnahme Mariens in den Himmel glauben oder viele Marienerscheinungen (Lourdes, Fatima) für wichtig halten.

• Katholiken sehen im **Papst** (→ S. 207) ihr Oberhaupt, Protestanten lehnen das Amt des Papstes in seiner jetzigen Form ab. Sie wehren sich dagegen, dass der Papst allein für die Lehre und Gesetzgebung der Kirche zuständig ist. Andere kirchliche Gremien müssten ein größeres Mitspracherecht haben.

• Katholiken haben **Priester,** die eine sakramentale Weihe (lat.: Sakrament der »Ordination«; → S. 205 f) empfangen haben. Sie sollen ehelos (»Zölibat«) leben. Frauen sind nicht zum Priesteramt zugelassen. Protestanten kennen im Allgemeinen das Weihesakrament nicht, wohl die kirchliche »Ordination«, d. h. die feierliche Bestellung zur Verkündigung des Evangeliums und zur Spendung der Sakramente (→ S. 198 f). Sie wird ähnlich wie die Priesterweihe durch Gebet und Handauflegung vollzogen. Ihre Geistlichen dürfen heiraten. Sie lassen auch Frauen zum Pfarr- und Bischofsamt zu.

• Katholiken lassen für geschiedene Eheleute eine neue **Ehe** (→ S. 204 f) nicht zu, wenn ein Partner noch lebt; Protestanten segnen auch die Ehe geschiedener Christen ein.

Wer von diesen Unterschieden der Konfessionen heute hört, dem wird es so gehen wie vielen katholischen und evangelischen Christen. Entweder sie verstehen die Unterschiede, die früher einmal in der Kirche eine große Rolle gespielt haben, heute gar nicht mehr. Sie kommen ihnen vor, als seien sie wie aus einer vergangenen Welt. Oder sie halten sie nicht mehr für so wichtig, dass Christen deshalb in getrennten Kirche leben müssten. Viel wichtiger als der Streit über diese Unterschiede erscheinen den meisten Christen heute die Probleme der modernen Welt: der Konflikt zwischen reichen und armen Ländern, die Bewahrung der Schöpfung, die Sorge um die Gefährdung der Kinder überall in der Welt (→ S. 21 ff), die Beseitigung des Krieges, die Ausrottung von Hunger und Krankheit, der Kampf gegen die Arbeitslosigkeit. In diese Angelegenheiten müssten sich Christen heute gemeinsam einmischen. An diesen Fronten falle die Entscheidung darüber, ob Menschen in Zukunft noch an die Kraft des Evangeliums glauben.

Eine bunte Vielfalt

Eine Ehe, in der ein Partner evangelisch, der andere katholisch ist, wurde früher etwas unpassend »Mischehe« genannt. Heute spricht man eher von einer **»konfessionsverschiedenen Ehe«** (auch: »bekenntnisverschiedene Ehe«). Beide Kirchen sehen lieber, wenn Katholiken Katholiken und Protestanten Protestanten heiraten, weil eine gemeinsame religiöse Einstellung ein hohes Gut für die Eheleute selber und für ihre Kinder ist. Diese Erwartung wird heute von vielen jungen Christen bei der Eheschließung nicht mehr geteilt. Für die meisten spielt die Konfessionsfrage nur eine untergeordnete Rolle. Darum bilden die konfessionsverschiedenen Ehen heute keine Ausnahme mehr. Jede dritte bis vierte Ehe in der Bundesrepublik ist konfessionsverschieden.

Die Kirchen haben gelernt konfessionsverschiedene Ehen zu akzeptieren. Zwar wünscht die katholische Kirche, dass die Eheleute die Ehe in katholischer Form schließen, weil so deutlich sichtbar wird, dass die Ehe für Katholiken – anders als für Protestanten – ein Sakrament (→ S. 205) ist. Aber sie gestattet auch eine kirchliche Trauung, bei der ein Pfarrer der evangelischen Kirche mitwirkt. Umgekehrt wird auch eine evangelische Trauung unter Beteiligung eines katholischen Priesters erlaubt.

Konfessionsverbindend – Steffi und Daniel

Das folgende, nicht erfundene Beispiel von Steffi und Daniel hat eher Seltenheitswert. Aber so etwas gibt es auch heute.

Steffi, Apothekerin, und Daniel, Volkswirt, leben in einer konfessionsverschiedenen Ehe. Steffi kommt aus einem evangelischen Elternhaus, Daniels Eltern sind katholisch. Die Eltern beider Eheleute nehmen es mit ihrem Glauben ernst. Früher hätten sie Bedenken gehabt, wenn ihre Kinder sich einen Partner der anderen Konfession ausgesucht hätten. Aber sie haben gelernt, dass die Verbindung evangelisch-katholisch kein Unglück ist, sondern ihr Gutes haben kann.

Bei der feierlichen Hochzeit in einer evangelischen Kirche waren ein evangelischer Pfarrer und ein katholischer Kaplan anwesend. Beide lasen abwechselnd biblische Texte über die Liebe, beide sprachen Gebete, beide fanden in ihren Ansprachen für das Paar gute Worte. Alle Hochzeitsgäste sangen Lieder, die in katholischen und evangelischen Gemeinden bekannt sind. Als sich die beiden Brautleute das Eheversprechen (→ S. 205) gaben und den Ring ansteckten, kamen manchen Alten die Tränen in die Augen. Und der Kaplan erklärte allen, warum diese Ehe für Katholiken ein Sakrament ist, ohne damit die Protestanten zu verletzen.

oikoumene

Bei der Vorbereitung auf die Ehe hatte der Kaplan den Brautleuten gesagt, was die katholische Kirche von dem katholischen Partner erwartet. Er soll in der Ehe als katholischer Christ leben und sich nach besten Kräften für die Erziehung der Kinder im katholischen Glauben einsetzen. Aber die Kirche wisse auch, dass die Erziehung der Kinder Sache beider Eltern ist und keiner gegen seine Überzeugung erziehen kann. So könne sie zugestehen, dass in einer konfessionsverschiedenen Ehe eine evangelische Mutter ihre Kinder evangelisch erzieht. Ähnliches hatten die beiden von dem evangelischen Pastor gehört.

Da die beiden Eheleute ihren Glauben ernst nehmen, können sie die Probleme einer konfessionsverschiedenen Ehe bewältigen. Sie sprechen über die Verschiedenheit und Gemeinsamkeit ihres Glaubens. Steffi weiß inzwischen besser, was ein Sakrament ist und warum die Katholiken einen Papst haben. Daniel singt häufiger als früher evangelische Kirchenlieder und er versteht, warum es

EIN GLÜCKLICHE EHE IST
EINE GRÖSSERE WUNDERTAT
GOTTES ALS DIE TEILUNG DES
SCHILFMEERES.

Jüdisches Sprichwort

protestantische Pfarrerinnen gibt. Meistens besuchen Steffi und Daniel den Gottesdienst am Sonntag gemeinsam. Wenn sie mit ihren beiden Kindern Lukas und Ester beten, kann man gar nicht merken, ob die Gebete katholisch oder evangelisch sind. Und wenn sie ihnen Geschichten aus der Bibel erzählen, fühlen sie sich in voller konfessioneller Übereinstimmung. Ihre Ehe ist zugleich konfessionsverschieden und konfessionsverbindend.

W.T.

Woran Christen sich halten sollen

Gott ist die Liebe, und wer in der Liebe bleibt, bleibt in Gott und Gott bleibt in ihm.
Wir wollen lieben, weil er uns zuerst geliebt hat. Wenn jemand sagt: Ich liebe Gott!, aber seinen Bruder hasst, ist er ein Lügner. Denn wer seinen Bruder nicht liebt, den er sieht, kann Gott nicht lieben, den er nicht sieht. Und dieses Gebot haben wir von ihm: Wer Gott liebt, soll auch seinen Bruder lieben.

aus dem 1. Brief des Johannes 4, 16b. 19–21

Worauf es letztlich ankommt

Vor einiger Zeit ging ein afrikanischer Häuptling zu einem christlichen Missionar, den er sehr verehrte, weil er andere nie schlecht machte. Besorgt sagte er zu ihm: »Was soll ich davon halten? Ihr Christen kommt in unser Land und wollt uns den rechten Glauben bringen. Aber ihr seid euch ja selbst nicht einig darüber, was der rechte Glaube ist. Zu uns kommen Katholiken, Lutheraner, Reformierte sowie noch weitere Missionare, die anderen christlichen Konfessionen angehören. Alle beteuern, ihr Glaube sei der rechte. Nur ihr Weg führe sicher zu Gott. Woran sollen wir uns denn da halten?«
Der Missionar zögerte nicht lange und sagte: »Du hast schon Recht. Es ist schwer, da einen Durchblick zu finden. Nur auf eines kommt es an: Du sollst Gott lieben und die Schöpfung lieben und den Nächsten lieben wie dich selbst. Daran kannst du dich halten. Darauf kommt es letztlich an.«

W.T.

Katholisch oder evangelisch?

3. Ökumenisch

Viele Christen in allen Konfessionen leiden darunter, dass die Einheit der Christenheit verloren gegangen ist. Sie wissen, dass eine gespaltene Kirche nicht dem Willen Jesu entspricht, der seinen Freunden immer wieder ans Herz gelegt hat, einig und eins zu sein. Sie wissen auch, dass durch die Spaltung der Christenheit ein schlechtes Licht auf die Kirche fällt, weil viele Leute sagen: Wenn die Christen schon untereinander nicht eins sind – warum sollen wir ihnen folgen?

Erfreulicherweise gibt es seit längerer Zeit in den beiden Kirchen Bemühungen, die bösen Folgen der Spaltungen abzubauen. Wir nennen die Bewegung, die sich dieses Ziel gesetzt hat, die »**Ökumenische Bewegung**«. Sie hat schon beachtliche Erfolge erzielt, weil Christen in beiden Kirchen davon überzeugt sind, dass es so, wie es jetzt mit den getrennten Kirchen steht, nicht weitergehen kann. Annäherungen sind wichtig. Alte Schranken sind zu überwinden. Aufgaben, die sich den Kirchen in unserer Zeit stellen, müssen gemeinsam angegangen werden. Ob und wann es einmal zu einer neuen Einheit unter den Christen kommt, kann heute aber niemand sagen. Erst recht weiß keiner, wie eine Einheit der Christen aussehen wird. Trotzdem sind **Schritte aufeinander zu** heute möglich, z. B. :

- sich gegenseitig besser kennen lernen
- mehr das Verbindende als das Trennende des Glaubens sehen
- zusammen Gottesdienste feiern sowie auf evangelischen Kirchentagen und auf Katholikentagen gemeinsam auftreten
- miteinander die Bibel lesen
- den vielen Menschen, die heute schwer oder gar nicht an Gott glauben können, zeigen, wie gut der christliche Glaube ist
- gemeinsame soziale Projekte in den Gemeinden und für die Dritte Welt durchführen
- durch gemeinsame Stellungnahmen auf die Politik einwirken, z. B. zu folgenden Themen: Bewahrung der Schöpfung, Gerechtigkeit, Familie, Kinder, Ausländer, Gentechnik, Abtreibung, Schule

Man sollte die **verschiedenen Konfessionen nicht nur für ein Unglück halten**. Sie haben auch ihr Gutes. An ihnen lässt sich ablesen, dass das Christentum nicht ein großes Einerlei ist, sondern viele Farben hat. Es ist einem Baum vergleichbar, an dem mehrere Äste wachsen, auf denen Vögel singen, die nicht alle gleich sind. Gerade mit der Vielfalt seiner Äste und mit dem Konzert der Vögel ist der eine Baum schön. So ist auch die eine Christenheit in der Vielfalt ihrer Kirchen interessant und lebendig, glaubwürdig und farbig. Darum darf sie nicht alle Unterschiede aufgeben, wenn Christen nur von aller Feindschaft lassen und sich nicht gegenseitig ständig Vorwürfe machen. Ihre Einheit und ihre Verschiedenheit machen ihren Reichtum aus, wenn sie versöhnt miteinander leben.

1 Habt ihr schon einmal etwas von der ökumenischen Bewegung gehört?

2 Könnt ihr Gründe nennen, warum die Ökumene für die Kirchen selbst wichtig und für die Völker der Erde beispielhaft sein könnte?

3 Was können Mädchen und Jungen für ein besseres Verständnis der Konfessionen tun?

4 Was heißt Kirchengemeinschaft in versöhnter Verschiedenheit?

1. Der wichtigste Gegensatz

Unsere Welt ist nicht einfach zu verstehen. Überall finden wir in ihr Gegensätze, die weit auseinander liegen. Viele Gegensätze bestimmen unseren Alltag. Oft werden wir zwischen ihnen hin- und hergerissen. Jungen und Mädchen haben es wegen dieser Gegensätze nicht leicht, sich im Leben zurechtzufinden. Erwachsenen geht es nicht anders.

- Es gibt Dinge, die uns gefallen und solche, die uns nicht gefallen. Wir unterscheiden zwischen »schön« und »hässlich«, »stark« und »schwach«, »süß« und »bitter« usw.
- In der Mathematik und bei der Übersetzung eines fremdsprachigen Textes gibt es »richtige« und »falsche« Lösungen.
- Was einer sagt, kann »wahr« oder »gelogen« sein.
- Wenn wir uns selbst betrachten, müssen wir uns wie »endliche« Wesen in einer »unendlichen« Welt vorkommen. Die Lebensjahre, die uns zuteil werden, verlieren sich im Strom der Zeit, der keinen Anfang und kein Ende zu haben scheint.
- Und was ist der Gegensatz von »Gut«? Ja, was? Wer hier stutzt, ist ein nachdenklicher Mensch. Er merkt nämlich, dass es zu »gut« gleich zwei Gegensätze gibt, die in verschiedene Richtungen weisen:
  (1) Gut und Schlecht.
  (2) Gut und Böse.

Diese beiden Paare haben es in sich. Von ihnen hängt ganz viel ab. Es gibt sogar Leute, die den Gegensatz von »Gut« und »Böse« für den wichtigsten ansehen, den es überhaupt gibt. Was jemand für »gut« und »böse« hält, das wirkt sich auf ihn selber aus und prägt sein Verhalten. Es ist z. B. ein Unterschied, ob jemand meint, gut sei nur das, was ihm etwas bringt, oder ob er denkt, es sei gut auch anderen Menschen zu helfen. Der eine tut nur etwas für sich selbst, der andere tut auch etwas für andere.

Manche sehen in den beiden Größen feindliche Mächte, die in einem dauernden Streit miteinander liegen. Der Kampfplatz, auf dem das Gute und das Böse um die Vormacht ringen, sei das Herz des Einzelnen und der Gang der Geschichte. Wie dem auch sein mag, man kommt an kein Ende, wenn man über diese Gegensätze nachzudenken (»philosophieren«) beginnt. Dazu braucht man einen klaren Kopf.

Wer sich daran macht, über **das Gute und das Böse** nachzudenken, dem stellen sich Fragen wie diese: Was ist gut, was ist böse? Warum gibt es beides? Was ist stärker? Warum tun Menschen das Böse? Woher kommt das Gute und das Böse? Die Antworten, die nachdenkliche Menschen auf diese Fragen gefunden haben, stimmen nicht überein.

1 Bildet den Gegensatz: ein guter und ein … Tennisspieler; ein gutes und ein … Auto; eine gute und eine … Tat; gute und … Laune; ein guter und ein … Kerl, eine gute Fee und eine … Hexe.
Wo kann man »schlecht«, wo kann man »böse«, wo kann man beides einsetzen?

2 Könnt ihr herausfinden, wann wir manchmal – nicht immer – zwischen »schlecht« und »böse« unterscheiden?

William Blake (1757–1827), Der böse Engel und der gute Engel mit Kind.

2. Die vielen Seiten des Guten

Das »Gute« scheint die einfachste Sache der Welt zu sein. »Gut« gehört zu den ersten Wörtern, die kleine Kinder sprechen lernen. Jeder gebraucht das Wort unzählige Male am Tag. Alle glauben zu wissen, was es ist. Und doch wirft das Wort »gut« mehr Fragen auf, als es Antworten zulässt. Zwei auffällige Seiten des Wortes »gut« sind dafür ein Beleg.

(1) Mit ein und demselben Wort »gut« kann man **ganz verschiedene Sachverhalte** benennen, so dass man gar nicht so leicht sagen kann, was denn wirklich »gut« ist.

Gut kann sein: das Wetter, die Laune, das TV-Programm, der Ausblick, die Figur, eine Idee, der Appetit, die Nacht, die Klassenarbeit. Man kann die Reihe leicht ergänzen und sich fragen, was jeweils mit »gut« gemeint ist. In jedem Einzelfall ist es etwas anderes. Aber es muss auch eine Gemeinsamkeit geben. Sonst könnten wir all die verschiedenen Dinge nicht mit demselben Wort »gut« bezeichnen.

Man kann den Spieß auch umdrehen. Dann wird man leicht feststellen, dass wir an Stelle von »gut« – je nach Zusammenhang – ungewöhnlich **viele andere Wörter** gebrauchen können, z. B. richtig, ordentlich, klasse, anständig, korrekt, o. k., toll, super, cool. Der Befund ist deshalb so auffällig, weil das bei Wörtern wie »kalt«, »schwarz« oder »neu« nicht der Fall ist.

(2) Noch komplizierter wird die Sache, wenn wir merken, dass **ein und dieselbe Sache** von den einen als »gut«, von den anderen als »nicht gut« angesehen wird. Laura findet einen Star gut, den ihre Freundin Julia nicht ausstehen kann. Tim schmeckt die Lasagne seiner Mutter gut, während sie seinem Bruder Philipp ganz und gar nicht zusagt.

Eine solche Schwierigkeit ist nicht selbstverständlich. Laura und Julia können sich leicht darauf verständigen, dass der Star 24 Jahre alt ist. Tim und Philipp stimmen völlig darin überein, dass die Lasagne ein italienisches Essen ist.

Warum entstehen Schwierigkeiten, wenn wir Sachen oder Personen »gut« nennen? Warum haben wir Meinungsverschiedenheiten, wenn wir über das Gute miteinander sprechen?

Um wenigstens etwas Klarheit zu gewinnen, sollte man auf Folgendes achten, was zunächst selbstverständlich zu sein scheint. Das Alter des Stars ist eine Eigenschaft des Stars. Die italienische Herkunft der Lasagne ist eine Eigenschaft der Lasagne. Eigenschaften von Sachen oder Personen nennt man **»Tatsachen«**. Tatsachen liegen fest. Daran lässt sich nicht rütteln. Darum kann man sich über Tatsachen in der Regel rasch einigen. Die Feststellung einer Tatsache nennen wir **»Aussage«** (auch »Tatsachenurteil«).

»Gut« ist etwas anderes als eine Tatsache, die man feststellt. »Gut« ist der **Wert,** den wir einer Sache oder Person zuschreiben. Der Satz »Der Star ist gut« meint, dass Laura den Star als gut bewertet. Julia sieht das anders. Der Satz »Die Lasagne ist gut« besagt, dass sie von Tim eine gute Note bekommt. Philipp zieht ein anderes Essen vor. In beiden Fällen geht es um **Fragen des Geschmacks.** Was dabei von »gut« gilt, gilt umgekehrt auch von »schlecht«.

»Werte« werden nicht von allen in der gleichen Weise gesehen. Man kann blind oder offen für Werte sein. Das Urteil über einen Wert nennen wir **»Bewertung«** (auch »Werturteil«). In die Bewertung geht etwas von der Person ein, die bewertet. Ein Werturteil ist darum etwas anderes als ein Tatsachenurteil.

Das griechische Wort **»Philosophie«** bedeutet »Liebe zur Weisheit«. Heute bezeichnet man mit »philosophieren« das Nachdenken über die wichtigen Fragen des Lebens, z. B. darüber, was gut und böse ist oder wie wir zu gesicherten Erkenntnissen kommen. Anders als die Theologie (→ S. 146) setzt die Philosophie einen Glauben nicht voraus. Die Philosophie ist seit 2500 Jahren eine bedeutende Wissenschaft, aber schon Kinder können philosophieren (→ S. 17).

Es gibt noch andere Werte als »gut« und »schlecht«. Auch über das, was »schön« oder »hässlich« ist, kann man verschiedener Meinung sein. Das merkt ihr, wenn ihr über Kleider oder Bilder oder Autos redet. Über das, was »Spitze« oder »cool« ist, haben Kinder und Erwachsene häufig unterschiedliche Auffassungen. Ähnliches gilt von den Werten »süß« und »bitter«, »billig« und »teuer«, »kostbar« und »primitiv«.

Vielleicht denkt ihr jetzt: Wer soll das verstehen? Dann könnt ihr euch mit dem Gedanken trösten, dass auch viele Erwachsene den Unterschied zwischen Tatsachen und Werten, zwischen Aussagen und Bewertungen nicht so genau kennen. Aber die Einsicht in diesen Unterschied ist doch nützlich. Sie erleichtert manchmal das Verständnis von Lebensfragen. Es kann hilfreich sein, wenn man weiß, warum ein und derselbe Mensch dem einen sympathisch, dem anderen unsympathisch ist, warum ein und dieselbe Fete für verschiedene Leute »aufregend« oder »langweilig« sein kann und warum dieselben Jeans o. k. oder out sind.

Das Wort »**gut**« hat einen vielfachen Sinn. Es bezieht sich auf den Wert ganz verschiedener Sachen, Personen und Handlungen.

»Gut« ist oft ein Werturteil des **Geschmacks** (»Das Essen/Wetter/Fest ist gut«). Sein Gegensatz ist »schlecht«. Über das Gute des Geschmacks haben die Menschen unterschiedliche Auffassungen. Es sagt oft mehr über den, der urteilt, als über die Sache, die beurteilt wird.

Sätze über das Gute

- Es gibt nichts Gutes, außer man tut es.
  Erich Kästner, 1899–1974, Kinderbuchautor

- Gut ist alles, was mir nützt.
  (ein Egoist; von lat. ego, d. h. Ich)

- Gut ist alles, was der Gemeinschaft nützt.
  (ein Kommunitarist, von lat. communio, d. h. Gemeinschaft)

- Jeder tut nur das, was ihm gut erscheint.
  Aristoteles, 384–322 vC, griechischer Philosoph

- Es ist etwas Edles, gut zu sein, aber es ist noch edler, andere zu lehren, wie man gut ist ... und es ist leichter.
  Mark Twain, 1835–1910, amerikanischer Schriftsteller

- Gut ist allein ein guter Wille.
  Immanuel Kant, 1724–1804, Philosoph

- Was gut ist, das weiß niemand.
  Friedrich Nietzsche, 1844–1900, Philosoph

1 Handelt es sich in den folgenden Sätzen um Tatsachenurteile oder um Werturteile? Berlin ist die Hauptstadt Deutschlands. In Berlin herrscht ein angenehmes Klima. – Die Mutter ist von Beruf Kindergärtnerin. Sie kann mit Kindern problemlos umgehen. – Dagmar ist ein hübsches Mädchen. Sie trägt langes blondes Haar. – Der Computer war nicht teuer. Man kann mit ihm im Internet surfen. – Der Fahrer fuhr unverschämt. Er saß in einem schweren Laster. – Die Muslime (→ S. 244 ff) sind fromme Leute. Sie verehren den Einen Gott.

2 Tu im Verborgenen Gutes! oder: Tu Gutes und rede darüber! Was ist richtig?

NACH EUREM GESCHMACK?

Das, was wir »gut« nennen, ist nicht immer nur Sache des Geschmacks. Es kann auch das Werturteil über eine **Handlung** sein, **die wir tun oder lassen sollen,** z. B.: »Es ist gut anderen in Not zu helfen«, »Es ist gut vor Gericht die Wahrheit zu sagen«. Das **Gute,** das wir tun sollen, steht nicht in unserem Belieben. Es verpflichtet uns und ruft uns zur Verantwortung. Mit dem Guten, das wir tun sollen, werden die Rechte geschützt (→ S. 18), die einem selbst, anderen Menschen, den Tieren und der ganzen Erde zustehen. Das Gegenteil dieses Guten ist das **Böse,** das wir nicht tun dürfen, weil es Rechte verletzt und Schaden anrichtet.

3. Das Gute, das wir tun sollen

Wir müssen noch einen weiteren Schritt tun und dazu noch einmal den »guten« Star und die »gute« Lasagne in den Blick nehmen. Wie sieht das Gegenteil aus? Ist der Star, den Julia nicht gut findet, »böse«? Soll Philipp die Lasagne, die er nicht mag, »böse« nennen? Die Antwort ist leicht und muss in beiden Fällen »Nein« lauten. Das Gegenteil ist hier jeweils der »schlechte« Star und die »schlechte« Lasagne.

Aber wie ist es mit dem **Guten** und seinem **Gegenteil, dem Bösen?** Da ist die Sache auf einmal ganz anders. Das muss nachdenklich machen. Bei dem Gegensatz von »gut« und »böse« geht es um einen eigenen Bereich. Es geht um die Taten, die mit **Recht und Unrecht** zu tun haben (→ S. 18 ff). Es geht um **das, was wir tun sollen.** Es geht um das, wofür wir verantwortlich sind.

Auch und gerade darüber gibt es in der Welt verschiedene Ansichten. Wir nennen in unserem Kulturkreis diejenigen Handlungen »gut«, die den Menschenrechten und den Ansprüchen der Natur entsprechen. Sie sind dann »böse« (»unverantwortlich«), wenn durch sie diese Rechte verletzt werden. Es ist z. B. gut das Leben eines Menschen zu retten, es ist böse einem Menschen das Leben zu nehmen. Es ist gut einem Behinderten zu helfen, es ist böse ihn zu verspotten. Es ist gut die Luft zum Atmen sauber zu halten, es ist unverantwortlich sie zu vergiften. Es ist gut die Vögel am Himmel fliegen zu lassen, es ist schlimm eine Vogelart auszurotten.

Kann man bei dem Guten, das wir tun sollen und das dem Bösen entgegengesetzt ist, auch so verschiedene Ansichten haben wie über einen Star und das Essen? Das ist eine schwierige Frage. Manche Leute bejahen sie. Aber wenn das so wäre, dann wäre es gleichgültig (»gleich gültig«), ob man einen Menschen rettet oder tötet, einem Behinderten hilft oder ihn verlacht, die Luft rein hält oder verpestet. Das aber sollte niemand im Ernst behaupten dürfen. Das Gute, das wir erkannt haben, verpflichtet uns.

Unsere Kinder haben uns die Erde geborgt

Ein Weiser ging einmal über Land und sah einen Mann, der einen Johannisbrotbaum pflanzte. Er blieb bei ihm stehen, sah ihm zu und fragte: »Wann wird das Bäumchen Früchte tragen?« Der Mann erwiderte: »In siebzig Jahren.«
Da sprach der Weise: »Du Tor! Denkst du in siebzig Jahren noch zu leben und die Früchte deiner Arbeit zu genießen? Pflanze lieber einen Baum, der eher Früchte trägt, dass du dich ihrer erfreust in deinem Leben.«
Der Mann aber antwortete: »Herr, als ich zur Welt kam, da fand ich Johannisbrotbäume und aß von ihnen, ohne dass ich sie gepflanzt habe, denn das hatten meine Väter getan. Habe ich nun genossen, wo ich nicht gearbeitet habe, so will ich einen Baum pflanzen für meine Kinder und Enkel, dass sie davon genießen. Wir Menschen mögen nur bestehen, wenn einer dem anderen die Hand reicht.«

Jüdische Legende

Woher wissen wir, was wir tun sollen?

Wie gelangen wir zur Kenntnis des Guten und Bösen? Um eine Antwort auf diese Frage zu erhalten, brauchen wir uns nur selbst zu fragen, wie wir dazu gelangt sind, etwas für gut und für böse zu halten. Dann werden wir entdecken, dass unser Wissen vom Guten und Bösen aus **vielen Quellen** kommt.

■ In der Regel übernehmen Kinder die ersten Stufen dieses »Werte-Wissens« von den **Eltern** und denen, die an ihrer Erziehung beteiligt sind. Was sie für gut halten, halten auch die Kinder für gut, mindestens für eine Zeit lang. Sie ahmen sie darin nach, ohne es zu merken.

■ Später stehen Kinder auch unter dem Einfluss von **Freunden und Stars**, auch hier oft, ohne es zu merken. Sie sind ihnen mit ihren Fähigkeiten und Einstellungen »Vorbilder«, denen sie sich gern anschließen.

■ Die **Religion, die Schule, Bücher, das Fernsehen** sind bei vielen Menschen an der Ausformung des Werte-Wissens beteiligt.

■ Je älter und selbständiger jemand wird, umso mehr muss und kann er auch mit seiner **Vernunft** überprüfen, ob das, was er gelernt hat, für ihn gültig bleiben soll. Er kann frühere Ansichten verwerfen und zu neuen Ansichten kommen. Dieser Prozess dauert das ganze Leben lang an.

Man kann jetzt fragen: Was hat das alles mit **Religion** zu tun?

Christen sind davon überzeugt, dass die Frage nach dem Guten, das wir tun sollen, eine besonders wichtige Frage der Religion ist. Die Bibel ist für dieses Thema eine unerschöpfliche Fundgrube. Der Gegensatz von Gut und Böse spielt hier ständig eine zentrale Rolle. Man kann ihre Auffassung vom Guten nur verstehen, wenn man ihren Glauben an Gott, ihre Vorstellung von der Schöpfung, ihr Bild vom Menschen und das Beispiel Jesu kennt. All das steht für Christen in einem unlösbaren Zusammenhang. Daraus erwächst das ganze Programm ihres Handelns, das zwar weithin Zustimmung gefunden hat, aber doch nicht von allen Menschen geteilt wird.

1　Ergänzt dreimal den Satz »Es ist gut, das zu tun: … « und vergleicht dann eure Entscheidungen.

2　Die wichtigsten Weisungen Gottes sind die »Zehn Gebote« (→ S. 58) und das »Liebesgebot« (→ S. 211). Sie sagen den Christen, was »gut« ist und was sie tun sollen. Könnt ihr sie wiederholen?

3　Warum ist Jesus (→ S. 94 ff) für Christen ein Vorbild zum Guten?

4　Christen haben noch andere Vorbilder. Kennt ihr dafür Beispiele?

5　Was Muslime für gut halten, könnt ihr auf S. 258 ff nachlesen. Welche Pflichten gelten nur für sie, welche auch für Christen?

WER SAGT UNS, WAS WIR TUN SOLLEN?

Die Schöpfung ist sehr gut

Am Anfang erzählt die Bibel in einem symbolhaften Gedicht, wie Gott die Welt in sieben Tagen geschaffen hat. Hier bringt er mit seinem schöpferischen Wort Himmel und Erde, Licht und Wasser, Pflanzen und Tiere, Frau und Mann hervor. Am Ende heißt es:

Gott sah alles an, was er gemacht hatte: Es war sehr gut.

aus dem 1. Buch Mose (»Genesis«) 1, 31

Was für den Menschen gut ist

Im Ersten Testament fasst schon vor mehr als 2500 Jahren einmal ein Prophet kurz und bündig zusammen, was für den Menschen gut ist. Über dieses knappe Wort kann man lange nachdenken.

Es ist dir gesagt worden, Mensch, was gut ist und was der Herr von dir erwartet: Nichts anderes als dies: Recht tun, Güte und Treue lieben, in Ehrfurcht den Weg gehen mit deinem Gott.

aus dem Buch des Propheten Micha 6, 8

Gott allein ist der Gute – Die Gebote halten

Im Neuen Testament berichten die Evangelien von einem Mann, der Jesus nach dem Guten fragt. Jesus gibt eine doppelte Antwort. Sie bezieht sich einmal auf Gott, zum anderen auf den Menschen.

Es kam ein Mann zu Jesus und fragte: Meister, was muss ich Gutes tun, um das ewige Leben zu gewinnen? Er antwortete: Was fragst du mich nach dem Guten? Nur einer ist »der Gute«. Wenn du aber das Leben erlangen willst, so halte die (Zehn) Gebote!

aus dem Evangelium nach Matthäus 19, 16–17

Die Erschaffung der Welt, Frankreich, um 1270.

Ernst Barlach (1870–1938), Mose sieht vom Sinai den Tanz um das goldene Kalb (→ S. 58).

»Gut« ist für Christen ein Vielfaches:

■ Eigentlich ist nur **Gott** gut. Er allein ist »der Gute«. Alles Gute kommt von ihm.

■ Die ganze **Welt** ist gut, weil sie von Gott geschaffen worden ist. Gott hat alles wunderbar eingerichtet. Die Schöpfung spiegelt den Glanz seiner Herrlichkeit und Weisheit wider.

■ Gottes **Gebote** sind gut, weil sie für die Menschen Wegweiser zu einem sinnvollen Leben sind und sie vor Schaden bewahren.

■ Die **Menschen** sind gut, wenn sie entsprechend den Weisungen Gottes, ihren Aufgaben in der Schöpfung und dem Vorbild Jesu handeln.

4. Der Reiz des Bösen

Eigentlich kann jeder leicht einsehen, dass es gut ist das Gute zu tun. Wer Gutes tut, schützt die Rechte der Menschen, auch seine eigenen, und erhält unsere Erde wohnlich. Trotzdem tun Menschen das Böse. Jeder Tag bietet uns dafür viel zu viele Beispiele. Darum müssen wir fragen: Warum tun die Menschen Böses? Worin liegt der Reiz des Bösen? Auch auf diese Frage gibt es nicht nur eine Antwort, sondern mehrere, die manchmal miteinander zusammenhängen.

■ Menschen tun das Böse, weil sie glauben, durch das Böse einen **Nutzen** zu haben. Raub und Betrug bringt ihnen Geld oder andere Dinge. Durch einen Meineid vor Gericht erhoffen sie sich für sich oder einen Freund einen Freispruch oder eine Entlastung. Ein Krieg verspricht Herrschaft über andere und den Gewinn von Land und Arbeitskräften.

■ Menschen tun das Böse, weil sie **fürchten, im Leben etwas Wichtiges zu verpassen.** Wer Frau oder Mann und die Kinder plötzlich verlässt und sich nicht mehr um sie kümmert, nur weil er einen anderen Liebespartner gefunden hat, möchte noch einmal jung sein und neue Wege gehen. Wer leichtfertig eine Abtreibung vornimmt, möchte die Last abschütteln, die ein Baby mit sich bringt, um selbst mehr vom Leben zu haben.

■ Menschen tun Böses, weil sie in unvernünftiger Weise **an Personen oder Dingen hängen** und nicht von ihnen los kommen. Manch einer ist so von der **Macht** besessen, dass er alles tut, um seine Macht zu erhalten. Er wendet Gewalt an, erpresst andere, wird rücksichtslos und verbreitet Lügen in der Welt. Ähnlich kann es denen ergehen, die von ihrer **Geldgier**, ihrem Geiz oder der Leidenschaft für einen anderen Menschen beherrscht werden.

■ Menschen tun Böses, weil sie eine gewisse **Lust** dabei empfinden sich selbst oder anderen etwas anzutun. Sie fühlen sich erst dann richtig wohl, wenn sie sich oder ihre Feinde leiden sehen. Mancher Schüler hat ein wohliges Gefühl, wenn er seinem ungeliebten Klassenkameraden ein Bein stellen und ihn zu Fall bringen kann.

■ Menschen tun Böses, weil sie nur so **einen Ausweg aus einer Krise** sehen. Wer Geldsorgen hat, kann zum Dieb werden. Für ein Stück Brot mussten schon viele Menschen ihr Leben lassen. Unzählige Lügen kommen aus der Angst.

■ Manche Menschen tun Böses, weil es für sie reizvoll ist, sich in einen Zustand zu versetzen, in dem sie **nicht wissen, was sie tun.** Das hat oft böse Folgen. Täglich sterben Menschen, weil Autofahrer Alkohol trinken

William Blake (1757–1827), Luzifer, Träger des Lichts (→ S. 243).

1 An jedem Tag berichten die Zeitungen von Bösem. Sucht ein paar Beispiele heraus und fragt euch, warum die Täter das Böse getan haben.

2 Manchmal tun Menschen Böses, weil sie die Kontrolle über sich verlieren und sich nicht beherrschen können. Kennt ihr Beispiele dafür?

3 Katholische Christen haben ein Sakrament zur Vergebung des Bösen, die Buße: → S. 203 f.

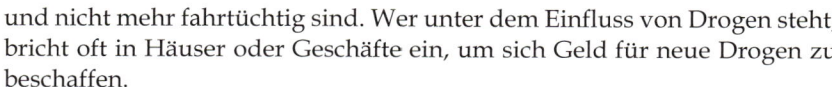

Jeder, der **Böses** tut, verspricht sich von seiner bösen Tat etwas Gutes. Durch das Böse suchen Menschen für sich einen Vorteil zu erzielen oder einen Verlust zu vermeiden. Hätte das Böse nicht eine faszinierende Kraft, würde wohl keiner das Böse tun. Es gibt eine gefährliche **Verlockung zum Bösen.** Darum ist es schwierig, das Böse zu erkennen und ihm zu widerstehen.

Auf lustige Art zeigt den Reiz des Verbotenen das Bild von Wilhelm Busch (1832–1908), Max und Moritz, Zweiter Streich.

und nicht mehr fahrtüchtig sind. Wer unter dem Einfluss von Drogen steht, bricht oft in Häuser oder Geschäfte ein, um sich Geld für neue Drogen zu beschaffen.

Alle Antworten haben eines gemeinsam: Das Böse bringt den Tätern etwas. Das Böse hat etwas für sich. Darum darf man das Böse nicht unterschätzen. Es übt eine ungeheuer große Macht auf den Menschen aus.

Die **Bibel** beschreibt die Macht der Versuchung in vielen Bildern. An ihnen kann man entdecken, worin der Reiz des Bösen besteht. Schon in den ersten Kapiteln des Ersten Testaments finden sich treffliche Bilder und Symbole (→ S. 198) des Bösen. Sie sprechen nicht von dem, was sich vor langer Zeit einmal ereignet hat, sondern von dem, was immer geschieht.

◼ Die alttestamentliche Bilderzählung vom **Paradies** (→ S. 234) zeigt, dass die Menschen leicht verführbar sind. Meisterhaft zeichnet sie die einzelnen Schritte auf, die zum Bösen führen. Im Symbol der **Schlange** tritt das Böse auf (Gen 3). Als Kennerin des menschlichen Herzens erweckt sie das Verlangen nach Verbotenem. Warum sollte der Mensch nicht von der Frucht des verbotenen Baumes essen, die übrigens kein Apfel war, wie man manchmal fälschlich hört? Warum sollte er nicht das Gute und das Böse erkennen und so gottgleiches Wissen erlangen? Vielleicht kann er »wie Gott sein« und die begrenzten menschlichen Möglichkeiten ins Unendliche steigern. Tatsächlich wird die Verlockung groß. Die Versucherin Schlange ist erfolgreich. Die Frau isst von der Frucht und gibt dem Mann davon. Über die Folgen: → S. 240 f.

◼ Zwei Evangelien setzen vor den Beginn des öffentlichen Lebens Jesu eine Symbolgeschichte (→ S. 198) von der **Versuchung Jesu** (Mt 4,1–11; Lk 4, 1–12). Ihr Schauplatz ist die Wüste (→ S. 60 f), wo Jesus 40 Tage und 40 Nächte fastete. Als er großen Hunger hat, tritt der Teufel (→ S. 100, 106) dreimal an ihn heran und macht ihm verlockende Angebote. Er fordert ihn auf (1) aus Steinen Brot zu machen, (2) sich von der Zinne des Tempels in Jerusalem herabzustürzen und (3) ihn gegen das Versprechen alle Schätze der Welt zu erhalten anzubeten. Jesus widersteht diesen Verlockungen. Er setzt nicht allein auf das Brot, sondern auf das Wort Gottes. An Stelle einer dramatischen Show empfiehlt er das ruhige Vertrauen auf den Schutz Gottes. Alle Macht und Herrlichkeit dieser Welt schätzt er gering ein und empfiehlt stattdessen, Gott anzubeten und ihm allein zu dienen. Die drei Versuchungen zeigen, was den Menschen in seiner Würde gefährdet: (1) die unbeherrschte Gier; (2) das Verlangen nach Sensationellem und die Lust, sich in sinnlose Gefahr zu stürzen; (3) Reichtum und der Wille zur Macht.

Adam und Eva, Szenen von der Erschaffung bis zur Vertreibung aus dem Paradies nach Gen 2, 4b–3, 24, um 840.

Szenen einer Verführung

Die Schlange war schlauer als alle Tiere des Feldes, die Gott, der Herr, gemacht hatte. Sie sagte zu der Frau: Hat Gott wirklich gesagt: Ihr dürft von keinem Baum des Gartens essen? Die Frau entgegnete der Schlange: Von den Früchten der Bäume im Garten dürfen wir essen; nur von den Früchten des Baumes, der in der Mitte des Gartens steht, hat Gott gesagt: Davon dürft ihr nicht essen und daran dürft ihr nicht rühren, sonst werdet ihr sterben.

Darauf sagte die Schlange zur Frau: Nein, ihr werdet nicht sterben. Gott weiß vielmehr: Sobald ihr davon esst, gehen euch die Augen auf; ihr werdet wie Gott und erkennt Gut und Böse. Da sah die Frau, dass es köstlich wäre von dem Baum zu essen, dass der Baum eine Augenweide war und dazu verlockte klug zu werden. Sie nahm von seinen Früchten und aß; sie gab auch ihrem Mann, der bei ihr war, und auch er aß.

aus dem Buch Genesis 3, 1–6

Woher kommt das Böse auf der Welt?

Ein Einsiedler lebte im Wald. Einmal versammelten sich ein Rabe, eine Taube, ein Hirsch und eine Schlange an dem Baum, wo er lebte. Sie begannen sich darüber zu unterhalten, woher das Böse auf der Welt komme.

Der Rabe sagte: »Alles Böse auf der Welt kommt vom **Hunger.** Wenn du satt bist, setzt du dich auf einen Ast, krächzt dir eins, alles ist lustig und schön, und du freust dich über alles. Aber kaum musst du einen oder zwei Tage hungern, wird dir alles so zuwider, dass du Gottes Welt am liebsten nicht mehr sehen möchtest. Du fliegst von Ort zu Ort, vergisst selbst die eigenen Kinder, und erblickst du dann ein Stück Fleisch, stürzt du dich voll Begierde darauf, auch wenn es einem anderen Vogel gehört. Du fängst einen heftigen Streit um das Fleisch an und dir ist ganz egal, ob dabei der andere in diesem Kampf draufgeht, wenn du nur das Fleisch als Beute bekommst. Alles Böse kommt vom Hunger.«

Die Taube sagte: »Meiner Meinung nach kommt alles Böse von der **Liebe.** Könnten wir allein leben, hätten wir wenig Kummer. Aber wir müssen wohl immer pärchenweise leben. Sobald du ein Weibchen liebst, hast du keine Ruhe mehr. Erst musst du es erobern. Du musst dich aufplustern und das ganze Gefieder spreizen. Und dann gibt es böse Kämpfe. Hast du die Allerliebste gewonnen, wird sie dir von andern geneidet. Voll Eifersucht wollen sie sie dir abspenstig machen und für sich gewinnen. Also musst du gerüstet sein. Und wenn du den Kampf gewonnen hast, denkst du stets: Ist sie satt? Ist sie warm? Wohin ist sie ausgeflogen? Und wenn dein Weibchen ums Leben kommt, dann erscheint dir die ganze Welt nicht mehr schön. Du isst nicht mehr und trinkst nicht mehr und weinst nur noch. Du meinst, alles Leid der Welt liege auf dir. Auf diese Weise kommen viele der Unsrigen um. Das Böse kommt von der Liebe.«

Die Schlange sagte: »Alles Böse kommt vom **Willen.** Immer willst du etwas haben. Immer willst du dich vor anderen aufspielen. Kaum dass etwas nicht nach deinem Willen geschieht, gerätst du in Wut. Man weiß kaum, was mit einem selber geschieht. Du kennst dich selbst nicht mehr. Du zischst nur, kriechst umher und suchst jemanden, den du beißen kannst. Mit keinem hast du mehr Mitleid und du wirst so böse, dass du dich am Ende selber nicht mehr willst und dich zugrunde richtest. Alles Böse kommt aus dem bösen Willen.«

Der Hirsch sagte: »Alles Böse kommt von der **Angst.** Die Angst nimmt dir den Schlaf. Die Angst lässt dir keine Rast und keine Ruhe. Die Angst ist gefährlich, weil sie dich misstrauisch macht. Im Wald braucht nur ein Zweig zu knacken, ein Blatt zu rascheln, schon zitterst du am ganzen Leib, das Herz beginnt zu klopfen, du saust davon, was die Beine hergeben, und vergisst alles, was du tun musst. Schlägt ein Vogel mit den Flügeln, glaubst du, er sei ein wildes Tier und du rennst so lange, bis du wirklich auf ein wildes Tier stößt. Selbst ein kleines Mäuslein jagt uns so große Angst ein, dass wir auf das arme Geschöpf einschlagen, das selber Angst vor uns hat. Siehst du einen Hund, machst du ihn erst dadurch auf dich aufmerksam, dass du ängstlich vor ihm wegrennst. Jetzt beginnt für dich eine böse Jagd, die damit endet, dass du vor lauter Aufregung nicht merkst, wie du an einen Abhang gerätst, wo du nur noch die Wahl zwischen Hundebiss und Absturz hast. Alles Böse kommt aus der Angst.«

Als sich die Tiere nicht einigen konnten, fragten sie den Einsiedler um seine Meinung. Er sagte: »Ihr habt alle ein bisschen Recht. Hunger und Liebe und der böse Wille und die Angst bringen viel Böses hervor. Aber Hunger und Liebe und der Wille und die Angst sind nur ein Teil von uns. **Wir selbst** sind es, die mit unseren Kräften so viel Böses in der Welt verursachen.«

Leo N. Tolstoi (1828–1910), russischer Dichter

4 Paulus hat eine ganz besondere Antwort auf die Frage gefunden, woher das Böse kommt: → S. 146 f.

5 Ergänzt den Satz: Es ist böse, …

6 Viele Märchen handeln vom Bösen, von bösen Menschen, Hexen, Zauberern, Tieren u. a. Könnt ihr ein Beispiel erzählen? Welches Ende nimmt das Böse oft?

7 Welche Rolle spielt das Böse in den Büchern, die ihr gern lest, und in den Computerspielen, die ihr kennt?

Das Gute und das Böse

5. Zerstörerische Gewalt

Der Neid und das Glück

John Steinbeck, ein Dichter der armen Leute, schreibt zu Beginn seines Romans »Die Perle«: »Wenn diese Geschichte ein Gleichnis (→ S. 104 f) ist, dann wird vielleicht jeder sie nach seiner Art auslegen und jeder wird sein eigenes Leben in ihr wiederfinden. Aber wie dem auch sei, die Leute in der Stadt erzählen …« Was erzählen sie?

In der mexikanischen Stadt La Paz wurde eines Tages bekannt, dass der Perlenfischer Keno im nahe gelegenen Golf eine außergewöhnliche Perle gefunden hatte. Weil er und seine Frau über diesen Fund sehr glücklich waren, dachten sie, jeder müsste ihre Freude mit ihnen teilen. Noch ahnten sie nicht, dass die Nachricht von ihrem Glück in vielen das Böse groß werden ließ. Erst nach und nach kam ihnen zu Bewusstsein, dass sie in einer Welt lebten, die kalt und einsam war. Daher wurde Keno von seiner Frau bedrängt die Perle wegzuwerfen: »Sie wird uns ins Verderben stürzen.« Doch Keno hatte bereits Pläne für die Zukunft gefasst.

In der Stadt saßen die Perlenkäufer in kleinen Büros. In Wirklichkeit waren sie nur die Angestellten eines einzigen Händlers, der auf diese Weise den Anschein von Konkurrenz wecken wollte. Als er von der außergewöhnlichen Perle hörte, da zuckten seine Augen und juckten seine Finger. Er unterrichtete seine Leute, welchen Preis sie bieten sollten und welche Taktik jeder von ihnen einzuschlagen hätte. Keno brauchte nicht lange, um herauszufinden, dass man ihn in diesen Büros betrügen wollte. Entschlossen erklärte er: »Ich verkaufe meine Perle nicht hier: Ich werde sie anderswo anbieten. Vielleicht in der Hauptstadt.« Doch die Perlenkäufer ließen ihn nicht bis dorthin kommen. Sie verfolgten ihn und setzten ihm so zu, dass er schließlich keine andere Möglichkeit mehr sah, als die Perle mit aller Kraft ins Meer zurückzuschleudern.

John Steinbeck (1902–1968), amerikanischer Schriftsteller, Nobelpreis für Literatur 1962

Das Böse hat verschiedene Seiten. Kein Zweifel: Menschen tun das Böse, weil sie sich vom Bösen etwas Gutes versprechen. Aber auch umgekehrt: sie richten mit ihrem Bösen Schaden an. Er muss nicht immer gewaltig sein. Aber zu oft ist das Böse eine **zerstörerische Gewalt**. Es verletzt die Würde und Rechte der Menschen. Es führt zur Zerstörung der Erde und ihrer Ordnung. Darum gibt es nichts Schlimmeres auf der Welt als das Böse.

Pablo Picasso (1881–1973), Der Krieg, 1952–53.

Links steht ein unbekleideter »Friedenskämpfer«, der mit Schild und Schwert einem kriegerischen Angriff standhält. An seinem Schwert hängt eine Waage als Symbol der Gerechtigkeit, auf seinem Schild ist eine Taube als Symbol des Friedens. Zu seinen Füßen stehen grüne Ähren. Gegen ihn rückt ein mit drei Pferden bespannter Wagen heran. Die Tiere zertrampeln ein brennendes Buch; auf dem Wagen steht eine Gestalt, die rechts ein blutiges Schwert, links Distelgewächse in Händen hält. Unter ihr ein schwarzes Loch, aus dem sich zwei Hände strecken. Im Hintergrund Waffen schwingende Gestalten. Der Wagen hinterlässt auf dem Boden eine blutrote Spur.

Explosion der Atombombe über Hiroshima 1945.

Ein japanisches Mädchen erzählt von der Atombombe

Der 2. Weltkrieg (1939–1945) fand erst ein Ende, als im August 1945 amerikanische Flugzeuge zwei Atombomben über Japan abwarfen. Die eine zerstörte die Stadt Hiroshima, die andere die Stadt Nagasaki. Unzählige Menschen kamen damals zu Tode, unzählige wurden lebensgefährlich verletzt. Hirata hat aus der Perspektive eines betroffenen Kindes von dem Schrecken in Hiroshima erzählt.

Ich war fünf Jahre, als die Atombombe auf unsere Stadt kam. Nachdem ich Vater zum Büro gebracht hatte, spielte ich vor dem Haus. Plötzlich gab es eine Wolke aus gelbem Rauch und einen unbeschreiblich lauten Krach.

Mir war, als ob etwas sehr Schweres auf mich drückte und ich konnte mich nicht bewegen. Allmählich wurde der Rauch dünner und ich konnte erkennen, dass das Haus zerstört war. Mutter gelang es aus der zerstörten Küche herauszukommen. Im Haus selbst konnte man keinen Schritt tun. Die Großmutter war krank und hatte im Schlafzimmer im Bett gelegen. Sie wurde so, wie sie war, verwickelt im Bettzeug, durch den großen Druck herausgeschleudert. Glücklicherweise wurde sie überhaupt nicht verletzt.

»Hilfe, Hilfe!« Als Mutter diesen Schrei hörte, eilte sie nach nebenan und fand die Großmutter der Nachbarn unter den Ruinen ihres Hauses gefangen. Mutter warf Dachziegel, Gebälk und Glas beiseite und zog sie heraus. Flammen erhoben sich und wir konnten keine Minute länger im Haus bleiben. Mutter nahm Großmutter auf den Rücken und wir kletterten auf das Flussufer. Viele Menschen flohen aus der Stadt. Manchen war die Haut weggebrannt, ihre Gesichter waren rot und geschwollen, man sah rohes Fleisch und es war schwer zu erkennen, wo ihre Augen und ihr Mund waren.

Rauch von den brennenden Häusern lag über der Stadt; es war schwarz wie die Hölle und der ganze Himmel war bedeckt. Es war ein schrecklicher Anblick. Ich klammerte mich an Mutter, mein ganzer Körper zitterte. Da kam Vater heraufgerannt. Sein Gesichtsausdruck war unbeschreiblich von Schmerz erfüllt. Er hatte eine furchtbare Wunde auf dem Rücken und man konnte nicht sagen, ob sie schwarz oder gelb war, aber es war eine schreckliche Farbe. Das Haar auf seinem Kopf sah aus, als ob es mit Asche bedeckt war. Als wir das Flussufer entlang flohen, überholten wir immer mehr Menschen, die nicht mehr Kraft zum Weitergehen hatten und hingefallen waren. Wenn ich jetzt meine Augen schließe, erinnere ich mich an all diese furchtbaren Anblicke und ich zittere wieder. Bald danach starb Vater an der radioaktiven Krankheit. Die Wunde an meinem Bein heilte lange nicht und es dauerte ein ganzes Jahr, bis ich keinen Verband mehr zu tragen brauchte.

Ich verabscheue aufrichtig einen derartig fürchterlichen Krieg. ...Ich denke, es ist besser, wenn keine Atombomben gemacht werden.

S. Hirata, japanisches Mädchen

Sie sägen die Äste ab

Sie sägen die Äste ab,
auf denen sie sitzen.
Sie schreien sich zu
ihre Erfahrungen,
wie man schneller
sägen könnte,
und sie fahren
mit Krachen in die Tiefe.
Und die ihnen zusehen,
schütteln die Köpfe
beim Sägen
und sägen weiter.

*Bertolt Brecht (1898–1956),
deutscher Schriftsteller und Dichter*

Das Gute und das Böse

Korczak und die Kinder

Der polnische Arzt, Schriftsteller und Pädagoge Janusz Korczak (1878–1942) leitete im 2. Weltkrieg während der deutschen Besetzung in Warschau ein Waisenhaus mit 200 jüdischen Kindern. Er und alle Kinder wurden von den Nazis in das polnische Vernichtungslager Treblinka deportiert.

Leute, höret die Geschichte,
die in Warschau ist geschehn.
Janusz Korczak mit den Kindern
musste nach Treblinka gehn.

Mit den kleinen Waisenkindern,
die sich feierlich geschmückt,
und sie trugen eine Fahne,
Stern und Blume eingestickt.

In Treblinka standen Öfen,
fragt die Alten, wie das war.
Und die Kinder gingen singend,
wussten nichts von der Gefahr.

Alle Juden solln verrecken!
Mordbefehl, den Hitler gab,

weil sie Judenkinder waren,
mussten sie ins Massengrab.

Als vors Lagertor sie kamen,
ließ man alle Kinder ein,
Korczak nahm man an die Seite.
bot ihm Rettung, ihm allein.

Doch er blieb bei seinen Kindern
in der großen Todesnot,
nahm das Kleinste in die Arme,
ging mit allen in den Tod.

Leute, alt ist die Geschichte,
könnte heute sie entstehn?
Dass die Kinder und der Korczak
singend durch die Straßen gehn?

Hildegard Wohlgemuth (geb. 1917), Schriftstellerin

Janusz Korczak und seine treue Helferin Stefanie Wilczyńska mit den Kindern auf dem Weg nach Treblinka. Gemälde von Nettie Bromberg.

Die Wolke

Im Jahr 1986 kam es zu einer Explosion im Atomkraftwerk Tschernobyl in der Ukraine, durch die radioaktive Strahlungen unkontrolliert freigesetzt wurden, die sich über weite Teile Europas verbreiteten.

Es ist eine Wolke
übers Land gegangen,
da ließen die Blumen
die Köpfe hangen.

Es hat gelber Regen
in den Bäumen gesessen,
da haben die Vögel
ihr Lied vergessen.

Es wehte ein Windstoß
auf Kräutern und Steinen,
da wollte der Sonne Schein
nicht mehr scheinen.

Es wurde das Waldlaub
wie Staub so trocken,
da sind die Menschen
zu Tode erschrocken.

*Rudolf Otto Wiemer (1905–1998),
Schriftsteller*

*Samuel Bak (geb. 1933, jüdischer Maler),
Blauer Morgen (vor der Stadt), 1973.*

BEWAHRUNG DER SCHÖPFUNG?

1 Könnt ihr »Bilder des Bösen« sammeln und ausstellen?

2 Über das Böse, das Kindern angetan wird: → S. 22 ff.

3 Gewalt in der Schule und Klasse – kennt ihr dafür Beispiele? Überlegt, was ihr dagegen tun könnt.

4 Wenn ihr mit Tieren, Bäumen, Wolken und Flüssen reden könntet – was würden sie euch sagen? Was würdet ihr ihnen sagen?

5 Christen glauben, dass die Welt nicht durch puren Zufall entstanden ist, sondern die Schöpfung Gottes ist. Was bedeutet dieser Glaube für den Umgang mit der Erde und ihren Schätzen, für das Verhältnis zu Mensch und Tier?

6. Schuld vor Gott

Die Verfasser der Bibel haben sich genau im Leben umgeschaut und das Böse in vielerlei Gestalten wahrgenommen. In gewaltigen Szenen machen sie anschaulich, dass das Böse mit Gott zu tun hat. Das Böse ist Schuld vor Gott. Sie nennen es oft »**Sünde**« (von: »absondern«). Die Bibel ist vom Problem des Bösen bedrückt und hat es nicht voll ergründen können. Aber sie gibt wichtige Hinweise zu seinem Verständnis. An ihren Erzählungen und Überlegungen kann man bis heute lernen, was das Böse ist.

Vor allem die ersten Kapitel der Bibel handeln eindrucksvoll von der Macht des Bösen. Es sind die tiefsinnigen **Symbolerzählungen** (→ S. 198) vom Sündenfall Adams und Evas im Paradies, von Kain und Abel, von der Sintflut und vom Turmbau zu Babel. Hier entwirft die Bibel geradezu **Grundmuster des Bösen.** Die Bilder, die hier vorgestellt werden, entsprechen den Bildern, die sich in der Tiefe der menschlichen Seele finden. Ihre Verfasser wollen damit aber nicht von vergangenen Geschichten, sondern von gegenwärtigen Situationen erzählen. Wenn sie den Blick in die Vergangenheit werfen, heißt das für sie nur: So war es immer mit dem Bösen, so ist es auch heute. An Adam und Eva, an Kain und Abel, an Noach, an den Leuten von Babylon kann man ablesen, wozu der Mensch in der Lage ist. Alle Menschen stehen im Mittelpunkt dieser Erzählungen.

■ In der bekannten, oft unverstandenen Erzählung von **Adam und Eva** (Gen 2, 4–3, 24; → S. 234) sind die Menschen von Gott gut geschaffen und füreinander bestimmt. Sie leben so lange in einem Zustand des Glücks (»Paradies«), wie sie die Gebote Gottes halten. Erst als sie sich verführen lassen und Gottes Gebot übertreten, kommt großes Unglück über sie. Der Schaden, den sie für sich anrichten, ist groß. Nun verändert sich ihr Leben. Sie können nicht mehr in derselben Weise wie früher leben.

In dieser Geschichte erscheinen der Mensch und seine Welt in ihrer ganzen Widersprüchlichkeit. Auf einige **Widersprüche** sei hier hingewiesen:

• Einmal gibt es das wunderbare Paradies, in dem die Menschen **Gott nahe** sind, so lange sie seine Gebote halten. Diese Gebote sollen ihr Dasein schützen. Die Menschen lassen sich aber von

Rechte Seite, oben: Bernhard Heisig (geb. 1925), Neues vom Turmbau, 1977.

Unten: Rune Mields, Der Turm zu Babel, 1982.
Die vielen Buchstaben sind wie Einzelteile von Wörtern und Sätzen, deren Sinn nicht mehr erkennbar ist.

Christian Rohlfs (1849–1938), Austreibung aus dem Paradies, 1933.

der Schlange etwas so Reizvolles vorgaukeln, dass sie Gottes Gebot übertreten. Sie wollen selbst sein wie Gott. Damit zerstören sie das gute Verhältnis zu Gott und sind am Ende **Gott fern.**

• Auf **Mann und Frau** liegen Segen und Fluch. Auf der einen Seite sollen die Menschen in **Liebe** zueinander leben. Sie können sich gegenseitig beglücken. Auf der anderen Seite hat ihre Schuld katastrophale Folgen für sie und für ihr gegenseitiges Verhältnis. Sie fügen sich selbst viele **Qualen** zu.

• Einerseits führen die Menschen ein **Leben in Harmonie mit der Schöpfung.** Diese ist von zauberhafter Schönheit. Andererseits bereitet sie den Menschen Mühen und Qualen. Die Menschen sind nun dem **Schrecken des Todes** verfallen.

• Die Menschen haben die guten Gaben von **Freiheit und Geist** geschenkt bekommen, die sie zu einem **guten Leben und zur Bewahrung der Schöpfung** befähigen. Aber gerade mit diesen ungewöhnlichen Fähigkeiten richten sie dauerhaften **Schaden** an.

■ Die Bosheit der Menschen steigert sich in dem Mord, den **Kain** (Gen 4, 1–16) aus Missgunst an seinem Bruder **Abel** begeht. Die blutige Tat zählt zu den schlimmsten Vergehen. Wegen seines Verbrechens muss Kain ruhelos auf der Erde herumirren. Er muss ein Kainsmal tragen und lebt nun fern von Gott.

■ Schließlich nimmt das Böse in der biblischen Erzählung so überhand, dass Gott fast die ganze Menschheit durch die **Sintflut** (Gen 6, 1 ff) vernichtet. Nur Noach, das Beispiel eines gerechten Menschen, bleibt am Leben. In einer selbstgebauten Arche kann er mit seiner Familie und mit vielen Tieren überleben. Nach der Flut gibt Gott ihm die trostvolle Verheißung, dass Menschen nie mehr eine solche Katastrophe als göttliches Strafgericht zu fürchten brauchen. Zum Zeichen dafür errichtet Gott den Regenbogen am Himmel. So kann es scheinen, dass sich Gott am Schluss mehr gewandelt hat als die Menschen. Während diese ihre Bosheit nicht aufgeben, lässt Gott nun von vernichtenden Strafen ab und will den Menschen auch dann liebevoll nahe sein, wenn sie Böses tun.

■ Die Erzählung vom **Turmbau zu Babel** (Gen 11, 1–9; → S. 68) zeigt, wohin es führt, wenn Menschen keine Grenzen anerkennen. Danach wollten die Menschen eine Stadt und einen Turm errichten, der bis zum Himmel reichte. Am Ende sind die Menschen über die ganze Erde zerstreut und ihre Sprache wird verwirrt.

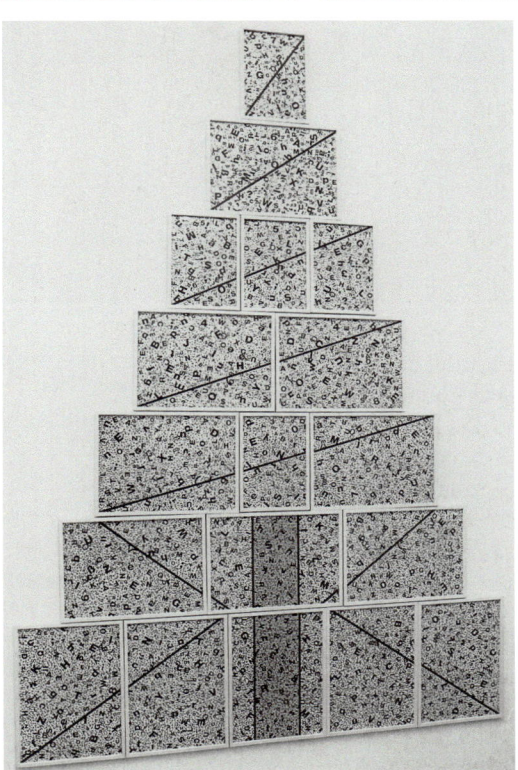

■ Auch im Neuen Testament ist das Böse ein zentrales Thema. Böse Taten stehen am Beginn und am Ende des Lebens Jesu. Im Rahmen der Kindheitserzählungen (→ S. 116) lässt der **König Herodes** alle Jungen bis zum Alter von zwei Jahren in Betlehem töten, weil er hofft, unter den Kindern sei auch Jesus (Mt 2, 16–18).

■ **Judas** lieferte für 30 Silberstücke Jesus, den Gerechten und Unschuldigen, dem Hohen Rat aus. Als ihn seine Tat reute, erhängte er sich (Mt 26, 14–16; 27, 3–10).

Der Schaden des Bösen

Nachdem Adam und Eva vom Baum der Erkenntnis gegessen und damit das Gebot Gottes übertreten hatten, müssen sie erkennen, welchen Schaden sie für sich angerichtet haben. Gott erläutert ihnen die Folgen:

Gott, der Herr, sprach zu der Frau: Viel Mühsal bereite ich dir, sooft du schwanger wirst. Unter Schmerzen gebierst du Kinder. Du hast Verlangen nach deinem Mann; er aber wird über dich herrschen.
Zu Adam sprach er: Weil du auf deine Frau gehört und von dem Baum gegessen hast, von dem zu essen ich dir verboten hatte: So ist verflucht der Ackerboden deinetwegen. Unter Mühsal wirst du von ihm essen alle Tage deines Lebens. Im Schweiße deines Angesichts sollst du dein Brot essen, bis du zurückkehrst zum Ackerboden; von ihm bist du ja genommen. Denn Staub bist du, zum Staub musst du zurück.
Adam nannte seine Frau Eva, denn sie wurde die Mutter aller Lebendigen.

aus dem Buch Genesis 3, 16–19

Über den Teufel

Das Böse ist oft so schrecklich, dass viele meinen, es könne nicht vom Menschen allein kommen. Sie fragen dann, welche Macht hier am Werk ist.
Eine alte Antwort lautet: Das Böse kommt von einem übermächtigen Wesen. Man nennt es »**Teufel**« (von griech.: »Diabolos«, d. h. »einer der alles durcheinander bringt«). Manchmal heißt er auch »Satan« (hebr.: »Widersacher«). Man glaubt, dass auf ihn letztlich alle Unordnung in der Welt zurückgehe. Er versuche das Gute zu verhindern, den Menschen zu verführen und ihn für sein Reich, die Hölle, zu gewinnen.
Die Lehre vom Teufel ist heute auch unter Christen umstritten. Auf keinen Fall steht sie im Mittelpunkt des christlichen Glaubens. Im Glaubensbekenntnis kommt der Teufel nicht vor. In der Bibel wird er allerdings öfter genannt. Es ist nicht leicht zu verstehen, was er da bedeutet. Manche sehen in ihm ein wirkliches Wesen, andere ein anschauliches Symbol (→ S. 198) des Bösen.
Auf keinen Fall ist der Teufel ein ebenbürtiger Gegenspieler Gottes. Nach dem Zeugnis der Bibel gibt es von Anfang an nur den einen Gott, neben dem niemand existiert, der gleich mächtig und ewig wäre, auch kein Teufel. Es kann gefährlich sein, vom Teufel zu reden und an ihn zu glauben. Ohne es zu merken können Menschen damit ihre eigene Verantwortung für das

Für die Bibel ist **das Böse Schuld (»Sünde«) vor Gott.**

■ Das Böse zerstört die Welt, die Gott gut geschaffen hat.

■ Das Böse nimmt den Menschen die Würde und Rechte, die Gott ihnen geschenkt hat.

■ Das Böse verstößt gegen Gottes Gebote und Weisungen, deren Ziel es ist, das Leben zu fördern.

■ Das Böse missachtet die Liebe, die Gott den Menschen erwiesen hat.

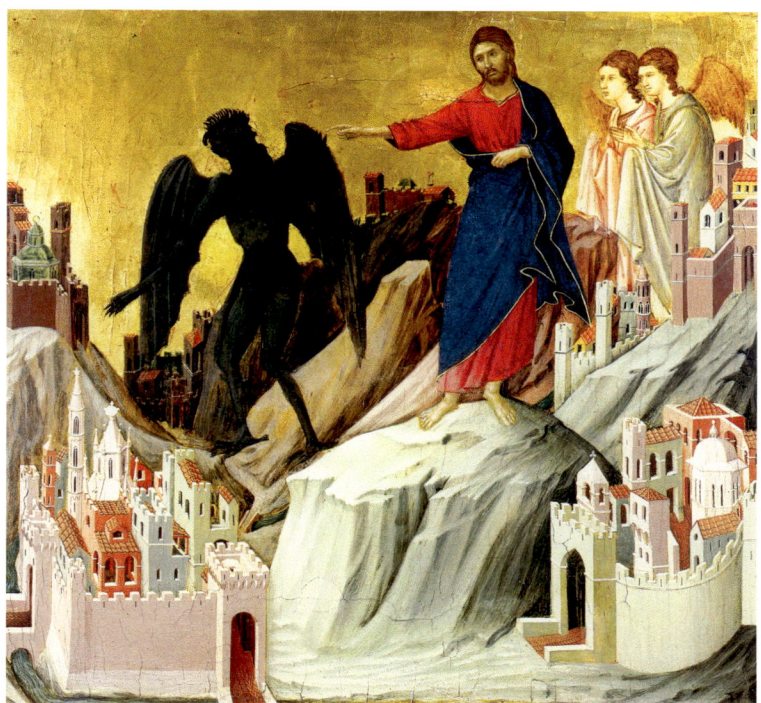

Duccio di Buoninsegna (um 1255–1319), Die Versuchung Jesu, 1308–1311.

Böse verdrängen und ihre Schuld auf den Teufel abschieben.

Jesus hat den Sündern im Namen Gottes ihre Schuld vergeben. Er ist gekommen, um die Menschen von der Macht des Bösen zu befreien. Wer auf seinen Wegen geht, braucht die Macht des Teufels nicht zu fürchten.

Eine Legende von Luzifer

Seit alter Zeit ist Luzifer (lat.: »Lichtträger«; → S. 232) ein Name für den Teufel. Unter Verwendung einiger biblischer Motive (Jes 14, 12–15) erzählt man von ihm:

Als Gott den Menschen erschaffen hatte, gab es auch Engel, herrliche Geistwesen, die seine Boten sein sollten. Der schönste von ihnen war Luzifer. Er wollte nicht hinnehmen, dass der Mensch als Bild Gottes (Gen 1, 27) geschaffen sei und darum noch über den Engeln stehe. Er wollte selber wie Gott sein. Darum empörte er sich mit anderen Engeln gegen Gott. Es kam zu einem Kampf der Engel. Luzifer und sein Anhang wurden besiegt und in die Tiefe (Hölle) geschleudert. Seitdem versucht er alle Geschöpfe gegen Gott aufzubringen.

Das Zwiebelchen – Eine russische Erzählung von der Hölle

Es lebte einmal ein altes Weib, das war sehr böse und starb. Diese Alte hatte in ihrem Leben keine einzige gute Tat vollbracht. Da kamen denn die Teufel, ergriffen sie und warfen sie in den Feuersee. Ihr Schutzengel aber stand da und dachte: Kann ich mich denn keiner guten Tat erinnern, um sie Gott mitzuteilen? Da fiel ihm etwas ein und er sagte zu Gott: »Sie hat einmal in ihrem Gemüsegärtchen ein Zwiebelchen herausgerissen und es einer Bettlerin geschenkt.« Und Gott antwortete ihm: »Dann nimm dies selbe Zwiebelchen und halte es ihr hin in den See, so dass sie es zu ergreifen vermag. Und wenn du sie daran aus dem See herausziehen kannst, so möge sie ins Paradies eingehen, wenn aber das Pflänzchen abreißt, so soll sie bleiben, wo sie ist.« Der Engel lief zum Weibe und hielt ihr das Zwiebelchen hin: »Hier«, sagte er zu ihr, »fass an, wir wollen sehen, ob ich dich herausziehen kann!« Und er begann vorsichtig zu ziehen – und hatte sie beinahe schon ganz herausgezogen, aber da bemerkten es die anderen Sünder im See und wie sie das sahen, klammerten sie sich alle an sie, damit man auch sie zusammen mit ihr herauszöge. Aber das Weib war böse, sehr böse, stieß sie mit den Füßen zurück und schrie: »Nur mich allein soll man herausziehen und nicht euch, es ist mein Zwiebelchen und nicht eures.« Wie sie aber das ausgesprochen hatte, riss das kleine Pflänzchen entzwei. Und das Weib fiel in den Feuersee zurück und brennt dort noch bis auf den heutigen Tag. Der Engel aber weinte und ging davon.

Fjodor Mihailowitsch Dostojewski (1821–1881), russischer Dichter

Linke Seite: Giotto di Bondone (um 1267–1337), Der Judaskuss, 1302–1305.

1 Kennt ihr andere Erzählungen der Bibel, in denen das Böse eine wichtige Rolle spielt? (→ S. 67)
2 Warum kann der Teufel einen so faszinierenden Namen wie »Luzifer« tragen? (→ S. 232 f)

Islam und Muslime

1. Eine große Religion

Die Religion, die nach dem Christentum die meisten Anhänger hat, ist der Islam. Er kommt aus Arabien und ist in vielen Ländern verbreitet. Wir wissen nicht genau, wie viele Muslime es heute – um das Jahr 2012 – in der Welt gibt. Schätzungen kommen auf eine Zahl von mehr als **1,4 Milliarden** Menschen. Davon leben

- in Asien ca. 900 Millionen
- in Afrika ca. 400 Millionen
- in Europa ca. 50 Millionen
- in Amerika ca. 10 Millionen

Die Zahl der Muslime in **Deutschland** liegt bei 4,3 Millionen und damit bei 5,2 Prozent der deutschen Bevölkerung.

Zum Vergleich: Die Zahl der Christen beträgt 2 Milliarden (→ S. 194). Es gibt ca. 18 Millionen Juden, die in vielen Ländern verstreut leben.

Bei uns geraten nicht wenige Leute in **Angst, Entsetzen und Abwehr,** wenn sie nur vom »Islam« hören. Schreckliche Gewalttaten einzelner Muslime und terroristische Aktionen islamischer Gruppen sind nicht gerade selten. Immer wieder erfährt man von furchtbaren Bluttaten und Racheaktionen im Namen des Islam. Auf sein Konto gehen auch heute in islamischen Ländern »Heilige Kriege« und Intoleranz (lat. »Unduldsamkeit«) gegenüber anderen Religionen. Weil der Islam ständig wächst und auch in Europa vordringt, erscheint er nicht wenigen Leuten als eine Bedrohung für das Christentum und für unsere Gesellschaft. Gewiss darf man diese schlimmen Erscheinungen nicht verharmlosen. Sie sind eine Schande für den Islam. Aber wer den Islam allein danach beurteilt, tut den meisten Muslimen Unrecht. Sie verabscheuen Gewalt und wollen friedlich leben.

Das arabische Wort **»Islam«** heißt »Hingabe«, »Unterwerfung« oder »Gehorsam«. Islam bedeutet: »sich Gott hingeben«, »seine ganze Person Gott anheimgeben«. Wer sich Gott hingibt und ihm gehorcht, ist ein **»Muslim«** (in anderer Aussprache: »Moslem«). Man bringt die Konsonanten des Wortes »Islam« SLM mit dem arabischen Wort »Salam« und dem hebräischen Wort »Schalom« in Verbindung. Beide Wörter bedeuten »Frieden«, »Heil«, »Errettung«. Die Anhänger des Islam nennen sich selbst nicht »Mohammedaner«. Sie lehnen diese Bezeichnung ab, weil nicht der Prophet Mohammed, sondern Gott im Mittelpunkt der Religion steht. Auch wir sollten aus Respekt vor ihnen diese Bezeichnung meiden.

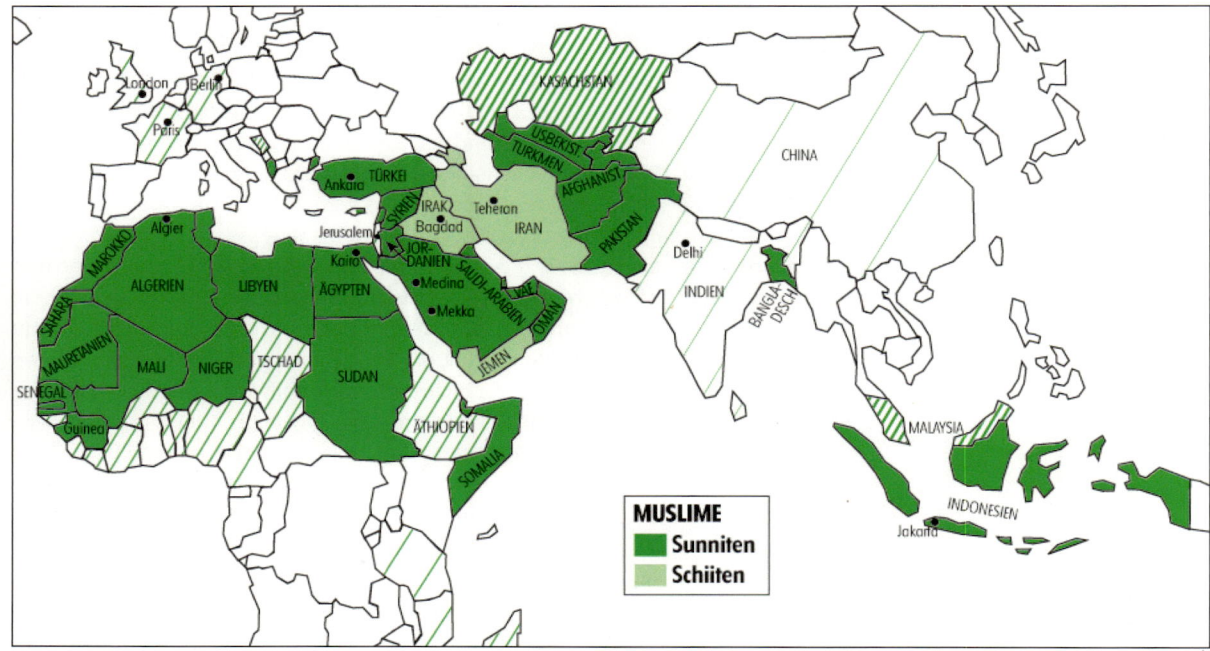

MUSLIME
- Sunniten
- Schiiten

1 Wer kann von Muslimen berichten, die er persönlich kennt?

2 Manche von euch werden denken: Warum soll ich mich mit einer fremden Religion befassen, wo ich meine eigene Religion kaum kenne oder auch gar keine Religion habe? Was könnte man diesen Mädchen und Jungen sagen?

3 Was fällt euch ein, wenn ihr vom »Islam« und von »Muslimen« hört? Habt ihr schon einmal ein Buch gelesen, in dem die islamische Welt vorkommt? Könnt ihr euch Bücher und Bildbände zum Islam aus der Schulbibliothek, aus Büchereien und Buchhandlungen besorgen?

■ Der Islam versteht sich als **die älteste Weltreligion.** Er sieht im biblischen Abraham (→ S. 51), der vor mehr als drei Jahrtausenden lebte, den ersten Muslim, weil Abraham der erste Mensch war, der zum Glauben an den Einen Gott kam (→ S. 257). Der Islam sieht sich zugleich auch als **die jüngste Weltreligion,** die vor ca. 1400 Jahren mit dem Propheten Mohammed in die Geschichte eingetreten ist. Damit folgt der Islam dem Judentum, das 2000 Jahre und dem Christentum, das 600 Jahre älter ist. Nach dem Islam ist keine Weltreligion mehr entstanden. Diese doppelte Stellung erfüllt die Anhänger des Islam mit Stolz. Sie verstehen sich als die Gemeinschaft, zu der Gott zuerst und zuletzt gesprochen hat. Für sie ist der Islam die beste Religion, die allein Antwort auf die Lebensfragen des Einzelnen geben kann und Lösungen für alle Probleme der Welt weiß.

■ Der Islam versteht sich nicht nur als Religion, sondern als **Programm für das ganze Leben.** Er akzeptiert keine Trennung der Religion von Staat, Recht, Kunst und sozialem Leben, wie sie in Europa üblich geworden ist. Für den Muslim gibt es nichts, was nicht mit seiner Religion zu tun hätte.

Koranschule in Medina (→ S. 249).

Sein Privatleben, seine Arbeitswelt, seine Freizeit, seine Kindererziehung und seine Politik sind von den Grundsätzen des Islam geprägt. Alles, was er tut – Essen und Trinken, Lernen und Schaffen, Reisen und Kämpfen – tut er im Namen des Islam.

■ Im Verlauf seiner Geschichte hat der Islam eine bewundernswerte **Kultur** (→ S. 180) hervorgebracht. Weil er das Bilderverbot strikt einhält, hat er keine Gottesbilder und nur selten Menschenbilder angefertigt. Umso mehr haben sich die muslimischen Künstler auf anderen Feldern hervorgetan. Sie haben herrliche Moscheen (Gebets- und Versammlungsräume) und Minarette (Türme) entwickelt, kunstvolle Schriftformen entworfen und die schönsten Teppiche angefertigt. In der Mathematik, in der Medizin und in anderen Wissenschaften haben die Muslime Leistungen aufzuweisen, die überall höchste Anerkennung finden.

■ Selbst in unseren **Alltag** sind viele Dinge aus der islamischen Welt eingedrungen. Meist ist uns diese Herkunft nicht bewusst. Das bekannteste Beispiel sind die **arabischen Zahlen,** ohne die unsere Kultur und Zivilisation anders wäre. Auch viele Wörter aus dem Bereich Essen/Trinken, Kleidung/Wohnung, Natur/Kultur und Wissenschaft stammen daher. Mit den Wörtern sind oft die Sachen zu uns gekommen.

4 Stellt einmal für eine Woche oder besser noch für einen Monat zusammen, was ihr im Fernsehen und in der Zeitung über den Islam erfahrt. Was für ein Bild ergibt sich von daher?

5 Vielleicht könnt ihr eine Pinnwand zum Thema »Bilder und Texte zum Islam« einrichten.

6 Was macht es für einen Unterschied, ob man als Christ oder als Muslim oder als Ungläubiger über den Islam spricht?

7 Stellt ein paar Regeln auf, wie man über die eigene und eine fremde Religion im Unterricht sprechen soll.

Islam und Muslime

PROJEKT

Was haltet ihr davon, im Rahmen eines **Projekts** den Islam näher kennen zu lernen? Ihr könntet die Muslime an eurer Schule bitten sich daran zu beteiligen. Vielleicht findet ihr auch andere Leute, die euch dabei helfen: Eltern und Geschwister der islamischen Mitschüler/innen, ihre Freundinnen und Freunde, Muslime aus dem Ort. Einiges Material findet ihr in diesem Kapitel. Weiteres Material solltet ihr euch bei Muslimen, in Bibliotheken und Buchhandlungen besorgen. Zwei mögliche Themen des Projekts:

(1) Wir besuchen eine Moschee.

Was gibt es da im Inneren und Äußeren zu sehen? Gibt es einen Muezzin, der zum Gebet aufruft, und einen Reinigungsbrunnen, wo die vorgeschriebenen Waschungen stattfinden können? Achtet darauf, ob ein Minarett (Turm), Mihrab (Gebetsnische) und Minbar (Kanzel) vorhanden sind. Wie sind die Einzelheiten zu verstehen? Wer kommt zum Gottesdienst? Wann treffen sich die Muslime hier? Was tun sie hier? Wer leitet das Gebet? Wann wurde die Moschee errichtet? Wurde die Bauerlaubnis leicht erteilt? Welche muslimischen Gruppen sind hier besonders aktiv? Nehmen sie auf das Leben in der Stadt und auf die Politik Einfluss? Wie unterscheidet sich eine Moschee von einer christlichen Kirche und von einer jüdischen Synagoge? Wie reagiert die deutsche Umwelt auf die Moschee? Gibt es Kontakte zu christlichen Gemeinden?

(2) Was bestimmt den Alltag einer muslimischen Familie?

Was bedeutet der Mutter, dem Vater und den Kindern der Islam? Haben sie unterschiedliche Einstellungen und Ansichten? Was ist ihre Muttersprache? Welche Gebete werden täglich gesprochen? Was kommt auf den Esstisch, was nicht? Wann wird gefastet? Wann sind die Mahlzeiten üppig? Gibt es für Frauen und Männer bestimmte Kleidervorschriften? Was hat es mit dem Schleier für Frauen auf sich? Wo wohnt die Familie? Warum nehmen viele Mädchen nicht am schulischen Sportunterricht teil? Welche Regeln gibt es im Umgang zwischen Mädchen und Jungen? Welche Feiertage bestimmen das Leben des Einzelnen und welche den Jahresrhythmus aller Muslime? Welche Themen werden zur Zeit besonders diskutiert? Gehen die Mädchen und Jungen in eine Koranschule? Was und wie lernen sie da? Auch Arabisch? Nehmen sie am christlichen oder islamischen Religionsunterricht teil? Sind sie Ausländer oder Deutsche? Welche Gefühle haben sie als Muslime in Deutschland? Welche Einstellung haben sie zum Christentum? Könnt ihr gegenseitig Einladungen für den Alltag oder für Feiertage vereinbaren?

Eine Adresse, die euch Informationen liefern und weiterhelfen kann: Zentralrat der Muslime in Deutschland, Vogelsanger Str. 290, 50825 Köln, Fax 0221/542616

Wörter und Sachen, die von den Arabern, Persern und Türken zu uns gekommen sind

Algebra, Alkohol, Amulett, Aprikose, Atlas, Basar, Banane, Bluse, Bohne, Chemie, Dolmetsch, Droge, Fanfare, Gips, Gitarre, Jacke, Jogurth, Kabel, Kaffee, Kandis, Karawane, Karussell, Kiosk, Kittel, Koffer, Kümmel, Kuppel, Lack, Laute, Limonade, Lila, Magazin, Marzipan, Maske, Matratze, Mokka, Natron, Orange, Papagei, Razzia, Risiko, Saphir, Schach, Schal, Scheck, Schikane, Sofa, Spinat, Tasse, Tulpe, Ziffer, Zimt, Zucker, Zwetschge.

Eine kleine Moschee in der Türkei.

Moschee in Lahore, Pakistan, 1689.

2. Mohammed – Der Prophet

Nach einer alten Legende soll **Adam** auf einer Wanderung in die Gegend von Mekka gekommen sein und hier einen leuchtenden weißen Stein gesehen haben, der ihn an die Schönheit des Paradieses erinnerte. Er machte diese Stätte zu einem Pilgerort, schritt siebenmal um den weißen Stein und nannte dabei den Namen Gottes. Um den heiligen Stein baute er ein würfelförmiges Haus, das nach seiner Form »Kaaba« (arab.: »Würfel«) heißt. Bald darauf zerstörte die Sintflut die Kaaba, aber Engel retteten den weißen Stein. Viel später kam **Hagar**, die Stammmutter der Araber mit ihrem Sohn **Ismael** an diesen Ort. Sie war als die zweite Frau **Abrahams** von ihm verstoßen worden, irrte durch die Wüste und rief Gott verzweifelt um Hilfe an. Da sprang eine Quelle auf, an der sie sich niederlassen konnte. Als sie gestorben war, kam Abraham, um seinen Sohn Ismael zu besuchen. Er fand unter den Trümmern das Fundament, das Adam errichtet hatte und baute die Kaaba zusammen mit Ismael wieder auf. Ismael aber erhielt von einem Engel den heiligen Stein zurück, der inzwischen aus Trauer über den Götzendienst schwarz geworden war. Später kamen Karawanen an den Ort und gründeten hier die Stadt Mekka.

»**Zeit der Unwissenheit**« (arabisch: »Dschahiliya«) nennen die Araber noch heute die Geschichte vor Mohammed. Sie sprechen auch von »tiefer Finsternis«, in der Arabien vor dem Auftreten des Propheten befangen war. Die Araber verehrten damals nicht nur zahlreiche Götter und Göttinnen, sondern auch Bäume und Steine, Geister und Dämonen. An ein Fortleben nach dem Tod glaubten sie wohl nicht. Zwischen den Stämmen der arabischen Halbinsel kam es häufig zu Raubzügen und Kriegen. Zu den arabischen Pflichten gehörten Blutrache und Gastfreundschaft. Die Vielehe (griech.: »Polygamie«) der Männer war weit verbreitet und die Rechte der Frauen und Mädchen gering. In manchen Orten wohnten vereinzelt auch Juden und Christen, die hier nach ihrer Religion lebten.

Mitten in einem unfruchtbaren Tal dieser großen Halbinsel liegt **Mekka.** Diese Stadt war damals der wirtschaftliche Mittelpunkt der Halbinsel. Die Kaufmannsfamilien betrieben mit ihren Karawanen Weihrauchhandel und verdienten damit gutes Geld. Mekka war auch damals schon ein religiöses Zentrum, das viele Pilger anzog. Die Beduinen und Nomaden machten regelmäßig Wallfahrten zur **Kaaba,** einem würfelartigen Steinbau (15 x 12 x 10,5 Meter). In ihrer südöstlichen Mauer ist ein großer schwarzer Meteorit eingelassen, der in einem eigenen Kult verehrt wurde. Zu Mohammeds Zeiten war die Kaaba mit vielen Götterbildern behangen.

Mohammed wurde im Jahr **570 nC** in Mekka geboren. Er gehörte dem einflussreichen Stamm der Koraischiten an, die sich für die Nachkommen Abrahams und Ismaels hielten. Da er früh seine Eltern verlor, übernahm sein Onkel Abu Talib die Erziehung. Er nahm den Zehnjährigen auf eine seiner Geschäftsreisen nach Syrien mit, so dass Mohammed zum ersten Mal die Welt außerhalb von Arabien sah. Von der Zeit bis zu seinem 25. Lebensjahr wissen wir sonst nicht viel. Die Muslime betonen, dass er weder

Mohammed und sein Vetter Ali, beide verschleiert (→ S. 248) und mit goldener Flamme (→ S. 250) ausgezeichnet, vor der Kaaba. Auf Mohammeds Schulter stehend beginnt Ali damit, die Götterbilder von der Kaaba zu entfernen. So wurde das alte arabische Heiligtum für die Verehrung des Einen Gottes gereinigt.

Persien, Ende 16. Jh.

1 Was die Bibel über Abraham, Hagar und Ismael erzählt: Gen 16, 1–15; 17, 23–27; 21, 9–21 (→ S. 51 ff).

lesen noch schreiben lernte, so dass er keine entsprechenden Voraussetzungen für die Offenbarung des Koran mitbrachte.

Für Mohammed war es ein Glücksfall, dass ihn **595** die reiche Kaufmannswitwe **Chadidscha** in ihr Handelsunternehmen aufnahm und ihn zu ihrem Ehemann nahm. Sie war damals 40, er 25 Jahre alt. Die Ehe wurde sehr glücklich, weil beide viel Verständnis füreinander zeigten. Das gemeinsame Unternehmen hatte zunächst großen Erfolg. Aber in Mohammed bahnte sich allmählich eine unerwartete Entwicklung an. Er wurde nachdenklich, verlor sein Interesse am Geschäft und hatte Zeiten der Trauer. Man musste den Eindruck gewinnen, dass eine große Veränderung in ihm vorging. Ihm selbst schien es, dass sein altes Herz gegen ein neues Herz eingetauscht würde. Nun reagierte er mit Empörung auf das Verhalten seiner Landsleute in Mekka. Die **Vielgötterei** der Stadt lehnte er ab. Noch mehr widerte ihn an, wie die Mekkaner an den Wallfahrten viel Geld verdienten und die religiösen Bräuche gewinnträchtig ausnutzten. Er verabscheute den Hochmut, mit dem die reichen Leute der Stadt die Armen behandelten.

Mohammed zog sich oft aus der Stadt in die Einsamkeit der Berge in der Umgebung von Mekka zurück. In einer Höhle am **Berg Hira** hatte er im Monat Ramadan des Jahres **610,** als er vierzig Jahre alt war, das große Erlebnis, das sein Leben völlig veränderte. Hier empfing er die **erste Offenbarung,** die ihn erschütterte und die zur Geburtsstunde des Islam wurde. Damals sah er plötzlich den Engel Gabriel, der ihn aufforderte, die Worte Gottes zu lesen, die auf einem kostbaren Tuch aufgeschrieben waren. Mohammed sagte dem Engel, dass er nicht lesen könne. Da drückte ihn der Engel in das Tuch, so dass er glaubte, sterben zu müssen. Diese Szene wiederholte sich. Beim dritten Mal schließlich sprach er mit allergrößter Mühe die Worte, die ihm der Engel vorgelesen hatte. Diese Worte sind die ältesten Worte des Koran. Sie besagen, dass Gott die Menschen erschaffen hat und Dinge aufgeschrieben hat, die die Menschen bisher nicht wussten, aber nun erfahren sollen. Damals wurde Mohammed zum Propheten berufen. Dieses Ereignis hat ihn so verstört, dass er sich fragte, ob er sich selbst etwas vormache oder gar verrückt geworden sei. Eine Zeit lang bangte er um sein Leben.

Der Prophet teilte sein Geheimnis zunächst nur Chadidscha und einem kleinen Freundeskreis mit, wo er auch seine **ersten Anhänger** fand. Sie glaubten fest an seine Berufung und waren ihm schon eine Stütze, als er sonst in seiner Umgebung noch auf viel Unverständnis stieß. Später empfing er viele weitere Offenbarungen, bei denen er manchmal zu Boden stürzte. Immer mehr wurde ihm bewusst, dass er der Diener war, zu dem Gott selbst durch den Engel sprach.

Erst nach drei Jahren wandte sich Mohammed an die Öffentlichkeit. Die erste Reaktion der Bewohner Mekkas war **Ablehnung.** Wer so die Götter der Stadt verdammte und die heiligen Riten an der Kaaba kritisierte, wer so den Reichen ins Gewissen redete und ihre Geschäftspraktiken geißelte, wer für alle diese Taten ewige Höllenstrafen in Aussicht stellte, der muss-

Der Prophet auf dem Berg Hira, Türkei, 16. Jh.

Eigentlich verbietet der Islam die Darstellung des Propheten. Der Künstler setzt sich über das Verbot hinweg, verhüllt aber immerhin das Gesicht.

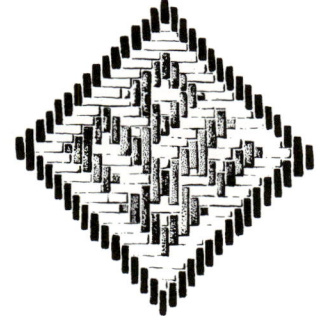

Der Name »Mohammed« in arabischer Schrift. Ziegelsteinmuster.

Die Muslime nennen die Über-
siedlung Mohammeds von
Mekka nach **Jathrib »Hidschra«** (arab.: »Auswanderung«,
»Emigration«; nicht »Flucht«).
Die Stadt nahm bald zu Ehren
Mohammeds den Namen **»Medina«** (arab.: »Stadt des Propheten«) an. Mit der Hidschra
beginnt die islamische Zeitrechnung. Damals wurde der
Islam auch zur universalen
Religion, weil Mohammed die
Lehre nicht mehr nur Lands-
leuten, sondern auch Fremden
und Andersgläubigen verkündete.

te als lästig und verrückt empfunden werden. Viele einflussreiche Mekkaner spotteten auch über seine Visionen von der leiblichen Auferstehung.
Als die Feindseligkeit, die Mohammed in Mekka entgegenschlug, für ihn
bedrückend wurde, fasste er den Plan seine Heimatstadt zu verlassen.
Während einer Handelsmesse knüpfte Mohammed mit Kaufmannsfamilien aus **Jathrib** neue Verbindungen an. Diese Oasenstadt im Norden Ara-
biens, die damals ca. 3000 Einwohner hatte, war wirtschaftlich gesehen eine
Rivalin von Mekka. Einigen Familien gefiel die Lehre des Propheten. Sie
zeigten sich bereit, den Islam anzunehmen, nur den Einen Gott zu verehren, dem Propheten zu gehorchen und Sünden wie Ehebruch und Diebstahl zu meiden. Nun zog Mohammed heimlich mit etwa 70 Freunden von
Mekka weg. Am 24. September **622** kamen die Auswanderer in Jathrib an.
Die Lage der Ausgewanderten war zunächst alles andere als glücklich. Die
meisten Araber nahmen den Islam nicht an. Diejenigen Familien, die den
mittellosen Muslimen aus Mekka Aufnahme gewährt hatten, waren auf
Dauer den Anforderungen der Gastfreundschaft nicht gewachsen und gerieten in wirtschaftliche Schwierigkeiten. Die Muslime mussten also bald
selbst für sich sorgen. Sie scheuten sich nicht, ihren Lebensunterhalt durch
Raubzüge auf Karawanen und durch einen »heiligen Krieg« (→ S. 258)
gegen Mekka sicher zu stellen. Einen Sieg im Jahr 624 schrieb Mohammed
Gott zu. Bei diesem Kampf fielen 24 Muslime. Mohammed erklärte sie zu
Märtyrern, die sofort nach ihrem Tod ins Paradies eingehen.
Zu erbitterten Streitigkeiten kam es in Medina mit den **Juden.** Mohammed
hatte zunächst große Hoffnungen auf sie gesetzt, weil sie an Einen Gott
glauben und in der Bibel eine heilige Schrift haben. Ihre Gebete und Feiern
wusste er zu schätzen. Vielleicht erwartete er sogar, dass Juden und Muslime eine einzige Religion bilden könnten. Aber schon bald sah er sich in
seinen Hoffnungen getäuscht. Die Juden wollten sein Prophetentum nicht
anerkennen, sondern bestanden auf ihrer eigenen Religion. So kam es zu
einem heftigen Konflikt. Nach gewaltsamen Ausschreitungen der Muslime
mussten sich die Juden ergeben. Sie verloren ihr Vermögen und wurden
gezwungen, in die Verbannung zu gehen. Mohammed scheute im Jahr 627
nicht davor zurück alle Männer eines jüdischen Stammes hinrichten zu lassen. Die Frauen, Kinder und das jüdische Eigentum wurden an die Muslime verteilt. Seitdem stehen die jüdisch-muslimischen Beziehungen unter
einem unglücklichen Stern.

*Der Engel Gabriel besucht den
Propheten, Türkei, 17. Jh.*

Bis zum Jahr **624** waren die
Muslime gewohnt, sich beim
Beten in Richtung Norden nach
Jerusalem zu wenden (arab.:
»Kibla«, d. h. Wendung beim
Gebet in eine bestimmte Richtung). Nun befahl Mohammed
seinen Anhängern in Richtung
Mekka zu beten. Die Kaaba
sollte von jetzt an der Ort sein,
dem sich alle Muslime beim
Gebet zuwenden. So ist es bis
auf den heutigen Tag geblieben.
Wenn Mohammed in Mekka
vor allem der leidende Prophet
und der von Gottes Offen-
barung Ergriffene war, so wur-

Für den Islam ist **Mohammed** der Mensch, der alle anderen Menschen übertrifft. Im Koran hat er Gottes Wort empfangen und den Islam der ganzen Welt geschenkt. Er ist **der letzte der Propheten** (→ S. 69), die Gott zu den Menschen gesandt hat. Abraham, Mose und Jesus (arab.: »Ibrahim, »Musa« und »Isa«) sind seine Vorläufer. Den Muslimen ist Mohammed **Vorbild und Wegweiser** für ihr Leben. Kein Schatten des Bösen fällt auf ihn. Wer Mohammed beleidigt, beleidigt alle Muslime. Allerdings wird Mohammed **nicht als Gottes Sohn** verehrt, er hat keine göttlichen Eigenschaften. Er ist Mensch und nicht Gott.

Mohammed trifft in Jerusalem sechs andere Propheten, Türkei, 17. Jh. Er ist von einer prophetischen Flamme umgeben.

de er in Medina der große **Gesetzgeber** und **Staatsmann.** Tatsächlich hatten er und die Muslime in Medina den Schutz ihres Stammes und ihrer Familie, den sie bisher in Mekka genossen hatten, verloren. Die neue Situation erforderte ein neues Konzept. Er fand es im »**Gemeindevertrag von Medina«,** in dem an die Stelle des Stammes und der Familie die neue Gemeinschaft des Islam trat. Sie sollte von nun an den Schutz der Muslime garantieren. Alle Gläubigen, ganz gleich zu welchem Stamm und zu welcher Familie sie gehörten, verpflichteten sich zu gegenseitiger Hilfe und zur Verteidigung der Stadt. Mohammed selbst war der oberste Schiedsrichter. In Medina hat Mohammed den Islam als Gemeinschaft begründet. Die neue Religion steht seitdem über Familie und Sippe, Stamm und Volk. Alle Muslime empfinden sich seither als Angehörige der großen islamischen Gemeinschaft.

Mohammeds ganzes Streben richtete sich schließlich darauf, von Medina nach Mekka zurückzukehren und die Stadt für den Islam zu gewinnen. Er konnte im Ramadan (→ S. 260) **629** in Mekka einen Besuch machen. Weil er damals nichts unternahm, um die Stadt zu erobern, fand er allmählich Sympathien in der Stadt. Viele Leute in Mekka nahmen nun den Islam an. Bald nützte er die verbesserte Stimmung auch militärisch für sich aus. Mit 10 000 bewaffneten Gläubigen zog er, einen Waffenstillstand brechend, 630 gegen Mekka und **eroberte** die Stadt. Er fand kaum Widerstand und konnte fast ohne Kampf und Blutvergießen in Mekka einziehen. Auf einem Kamel ritt er zur **Kaaba** und ließ dort sofort alle Götterbilder zerstören. Die Bewohner behandelte er mit großer Milde. Mit dem Sieg über Mekka erzielte der Prophet seinen bedeutendsten Erfolg. Sein Ansehen wuchs überall rasch und viele arabische Stämme schlossen sich ihm an. Der Islam wurde nun die **Religion der Araber.** Diese zerstörten ihre Götterbilder und übernahmen die neuen Pflichten, die der Prophet sie lehrte.

Im Jahr **631** organisierte Mohammed wiederum eine Wallfahrt von Medina nach Mekka. Sie sollte seine **Abschiedswallfahrt** werden. Mit 90 000 Pilgern erschien er an der Kaaba und ließ die Riten befolgen, die er selbst festgelegt hatte. In seiner Abschiedspredigt am Fuß des Berges Arafat forderte er die Araber auf auch nach seinem Tod dem Islam ergeben zu bleiben. Die Einheit stellte er ihnen als hohes Gut vor Augen. Vor allem mahnte er sie die Ehe würdig zu leben, niemanden zu betrügen und auf die Blutrache zu verzichten. Einige Monate später wurde er in Medina krank. Er starb am 8. Juni **632** in den Armen seiner Lieblingsfrau Aischa.

2 Stellt die wichtigsten Daten zu Mohammeds Leben in einer Tabelle zusammen. Vergleicht dann Jesus mit Mohammed und geht dabei auf Folgendes ein: Geburtsort, Geburtsjahr, Volk, Alter beim öffentlichen Auftreten, wichtige Aufenthaltsorte, Themen der Botschaft, Todesart, Todesjahr, Alter, Name der Anhänger. In welchem wichtigen Punkt sind Jesus und Mohammed für ihre Anhänger unvergleichbar?

3 Was bedeutet es, wenn Muslime Mohammed folgendermaßen benennen: Siegel der Propheten, Lampe der Rechtleitung, schönes Beispiel?

Mohammeds Himmelfahrt, Persien, 1494/95.

Das Bild zeigt, was die Muslime aufgrund einer alten Erzählung glauben: Mohammeds Himmelfahrt. Er reitet auf einem Tier, das den Kopf eines Engels hat. In den sieben Himmeln begegnet er großen Gestalten, die schon vor ihm auf den Islam hingewiesen haben, zum Beispiel Adam, Aaron, Mose (Musa) und Johannes. Auch Jesus (Isa) ist dabei. Zuletzt begegnet er Abraham (Ibrahim), der die Kaaba als Kultort begründete. Unten im Bild: Mekka mit der Kaaba. Bei seiner Himmelfahrt erreichte Mohammed bei dem Engel Gabriel, dass die 50 Gebote, die den Muslimen ursprünglich aufgetragen waren, auf fünf herabgesetzt wurden, damit das Leben der Menschen leichter würde. Nach seiner Himmelfahrt kehrte der Prophet wieder auf die Erde zurück. Über der Stelle, von der Mohammeds Himmelfahrt ausging, erhebt sich heute das schönste Bauwerk Jerusalems: der Felsendom (→ S. 97).

Der Blinde und der Vornehme

Einst kam ein armer Blinder mit Namen Abdallah zu Mohammed und bat darum, ihm von Gott zu erzählen. Da der Prophet sich gerade mit einem vornehmen Mann aus Mekka unterhielt, fühlte er sich durch den Blinden arg gestört und wandte sich unwirsch von ihm ab. Doch mit einem Mal fühlte er, wie Gott ihn in seinem Herzen dafür tadelte. Er wusste auf der Stelle, dass er falsch gehandelt hatte, weil er Menschen nach dem äußeren Schein beurteilt hatte. Darum schämte er sich und nahm sich vor niemals mehr so zu handeln. Wenn er dem Blinden später begegnete, begrüßte er ihn: »Willkommen der Mann, um dessentwillen mich mein Herr tadelte.« Abdallah wurde später Statthalter von Medina. In der 80. Sure des Koran, die den Titel trägt »Er (Gott) runzelte die Stirn«, wird auf diesen Vorfall hingewiesen. Sie warnt die Muslime Höhergestellte mehr zu achten als kleine Leute.

aus der islamischen Überlieferung

Islam und Muslime

3. Der Koran – Das Wort Gottes

Der Islam ist in erster Linie eine **Religion der Schrift.** Der Koran nimmt in ihr eine herausragende Stellung ein. Das Wort »Koran« bedeutet »Lesung«. Es weist darauf hin, dass Mohammed dieses Buch nicht aus sich geschaffen hat, sondern nur »gelesen« bzw. zitiert hat, was ihm der Engel Gabriel vorgelesen hat. Die Muslime lehnen es daher ab, den Koran als Menschenwort zu bezeichnen.

Der Koran besteht aus 114 Kapiteln bzw. Abschnitten, die man **»Suren«** nennt. Die längste Sure steht am Anfang, die kürzeste am Ende des Koran, wenn man von der ersten und den beiden letzten Suren absieht.

■ Alle Suren tragen **Überschriften,** in denen ein wichtiges Stichwort vorkommt, z. B.: (4) Die Frauen, (9) Reue, (10) Jonas, (12) Josef aus Ägypten, (14) Abraham, (19) Maria, (21) Propheten, (22) Wallfahrt, (24) Licht, (35) Engel, (40) Der Gläubige, (45) Knien, (47) Mohammed, (55) Gott, der Erbarmer, (71) Noach, (75) Auferstehung, (76) Mensch, (87) Der Höchste, (109) Die Ungläubigen.

■ Fünf **Hauptthemen** haben im Koran ihren Platz:

(1) Es gibt nur einen **Gott.** Er ist einzigartig und barmherzig (→ S. 253, 257).

(2) Die Muslime haben **Pflichten,** unter denen vor allem »die fünf Säulen« (→ S. 258 ff) für den Islam unverzichtbar sind.

(3) Die **biblischen Gestalten** wie Adam, Noach, Abraham, Mose, Jesus werden respektvoll erwähnt und als Vorläufer des Propheten Mohammed anerkannt. Maria, die jungfräuliche Mutter Jesu, ist als einzige Frau öfter im Koran genannt. Ihr wird große Hochachtung entgegengebracht.

(4) Wer Götzen (falsche Götter) verehrt und die Gebote Gottes nicht hält, muss am Tag des Gerichts mit schrecklichen **Höllenstrafen** rechnen. Auf die guten Muslime wartet als Lohn für ihre Taten ein herrliches **Paradies,** das ihnen Freude und Leben bietet. Es heißt, dass die Muslime in schöner Landschaft an murmelnden Flüssen (Oase) von schönen Mädchen bedient werden und bei köstlichen Speisen und Getränken ihr Glück finden. Ob diese Aussagen real oder symbolisch (→ S. 198) zu verstehen sind, ist unter den Muslimen umstritten.

(5) **Mohammed** kommt im Koran oft vor. Doch zeichnet der Koran nicht den Ablauf seines Lebens nach, wie es die Evangelien für Jesus tun, sondern er betont vor allem die religiöse Bedeutung des Propheten.

Der **Koran** hat seine unvergleichliche Bedeutung für den Islam deshalb, weil er von Ewigkeit her bei Gott als »Urkoran« existiert. Er ist unerschaffen und ewig wie Gott selbst. In Mohammeds Tagen hat er gleichsam irdische Gestalt angenommen. Das, was man zwischen den beiden Buchdeckeln des Koran lesen kann, ist ohne jeden Abstrich Gottes Wort. Darum ist er frei von Irrtum und Widerspruch. Kein Mensch darf auch nur einen Buchstaben abwandeln. Wer gegen den Koran spricht, spricht gegen Gott.

Oben: Besuch des Propheten im Himmel. In dem blühenden Garten treiben die schönen Huris ihr liebliches Spiel.

Unten: Besuch der Hölle. Ein schwarzer Teufel bewacht das Flammenmeer, in dem die Bösewichter ihre gerechten Strafen erleiden. Auf beiden Bildern reitet der Prophet auf seiner Stute Burak (→ S. 251). Er wird jeweils von dem Engel Gabriel begleitet.

Türkei, 17. Jh.

Die »Öffnende« – »Fatiha«

Am Anfang des Koran steht die »Fatiha«, d. h. die »Öffnende« oder die »Eröffnung«. Sie ist ein schlichtes Gebet, das bei Muslimen etwa die gleiche Bedeutung hat wie bei Christen das »Vaterunser«. Von den Frommen wird es täglich mehrfach gesprochen. In dieser Sure klingen Leitmotive des ganzen Koran an. Darum wird sie auch die »Mutter des Koran« genannt. Sie beginnt »Im Namen Gottes, des Erbarmers, des Barmherzigen!«. Diesen Vers nennt man nach dem arabischen Text die »Basmala«. Sie bildet den Beginn fast aller Suren.

Geoffenbart zu Mekka

Im Namen Gottes (Allahs),
des Erbarmers, des Barmherzigen!
Lob sei Gott (Allah), dem Weltenherrn,
dem Erbarmer, dem Barmherzigen,
dem König am Tag des Gerichts!
Dir dienen wir und zu dir rufen wir um Hilfe.
Leite uns den rechten Pfad,
den Pfad derer, denen du gnädig bist,
nicht derer,
denen du zürnst
und nicht
der Irrenden.
Sure 1

Engel, Persien, 16. Jh.

Rechts: Wiedehopf aus arabischen Schriftzeichen: »Im Namen Gottes…«

Seite des Koran, 16. Jh., mit dem Beginn der Eröffnungssure (»Fatiha«).

Bis lange ins 19. Jahrhundert hinein wurden die Korane in der Regel nicht gedruckt, sondern mit der Hand geschrieben. Auch heute noch schreibt man kostbare Exemplare mit der Hand. Darin drückt sich der Respekt vor dem heiligen Buch aus. Betrachtet man die alten Ausgaben, so ist man fasziniert von der Feinheit, die selbst die weniger aufwendigen Exemplare aufweisen. Erst recht findet man in den Ausgaben der Herrscherhäuser oder der großen Moscheen kostbare Korane, die mit goldenen Punkten, farbigen Ornamenten, geometrischen Mustern und bunten Blumen verziert sind. Im Lauf der Zeit entwickelten sich die arabischen Buchstaben zu Schriftzeichen von besonderer Eleganz.

Der Koran begleitet die Muslime durch ihr ganzes Leben. Er ist für sie eine **»feste Schnur«,** die zu Gott führt und auf den rechten Weg leitet. Im Alltag und bei besonderen Anlässen schenkt er guten Rat. In Zeiten der Freude und des Leids hat er hilfreiche Worte. Hier suchen die Muslime auf alle Fragen des Lebens eine gute Antwort. Derjenige, der den ganzen Koran auswendig kennt, erhält den besonderen Ehrentitel eines **»Hafiz«** (arab.: »Bewahrer«). In Zelten und an Türen hängen Koransprüche, die kunstvoll geschrieben oder auf Kacheln gemalt sind. Man glaubt, dass böse Geister oder üble Plagen durch sie ferngehalten werden. Als Amulette findet man Koransprüche überall in Taxis, Eisenbahnen und auf Schiffen.

Eine muslimische Schülerin und der Koran

An einer Religionsstunde der 6. Klasse in D. nimmt auch Fatima aus Marokko teil. Die Lehrerin spricht mit ihren Schülern gerade über die Bibel: wie sie entstanden ist, was darin steht, warum sie für Christen so wichtig ist (→ S. 45). Mitten in der Stunde fragt Ulrich:

»Fatima, gibt es eigentlich in eurer Religion, im Islam, so etwas Ähnliches wie die Bibel?«

Fatima blickt auf die Lehrerin und als diese ihr freundlich zunickt, antwortet sie begeistert: »Ja, wir haben ein heiliges Buch. Das ist der Koran mit seinen 114 Suren.«

»Das musst du erklären, das verstehen wir nicht«, rufen einige aus der Klasse.

»Der Koran ist das ganze Buch und die Suren sind die einzelnen Kapitel. Der Prophet Mohammed hat sie alle in Mekka und Medina von Gott gehört und seinen Schülern mitgeteilt.«

Nun meldet sich Steffi zu Wort: »Wie kam er denn dazu?«

Fatima freut sich, dass sie erzählen kann: »Ja, das war eine aufregende Sache. Der Erzengel Gabriel, der ja auch in der Bibel vorkommt, ist ihm mehrmals erschienen und hat ihm alles ganz genau – Wort für Wort – diktiert.«

»Diktiert? Woher hatte Gabriel denn das, was er diktierte?«

»Das Originalbuch ist im Himmel. Jedes Wort, das in diesem himmlischen Koran aufgeschrieben steht, ist Gottes Wort. Daraus hat Gabriel dem Propheten alles mitgeteilt. Und dieser hat alles ganz genau in sich aufgenommen.«

Nun will Christoph wissen: »In welcher Sprache hat der Engel denn gesprochen?«

»Natürlich in Arabisch. Arabisch ist darum für uns die Sprache Gottes.«

»Verstehst du denn Arabisch?«, wollen nun einige aus der Klasse wissen.

»Ja, das ist meine Muttersprache. Die Suren lerne ich in einer Koranschule.«

»Koranschule? Was ist denn das?«

»Koranschulen gibt es in allen Ländern, in denen Muslime wohnen, also auch in Deutschland. In diesen Schulen lernen die Kinder die Suren in arabischer Sprache auswendig.«

Alle staunen und Jörg möchte wissen: »Macht das denn Spaß?«

Fatima lächelt und dann fährt sie fort: »Anstrengend ist das schon, besonders für die Kinder, die nicht Arabisch sprechen. Aber ein guter Muslim soll viele, nach Möglichkeit alle Suren in sein Herz aufnehmen, um Gott zu hören. Ein paar Suren kann ich auch schon. Das macht mir viel Freude.«

Die Klasse ist erstaunt. Am liebsten möchten die Kinder einmal einen Koran sehen. Aber niemand hat einen zu Hause, auch nicht die Lehrerin. Da meldet sich Fatima noch einmal: »Soll ich in der nächsten Stunde einmal einen Koran mitbringen? Ihr könntet dann sehen, wie schön die arabischen Buchstaben sind, in denen er geschrieben ist. Und ich könnte euch einmal eine Sure auf Arabisch vorlesen.«

Ulrich freut sich schon darauf. »Gibt es auch Bilder im Koran?«

»Nein, Bilder dürfen wir nicht anfertigen. Von Gott darf man sich kein Bild machen und auch vom Menschen nicht.«

So ging der Unterricht zu Ende. Alle warteten mit Spannung auf die nächste Religionsstunde, in der sie einen Koran sehen sollten.

○ Vergleicht den Koran mit der Bibel (→ S. 30 ff). Achtet dabei auf Folgendes: Verfasser, Art der Entstehung, Ort und Zeit der Entstehung, Sprache, Zahl der Schriften, Themen, Bedeutung für das Leben, Einschätzung als Gottes- und Menschenwort.

Zwei Gleichnisse aus dem Koran

Wie in der Bibel so finden sich auch im Koran manche Gleichnisse (→ S. 104 f). Zwei davon werden hier frei nacherzählt.

● Ein **reicher Bauer** hatte zwei Weingärten, die mit Palmen umzäunt waren und zwischen denen noch ein Saatfeld lag. Beide Gärten und das Feld waren fruchtbar und gaben reiche Ernte, zumal s e durch einen Bach, der mitten durch sie floss, genug Wasser erhielten. Eines Tages sprach dieser Mann voll Überheblichkeit zu seinem Nachbarn: »Ich bin reicher an Hab und Gut als du und ich habe mehr Kinder. Ich glaube nicht, dass dieser Garten je zugrunde geht. Ich nehme zwar nicht an, dass mein letztes Stündlein nahe ist, aber wenn es denn kommt und ich zu Gott zurück muss, dann werde ich einen guten Tausch machen und einen noch größeren Garten erhalten.« Der arme Nachbar war über diese Rede entsetzt. Er hielt dem Reichen vor: »Glaubst du nicht an den, der dich aus Staub erschaffen hat und der dich aus dem Samen deines Vaters zu einem Mann gebildet hat? Du nimmst ja deinen Besitz wichtiger als deinen Gott. Das ist Götzendienst. Mein Herr ist Gott und ich stelle meinem Herrn nichts zur Seite. Warum hast du nicht, als du deinen Garten betratest, gesprochen: ›Was Gott will, das soll kommen.‹ Es gibt keine Kraft außer bei ihm. Obwohl ich ärmer an Hab und Gut und an Kindern bin als du, wird mir Gott vielleicht doch Besseres geben als deinen Garten. Vielleicht sendet er sogar Heuschrecken vom Himmel auf dich und deinen Besitz, so dass alles zu dürrem Staub wird. Vielleicht versiegt auch das Wasser tief im Erdboden, so dass dir alles vertrocknet.« Es kam so, wie der Arme gesagt hatte. Gottes Strafgericht traf den Reichen. Seine Rebstöcke und Felder wurden völlig zerstört. Da war er verzweifelt und rief aus: »Ach hätte ich doch nicht meinen Besitz zu meinem Gott gemacht.« Er fand nun niemanden, der ihm half, und er konnte sich auch selbst nicht helfen.

● Das **irdische Leben** gleicht dem Wasser. Es kommt vom Himmel. Die Pflanzen der Erde nehmen es auf. Sie werden grün und dann werden sie dürres Heu, das der Wind verstreut.

Sure 18, 31–43

Das Boot des Glaubensbekenntnisses, Türkei, 19. Jh.

Der Text lautet: »Ich glaube an Gott, an seine Bücher, an seine Propheten, an den Jüngsten Tag und dass das, was mich treffen soll, mich nicht verfehlen kann und Gutes und Böses beides von Gott kommt.«

Islam und Muslime

4. Allah – Das Bekenntnis

Von »**Allah**« reden und denken die Muslime nur mit dem höchsten Respekt. »Allah« ist das arabische Wort, das die Muslime gebrauchen, wenn sie von Gott sprechen. Über die Bedeutung des Wortes gehen die Meinungen auseinander. Manche meinen, das Wort sei aus der Zusammensetzung der beiden Wörter »al« (»der«) und »ilah« (»Gott«) entstanden und bedeute nichts anderes als »**der Gott**«. Andere Muslime halten »Allah« für einen **Eigennamen** Gottes.

Wenn **Nicht-Muslime** von »Allah« sprechen, entsteht leicht der Eindruck, Allah sei der Name eines Gottes ähnlich wie Baal, Zeus, Jupiter oder Wotan. Dadurch klingt das Wort fremd und überholt. Erst recht haben viele Menschen bei uns negative Gefühle, wenn dieses Wort in militärischen Zusammenhängen wie »Allahs Schwert«, »Allah ist mit den Mächtigen« oder »Allahs Krieger« vorkommt. Muslime können erwarten, dass die Bezeichnung »Allah« mit Respekt verwandt wird. Vielleicht ist es besser, bei der Darstellung des Islam von »Gott« und nicht von »Allah« zu reden, um unpassende Anspielungen zu vermeiden.

Der Glaube an die **Einzigkeit** Gottes ist für den Islam die wichtigste Sache der Welt. Neben Gott haben andere Götter keinen Platz. In seiner Einzigkeit ist Gott für den Menschen ein Geheimnis, das nicht ergründet werden kann. Aus sich selbst heraus kann der Mensch von Gott nicht einmal in Bild und Gleichnis reden.

Der islamische Monotheismus (griech.: »Glaube an einen Gott«) wendet sich gegen den arabischen **Polytheismus** (griech.: »Glaube an viele Götter«) und auch gegen alle anderen Formen der Vielgötterei überall in der Welt. Er versteht sich auch als heftige Kritik am christlichen **Dreifaltigkeitsglauben,** der in Gott eine Einheit von Vater, Sohn und Heiligem Geist sieht. Um keine Missverständnisse aufkommen zu lassen, nennt der Islam Gott nicht »Vater«; so vermeidet er die Gefahr, dass dem Vater auch eine Mutter und ein Kind zugeordnet werden.

Obwohl Gott ein Geheimnis ist, schreibt der Islam Gott viele Eigenschaften zu. Die Muslime wissen von diesen Eigenschaften nur, weil Gott selbst sie offenbart hat.

Gott ist vor allem der **Schöpfer** der Welt und der Menschen. Durch sein Wort hat Gott alle Dinge ins Dasein gerufen. Weil das Universum Gottes

Engel im Himmel, Türkei, 16. Jh.

Die wichtigste Aussage über Gott steht im Glaubensbekenntnis der Muslime:
»**Es gibt keine Gottheit außer dem einzigen Gott.**«

Die 99 Namen Gottes, Ägypten, nach
einer älteren Vorlage, um 2000.

1 Welche von den 99 Namen Gottes
kann auch ein Christ anrufen?
2 Wenn ihr den islamischen Gottesglauben mit dem christlichen vergleicht – was könnt ihr da entdecken?

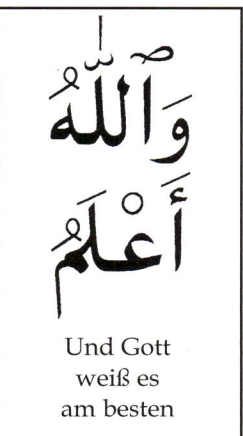

Und Gott
weiß es
am besten

Geschöpf ist, kann der Mensch im Univer-
sum auch Zeichen Gottes erkennen. Die
Ordnung der Welt und die Harmonie der
Schöpfung sind makellos. Für den, der da-
rüber nachdenkt, sind sie Kunde von Gott.
Wer die Schönheit der Schöpfung sieht,
dem muss seine Vernunft sagen, dass es
Gott gibt.

Unter den vielen Eigenschaften Gottes ragt
seine **Barmherzigkeit** hervor. Gott ist
barmherzig, weil er den Menschen keine
unzumutbaren Lasten auferlegt.

Die 99 Namen Gottes

Insgesamt kennt der Islam 99 »schöne Namen Gottes«.
Wer die 99 Namen kennt, kommt ins Paradies. Der 100.
Name Gottes ist unaussprechlich. Hier eine Auswahl:

Der Erbarmer – der König – der Heilige – der
Friede – der Mächtige und Prächtige – der
Unterdrücker – der Schöpfer – der Vergebende
– der Allweise – der Allhörende – der
Allsehende – der Richter – der Gerechte – der
Wohlwollende – der Langmütige – der
Liebevolle – der Wahre und die Wahrheit – der
Starke – der Unerschütterliche – der Schöpfer
des Lebens – der Schöpfer des Todes – der
Allmächtige – der Erste und der Letzte – der
Eine und Einzige – der Sichtbare – der
Verborgene – der Gütige – der Rächer – der
Nachsichtige – das Licht – der Ewige – der auf
den geraden Weg führt – der voller Geduld ist.

Abraham

Der Koran zeigt einmal, wie Abraham, nach islamischem Glauben der erste Muslim, zunächst von der
Schönheit der Sterne, des Mondes und der Sonne so fasziniert ist, dass er sie für göttlich (»Herr«)
hält. Am Ende aber erkennt er, dass sie Geschöpfe sind und nur der Glaube an den Schöpfer berechtigt ist.

Als die Nacht Abraham überschattete, sah er einen Stern. Er sprach: »Das ist
mein Herr.«
Als er aber unterging, sprach er: »Nicht liebe ich, was untergeht.«
Und als Abraham den Mond aufgehen sah, sprach er: »Das ist mein Herr.« Und
als er unterging, sprach er: »Wahrlich, wenn mich nicht mein Herr leitet, so bin
ich einer der Irrenden.«
Und als Abraham die Sonne aufgehen sah, sprach er: »Das ist mein Herr; das ist
das Größte.« Als sie jedoch unterging, sprach er: »O mein Volk, ich habe nichts
mit euren Göttern zu schaffen. Siehe, ich wende mein Angesicht im Glauben zu
dem, der Himmel und Erde erschaffen hat.«

Sure 6, 76–79

5. Die fünf Säulen – Pflichten

Die Muslime sind davon überzeugt, dass das Bekenntnis zu Gott zwar die Grundlage der Religion ist, dass der Glaube aber unwirksam bleibt, wenn er nicht in die Tat umgesetzt wird. Sie erfüllen ihre Pflichten letztlich aus dem einen Grund: Sie wollen **Gott gehorsam** sein. Im Koran finden sich **viele Anweisungen,** die in gleicher oder ähnlicher Weise auch in anderen Religionen vorkommen:

- Die Muslime dürfen nicht morden, stehlen, lügen und betrügen.
- Sie dürfen sich nicht selbst das Leben nehmen.
- Kinder müssen die Eltern achten und für sie im Alter sorgen.
- Gastfreundschaft ist ein hohes Gut.
- Die Mädchen müssen unberührt in die Ehe gehen.
- Die Sexualität darf nur in der Ehe ausgeübt werden.
- Das Zinsnehmen ist verboten.
- Wer handelt, muss korrekt wiegen und messen.
- Verträge müssen eingehalten werden.
- Höhergestellte müssen zu den Untergebenen gut sein.
- Einbildung, Geiz und Zorn sind zu meiden.
- Auf Sauberkeit ist zu achten.
- Der Genuss von Schweinefleisch und Alkohol ist verboten.
- Alle Drogen und Glücksspiele sind unerlaubt.
- Die Muslime sollen Nachsicht, Gerechtigkeit, Dankbarkeit und Barmherzigkeit üben.

Fünf Pflichten sind für den Islam in besonderer Weise kennzeichnend. In ihnen verwirklichen die Muslime die Hingabe (»Islam«), die Gott von ihnen verlangt. Man nennt diese Pflichten **»Säulen«,** weil sie den Islam tragen wie Säulen ein Haus oder eine Moschee.

Zu den Pflichten der Muslime gehört auch der »**Dschihad«,** ein arabisches Wort, das mit **»Bemühung«** oder **»Anstrengung«** für die Sache Gottes zu übersetzen ist, wobei der Einsatz von Gut und Leben eingeschlossen ist. In dem Wort schwingen Bedeutungen wie diese mit: Kampf gegen Ungläubige, Aufruhr gegen menschenunwürdige Zustände wie Armut und Ungerechtigkeit, das Ringen des Menschen mit seinen eigenen Fehlern. Bei uns ist das Wort fast nur in der Bedeutung **»heiliger Krieg«** bekannt. Tatsächlich kann »Dschihad« auch eine Sache der Gewalt sein. Aber nur im Extremfall ist er eine Verpflichtung zum Krieg. Ein Muslim, der in einem Dschihad stirbt, kommt sofort ins Paradies. Nach einer verbreiteten Auffassung berufen sich heute manche islamische Gruppen zu Unrecht auf diesen Begriff, um ihre politischen Ziele und ihre grausamen Aktionen gegen unschuldige Opfer zu rechtfertigen.

Die Moschee des Propheten in Medina.
Die Säulen einer Moschee versinnbildlichen die Säulen des Islam.

Die fünf Säulen des Islam können durch die fünf Finger einer Hand dargestellt werden. Spanien, 15. Jh.

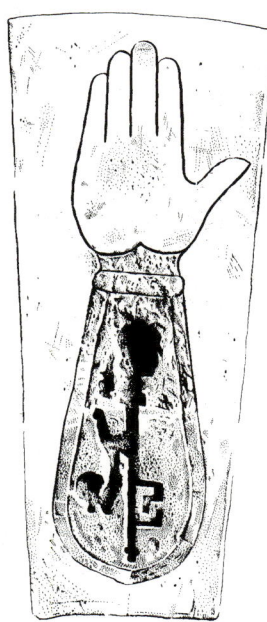

Die Schahada in Form eines Dreiecks, Schmuckblatt, Persien.

1 Schahada – Das Glaubensbekenntnis

Der Islam hat ein Bekenntnis, in dem die Muslime mit wenigen Worten die beiden wichtigsten Themen ihres Glaubens aussprechen. Überall in der Welt, wo es Muslime gibt, wird dieses Bekenntnis gesprochen. Neugeborenen und Sterbenden wird es ins Ohr geflüstert. Man spricht es bei der Beerdigung, damit der Tote ins Paradies kommt.

Wer zum Islam übertreten will, spricht die Schahada vor Zeugen aus, worüber diese eine Urkunde anfertigen und unterschreiben. Damit ist der **Übertritt zum Islam** rechtskräftig. Ein Muslim, der das Bekenntnis nicht mehr akzeptiert, wird aus der Gemeinschaft des Islam ausgestoßen. In Ländern, in denen der Islam Staatsreligion ist, kann der Abtrünnige mit dem Tod bestraft werden.

2 Salat – Das Pflichtgebet

Zum Gebet werden die Muslime **fünfmal täglich** vom Muezzin (Gebetsrufer) auf dem Minarett (Turm) aufgerufen:
- am Morgen, wenn das Morgenrot erstrahlt
- am Mittag, wenn die Sonne ihren höchsten Stand erreicht hat
- am Nachmittag, wenn die Schatten größer sind als die Gegenstände oder Personen
- in der Dämmerung, wenn die Sonne am Horizont versinkt
- am Abend, zu Beginn der Nacht nach dem letzten Abendrot.

Das Gebet ist für alle Muslime vom 12. Lebensjahr an verbindlich. Es erinnert jeden Muslim den ganzen Tag lang an Gott und die Gemeinschaft des Islam. Im Gebet sind alle Muslime, welchen Standes sie auch sind, gleich.

Das tägliche Gebet kann der Muslim da verrichten, wo er sich gerade befindet. Am Mittag des **Freitag,** dem wöchentlichen Feiertag des Islam, und an **Festen** soll er es nach Möglichkeit in der Moschee beten.

Für das Gebet sind ganz bestimmte **Haltungen** vorgeschrieben. Der Muslim zieht die Schuhe aus und stellt sich, wenn er nicht in einer Moschee ist, auf einen Teppich. Er muss völlig sauber und damit rituell rein sein. Das Gebet wird auf die Kaaba nach Mekka ausgerichtet. Der Teppich macht auch in der Umgebung der Ungläubigen aus dem Boden »heiliges Land«. Er kann auf kleinstem Raum ausgebreitet werden und gibt so dem Muslim die Möglichkeit, überall da, wo er sich gerade befindet, sein Gebet zu sprechen. Wenn kein Teppich zur Verfügung steht, kann man eine Matte oder zur Not auch ein Bettlaken benutzen.

Beim Anfang des Gebets steht der Muslim. Die Arme und Hände hängen herab. Sodann verneigt er sich tief und richtet sich wieder auf. Dann wirft er sich zum ersten Mal nieder, küsst den Boden, während die Stirn den Boden berührt und die Hände neben dem Kopf ausgebreitet sind. Das ist der Höhepunkt des Gebets. Nun richtet er sich halb auf, so dass er in eine kniend-sitzende Haltung kommt. Die Hände ruhen dabei auf den Schenkeln knapp über den Knien. Von da aus wirft er sich ein zweites Mal auf den Boden nieder, stellt sich sodann gerade auf und setzt sich nochmals auf seine Knie. Nun spricht er das Glaubensbekenntnis und ein Gebet auf den

---

Die **Schahada,** die von den Muslimen nur arabisch gesprochen werden soll, lautet:
»La ilaha illa-llah – muhammad rasulu llah.«
»Es gibt keine Gottheit außer dem einzigen Gott (außer Allah). Mohammed ist der Gesandte (Prophet) Gottes.«

1 Vergleicht das christliche Glaubensbekenntnis nach Inhalt und Umfang mit der »Schahada«.

Propheten. Zum Abschluss wendet er sich, noch immer auf den Knien sitzend, nach rechts und nach links und sagt zu seinen Mitmenschen: »Auf euch seien das Heil und das Erbarmen Gottes.«

Auf Karawanenzügen in der Wüste oder bei der Arbeit des Bauern und Handwerkers lassen sich leicht Zeiten des Gebets finden. In der modernen Fabrik, im durchorganisierten Büro, auf der Großbaustelle oder im Geschäftshaus, in der Eisenbahn oder im Flugzeug wird der Muslim nicht die Zeit und den Platz zum Gebet finden, die ihm die Tradition vorschreibt.

Die Salat (Betonung auf der ersten Silbe), das **Pflichtgebet** der Muslime, lautet:
»Gott (Allah) ist am größten. Gott ist am größten.
Ich bezeuge, dass es keine Gottheit außer Gott gibt.
Ich bezeuge, dass Mohammed der Gesandte Gottes ist.
Auf zum Gebet! Auf zum Heil! Gott ist am größten. Es gibt keine Gottheit außer Gott.«

2 Vergleicht das Pflichtgebet der Muslime mit dem christlichen Gebet: → S. 84 ff. Ein Bild: → S. 90.

Drei Haltungen beim Pflichtgebet.

3 Zakat – Die Almosensteuer

Das Wort »**Zakat**« bezeichnet die religiöse Steuer des Islam. Manche Gelehrte verlangen den Zehnten, andere sogar ein Fünftel des Einkommens. Als Minimum sind vom Barvermögen 2,5 Prozent an bedürftige Mitmenschen zu zahlen. Wer 40 Schafe oder Kamele hat, soll eines davon abgeben.

4 Saum – Fasten im Ramadan

Seit den Anfängen des Islam ist der neunte Mondmonat des Jahres, der **Ramadan,** die Zeit des Fastens. Vom Morgengrauen bis zum Sonnenuntergang dürfen die Muslime nichts essen und trinken. Sie sollen nicht einmal einen Tropfen Wasser zu sich nehmen, was in südlicher Hitze einen schweren Verzicht bedeutet. Alte und Kranke, Kinder, Reisende und Schwangere sind vom Fasten befreit. Am Abend, wenn die Sonne vollkommen untergegangen ist, hat das Fasten ein Ende. Schon tagsüber wird ein üppiges Abendessen vorbereitet. Beim Essen werden Koranverse gelesen. Reiche Muslime laden Arme zu dieser Mahlzeit ein. Eine festliche Stimmung liegt über dieser gemeinsamen Feier. Nach dem Essen geht man oft in die

Die **Almosensteuer** hat eine doppelte Aufgabe:

■ Die Abgaben dienen zur **Unterstützung der Armen, Witwen und Waisen,** die einen von Gott selbst erhobenen Anspruch auf diese Steuer haben.

■ Der Muslim soll lernen, sein **Herz** nicht an irdischen Besitz zu hängen, sondern für Gott zu öffnen. Die Abgabe soll von Habsucht, Hass und Ungerechtigkeit reinigen.

Das **Fasten** hat für die Muslime einen mehrfachen Sinn:

■ Es erinnert sie daran, dass es nicht selbstverständlich ist genug zum Essen und Trinken zu haben. Durch das Fasten werden sie dazu angeleitet, **Gott für die Nahrung dankbar zu sein.**

■ Zugleich ist das Fasten ein **Werk der Buße,** das sie darin übt, die Leidenschaften zu beherrschen, die Sinnlichkeit zu zügeln und Zorn, Hass, Neid und Eifersucht zu meiden.

■ Heute wird auch der **gesundheitliche Wert** des Fastens gesehen.

3 Fasten – gibt es das auch bei uns? Ist es auch für Christen wichtig?

Moschee, um dort das Abendgebet zu sprechen. Am Ende des Ramadan feiern die Muslime drei Tage lang das Fest des Fastenbrechens (türk.: Bairam). Die Gemeinschaft des Islam wird in diesem Monat erfahrbar.

Auch das Fastengebot stößt in der modernen Welt auf erhebliche **Schwierigkeiten.** Schwere körperliche Arbeiten in Fabriken, im Bergwerk oder im Verkehr werden durch das Fasten erheblich beeinträchtigt, wenn nicht gar unmöglich. Tragisch sind die vielen Unglücksfälle, die sich im Ramadan auch bei uns als Folge des Fastens ereignen. Die fastenden Muslime sind den Anstrengungen ihres Berufs nicht immer gewachsen, weil ihre Umwelt zu wenig Rücksicht auf sie nimmt.

Speisen am Ende eines Tages im Ramadan in Medina.

Ramadan

Die ägyptische Schriftstellerin Jehan Sadat war die Frau des ägyptischen Ministerpräsidenten Anwar al Sadat, der sich für den Frieden mit Israel einsetzte, für seine Bemühungen 1978 den Friedensnobelpreis erhielt und am 6. 10. 1981 von einem ägyptischen Fanatiker erschossen wurde. In ihrem Buch »Ich bin eine Frau aus Ägypten« bekennt sie sich zum Islam. Im Folgenden beschreibt sie, wie sie als Kind den Fastenmonat Ramadan erlebt hat.

Ramadan, die Feier des Monats, in dessen Verlauf unserem Propheten der Koran offenbart wurde, war in meiner Kindheit eines meiner Lieblingsfeste. Dreißig Tage lang fasteten wir von Sonnenaufgang bis Sonnenuntergang und durften nach dem Koran während dieser Zeit nicht eine einzige Krume Brot essen, nicht einen einzigen Tropfen Wasser trinken, Zigaretten- und Pfeifenrauchen, Intimitäten zwischen Ehepaaren, Fluchen und Streitigkeiten waren verboten. ... Es hieß, dass selbst eine einzige Lüge, ein einziger leidenschaftlicher Blick das Fasten eines ganzen Tages entwerten konnte. ...

Man musste mit dem Fasten im ersten Morgenlicht des Tages in dem Augenblick beginnen, da man einen weißen, vor den Himmel gehaltenen Faden von einem schwarzen zu unterscheiden vermochte. Obwohl der Koran uns Kindern erlaubte, mit dem Fasten zu warten, bis wir in die Pubertät kamen, wurden wir, als wir elf oder zwölf Jahre alt waren, von unserer Familie ermuntert, es wenigstens ein bis zwei Tage lang zu versuchen. Von elf Jahren an versuchte ich jedes Mal den ganzen Monat lang zu fasten, besaß aber erst mit dreizehn Jahren die dazu erforderliche Selbstdisziplin.

Die Tage waren nicht allzu anstrengend im Ramadan. Die meisten Geschäfte und Büros blieben geöffnet, aber sie machten erst spät am Vormittag auf, damit jene, die fast die ganze Nacht hindurch aufgeblieben waren, am Morgen ausschlafen konnten. Gegen Abend jedoch, wenn sich der Augenblick näherte, da das Fasten gebrochen werden durfte, veränderte sich die Atmosphäre drastisch. Mit einem Schlag leerten sich die Straßen von Kairo und wurden still, kein Laden hatte mehr geöffnet, Busfahrer waren auf der Stelle nach Hause geeilt, um sich auf den Moment vorzubereiten, da sie wieder essen und trinken durften.

Ungeduldig lauschten wir alle auf die Kanonenschüsse, die in jedem Viertel abgefeuert wurden, sobald die Sonne unterging und alle Moscheen der Stadt die hellen Lichter an ihren Minaretts anschalteten. Dann feierte meine Familie zusammen mit Millionen anderen diesen Moment mit einem Spezialgetränk aus Aprikosensirup und setzte sich zum abendlichen Festmahl nieder.

Trotz aller Entbehrungen war – und ist – der Ramadan der fröhlichste und geselligste Monat des ganzen Jahres. In diesen Wochen nahmen wir die Abendmahlzeiten niemals allein für uns, sondern stets mit der ganzen Familie ein; Tanten, Onkel, Cousinen und Cousins, bis zu zwanzig Personen versammelten sich mal bei uns, mal in einem anderen Haus. Niemals konnten die Speisen so köstlich aussehen, so köstlich duften, so köstlich schmecken! Schon kurz vor Sonnenuntergang strichen wir Kinder um den gedeckten Tisch herum und starrten hungrig auf die eigens für den Ramadan zubereiteten Speisen: Mit Pistazien, Mandeln und Rosinen gefülltes, in Zitronensirup und Zucker getauchtes Gebäck, Zuckerwatte, gekrönt mit Rosinen, Nüssen und Sahne, Kompott aus gedünsteten Aprikosen, Feigen, Pflaumen und Rosinen. Sobald der Kanonenschuss ertönte, stopften wir uns alle damit voll, um anschließend noch stundenlang um den Esstisch sitzen zu bleiben, Geschichten zu erzählen und fröhlich zu sein.

Jehan Sadat, ägyptische Schriftstellerin

Jehan Sadat

Pilger in Mekka.

5 Hadsch – Die Wallfahrt nach Mekka

Die fünfte Pflicht ist zwar nicht unbedingt verbindlich, aber doch eine nachdrückliche Aufforderung an jeden Muslim und an jede Muslimin, die bei der Wallfahrt zu ihrem Schutz von einem männlichen Verwandten begleitet werden soll. Arme und Kranke sind von diesem Gebot befreit. Ungläubigen ist das Betreten von Mekka unter Todesstrafe verboten.

Die **Stationen der Wallfahrt** sind genau festgelegt. Etwa 20 Kilometer vor Mekka säubern sich die Pilger und legen das Pilgergewand an. Alle Männer vom König bis zum Bettler tragen zum Zeichen der universalen Gemeinschaft die gleiche Kleidung, den Ihram, ein weißes saumloses Gewand aus einem Stück Stoff. Frauen sind mit einem langen hellen Gewand bekleidet und tragen hier keinen Schleier. Auf der Straße nach Mekka hört man allerorten den Ruf »Labbaika« (arab.: »Hier bin ich, mein Gott, zu deinen Diensten«). Die Pilger werden von dem Rhythmus der alten Riten mitgerissen, bis sie vor der großen Moschee in Mekka stehen. Im Hof sehen sie schon die **Kaaba**. Siebenmal umschreiten sie das Heiligtum, dreimal halb laufend und halb tanzend, und viermal langsam. Einer der Höhepunkte der Wallfahrt ist erreicht, wenn der Pilger den Schwarzen Stein küssen oder wenigstens mit der Hand berühren kann. In diesem Augenblick bekennt er bewegt, dass Gott Einer ist.

Am siebten Tag beginnt der eigentliche Hadsch mit einer Predigt, die der Kadi von Mekka von einer Kanzel neben der Kaaba hält. Danach begeben sich die Pilger zum Hügel der Gnade in der Ebene **Arafat**. Dort lagern sie sich am neunten Tag am Fuß des Hügels, auf dem Mo-

Pilger im weißen Gewand auf dem Hügel der Gnade in der Ebene Arafat.

hammed seine Abschiedspredigt gehalten hat. Es heißt, dass sie hier »vor dem Angesicht Gottes« verweilen. Damit ist die feierlichste Zeremonie der ganzen Pilgerreise erreicht. Das Beten und Schauen gerade dieser Stunden prägt sich ihnen tief ein. Die folgende Nacht bringen sie im Gebet zu.

Die Rückkehr nach Mekka am zehnten Tag führt über **Mina**. Auf dem Weg dorthin haben die Pilger kleine Steinchen gesammelt, mit denen sie hier die drei »Satanssäulen« bewerfen, an denen schon Abraham den Teufel mit Steinen vertrieben haben soll. Voll Jubel kommen sie an, verbringen eine Nacht unter freiem Himmel und freuen sich dann darauf, dass in Mina ein Opfertier dargebracht wird, übrigens das einzige blutige Opfer, das der Islam kennt. Für jeden Pilger wird ein Stück Kleinvieh oder für sieben Pilger zusammen ein großes Tier geschlachtet. Das Mahl dauert drei Tage. Es erinnert an Abraham, der bereit war, Gott seinen Sohn zu opfern. Gott wollte aber das Opfer nicht und schickte dem Abraham vom Himmel einen Widder, den er an Stelle des Sohnes opferte (Gen 22; → S. 53).

Am Ende der Wallfahrt legen die Pilger das Pilgergewand wieder ab und lassen sich Bart und Haare schneiden. Sie besuchen noch einmal **Mekka** und machen, wie schon zu Beginn, einen siebenfachen Gang um die Kaaba. Jeder füllt für die Rückreise heiliges Wasser in seine Flasche und tritt dann dankbar und beglückt die Heimreise an. Viele Pilger besuchen noch das Grab Mohammeds in **Medina**. Ein Muslim, der die Wallfahrt nach Mekka gemacht hat, darf sich voll Stolz den Ehrentitel »**Hadschi**« oder als Frau »**Hadschije**« zulegen.

Einmal im Leben soll jeder Muslim **nach Mekka pilgern** und dort die vorgeschriebenen Riten vollziehen. Diese Wallfahrt erinnert alle Pilger an die Anfänge des Islam bei Adam, Abraham, Ismael und Hagar (→ S. 247). Hier erfährt sich jeder Muslim als gleichberechtigtes Mitglied einer Gemeinschaft, ganz gleich, aus welcher Nation oder Rasse er stammt und welchem Stand er angehört.

Mitleid mit dem Kätzchen.
Oder: Das Kleinste ist oft das Wichtigste.

Die folgende Geschichte erzählt von dem Abu Bakr Schibli (gest. 945) aus Damaskus, der – wie die Leute meinten – auf verrückten Wegen Gott suchte.

Nach seinem Tod sah einer seiner Freunde ihn im Traum und fragte: »Wie hat Gott dich behandelt?« Er sagte: »Er hat mich vor sich gestellt und gefragt: Abu Bakr, weißt du, warum ich dir vergeben habe? Ich sagte: Wegen meiner guten Werke. Er sagte: Nein. Ich sagte: Wegen meiner Pilgerfahrt und meines Fastens und meiner Pflichtgebete. Er sprach: Nein, nicht deswegen habe ich dir vergeben. Ich sagte: Wegen meiner Reisen, um Wissen zu erwerben und weil ich zu den Frommen ausgewandert bin. Er sagte: Nein. Ich sagte: O Herr, dies sind die Werke, die zur Rettung führen; die habe ich über alles gestellt und bei denen habe ich gedacht, dass du mir ihretwegen vergeben würdest. Er sprach: Doch nicht um all dieser Dinge wegen habe ich dir vergeben. Ich fragte: O Herr, weshalb denn dann? Er sprach: Erinnerst du dich, wie du durch die Gassen von Bagdad gingst und ein Kätzchen fandest, das vor Kälte ganz schwach geworden war und von Mauer zu Mauer lief, um Schutz vor der schneidenden Kälte und dem Schnee zu suchen, und du hast es aus Mitleid aufgehoben und in deinen Pelz gesteckt und hast es so vor der Qual der Kälte geschützt? Ich sagte: Ja, ich erinnere mich. Er sprach: Weil du mit dieser Katze Erbarmen hattest, darum habe ich mich deiner erbarmt.«

Islamische Erzählung

4 Vergleicht die »Fünf Säulen« mit den Pflichten der Christen.

Links: Verschleierte Bankangestellte in San'a, Jemen.

Oben rechts: Frauen in einer nordafrikanischen Stadt.

Unten: Frauen bei einer Demonstration in Persien (Iran).

6. Muslime in Deutschland

■ Heute leben in Deutschland etwas über **3 Millionen** Muslime. Etwa 2,2 Millionen von ihnen sind Türken, die anderen kommen vom Balkan, aus Nordafrika, den arabischen Ländern, Iran, Pakistan und Indonesien. Unter ihnen sind Arbeitsuchende, Kriegsflüchtlinge und religiös Verfolgte. Die meisten wollen in Deutschland bleiben.

■ Die Muslime in Deutschland gehören zahlreichen religiösen und politischen **Richtungen** an, die hier manchmal mehr untereinander zerstritten sind als in ihrer Heimat. Einige Gruppen tragen ihren Streit auch öffentlich und mit Gewalt aus. Die Hälfte aller Muslime besucht regelmäßig eine Moschee. Die ca. 1500 Moscheen sind oft ärmlich in leeren Gasthäusern, Kinos, Fabriken und Lagerräumen untergebracht. Die Zahl der neu gebauten Moscheen wächst stetig. Der Ruf des Muezzin ist von da meist nicht öffentlich zu hören. Mit der Umwelt gibt es Konflikte, wenn der Neubau einer Moschee das Stadtbild oder die Wirkung einer nahe gelegenen Kirche beeinträchtigt. In den meisten Fällen ist aber eine Einigung möglich geworden.

Koranschule in Gelsenkirchen

■ Prinzipielle **Schwierigkeiten** mit der Ausübung ihrer Religion haben die meisten Muslime nicht, weil das Grundgesetz die freie Ausübung der Religion zum Grundrecht erklärt. Dies wird von ihnen dankbar anerkannt. Darum stehen sie auch auf dem Boden des Grundgesetzes. Doch leiden nicht wenige Muslime unter einer verbreiteten Fremdenfeindlichkeit. Es gibt Schikanen im Alltag. Selbst Mord und Totschlag, Brandstiftung und Zerstörung sind zu beklagen. Probleme entstehen, wenn sich **deutsches und islamisches Recht** entgegenstehen.

• Die islamischen Bestattungsriten fordern, dass die **Toten** in Leichentüchern ohne Sarg in Richtung Mekka bestattet werden. Dies wird auf deutschen Friedhöfen nicht immer akzeptiert, so dass einige Muslime ihre Toten auf eigenen Grundstücken beerdigen, 95 Prozent aber die Toten in ihre Heimat überführen. Die Muslime fühlen sich aber wie die meisten Menschen nur da wirklich zu Hause, wo ihre Toten die letzte Ruhe finden.

• Wenn islamische Mädchen mit ihren **Kopftüchern** deutsche Schulen besuchen, werden sie mitunter ausgelacht oder beleidigt.

• Die islamischen **Feiertage** fallen oft auf deutsche Wochentage, an denen gearbeitet werden muss. In etlichen Schulen werden die Muslime an diesen Tagen vom Unterricht befreit.

• Das tägliche fünfmalige **Pflichtgebet** ist vielen Muslimen hierzulande nicht möglich, weil sie dazu nicht ihre Arbeit unterbrechen können.

• Das **Fasten** im Ramadan ist für muslimische Arbeiter besonders hart, weil die deutschen Arbeitsbedingungen auf diese religiöse Pflicht keine Rücksicht nehmen.

• Noch immer gibt es es keinen islamischen **Religionsunterricht** an deutschen Schulen. Das hängt damit zusammen, dass die staatlichen Anforderungen an den schulischen Religions-unterricht (→ S. 4 f) hoch sind. Er muss die deut-sche Verfassung bejahen und in deutscher Sprache von Lehrern erteilt werden, die eine wissenschaftliche und pädagogische Ausbil-dung erhalten haben. Die vielen islamischen Organisationen in Deutschland haben sich noch nicht auf einen einheitlichen Lehrplan festlegen können.

■ Ein grundsätzliches Problem besteht für die Muslime darin, wie weit sie den Lebensstil ihrer Heimatländer beibehalten oder wie weit sie sich an die **Kultur in Deutschland** anpassen sollen. Müssen sie deutsch sprechen oder nicht? Wie sollen sie sich kleiden? Was sollen sie essen und trinken? Darf es freundschaftliche Kontakte zu Deutschen geben oder sollen sie mehr unter sich bleiben? Welche Gesetze gelten für sie? – Fast alle Deutschen und viele Muslime halten es für notwendig, dass die Muslime sich an das deutsche Recht halten und mit der deutschen Kultur anfreunden, wenn sie auf Dauer hier leben wollen. Andernfalls verbleiben sie in einer Isolation (lat.: »Absonderung«), die auf Dauer weder für die Muslime noch für die Deutschen gut ist.

Islamischer Friedhof in Berlin. Für die »zweitgrößte türkische Stadt« und die größte muslimische Gemeinde in Deutschland ist er inzwischen zu klein. Die Moschee nebenan ist der traditionelle Mittelpunkt der Berliner Türken, die wichtigste Gebetsstätte in der Stadt.

■ Ein anderes zentrales Problem für den Islam – ähnlich wie für Judentum und Christentum – in Deutschland und in Europa ist die fortschreitende **Verweltlichung** des Lebens, die zu einem Schwund von Religion über-haupt führt. Hier sind Einstellungen verbreitet, die vom Koran her nicht geduldet werden können und unter schwerer Strafe stehen. Wenn sich z. B. die älter werdenden Kinder unter dem Einfluss der Umwelt vom Islam ab-kehren, wenn sie Drogenprobleme haben, Alkohol trinken, kriminell wer-den, sexuelle Freizügigkeit praktizieren und die wichtigsten islamischen Pflichten (z. B. Beten und Fasten) nicht mehr erfüllen, sind Konflikte mit den Eltern und der Verwandtschaft unausweichlich. Sie bringen die Generationen gegeneinander auf und führen zur Zerrüttung islamischer Familienstrukturen. Viele Muslime haben es schon bereut, ihre Heimatländer verlassen zu haben.

■ Unter den Muslimen in Deutschland gibt es nur wenige **gewaltsame** Gruppierungen, die den öffentlichen Frieden stören. Es ist eine klei-ne Minderheit, die vom Verfassungsschutz als radikal eingestuft wird, weil sie sich nicht an die deutschen Gesetze hält. Sie findet allerdings er-hebliches öffentliches Interesse. Die weitaus meisten Muslime halten sich an die deutschen Gesetze und zahlen ihre Steuern. Sie können erwarten, dass sie als friedliche Bürger aner-kannt werden, die nach ihren eigenen religiö-sen Vorstellungen leben möchten.

1 Gelegentlich wenden junge Deutsche gegen junge Türken Gewalt an. Sie rempeln sie an, rufen ihnen beleidigende Worte nach, prügeln sie, entreißen ihnen, was sie bei sich tragen. Manchmal verwüsten sie auch türkische Läden und Stände. Dabei brüllen sie, dass auf deutschen Märkten nur deutsche Waren verkauft werden sollen. Kennt ihr solche Vorfälle? Was würdet ihr tun, wenn ihr dabei wärt?

2 Kennt ihr auch Fälle, in denen junge Türken gegen junge Deutsche Gewalt ausüben? Welche Motive haben sie dabei?

3 Warum vermieten deutsche Hausbesitzer türkischen Familien oft so ungern eine Wohnung?

4 Habt ihr Ideen, wie man das Verhältnis zu den Muslimen in eurer Klasse, Schule und Stadt verbessern könnte?

■ In vielen Städten Deutschlands bemühen sich **christlich-islamische Vereinigungen** um ein besseres gegenseitiges Verständnis. Sie versuchen Konflikte vor Ort zu verhindern oder zu entschärfen. Manchmal stellen Kirchengemeinden den Muslimen ihre Räume zum Gebet zur Verfügung. Theologen, Lehrer und Journalisten sind dabei, ein zutreffendes Bild vom Islam zu entwerfen. Gemeinsame soziale Aktivitäten werden häufiger. Beide Seiten – Deutsche und Muslime – müssen noch viel lernen, um richtig miteinander umzugehen und den jeweils Anderen so zu nehmen, wie er ist.

Gehorsam ist schwer

Die folgende Geschichte berührt ein Problem, das muslimische Mädchen in deutschen Schulen oft haben.

»Sie müssen noch einmal mit meinem Vater reden«, sagt Fatma zu ihrem Klassenlehrer, Herrn Neuhaus. »Wir haben doch schon alles organisiert. Marion, Elif, Ebba, Laura, Sophie und ich wohnen in einem Haus.«

Herr Neuhaus, der gerade ins Lehrerzimmer gehen will, setzt sich wieder hinter sein Pult und schaut auf den Prospekt der Freizeitanlage, der vor ihm liegt. Immer sechs Kinder sollen einen Bungalow bewohnen, der mit drei Schlafräumen und einer kleinen Küche ausgestattet ist.

»Laura, Sophie und ich sorgen für das Frühstück und die anderen drei für die Zwischenmahlzeit. Es ist alles schon besprochen. Elifs Mutter gibt uns noch eine türkische Pizza mit.«

Herr Neuhaus sieht seine Schülerin traurig an.

»Ich habe mich so auf die Klassenfahrt gefreut«, ereifert sich Fatma. »Es ist meine erste Reise ohne meine Eltern.«

Herr Neuhaus betrachtet flüchtig die Bilder des Prospekts. Sie zeigen eine Minigolfanlage, ein Volleyballfeld und einen Fußballplatz. Auf der Rückseite des Prospektes ist ein Schwimmbad abgelichtet, das in der Nähe liegt. Ein idealer Ort für eine Jugendfreizeit.

»Abends gehen wir zusammen in die Disko«, rundet Fatma ihre Überlegungen ab.

»Aber vielleicht lässt gerade deshalb dein Vater dich nicht mitfahren«, überlegt Herr Neuhaus. »Er denkt wie viele türkische Väter. Nach seinen Vorstellungen darfst du vor der Ehe keinen Freund haben und auf einer Klassenfahrt kann er dich nicht beaufsichtigen.«

»Aber Elif darf doch auch mit. Ihre Eltern sind auch Türken.«

»Sie haben vielleicht eine andere Einstellung zu diesem Problem.«

»Reden Sie doch bitte noch einmal mit meinem Vater!«

Herr Neuhaus steht auf.

»Fatma, ich habe mir viel Mühe gegeben. Ich habe deine Eltern angeschrieben wie alle anderen auch. Dann habe ich aber noch einmal mit deinem Vater telefoniert und sogar hier in der Schule ein Gespräch unter vier Augen mit ihm geführt. Er bleibt bei seinem Nein.«

Fatma weint. »Was soll ich jetzt machen?«, schluchzt sie.

Lehrer Neuhaus legt tröstend seine Hand auf ihre Schulter. Dann sagt er bestimmt: »Gehorche deinem Vater!«

Als Fatma den Klassenraum verlässt, brummt sie: »Ich verstehe nicht, warum mir mein Vater nicht vertraut.«

Heribert Haberhausen

7. Islam und Christenheit

Zwischen dem Islam und der Christenheit gibt es **zahlreiche Spannungen.** Die Ursachen dafür gehen teilweise bis auf die Zeiten Mohammeds zurück.

■ Der Prophet hatte die Christen zunächst bewundert, weil sie – anders als die damaligen Araber – an Einen Gott glaubten, in der Bibel ein heiliges Buch hatten und für das Ende der Zeit auf das Gericht Gottes warteten. Er erkannte die biblischen Propheten als seine Vorläufer an und verehrte Jesus und seine Mutter Maria. Hochachtungsvoll nannte er die Christen »Volk der Schrift« (d. h. der Bibel). Als die Christen aber Mohammed nicht als einen neuen Propheten ansahen, sondern bei ihrem Glauben an Jesus Christus blieben, kam es zum **Bruch.** Mohammed warf ihnen nun vor, nicht auf den Koran zu hören. Ihren Glauben an den dreifaltigen Gott hielt er für Polytheismus (→ S. 256) und die Menschwerdung des Sohnes Gottes war für ihn ein Irrglaube, da Gott keinen Sohn haben könne. Auch warf er den Christen vor, gegen das biblische Bilderverbot zu verstoßen und Bilder von Gott und seinen Heiligen in ihren Kirchen aufzustellen.

■ In späteren Zeiten kamen andere Gründe für die Ablehnung des Christentums hinzu. Noch heute werden die Gefühle der Muslime aufgewühlt, wenn sie an die Grausamkeiten der **Kreuzzüge** und an die **Vertreibung der Muslime aus Spanien** (1492) denken. Damals richteten christliche Heere Blutbäder unter den Muslimen an. In diesen Kriegen sehen die Muslime einen Widerspruch zur Friedensbotschaft Jesu.

■ Aus der neueren Zeit wird dem Christentum seine Mitverantwortung für den **Kolonialismus** vorgeworfen, der viele islamische Gebiete zu europäischen Kolonien machte. Vor allem die Franzosen und Engländer eroberten Länder, in denen viele Muslime lebten, z. B. Ägypten, Algerien, Tunesien, Libyen und Indien. Die Fremdherrschaft brachte immer auch christliche Missionare ins Land, die die Muslime für das Christentum zu gewinnen suchten. Durch sie fühlte sich der Islam aufs Äußerste gedemütigt.

■ In der Gegenwart wird dem Christentum vorgehalten, **gegenüber dem Verfall der Religion und Moral ohnmächtig zu sein.** Gerade in den Ländern des Westens (Europa, USA), in denen das Christentum einst stark war, sei der Gottesglaube geschwächt und die Sittenlosigkeit gestärkt worden. Man brauche nur einen Blick auf die Fernsehprogramme, Kinos oder Kioske zu werfen, um zu sehen, wie dort Gewalt und Schamlosigkeit verherrlicht würden.

Umgekehrt hat auch das **Christentum gegenüber dem Islam Vorbehalte.**
■ Christen können den **Anspruch** des Islam die allein richtige Religion zu sein nicht anerkennen.
■ Sie weisen auf eine lange Geschichte hin, in der es zahlreiche **Gewalttaten** des Islam gegen die Christenheit gab. In Asien, Nordafrika und Europa wurden Christen von Muslimen getötet oder in ihren Rechten eingeschränkt.

Die Geburt Jesu (»Isa«) in der Wüste. Maria (»Maryam«) schüttelt die Dattelpalme. Wasser sprudelt aus der Erde (Sure 19). Das Kind liegt in einem Flammenkranz auf dem Wüstenboden.

Entrückung Jesu, türkische Miniatur, 1583. Nach den Worten des Koran wurde Jesus nicht ermordet und gekreuzigt. Ein anderer starb an seiner Stelle und Gott erhöhte Jesus zu sich (Sure 4, 157–158).

■ Das Christentum sieht sich durch die **Missionstätigkeit** des Islam stark beeinträchtigt. Die Missionare des Propheten gewannen im 20. Jahrhundert erheblich mehr Gläubige als die Missionare unter dem Zeichen des Kreuzes. Den Christen gelangen in islamischen Gebieten nahezu keine Missionserfolge, während der Islam in viele christliche Gegenden vor allem in Afrika eindringen konnte.

■ In einigen islamischen Ländern ist heute die **Situation für Christen** sehr schwierig. Vor Benachteiligungen und ungerechten Verurteilungen sind sie nicht sicher. Der Bau christlicher Kirchen wird nicht gestattet. Vor Gericht sollen Christen nicht aussagen dürfen. Viele christliche Schulen sind in den letzten Jahren geschlossen worden. Die beruflichen Chancen der Christen sind stark eingeschränkt. Die Rechtsstellung einer christlichen Frau, die mit einem Muslim verheiratet ist, ist auf dem Gebiet der Kindererziehung, der Religionsausübung und der Scheidung extrem ungünstig. Gerade diese konkreten Probleme der Gegenwart belasten das islamisch-christliche Verhältnis außerordentlich.

Trotzdem gibt es in beiden Religionen Bemühungen alte Wunden zu heilen und eine bessere gegenseitige Kenntnis und Wertschätzung zu erreichen. Wichtige **Anknüpfungspunkte** könnten sein:
• der gemeinsame Gottesglaube
• die Rückbesinnung auf Abraham, Mose und Jesus
• die Bedeutung von Gebet, Fasten und religiösen Pflichten
• die Achtung vor dem Leben
• der Kampf gegen Verfallserscheinungen der Moderne.
Für die **Zukunft der Menschheit** wird sehr viel davon abhängen, wie sich die beiden größten Religionen der Welt zueinander verhalten. Ohne ihr friedliches Miteinander wird es keine Gerechtigkeit für die Völker und keinen Frieden auf Erden geben.

Das 2. Vatikanische Konzil

Im 2.Vatikanischen Konzil (1962–1965; → S. 208) hat die katholische Kirche einen wichtigen Schritt dazu getan, ihr Verhältnis zum Islam zu verbessern.

Mit Hochachtung betrachtet die Kirche auch die Muslime, die den alleinigen Gott anbeten, den lebendigen und in sich seienden, barmherzigen und allmächtigen, den Schöpfer Himmels und der Erde, der zu den Menschen gesprochen hat. Sie mühen sich darum, sich auch seinen verborgenen Ratschlüssen mit ganzer Seele zu unterwerfen... Da es jedoch im Lauf der Jahrhunderte zu manchen Zwistigkeiten und Feindschaften zwischen Christen und Muslimen kam, ermahnt die Heilige Synode alle das Vergangene beiseite zu lassen, sich aufrichtig um gegenseitiges Verstehen zu bemühen und gemeinsam einzutreten für Schutz und Förderung der sozialen Gerechtigkeit, der sittlichen Güter und nicht zuletzt des Friedens und der Freiheit für alle Menschen.

Erklärung über das Verhältnis zu den nichtchristlichen Religionen (1965)

○ Wie sollten Christen und Muslime miteinander umgehen?

Abbildungsverzeichnis

Umschlagabbildung: Henri Matisse, Weihnacht. Entwurf eines Glasfensters für die Zeitschrift »Life« 1952, The Museum of Modern Art, New York, ©Succession H. Matisse/VG Bild-Kunst, Bonn 2014. 2/3 Bavaria Bildagentur, Gauting. 5 Fotos: Peter Wirtz, Dormagen. 8 Meditationsfahne Kyuchul Ahn, Korea. ©Brot für die Welt, Stuttgart. 9 Henri Matisse, Das Herz, aus der Bildserie Jazz, 1943/44, ©Succession H. Matisse/VG Bild-Kunst, Bonn 2014. 10 ©Ivan Steiger, München, aus: Ivan Steiger sieht die Bibel, Verlag Katholisches Bibelwerk und Deutsche Bibelgesellschaft, Stuttgart. 11 (u.) Karl Caspar, Getsemane – Jesus am Ölberg, 1916, ©Köster/VG Bild-Kunst, Bonn 2014. 13 Emil Nolde, Heilige Nacht, 1912, ©Stiftung Seebüll, Ada und Emil Nolde, Neukirchen. 16 (o.) ©Ivan Steiger, München, a. a. O. • (u.) Diane Arbus. 17 (o.) ©Ivan Steiger, München, a. a. O. • (u.) Peter Nagel, Spielkiste II, ©VG Bild-Kunst, Bonn 2014. 18 dpa, Frankfurt. 19 Martin Honert, Foto, 1993, ©VG Bild-Kunst, Bonn 2014. 20 Paul Klee, 1939, 385 (A5) Ein Kinderspiel, Kleisterfarben und Aquarell auf Karton; 43,5 x 32,0 cm, Privatbesitz Schweiz. 21 (l.) Käthe Kollwitz, Saatfrüchte sollen nicht vermahlen werden!, 1942, ©VG Bild-Kunst, Bonn 2014. • (r.) Klaus Herzog, Aachen. 22 (o.) KNA, Frankfurt. • (u.) UNICEF. 23 (o./u.) KNA, Frankfurt. 24 (o.) KNA, Frankfurt. • (u.) UNICEF. 25 (o.) dpa, Frankfurt. • (M.) UNICEF. • (u.) KNA, Frankfurt. 26 KNA, Frankfurt. 27 Will Mc Bride/Graphics-Photos-Art, München. 28 Emil Nolde, Christus und die Kinder, 1910, New York, ©Stiftung Seebüll, Ada und Emil Nolde, Neukirchen. 29 Oskar Kokoschka, Christus hilft den hungernden Kindern, 1945, ©Fondation Oskar Kokoschka/VG Bild-Kunst, Bonn 2014. 30 Peter Wirtz, Dormagen. 31 (o.) ©Ivan Steiger, München, a. a. O. 32 Peter Wirtz, Dormagen. 34 (l.) Roman Mensing, Bonn. • (u.) ©Ivan Steiger, München, a. a. O. 37 (u.l.) Frank Teichmann, Stuttgart. • (u.r.) Jürgen Liepe/Bildarchiv Preußischer Kulturbesitz, Berlin. 38 (o.M.) Quelle unbekannt. • (u.) David Harris. • (u.r.) Z. Radovan. 39 (o./u.l.) David Harris. 43 ©Ivan Steiger, München, a. a. O. 44 (o./M.) Peter Wirtz, Dormagen. 45 (o./u.l.) Peter Wirtz, Dormagen. • (u.r.) Marc Chagall, Der Engel mit der Thora, 1931, ©VG Bild-Kunst, Bonn 2014. 46 Marc Chagall, Der Betende, 1934/35, ©VG Bild-Kunst, Bonn 2014. 47 Marc Chagall, Die Erschaffung des Menschen, 1956–58, ©VG Bild-Kunst, Bonn 2014. 50 Jürgen Liepe, ©Bildarchiv Preußischer Kulturbesitz, Berlin. 51 Marc Chagall, Abraham empfängt die drei Engel, 1931, ©VG Bild-Kunst, Bonn 2014. 52 (u.) Marc Chagall, Jakobs Traum von der Himmelsleiter, 1931–56, ©VG Bild-Kunst, Bonn 2014. 55 Marc Chagall, Mose vor dem brennenden Dornbusch, 1966, ©VG Bild-Kunst, Bonn 2014. 57 Marc Chagall, Durchzug durch das Rote Meer, 1966, ©VG Bild-Kunst, Bonn 2014. 58 Alfons Senfter, A – Gschnitz. 59 Marc Chagall, Mose empfängt die Gesetzestafeln, ©VG Bild-Kunst, Bonn 2014. 60 (o.) R. Burri/Magnum/Focus, Hamburg. 61 Marc Chagall, Mose schlägt Wasser aus dem Felsen, ©VG Bild-Kunst, Bonn 2014. 62 David Harris. 63 (o.) Erich Lessing/Magnum/Focus, Hamburg. • (u.) Marc Chagall, Wandteppich im Museum Biblische Botschaft in Nizza, 1971, ©VG Bild-Kunst, Bonn 2014. 64 Marc Chagall, Rut zu Füßen des Boas, 1960, ©VG Bild-Kunst, Bonn 2014. 65 Quelle unbekannt. 66 Marc Chagall, David spielt vor Saul die Harfe, 1931–39, ©VG Bild-Kunst, Bonn 2014. 67 Marc Chagall, König David, ©VG Bild-Kunst, Bonn 2014. 68 Jürgen Liepe/Bildarchiv Preußischer Kulturbesitz, Berlin. 69 Marc Chagall, Jeremia kündigt die Zerstörung Jerusalems an, ©VG Bild-Kunst, Bonn 2014. 70 (o.) Oritep, Hamburg. • (u.) Marc Chagall, Ester, 1960, ©VG Bild-Kunst, Bonn 2014. 71 Marc Chagall, Daniel in der Löwengrube, 1962, ©VG Bild-Kunst, Bonn 2014. 72 (l.) Marc Chagall, Ijob in Verzweiflung, 1962, ©VG Bild-Kunst, Bonn 2014. (r.) Marc Chagall, Ijob im Gebet, 1960, ©VG Bild-Kunst, Bonn 2014. 73 Marc Chagall, Der Märtyrer, 1940, ©VG Bild-Kunst, Bonn 2014. 74 (o.) René Magritte, Die unendliche Besichtigung, 1963, ©VG Bild-Kunst, Bonn 2014. • (u.) ©Ivan Steiger, München, a. a. O. 75 (l.) Werner Trutwin. • (r.) Jan Tomaschoff, Düsseldorf. 76 Georges Rouault, Der vornehme Pierrot, 1941, ©VG Bild-Kunst, Bonn 2014. 77 (o.) Paul Klee, Zwiegespräch Baum – Mensch, 1939, 403 (B3); Bleistift auf Papier; 20,8 x 29,6 cm; Privatbesitz Schweiz. • (u.) Bavaria Bildagentur, München. 79 (l.) Pictor International Bildagentur. • (o.r./M.l.) Bavaria Bildagentur, München. (M.M.) The Image Bank Bildagentur • (u.l.) Premium, Düsseldorf. • (u.r.) Peter Wirtz, Dormagen. 80 ©Ivan Steiger, München, a. a. O. 82 (o.l.) Bavaria Bildagentur, München. • (o.r.) Rolf Kunitsch, Münster. • (M.l.) Zeichnung von Phili Trutwin, 11 Jahre. • (u.r.) ZEFA. (u.r.) Superstock. 83 (o.l.) ©Ivan Steiger, München, a. a. O. • (o.r.) KNA, Frankfurt. • (M.) Superbild Bildarchiv, München/Berlin. • (u.l.) Zeichnung von Phili Trutwin, 11 Jahre. 88 Peter Wirtz, Dormagen. 89 (u.) KNA, Frankfurt. • (o./M.) Peter Wirtz, Dormagen. 90 (u.) Lawrence Manning/Christoph & Friends & Das Fotoarchiv, Essen. 91 (o.l.) dpa, Frankfurt. • (M.) Sebastian Bolesch/Christoph & Friends & Das Fotoarchiv, Essen. • (o.r.) Hermann-Josef Frisch, Lohmar. • (u.r.) Jeffrey Jay Foxx. 93 Paul Klee, Monolog des Kätzchens, 1938, 426 (Z6); Bleistift auf Papier; 29,9 x 20,9 cm; Privatbesitz Schweiz. 94 Alfons Senfter, A – Gschnitz. 95 R. Pitt. 96 (o.) Herbert Fasching, St. Pölten. • (u.) Marcello Bertinetti/Archiv White Star. 97 (o.l.) David Harris. • (o.r.) Alfons Senfter, A – Gschnitz. • (M.l.) Carlo de Fabianis/Archiv White Star • (M.r.) David Harris. • (u.l.) Marcello Bertinetti/Archiv White Star. 98 Alfons Senfter, A – Gschnitz. 118 Emil Nolde, Jesus und die Schriftgelehrten, 1951, ©Stiftung Seebüll, Ada und Emil Nolde, Neukirchen. 120 Marcello Bertinetti/Archiv White Star. 124 (u.) Peter Conolly. 132 Frans Masereel, Mitten unter euch ist einer, den ihr nicht kennt, ©VG Bild-Kunst, Bonn 2014. 136 Gemeinnützige Stiftung Leonard von Matt, CH – Buochs. 141 Mario Gerardi, Rom. 142 (o.) G. Dagli Orti. 143 Quelle unbekannt. 144 Archiv für Kunst und Geschichte, Berlin. 145 Erich Lessing/Archiv für Kunst und Geschichte, Berlin. 148 Erich Lessing/Archiv für Kunst und Geschichte, Berlin. 157 (l.) Foto Scala, Florenz. 162 Archiv für Kunst und Geschichte, Berlin. 163 Fouad N. Ibrahim, Wunstorf. 166 KNA, Frankfurt. • (u.r.) Benediktinerinnenabtei St. Hildegard, Eibingen. Mit freundlicher Genehmigung. 168 Andreas Hoffmann, Braunschweig. 172 (r.) KNA, Frankfurt. 177 Theo Ahrens, Paderborn. 178 Richard Oelze, Expectation (Erwartung), 1935–36, The Museum of Modern Art, New York ©Ellida Schargo von Alten, Aerzen. 179 Marc Chagall, Engelsturz, 1947, ©VG Bild-Kunst, Bonn 2014. 180 ©Ivan Steiger, München, a. a. O. 181 (o.) M. Carrieri. • (u.) Bildarchiv Benedettine di Priscilla der Pontifica Commisione di Archeologia Sacra, Rom. 182 Foto Scala, Florenz. 183 (o.l./o.r./u.r.) Foto Scala, Florenz. • (M./u.l.) Aus: Wilpert: Die Malereien der römischen Katakomben. 185 (o.l.) Foto Scala, Florenz. 186 Calig. 188 (o.) ©Könemann Verlagsgesellschaft mbH, Foto: Achim Bednorz. 189 (o.) ©Könemann Verlagsgesellschaft mbH, Foto: Achim Bednorz. • (u.) Fotos: Frans J. Klimm (Jaeger Druck Speyer). 191 (o.) Foto Scala, Florenz. • (u.l.) Dombauverwaltung Köln. • (o.r.) Gemeinnützige Stiftung Leonard von Matt, CH – Buochs. 192 (o.) Keith Haring, Ohne Titel, Entwurf für eine Skulptur in einem Kinderkrankenhaus, 1982, ©The Estate of Keith Haring, New York. • (u.) Keith Haring, Ohne Titel, 1987, ©The Estate of Keith Haring, New York. 193 (o.) ©Ivan Steiger, München, a. a. O. • (u.) Pablo Picasso, Der Tanz der Freundschaft, 1959, ©Succession Picasso/ VG Bild-Kunst, Bonn 2014. 194 Jochen Tack/Christoph & Friends & Das Fotoarchiv, Essen. 195 (o./u.) Hans Lachmann, Düsseldorf. 197 Peter Wirtz, Dormagen. 198 (l.) Pictor International Bildagentur. 199 (o.) Adelheid Heine-Stillmark, Karlsruhe. • (u.) Christa Pilger-Feiler, München. 200 Peter Wirtz, Dormagen. 201 Peter Wirtz, Dormagen. 202 Peter Wirtz, Dormagen. 203 KNA, Frankfurt. 204 Peter Wirtz, Dormagen. 205 Peter Wirtz, Dormagen. 206 (o.) KNA, Frankfurt. • (u.) Peter Wirtz, Dormagen. 207 (r.) Werner Neumeister, München. • (l.) De Antonis, Rom. 208 Bettmann-Corbis, New York. 209 Fotos: Peter Wirtz, Dormagen. 212 (o.) Misereor-Plakat. • (u.) Brot für die Welt. Gestaltung: Grafik + Foto, Rambow, Lienemeyer, van de Sand, Frankfurt. 221 (o./M.) ©Jals. • (u.) Aus: Karl-Arnd Techel, Tummelplätze Gottes, Christlicher Zeitschriftenverein, Berlin 1979, S. 75. 223 KNA, Frankfurt. 224 (M.M./u.M.) KNA, Frankfurt. • Peter Wirtz, Dormagen. 225 (o.) Jules Stauber, Schwaig. • (u.) epd-Bild, Frankfurt. 227 ©Ivan Steiger, München, a. a. O. 228 (o.l.) Superbild Bildarchiv, München/Berlin. • (M./r.) dpa, Frankfurt. 229 ©Ivan Steiger, München, a. a. O. 230 Fotos: Peter Wirtz, Dormagen. 231 (u.) Ernst Barlach, Moses auf dem Sinai, Holzschnitt, 1928, ©Ernst und Hans Barlach Lizenzverwaltung, Ratzeburg. 235 ©Ivan Steiger, München, a. a. O. 236 Pablo Picasso, Der Krieg, 1952–53, ©Succession Picasso/ VG Bild-Kunst, Bonn 2014. 237 Fotos: dpa, Frankfurt. 238 (u.) Nettie Bromberg. (u.) Samuel Bak, Blauer Morgen (Vor der Stadt), 1973, ©beim Künstler. 239 (o.l.) Dirk Eisermann/Christoph & Friends & Das Fotoarchiv, Essen. • (o.r.) Henning Christoph/Christoph & Friends & Das Fotoarchiv, Essen. • (M.r.o.) dpa, Frankfurt. • (M.) dpa, Frankfurt. • (M.r.u.) Henning Christoph/Christoph & Friends & Das Fotoarchiv, Essen. • (u.) Jochen Tack/Christoph & Friends & Das Fotoarchiv, Essen. • (u.r.) dpa, Frankfurt. 240 Christian Rohlfs, Austreibung aus dem Paradies, 1933. 241 (o.) Bernhard Heisig, Neues vom Turmbau, 1977, ©VG Bild-Kunst, Bonn 2014. • (u.) Rune Mields, Der Turm zu Babel, 1982, ©VG Bild-Kunst, Bonn 2014. 245 Ali Kazuyoshi Nomachi. 246 (r.) foto present. • (l.) Hans Thalmann, Bonn. 247 Bildarchiv Preußischer Kulturbesitz, Berlin. 248 (o.) M.S. Ipsiroglu, Istanbul. • (u.) Thames & Hudson, Peter Bridgewater, London. 249 Bibl. Nat. Paris. 250 Bibl. Nat. Paris. 251 Bibl. Nat. Paris. 252 (o.) Bibl. Nat. Paris. 253 (l./r.) Bildarchiv Preußischer Kulturbesitz, Berlin. 254 Peter Wirtz, Dormagen. 258 (l.) Ali Kazuyoshi Nomachi. • (r.) Thames & Hudson, Peter Bridgewater, London. 259 Bildarchiv Preußischer Kulturbesitz, Berlin. 260 Georg Mühlpointner, München. 261 Ali Kazuyoshi Nomachi. 262 Ali Kazuyoshi Nomachi. 263 Ali Kazuyoshi Nomachi. 264 (l.) Andrew Holbrooke/Black Star. • (o.r.) Ulf Müller-Moewes. • (u.r.) Frank Spooner/Gamma, London. 265 Henning Christoph/Christoph & Friends & Das Fotoarchiv, Essen. 266 Henning Christoph/Christoph & Friends & Das Fotoarchiv, Essen.

Grafiken: Designbüro Goebel und Hütter, Schwäbisch-Gmünd: 5,7 14, 27, 50, 150, 196, 210, 218.

Karten: Wolfgang Mattern: 97, 272 f.

Textverzeichnis

8/9 Hans Bemann aus dem Roman »Stein und Flöte und das ist noch nicht alles«, Edition Weitbrecht, Stuttgart 1983, S. 102–105 frei nacherzählt. **9** Frantz Wittkamp: Herz, aus: Hans-Joachim Gelberg (Hrsg.), Überall und neben dir, Verlag Beltz & Gelberg, Weinheim 1989, S. 98. **10** Hans Manz: Wunder des Alltags, aus: Hans-Joachim Gelberg (Hrsg.), a.a.O., S. 55. **16** Anthony de Mello: Die wichtigste Erfindung, aus: ders., Der Dieb im Wahrheitsladen, Herder Verlag, Freiburg 1998. • Irmela Wendt: Tik tak, aus: Hans-Joachim Gelberg (Hrsg.), Geh und spiel mit dem Riesen, Verlag Beltz & Gelberg, Weinheim/Berlin/Basel 1971, S. 14. **17** Gareth B. Matthews: Die Philosophie der Kindheit. Wenn Kinder weiter denken als Erwachsene, Beltz/Quadriga Verlag, Weinheim/Berlin 1995, S. 7 ff. **26** Hans Manz: aus: Hans-Joachim Gelberg (Hrsg.), Überall und neben dir, a.a.O., S. 127. **27** Christel Sümann: Alle Kinder, aus: Steffi, die kleine Gärtnerin, S. Fischer Verlag, Frankfurt/Main. **31** Wolf Harranth: Nimm ein Buch, aus: Hans-Joachim Gelberg (Hrsg.), Überall und neben dir, a.a.O., S. 128. **38** f Frei nacherzählt nach: Mireille Bélis, Ein spannender Fortsetzungsroman, aus: Qumran. Welt und Umwelt der Bibel, Kath. Bibelwerk, Stuttgart 1998, S. 40 f. **75** Rabbi Levi Jizchak von Berditschew: Lallen, aus: Martin Buber, Werke Bd. 3, Kösel-Verlag, München 1963, S. 334 (mit kleinen Änderungen). **76** Zit. n.: Hubertus Halbfas, Der Sprung in den Brunnen, Patmos Verlag, Düsseldorf 1996, S. 135 ff. **80** Leo N. Tolstoi, zit.n.: Dietrich Steinwede/Sabine Ruprecht, Vorlesebuch Religion 3, Kaufmann/Vandenhoeck/Benziger, Lahr/Göttingen/Zürich 1976, S. 350. **81** Fynn: Mister Gott is nich wie wir, aus: Fynn, Hallo, Mister Gott, hier spricht Anna, S. Fischer Verlag, Frankfurt / Main 1979, S. 24 f. • Hermann-Josef Frisch: Am Morgen, aus: Hermann-Josef Frisch/Rüdiger Pfeffer, Hoch hinaus, Patmos Verlag, Düsseldorf 1998, S. 6. • Georg Hilger: Am Tag, aus: Georg Hilger u.a., Reli 5, Kösel-Verlag, München 1998, S. 44. • Stephen Vincent Benet: Verantwortung für unsere Erde, aus: Alfons Pereira, Jugend vor Gott, Verlag Butzon & Bercker, Kevelaer 1971, S. 325. **86** Günter Ullmann: Gott hilf uns, aus: Paul Konrad Kurz, Höre Gott! Psalmen des Jahrhunderts, Benziger Verlag, Düsseldorf und Zürich 1997, S. 234. • Rose Ausländer: Preisen, aus: GA Band 6, S. Fischer Verlag, Frankfurt/Main 1986, S. 147 f. **88** Hermann-Josef Frisch: Fragen über Fragen, aus: Hermann-Josef Frisch/Rüdiger Pfeffer, Hoch hinaus, Patmos Verlag, Düsseldorf 1998, S. 67. • Hermann-Josef Frisch: Auf dem Weg zu mir, aus: Hermann-Josef Frisch/Rüdiger Pfeffer, a.a.O., S. 76. • Marielene Leist: Großer Gott, ich hätte so gern einen richtigen Vater, aus: dies., Gebetbuch für Kinder und ihre Eltern, Herder Verlag, Freiburg 1978, S. 16. **92** Gustav Mensching: Aus der Buddhistischen Welt – Hilferuf an die Muttergöttin Tara, aus: ders., Buddhistische Geisteswelt, Emil Vollmer Verlag, Wiesbaden o.J., S. 250 f. (mit kleinen Änderungen). • Mosche Löb von Sasow: in freier Anlehnung an Martin Buber, Werke Bd. 3, a.a.O., S. 479. • Bitte eines Afrikaners – Mach die Leichtsinnigen vernünftig, aus: Fritz Pawelzik, Ich werfe meine Freude an den Himmel, Aussaat Verlag, Wuppertal 1977. • Gebet der Sioux-Indianer: zit. n.: Georg Schwikart, Gott hat viele Namen, Patmos Verlag, Düsseldorf 21997, S. 14. • Carmen Bernos de Gasztold: Gebet der Giraffe etc., aus: Gebete aus der Arche, Matthias Grünewald Verlag, Mainz 1998. **161** Hilarius: Gegen den Kaiser Constantius, aus: Hugo Rahner, Kirche und Staat im frühen Christentum, Kösel-Verlag, München 1961, S. 133–139 i. A. **166** P. Basilius Steidle OSB: Die Jüngeren im Kloster, aus: Die Regel des heiligen Benedikt, hrsg. im Auftrag der Salzburger Äbtekonferenz, Beuroner Kunstverlag, 4. Auflage der Neubearbeitung, S. 26, ISBN 3-87071-060-8. **192** Roswitha Fröhlich: Sieben Seelen, aus: Hans-Joachim Gelberg (Hrsg.), Überall und neben dir, a.a.O., S. 202. • Regina Schwarz: Wen du brauchst, aus: Hans-Joachim Gelberg (Hrsg.), Überall und neben dir, a.a.O., S. 159. **193** Andreas Ebert: Wenn einer sagt: Gott ist in eurer Mitte, R. Hänssler Verlag, Neuhausen-Stuttgart. **223** Frei nacherzählt nach Heribert Haberhausen: Geschichtenbuch Religion Sekundarstufe I, Patmos Verlag, Düsseldorf 1999, S. 65. **235** Frei nacherzählt nach Leo N. Tolstoi: Volkserzählungen, Jugenderinnerungen, Stuttgart 1976, S. 45–47. **236** John Steinbeck: Der Neid und das Glück, aus: Die Perle, Ullstein Verlag, Frankfurt a. M./Berlin/Wien 1976. **237** Bertolt Brecht: Sie sägen die Äste ab, aus: ders., Gesammelte Werke »Exil III«, Suhrkamp Verlag, Frankfurt/Main 1976. • S. Hirata: Ein japanisches Mädchen erzählt von der Atombombe, aus: Dietrich Steinwede u.a.,Vorlesebuch Religion 1, Kaufmann/Vandenhoeck/Benziger, Lahr/Göttingen/Zürich 1974, S. 286 f. **238** Hildegard Wohlgemuth: Korczak und die Kinder, aus: Hans-Joachim Gelberg (Hrsg.), Überall und neben dir, a.a.O., S. 193. • Rudolf Otto Wiemer: Die Wolke, aus: Hans-Joachim Gelberg, Die Erde ist mein Haus. 8. Jahrbuch der Kinderliteratur., Beltz Verlag, Weinheim und Basel 1988. **243** Fjodor Mihailowitsch Dostojewski, Die Brüder Karamasoff, VII. Buch, 3. Kapitel. **261** f Jehan Sadat: Ramadan, aus: dies., Ich bin eine Frau aus Ägypten, Heyne Verlag, München 1995, S. 39–41. **264** Mitleid mit dem Kätzchen. Oder: das Kleinste ist oft das Wichtigste., aus: Annemarie Schimmel, Die Träume des Kalifen. Träume und ihre Deutung in der islamischen Kultur, Verlag C. H. Beck, München 1998, S. 189. **267** Heribert Haberhausen: Gehorsam ist schwer, aus: ders., Geschichtenbuch Religion Sekundarstufe 1, Patmos Verlag, Düsseldorf 1999, S. 349.

Religion – Sekundarstufe I
Jahrgangsstufen 5/6
Zeit der Freude

erarbeitet von Werner Trutwin

Redaktion: Berthold Frinken
Umschlaggestaltung: Volker Butenschön, Lüneburg
Layout und technische Umsetzung: Elke Günzel, Düsseldorf

www.cornelsen.de

1. Auflage, 8. Druck 2021

Alle Drucke dieser Auflage sind inhaltlich unverändert und können im Unterricht nebeneinander verwendet werden.

Zugelassen durch die Lehrbuchkommission der Deutschen Bischofskonferenz Unterrichtswerk für den katholischen Religionsunterricht an Gymnasien, Gesamtschulen und Realschulen

© 2010 Bayerischer Schulbuch Verlag GmbH, München
© 2020 Cornelsen Verlag GmbH, Berlin

Das Werk und seine Teile sind urheberrechtlich geschützt. Jede Nutzung in anderen als den gesetzlich zugelassenen Fällen bedarf der vorherigen schriftlichen Einwilligung des Verlages. Hinweis zu §§ 60 a, 60 b UrhG: Weder das Werk noch seine Teile dürfen ohne eine solche Einwilligung an Schulen oder in Unterrichts- und Lehrmedien (§ 60 b Abs. 3 UrhG) vervielfältigt, insbesondere kopiert oder eingescannt, verbreitet oder in ein Netzwerk eingestellt oder sonst öffentlich zugänglich gemacht oder wiedergegeben werden. Dies gilt auch für Intranets von Schulen.

Druck: Grafisches Centrum Cuno GmbH & Co.KG, Calbe

ISBN 978-3-7627-0419-5

 Inhalt gedruckt auf säurefreiem Papier aus nachhaltiger Forstwirtschaft.

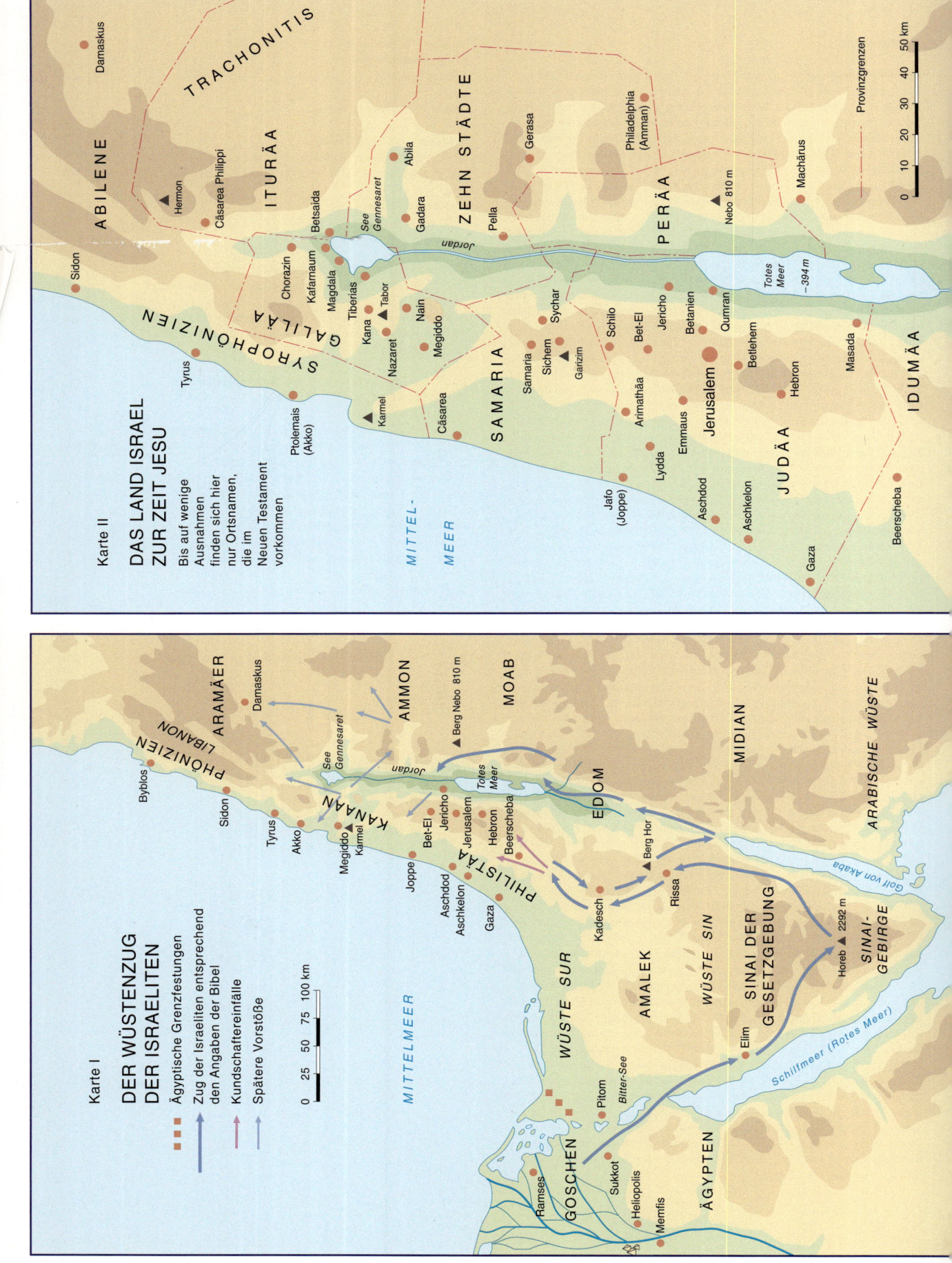

Karte II

DAS LAND ISRAEL
ZUR ZEIT JESU

Bis auf wenige
Ausnahmen
finden sich hier
nur Ortsnamen,
die im
Neuen Testament
vorkommen

Provinzgrenzen

50 km
40
30
20
10
0

TRACHONITIS
ABILENE
ITURÄA
ZEHN STÄDTE
PERÄA
GALILÄA
SYROPHÖNIZIEN
SAMARIA
JUDÄA
IDUMÄA

Damaskus
Hermon
Cäsarea Philippi
Betsaida
Abila
Gerasa
Philadelphia
(Amman)
See Gennesaret
Chorazin
Kafarnaum
Magdala
Jordan
Nebo 810 m
Machärus
Tiberias
Tabor
Gadara
Pella
Totes Meer
−394 m
Sidon
Kana
Nain
Sychar
Schilo
Jericho
Betanien
Qumran
Nazaret
Megiddo
Samaria
Sichem
Bet-El
Tyrus
Garizim
Betlehem
Hebron
Masada
Karmel
Cäsarea
Arimathäa
Emmaus
Jerusalem
Ptolemais
(Akko)
Lydda
Beerscheba
Jafo
(Joppe)
Aschdod
Aschkelon
MITTEL-
MEER
Gaza

Karte I

DER WÜSTENZUG
DER ISRAELITEN

Ägyptische Grenzfestungen

Zug der Israeliten entsprechend
den Angaben der Bibel

Kundschaftereinfälle

Spätere Vorstöße

0 25 50 75 100 km

ARAMÄER
PHÖNIZIEN
LIBANON
KANAAN
AMMON
MOAB
PHILISTÄA
EDOM
MIDIAN
AMALEK
WÜSTE SIN
WÜSTE SUR
SINAI DER GESETZGEBUNG
SINAI-GEBIRGE
ARABISCHE WÜSTE
GOSCHEN
ÄGYPTEN

Byblos
Damaskus
Sidon
See Gennesaret
Jordan
▲ Berg Nebo 810 m
Tyrus
Akko
Megiddo
Karmel
Bet-El
Jericho
Jerusalem
Totes Meer
Joppe
Hebron
Aschdod
Beerscheba
Aschkelon
Gaza
▲ Berg Hor
Kadesch
Rissa
Golf von Akaba
MITTELMEER
Bitter-See
Horeb ▲ 2292 m
Elim
Schilfmeer (Rotes Meer)
Ramses
Sukkot
Pitom
Heliopolis
Memfis